PAUL

THE CURE

ÉDITIONS DU LAYEUR

A Rico,

“I’ll find you in the morning sun
And when the night is new
I’ll be looking at the moon
But I’ll be seeing you”

Billie Holiday (I’ll be seeing you)

SOMMAIRE

PROLOGUE

Tout commence en 1976 à Crawley, une petite ville industrielle du sud de l'Angleterre. Robert Smith et son ami d'enfance, Laurence Tolhurst, s'ennuient ferme dans cette bourgade ravagée par le chômage. La Grande-Bretagne des années 70 est marquée par une crise économique qui ne laisse pas entrevoir l'espoir d'une vie meilleure. Pourtant, l'aube du changement pointe à l'horizon, et le rugissement de la rébellion punk s'apprête à secouer la morosité ambiante. D'abord à la radio dans l'émission de John Peel puis chez le disquaire de Horley qui deviendra vite le repère hebdomadaire des deux amis.

Les artisans de cette révolution en devenir viennent parfois se produire au Red Deer, une petite salle de concert locale. Ainsi, The Clash, The Stranglers et The Jam vont sans le savoir participer à la genèse de l'attitude et du son des premières formations musicales de Smith et Tolhurst. L'objectif n'est pas simplement de défier le conformisme local, mais plutôt de forger une musique capable de transcender leur souhait d'évasion. The Cure ne sera jamais un groupe punk à proprement parler : pas de tempos survitaminés, pas de rock puissant et bruitiste. Mais, comme le souligne Tolhurst dans son autobiographie, l'attitude était là : *« Combien de fois a-t-on vu une pinte de bière voler du public et venir heurter l'un d'entre nous ! On posait alors nos instruments avant de descendre dans le public pour régler le problème. Ça peut paraitre assez éloigné de l'idée que beaucoup se font des Cure, mais ça se passait pourtant bien comme ça. On devait se battre pour être entendu, pour garder notre crédibilité et notre place sur scène. »*

Avant de faire leurs premiers concerts, les apprentis musiciens se font la main dans plusieurs formations aussi éphémères qu'anodines : The Obelisk en 1973 avec Smith au piano, Tolhurst à la batterie, Alan Hill à la basse et Marc Ceccagno à la guitare. Suite à quelques changements de personnel et l'arrivée de Martin Creasy au chant et de Porl Thompson à la guitare, ce groupe d'écoliers se rebaptise Malice en janvier 1976. Quelques mois plus tard le quintette décroche sa première date. Robert Smith se souvient : *« Nous avons rapidement commencé à écrire nos propres chansons et le 18 décembre 1976, nous avons joué notre premier concert dans un endroit du Sussex appelé Worth Abbey. C'était un concert acoustique, nous nous sommes assis par terre et avons joué aux bongos. En fait, on ne s'est pas appelé Malice pour celui-ci parce que pour obtenir la date nous devions faire comme si nous étions un groupe folk ! ».*

Le véritable concert intervient deux jours plus tard, au St. Wilfrids School Hall de Crawley. Terminé le folk. Le groupe sort la batterie et branche les amplis. *« Personnellement, je considère que le premier concert que nous ayons fait en tant que groupe qui deviendra The Cure s'est déroulé le 20 décembre 1976. C'était celui de Malice dans notre ancienne école secondaire, la St. Wilfrid's Comprehensive School. »*[3]
– Lol Tolhurst

Quelques semaines après cette date historique, Martin Creasy quitte la formation au début de l'année 1977. Le quatuor prend alors le nom Eazy Cure, inspiré par le titre d'une chanson de Lol Tolhurst et recrute un nouveau chanteur, Gary X qui tiendra trois mois avant de se faire remercier, puis, c'est au tour de Peter O'Tool de tenter sa chance.

Il participera au premier concert de Easy Cure mais quittera le groupe en septembre de la même année pour s'installer dans un kibboutz en Israël. Lassé des recherches incessantes dans l'espoir de trouver l'hypothétique futur chanteur du groupe, Robert Smith prend une décision qui s'apprête à changer le cours de sa vie : il devient chanteur.

« Au fur et à mesure que nous nous frayions un chemin dans le petit groupe de chanteurs de Crawley, il est vite devenu évident que personne ne convenait. C'est à ce moment-là que Robert a pris le rôle. Il était clair que personne n'allait exprimer ses pensées et ses sentiments mieux que lui. »[166]
– Michael Dempsey

Il s'en suit plusieurs concerts, un contrat avec Hansa Records puis l'enregistrement de deux démos pour le label, mais les rapports conflictuels entre les musiciens et Hansa aboutissent à la rupture en mars 1978.

Smith est désormais le leader incontesté du groupe et décide de se séparer du « Easy » et de quelques musiciens pour créer The Cure, un trio composé de Tolhurst, Dempsey et lui-même, désormais unique guitariste-chanteur. Ce nom ne vient pas de nulle part, Smith reconnait l'avoir emprunté au texte d'une chanson de son idole Nick Drake, « Time has told me » : « Time has told me, You're a rare, rare find, A troubled cure, For a troubled mind » (Le temps m'a dit que tu es une trouvaille rare, un remède pour un esprit troublé).

Une décennie plus tard il développera de façon plus approfondie l'origine du nom : *« Nous sommes arrivés à une époque où les groupes portaient des noms négatifs et le nom The Cure était une déclaration positive. Nous voulions donner de l'espoir aux gens en nous voyant dans les hit-parades. Les gens se disent : "S'ils peuvent le faire comme ça, avec une musique qui n'est pas conforme, alors nous pouvons le faire comme nous le voulons". L'une des raisons de la création du groupe était de présenter une alternative. Nous partions en tournée avec la seule intention d'énerver le plus de monde possible en un minimum de temps. Nous avons inspiré beaucoup de groupes qui n'ont rien de commun musicalement. »*[75]

Ce n'est alors qu'une bande de gamins fascinés par Jimi Hendrix, The Beatles et Captain Beefheart qui s'apprête à changer le visage vieillissant du rock alternatif. Dopés par la déferlante punk qui sut bousculer, pour quelques instants seulement, le conformisme et le conservatisme de leur Angleterre natale, les jeunes adolescents se sentent pousser des ailes. Comme un remède à la morosité ambiante et à l'incurie de la musique mainstream, The Cure se veut l'antidote.

Le 10 août 1978, un jeune producteur du nom de Chris Parry leur propose de devenir le fer de lance de son nouveau label : Fiction Records. De dix ans leur aîné et doté d'une certaine expérience dans l'industrie musicale comme découvreur de talents chez Polydor et producteur de Jam, Parry parvient à séduire les jeunes musiciens en leur offrant l'opportunité de signer un contrat. Le trio accepte et fait son incursion dans l'industrie musicale le 8 mai 1979 avec la sortie de son premier album *Three Imaginary Boys*. Un disque oscillant entre pop et punk avec quelques titres accrocheurs qui sauront séduire la presse musicale et un public avide de son neuf. Fort de ce succès Européen et seulement neuf mois après la sortie de *Three Imaginary Boys,* le groupe publie un nouvel opus compilant plusieurs titres du premier album enrichi de quelques nouvelles chansons originales. Cette compilation, *Boys Don't Cry* est réservée au marché américain et australien.

Les tournées s'enchaînent à un rythme soutenu, voire insoutenable. Dempsey quitte le groupe et devient le premier d'une longue série d'ex-Cure. Il laisse sa place à Simon Gallup qui très vite deviendra le nouveau frère d'armes de Robert Smith. Une complicité parfois mise à rude épreuve mais qui saura résister au temps. Le chanteur n'oubliera pas de lui rendre hommage lors de l'intronisation au Rock & Roll Hall of Fame en 2019 : *« Je souhaite remercier tous ceux qui ont fait partie du groupe. Tout particulièrement Simon Gallup qui m'a accompagné tout au long du chemin. »*

Entre octobre 1979 et septembre 1980, la formation se mue en quatuor pour la réalisation de son deuxième album, *Seventeen Seconds,* avec la présence du claviériste Matthieu Hartley qui ne restera qu'un an au sein du groupe. Les concerts se succèdent dans des conditions parfois chaotiques et usent les membres d'un groupe tourmenté par des questionnements existentiels. La mort et le mysticisme religieux deviennent des sources d'inspiration pour l'écriture du troisième album : *Faith*. Plus sombre et plus introspectif que son prédécesseur, il sort en avril 1981 et remporte un succès inattendu. L'atmosphère est macabre et laisse percevoir l'amorce d'une chute vers les abîmes. Les jeunes musiciens sont au bord du précipice. L'épuisement, les abus en tous genres et la dépression dont souffre son leader vont pousser le trio à se confronter à la noirceur de l'âme humaine jusqu'à l'implosion en 1982 avec le mortifère *Pornography.* Le groupe se désintègre au fil des concerts, Gallup et Smith en viennent aux mains et la consommation massive de drogues finit d'éteindre la flamme. The Cure n'est plus… Gallup quitte le groupe, Smith tente de calmer sa consommation de psychotropes et d'alcool, et part se ressourcer au Lake District au nord-ouest de l'Angleterre. Tolhurst s'installe dans le sud de la France pour profiter d'un climat plus propice à une reconstruction psychique. Ils ont vingt-trois ans.

Comme le dit Robert Smith dans un rare moment d'optimisme : *« on peut se relever de tout, même des puits sans fond ».* Peut-être, mais il faudra du temps pour que certaines plaies cicatrisent. Pourtant, les années qui suivent cette visite aux enfers confirment la véracité de cet adage. Chris Parry, producteur convaincu du potentiel commercial de son groupe phare provoque son leader en le mettant au défi d'écrire une chanson pop. Smith le relève et s'exécute. Il reprend contact avec Tolhurst pour l'épauler dans l'enregistrement de cette pop song qu'il veut radicalement opposée à la noirceur des derniers albums.

« C'est tellement ridicule que je vais passer de l'idole gothique à la pop star en trois leçons faciles » – Robert Smith

« Let's Go To Bed » sort le 15 novembre 1982 et devient le premier hit du groupe. Suivent les singles « The Walk » et « The Lovecats » qui viennent confirmer le succès. En trois chansons électro-pop, parfaitement calibrées pour l'époque, le groupe passe de formation « underground » à machine à cash. Smith se voit étiqueté « faiseur de tubes » alors que son souhait était de se distraire et d'effacer une image sombre qui ne lui correspondait plus.

« Je ne voulais plus de ce côté de la vie, je voulais faire quelque chose de vraiment joyeux. » – Robert Smith

Page 34 SOUNDS January 27, 1979

marquee

90 Wardour St. W1.

01 437 6603

Thurs 25th Jan (Adm £1.25)
THE STREET BAND
Plus guests & Ian Fleming

Fri. 26th Jan (Adm £1.00)
DAVID KUBINEC's EXCESS
Plus friends & Ian Fleming

Sat 27th Jan (Adm £1.00)
THE CURE
Plus support & Jerry Floyd

Sun 28th Jan (Adm 85p)
YOUNG BUCKS
Plus guests & Mandy H

Mon 29th Jan (Adm £1.00)
PERCY'S PACKAGE featuring
THE ANGELIC UPSTARTS & THE INVADERS
& DJ Jerry Floyd

Tue 30th Jan (Adm £1.25)
ZAINE GRIFF
Plus guests & Joe Lung

Wed 31st Jan (Adm £1.00)
THE RECORDS
Plus support & Joe Lung

Thur 1st Feb (Adm 85p)
STRAIGHT 8
Plus support & Ian Fleming

HAMBURGERS AND OTHER HOT AND COLD SNACKS AVAILABLE

THE CURE
PRIMARY TOUR
NOVEMBER
5TH • BRADFORD UNIVERSITY
WITH THE CHANT
6TH • MANCHESTER POLYTECHNIC
WITH DANCE CRAZY
7TH • NEWCASTLE POLYTECHNIC
WITH PAVANE
8TH • YORK UNIVERSITY
WITH VENA VAVA
10TH • READING UNIVERSITY
WITH THE LINES
11TH • LEICESTER UNIVERSITY
WITH CHRIS LAVELLE
12TH • LOUGHBOROUGH UNIVERSITY
WITH AND ALSO THE TREES
14TH • BIRMINGHAM UNIVERSITY
15TH • LANCASTER UNIVERSITY
WITH TARZAN 5
17TH • LONDON DOMINION THEATRE
18TH • CARDIFF UNIVERSITY

Ces trois titres sont la pierre angulaire de la deuxième compilation du groupe : *Japanese Whispers*, publiée en décembre 1983. Ce succès, modérément assumé par Smith car trop prévisible, lui donne la motivation d'enregistrer un nouvel album : *The Top*. Un disque patchwork qui débute la période pop d'un groupe en pleine mutation. Il s'en suit une tournée triomphale avec un nouveau line up : Le guitariste Porl Thompson fait son retour après six ans d'absence, Tolhurst qui a choisi de lâcher ses baguettes pour officier aux claviers est remplacé derrières les fûts par Andy Anderson, Phil Thornalley à la basse et l'inamovible Smith à la guitare et au chant. Le disque sort en mai 1984, en pleine tournée promotionnelle. Les soixante-huit concerts se jouent à guichets fermés en Europe, en Australie, au Japon et aux États-Unis. Ce succès est l'occasion de produire la première captation live du groupe : *Concert: The Cure Live* en octobre 1984. Trois mois après la fin de la tournée, Smith, insatiable travailleur, fait écouter les maquettes des nouvelles chansons à Tolhurst et Parry. Il souhaite réaliser un album éclectique et divertissant comme une extension plus cohérente de *The Top*. Il change à nouveau la formation de son groupe, et l'arrivée du batteur Boris William suivie du retour de Simon Gallup vont donner aux Cure une puissance et une assise inédite. En août 1985 sort ce sixième opus, *The Head On The Door,* qui leur ouvre en grand les portes du succès international : disque d'or aux États-Unis, en France et au Royaume-Unis. Des vidéos marquantes réalisées par un Tim Pope très inspiré, un look explosif et une poignée de hits imparables feront du quintette la bande son d'une génération d'adolescents plus sensibles aux anti-héros qu'aux mastodontes de la pop mainstream bien trop formatée pour être honnête. The Cure devient un phénomène de société et en profite pour établir un premier bilan sous la forme d'une compilation plus classique que les deux précédentes. *Standing On A Beach* regroupe les treize premiers singles du groupe. La raison de ce best of pourrait s'apparenter à une démarche mercantile imposée par le label. Robert Smith s'explique : *« Nous avons voulu faire connaitre nos anciennes chansons à tous ceux qui pensent encore que Cure est un nouveau groupe. »*[60]

Simultanément, une VHS contenant l'ensemble de leurs vidéoclips est commercialisée.

1986 est une année sans parution originale mais n'en est pas moins une année studieuse. Le groupe travaille à l'élaboration du successeur de *The Head On The Door* et choisit le studio Miraval à Correns dans le sud de la France pour l'enregistrer. Ce sera un double : *Kiss Me Kiss Me Kiss Me,* publié le 25 mai 1987 comporte dix-huit titres dont seront extraits quatre singles. Ce disque clôt la trilogie pop débutée par *The Top*. Le succès est une fois encore au rendez-vous avec plus d'un million de copies écoulées aux États-Unis, ce qui permet aux Cure de débuter *The Kissing Tour* sur le sol américain. Cette année est aussi l'occasion d'élargir un terrain de jeux déjà bien vaste en allant tourner pour la première fois en Amérique du Sud. *« On était un des premiers groupes de notre génération à venir faire un concert dans ce nouveau pays (l'Argentine) après la fin de la dictature sanglante. Les concerts ont en revanche étés plus intenses et éprouvants qu'agréables. »*[3] – Lol Tolhurst

Les organisateurs locaux vendent plus de billets que les salles ne peuvent contenir de spectateurs. Des émeutes éclatent, des voitures sont incendiées, des chiens policiers sont poignardés et de nombreux blessés sont à déplorer. *« À la moitié d'un concert au Brésil, plusieurs hommes en uniforme étaient en feu et la plupart des gens se sont mis à l'abri de la pluie incessante et impitoyable de pièces de monnaie, de sièges, de pierres et de verre qui s'abattait sur les autorités. J'avais hâte de m'enfuir. La moitié du stade était en feu et ressemblait au centre-ville de Beyrouth… j'ai pensé qu'il était peu probable que nous en sortions indemnes. »*[75] – Robert Smith

Six mois après la parution de *Kiss Me Kiss Me Kiss Me* et en pleine tournée européenne, le groupe publie *The Cure In Orange*. Une captation vidéo du concert qui s'est tenu au théâtre antique d'Orange le 9 août 1986. Tim Pope signe une réalisation radicale et sans artifice qui montre cinq musiciens en grande forme face à public extatique.

À l'aube de ses trente ans, Smith est physiquement et moralement épuisé. Malgré le succès des dernières réalisations il se questionne sur l'avenir à donner à son groupe. Persuadé de ne pas avoir encore su réaliser l'album imparable, il retrouve ses vieux démons : les drogues, la dépression et les tourments existentiels. Pour lui, il est indéniable que The Cure doit renouer avec la mélancolie et l'affliction de *Seventeen Seconds*, *Faith* et *Pornography*. La futilité de la vie, la solitude et la désolation face au temps qui passe redeviennent les éléments fondateurs de son inspiration. Il veut exploiter ses névroses pour les sublimer et réaliser un huitième album qui doit être grandiose ou ne pas être.

« À l'origine, j'avais l'intention d'éprouver une satisfaction perverse à faire un album déprimant. Il y a eu ces suicides en Nouvelle-Zélande qui ont fait la une des quotidiens là-bas. Ces deux garçons nous écoutaient lorsqu'ils se sont suicidés et le journal a titré quelque chose comme "Gothic Cult Suicide". Nous l'avions affiché sur le mur du studio. Je sais que c'est tragique, mais en même temps ça n'avait évidemment rien à voir avec nous. Nous avons juste été pointés du doigt. Tout le monde plaisantait sur le fait que c'était de la musique suicidaire et que je bouleversais les gens avec mes paroles. »[75] – Robert Smith

C'est dans cette optique qu'il opère un virage radical et abandonne les tonalités pop qui ont fait le succès des Cure pour s'engager dans une direction artistique plus introspective. Ce retour aux sources ne plaît que très moyennement à l'ami d'enfance et cofondateur du groupe, Tolhurst, qui sombre tragiquement dans les affres de ses addictions. Il refuse de s'impliquer dans le processus créatif. Sa présence en studio est épisodique et consiste essentiellement à boire des litres d'alcool, hypnotisé par un écran de TV. Pour pallier son incompétence devenue chronique, Smith s'adjoint les services du claviériste Roger O'Donnell.

Dans la douleur, *Disintegration* sort le 2 mai 1989 et demeure à ce jour l'un des plus grands succès du groupe avec plus de quatre millions de copies écoulées.

Quant à Lol Tolhurst, il continue de sombrer et malgré l'amitié qui lie ces artistes entre eux, rien ni personne n'arrive à le faire émerger. Le groupe ne supporte plus son agressivité, son dénigrement perpétuel et son manque d'investissement. Incapable de participer à la future tournée, Smith lui fait signifier son renvoi par un courrier lapidaire : *« Tous les membres du groupe sont d'accord pour dire que si tu viens avec nous pendant la prochaine tournée, ils n'en feront pas partie. Par conséquent, tu ne devrais pas y participer. Je te demande s'il te plait de ne pas t'isoler et de ne pas élever un mur entre nous. »* (Extrait du courrier envoyé par Smith.)

Blessé, Tolhurst engagera une action en justice à l'encontre de Chris Parry et de son ami d'enfance. Procès qui durera plusieurs années et qu'il perdra. Il avouera bien plus tard que *Disintegration* correspond à l'état physique et mental dans lequel il se trouvait à l'époque. Ce n'est pas qu'un simple titre d'album.

Dans la foulée de la tournée *The Prayer Tour* et en l'espace de deux ans, le groupe profite de sa popularité pour publier un live, *Entreat,* une compilation de remix, *Mixed-Up,* un single inédit, « Never Enough », une compilation vidéo, *Picture Show,* et un documentaire, *Play Out*.

Les années 80 s'achèvent et le succès ne faiblit pas, bien au contraire. Une série de singles imparables, des dizaines de millions d'albums vendus à travers la planète, des tournées interminables dans des salles de plus en plus grandes et des hordes de clones arborant la tignasse crêpée de leur idole seront légion.

Mais l'époque n'est plus aux claviers ni au format pop. Elle s'est radicalement durcie avec l'arrivée des groupes à guitares, Nirvana en tête. Le grunge change la donne et l'industrie musicale, frileuse, ne jure désormais que par les amplis poussés à onze. The Cure n'est plus un jeune groupe, soit, mais il ne veut pas déposer les armes avant la confrontation. Il a des arguments et le 21 avril 1992, jour anniversaire de la trente-troisième année de Smith, sort l'album *Wish*. Exit le claviériste Roger O'Donnell remplacé par le guitariste Perry Bamonte. Le continent américain succombe, l'Australie fait de même et l'Europe continue d'applaudir. La tournée *The Wish Tour* avec ses cent onze concerts sold-out se termine le 3 décembre 1992 à Dublin. Le set de ce dernier show se clôt par un morceau rare et emblématique : « Forever ». Ont-ils volontairement choisi cette chanson pour dire à la nouvelle génération avide de prendre la couronne qu'ils seront toujours là, prêts à les supplanter ? Deux albums live seront les témoins de cette période glorieuse : *Paris* et *Show*.

Hélas, le succès colossal de ce disque ne sera jamais plus égalé et la Curemania va doucement entamer son déclin.

Il s'écoule quatre années avant la parution du nouvel album *Wild Mood Swings* qui sort le 6 mai 1996 et marque le pas. Boris William quitte le groupe laissant sa place à un jeune batteur : Jason Cooper. Porl Thompson s'en va et Roger O'Donnell revient. Le mouvement constant des musiciens qui partent et reviennent demeure une caractéristique récurrente du groupe.

À ce jour, treize personnes y ont participé. Le quintette explore de nouveaux horizons musicaux, change son processus de réalisation et fait pour la première fois appel à une multitude de musiciens additionnels, techniciens, producteurs et mixeurs.

Le résultat est un disque un peu foutraque, aux sonorités passées de mode qui déçoit les fans et ne retient pas la nouvelle audience acquise avec *Wish*. Peut-être que The Cure se repose sur sa certitude d'être indispensable aux oreilles de son auditoire. Kurt Cobain est mort, suicidé comme Ian Curtis, quatorze ans plus tôt. Le paradoxe est flagrant. Après avoir chanté : « It doesn't matter if we all die », Robert Smith est toujours vivant et chante le bonheur de vivre. La contradiction perturbe les fans de la première heure qui ont eux aussi vieilli et perdu l'illusion romantique de la mort. Ce nouvel album déstabilise les amoureux des singles qui faisaient bouger leurs corps d'ados et déçoit les nouveaux convertis qui ne se retrouvent pas dans une musique surclassée par cette nouvelle vibration nommée Britpop. Oasis et Blur explosent des records proches de ceux des Beatles. Supergrass, Pulp et Suede ne sont pas loin derrière, le marteau en mains pour frapper les clous qui fermeront le cercueil des Cure.

Cette période de désamour persiste jusqu'à la fin du siècle avec la parution de l'album *Bloodflowers* en 2000. Le groupe devient alors une influence majeure pour une nouvelle génération de musiciens. On ne compte plus les artistes les citant comme référence et les emprunts de leurs chansons pour le cinéma et même la publicité. The Cure est-il devenu ce mastodonte du music-business que le jeune Smith exécrait quelques décennies plus tôt ?

Un nouveau public curieux découvre ce désormais « vieux » groupe et accourt aux concerts. Les fans des heures glorieuses répondent à nouveau présents pour faire vibrer la fibre nostalgique de leur jeunesse passée.

Même si les nouvelles productions musicales se font plus rares, The Cure acquiert un statut de groupe culte, enchainant des tournées à guichets fermés, témoignant de la ferveur d'un public fidèle. Depuis la sortie de *Bloodflowers*, il y a vingt-quatre ans, le groupe ne produira que deux albums originaux : *The Cure* en 2004 et *4:13 Dream* en 2008. Deux live : *Bestival Live* en 2011 et *40 Live: Curæti*on*-25+Anniversary* en 2019. Deux compilations : *Greatest Hits* en 2001 et *Join the Dots* en 2004. Un album de remix *Torn Down* en 2018 et trois EP : *Sessions AOL* en 2004, *From Festival* en 2006 et *Hypnagogic States* en 2008. Aucune de ces réalisations ne marquera l'histoire des Cure comme l'ont fait leurs neuf premiers albums.

Quatre décennies après la parution de *Three Imaginary Boys* les Cure sont officiellement intronisés au Rock n'Roll Hall of Fame. Robert Smith n'a jamais dissimulé son aversion pour les hommages et les cérémonies mais en ce mois de mars 2019, lui et son groupe se prêtent au jeu des honneurs.
Depuis plus de quarante-cinq ans The Cure se transforme et se modèle, change de personnel, de style et d'image au bon vouloir de son leader : Robert Smith, seul membre permanent de ce groupe aux multiples facettes qui depuis *Three Imaginary Boys* reste aux commandes de ce vaisseau temporel dont il se sert comme vecteur de ses émotions et comme exutoire. Il incarne également et parfois à contrecœur, le rôle de porte-parole d'une génération au romantisme exacerbé et demeure avec ces états d'âme la constante de ce groupe protéiforme.
Cet ouvrage retrace l'aventure d'un des groupes majeurs de ces quarante dernières années. Comme le dit Simon Price : *« Le plus grand groupe de rock alternatif sur la planète »*. L'histoire se raconte au travers de ses deux cent trente-cinq chansons expliquées et décortiquées une par une par Robert Smith et son groupe. Les anecdotes, les vérités et les mensonges de Smith, les obsessions, la création, les blessures, le spleen, l'humour potache, le succès et ses désillusions... Rien n'est caché.
Une découverte pour ceux qui ont toujours voulu connaitre l'envers du décor et les secrets cachés derrière l'œuvre de The Cure et pour ceux qui voudraient tout simplement s'immerger dans l'univers d'un des plus grands groupes de Rock.

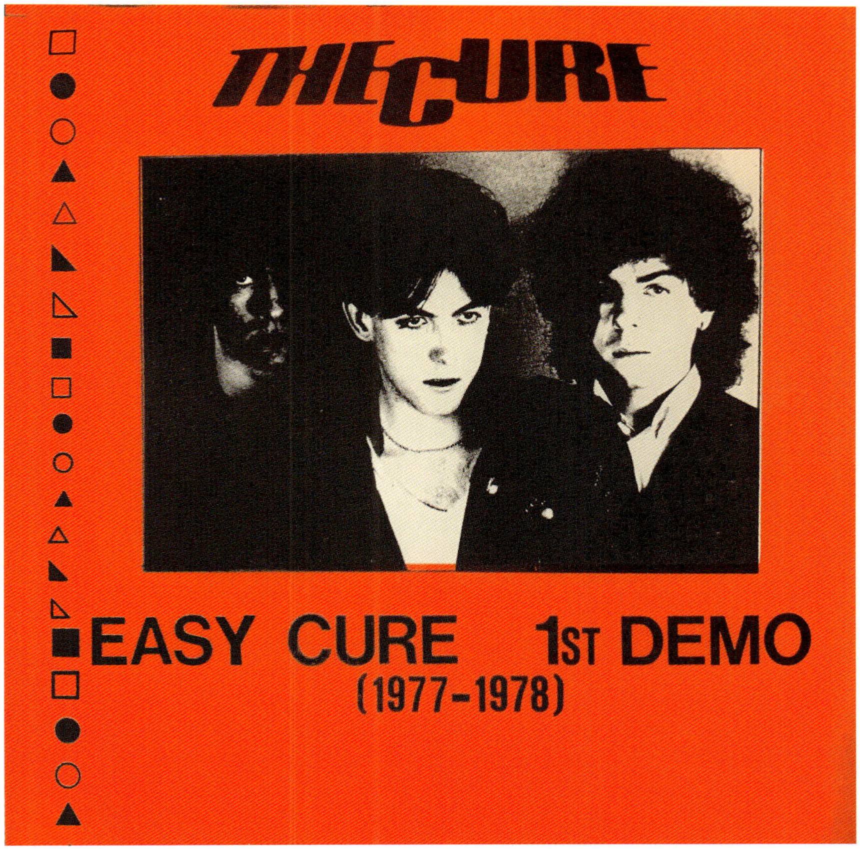

THREE IMAGINARY BOYS (1979)

Fiction Records
Production : Chris Parry
Enregistrement : Morgan Studios (Londres) 1978
Pochette : Bill Smith
Date de sortie : mai 1979

1-10:15 Saturday Night
2-Accuracy
3-Grinding Halt
4-Another Day
5-Object
6-Subway Song
7-Foxy Lady (Jimi Hendrix)
8-Meathook
9-So What
10-Fire in Cairo
11-It's Not You
12-Three Imaginary Boys
13-The Weedy Burton

Le premier album de The Cure est enregistré en deux séances de quatre nuits aux studios Morgan dans le nord de Londres. Le producteur Chris Parry, ancien découvreur de talent pour Polydor décide qu'il sera distribué par Fiction Records, son label créé pour l'occasion. Parry prend les commandes de la réalisation, au grand dam de Robert Smith qui ne se reconnaitra jamais vraiment dans la production de l'album. Jusqu'à présent, toutes les décisions étaient prises de façon collégiale par les membres du groupe. Désormais le trio dépend financièrement d'un producteur qui impose ses idées et sa vision artistique. Le groupe essaiera de limiter l'influence de Parry sans véritablement y parvenir. *« Pour notre défense, on était vraiment jeunes et on pensait que ça se passait comme ça dans ce milieu. Puisque Parry nous finançait, il fallait bien qu'on le suive. »*[3]
– Lol Tolhurst

The Cure n'a que très peu d'expérience concernant le travail d'enregistrement en studio. Ils ont l'habitude de répéter trois fois par semaine depuis deux ans chez les parents de Smith et c'est donc tout naturellement qu'ils installent leur équipement comme pour les répétitions. Tolhurst au centre de la pièce, Dempsey et Smith de chaque côté.

« On a enregistré en très peu de temps les premières versions de base des chansons pour l'album. On les avait beaucoup jouées et répétées avant de les enregistrer en studio. »[3] – Lol Tolhurst

Épaulé par l'ingénieur du son Mike Hedges, le producteur imprime une esthétique minimaliste et un jeu épuré. Il cherche à créer un univers musical pur et dénué de tout artifice. Un choix artistique qui va à l'opposé des canons du rock indé de l'époque. C'est un risque qu'il prend car convaincu que le public va très vite se lasser de la furie punk. Un contrepied qui va porter ses fruits et qui n'est que le premier d'une longue série dans la carrière du groupe. Le jeune Mike Hedges, tout juste vingt-six ans, va rapidement se poser en élément indispensable au sein de cette petite équipe en devenant l'architecte sonore des deux prochains albums. Il est à la base de ce que beaucoup définissent comme le son Cure. Une guitare cristalline soutenue par une batterie métronomique et dépouillée en symbiose avec une basse mélodique très appuyée. C'est effectivement cette dernière qui apporte les mélodies et non les guitares et leurs traditionnels solos.

Cet équilibre musical est une volonté qui incombe au trio et c'est aussi ce qui a conquis Chris Parry. Mais ce qui marquera définitivement le son des Cure, malgré les années et les multiples changements de directions artistiques, c'est bien la voix de son chanteur. Une voix reconnaissable entre toutes, haut perchée, fragile et puissante à la fois. Elle est un vecteur inépuisable d'émotions et le sceau de la touche Cure.

2383 539
THE CURE
HOOVER

2383 539
Polydor
POL 350
Fiction
Distribué par POLYDOR 2, rue Cavallotti, 75018 Paris "Imprimé et fabriqué en France"
Imp. POLYGRAM INDUSTRIES MESSAGERIES © 1979 Polydor Londres

L'album contient une réinterprétation du titre « Foxy Lady » de Jimi Hendrix. Ce sera la seule et unique reprise à paraitre sur un album officiel des Cure. Smith ne cache pas son admiration pour Hendrix : *« La plupart des enfants qui apprenaient la guitare à l'école voulaient imiter des gens comme John McLaughlin. Je n'ai jamais voulu être quelqu'un d'autre que Jimi Hendrix, et je savais que c'était exclu dès le départ parce qu'il était noir. »*[165]

Malgré son adoration, inclure cette reprise à l'album est une des nombreuses déceptions qu'il exprime concernant la réalisation de *Three Imaginary Boys*.

« Chris Parry nous a dit d'enregistrer toutes les chansons que nous avions et que nous déciderions ensuite de ce qui irait sur l'album. Je lui faisais confiance, mais finalement, c'est lui qui a choisi ce qui allait y figurer. Des chansons comme notre reprise de "Foxy Lady" étaient son choix, même si je la détestais. »[165] – Robert Smith

Tout au long de sa carrière, le chanteur n'aura de cesse de reprocher à Parry d'avoir inclus cette version à l'album. *« Je me souviens parfaitement avoir insisté en expliquant que je détestais la façon dont nous la faisions. Mais nous l'avons jouée dans des pubs et ils nous ont convaincus de l'enregistrer. "Ce sera une face B... Si vous ne l'aimez pas à la fin, nous ne l'utiliserons pas" nous ont-ils dit. Évidemment, c'était horrible, mais ils l'ont quand même utilisé. Nous étions jeunes et ils nous ont menti. »*[66] – Robert Smith

Smith n'aimait pas l'idée que quelqu'un d'autre que lui chante ses textes mais le souhait de Michael Dempsey de poser sa voix sur un titre se faisait de plus en plus pressant. C'est d'un commun accord qu'ils choisissent de lui faire chanter cette reprise du Jimi Hendrix Experience.

Parry est aux commandes et ne laisse pas le groupe participer au mixage de l'album. Il venait de signer les Jam qui commençaient à rencontrer un certain succès, ce qui lui conférait un sentiment de toute-puissance. Sa vision était prioritaire sur celle du trio. Cette frustration suscitera en Smith le désir de contrôler, parfois à l'extrême, toutes les étapes du processus de réalisation de ses futures productions. Ce qu'il s'appliquera à faire sans relâche.

« Chris Parry avait sur nous une perspective qui risquait de nous échapper. On pouvait le prendre comme un point de départ et définir comment nous allions progresser. »[77] – Robert Smith

L'album est enregistré et commercialisé, il est donc temps de partir en tournée pour en faire la promotion. Le trio écume toutes les salles de concert du pays, inlassablement, et dans des conditions souvent difficiles. Il leur arrive parfois de partager l'affiche avec des groupes, qui sont également en début de carrière et qui acquerront bientôt un statut culte, tels que Joy Division, Generation X, Siouxsie and the Banshees.

C'est avec ces derniers que des liens amicaux se tissent, spécialement entre le bassiste Steve Severin et Robert Smith, qui en plus de partager une vision musicale commune, deviennent vite deux compagnons de beuverie. Suite au départ précipité de John MCKay (guitariste de Siouxsie), Smith se propose de le remplacer. Le groupe accepte et embarque les Cure pour une série de vingt-quatre concerts, d'août à octobre 1979. Smith joue avec son groupe en première partie et prolonge la soirée en tant que guitariste pour Siouxsie and the Banshees. Il sortira épuisé de cette aventure...

The Cure est un groupe avec une image forte. Tous ceux qui s'intéressent de près ou de loin à la musique de ces quarante dernières années lui associent instantanément rouge à lèvres et tignasses crêpées. En 1979 ces artifices ne font pas encore partie de la panoplie du trio, au grand désespoir du producteur qui leur reproche justement de ne pas avoir d'image. Il va donc se charger de compenser ce manque par des visuels forts. Tout d'abord la pochette inquiétante du premier single « Killing An Abarb » : Une photo en noir et blanc d'un visage aux yeux surexposés, éclairé par un faisceau de lumière, puis celle de l'album, plus intrigante. Smith reconnait avoir proposé quelques idées concernant le visuel de cette pochette : la lampe, le réfrigérateur et le Hoover. Mais il aurait aimé être consulté quant au contenu abstrait entourant la réalisation. Une iconographie pompeuse, hermétique et incohérente pour le trio alors que Parry y voit une œuvre avant-gardiste mais surtout un moyen de faire parler. Une déconvenue de plus pour le groupe... À peine âgés de vingt ans, les trois musiciens s'aperçoivent qu'une partie importante du processus de création échappe à leur contrôle.

« On a réalisé pour la première fois qu'il nous faudrait désormais négocier et avoir l'approbation de personnes extérieures au groupe. Il fallait quitter le cocon familial et tout ce qu'on avait connu jusqu'à présent. »[3] – Lol Tolhurst

L'album sort le 8 mai 1979 en France, trois jours plus tard en Angleterre. C'est un disque accrocheur qui reçoit un accueil enthousiaste de la part d'un public en quête de renouveau. En revanche, la presse n'est pas tendre avec ce jeune groupe qu'elle considère comme prétentieux, arrogant et beaucoup trop sophistiqué.

L'album atteint la 44e place des charts britanniques.

10:15 SATURDAY NIGHT
Smith, Tolhurst, Dempsey

C'est cette chanson qui attire l'attention de celui qui offrira aux Cure leur premier « véritable » contrat, le parton du tout jeune label Fiction Records : *« Les maquettes arrivaient par sacs entiers chez Polydor. J'en prenais quelques-unes chaque vendredi soir. Je feuilletais les pages sport d'un journal, quand j'ai entendu "Drip drip drip". J'ai pensé que c'était pas mal. J'ai remis la cassette. "10:15 Saturday Night" et "Boys Don't Cry" étaient vraiment bien. Je trouvais que ça avait du caractère, une ambiance, et j'aimais ça. Je leur ai écrit en leur demandant de me contacter*[20]. » – Chris Parry

La lettre de Parry sera la seule réponse positive que le groupe recevra. Jouissant de son rôle de producteur, Chris Parry décide seul d'imposer « Killing an Arab » comme premier single, reléguant « 10:15 Saturday Night » en face B. Ce n'est pas du gout de son auteur, Robert Smith : *« J'ai toujours voulu que "Killing an Arab" et "10:15" soient une double face A. "Killing an Arab" était un grand remue-ménage lorsque nous la jouions en live, mais c'était presque une nouveauté, alors que "10:15" était plus représentative de ce que nous essayions de faire. »*[6]

Se souvenant de l'écriture de cette chanson, Smith déclare que les paroles sont autobiographiques. À 16 ans, assis à la table de la cuisine de ses parents, submergé par cette morosité que tant d'adolescents connaissent, il regarde gouter le robinet. Drip, drip, drip… font les gouttes en tombant sur la faïence. Il chante la solitude et le spleen d'un samedi soir qui n'a rien du « Saturday Night Fever. »

> *« J'écrivais des chansons pour le premier album depuis environ deux ou trois ans. J'ai composé "10:15" et "Killing an Arab" à l'âge de seize ans et nous avons enregistré l'album quand j'en avais dix-huit, donc je n'étais pas encore vraiment convaincu de la qualité de certaines chansons. »*[21] – Robert Smith

Fun Fact : The Cure enchaine les concerts à un rythme effréné, parfois devant quelques dizaines de personnes ivres et très peu concernées par leur musique. Un soir de 1979 à Oxford, la seule chanson que veut entendre le public est « 10:15 Saturday Night » : pour satisfaire ces quelques spectateurs, le groupe la jouera plus d'une dizaine de fois. Smith se souvient : *« C'est le plus mauvais concert que nous ayons fait. Il neigeait et nous sommes tombés en panne d'essence. Nous avons installé nos instruments sur une scène qui faisait à peine dix mètres carrés. J'ai commencé à jouer sans la batterie parce que Lol était sorti pisser. De toute façon, il n'y avait qu'une vingtaine de types présents, tous complètement bourrés. »*[5]

Le solo de basse à la fin de la chanson, joué et composé par Michael Dempsey, ne fut jamais réinterprété de cette manière par son successeur Simon Gallup qui créera une autre ligne mélodique… une manière de s'imposer comme le nouveau bassiste officiel du groupe.

« 10:15 Saturday night » est utilisée dans les films *C.R.A.Z.Y.* (2005) et *Awaydays* (2009).

Massive Attack l'utilise comme sample dans la chanson « Man Next Door » de l'album *Mezzanine* (1998).

ACCURACY
Smith, Tolhurst, Dempsey

« La facilité et le désir de blesser quelqu'un que l'on aime, parfois[1]. » – Robert Smith.

Les paroles expriment le désir destructeur d'une personne envers quelqu'un qu'elle aime, révélant ainsi son pouvoir nuisible et sa capacité à jouer à ce jeu dévastateur : « I could kill you without trying. » En 1996, Smith avoue ne pas être fan du premier album. Il regrette de n'avoir eu aucune influence sur la production et le mix et que son manque d'expérience ne lui ait pas permis d'influer sur la direction artistique prise par Chris Parry. Le résultat final n'est pas à la hauteur de ses attentes et cette déception le confortera dans l'envie de prendre les rênes du prochain album. Il admet cependant apprécier certains titres : *« Il y a de bonnes chansons sur cet album. Je pense que "Accuracy" est vraiment bien. »*[2]

À plusieurs reprises au fil des années, il donnera sa recette d'une chanson réussie en se référant à « Accuracy » : *« La chanson la plus parfaite de toutes, quelques paroles et peu de musique. »*

Avant d'écrire des textes plus introspectifs et de parler de ses propres tourments, Smith exprime très tôt le besoin de développer le thème de « tuer l'autre ». Cette obsession inquiétante se retrouve dans plusieurs titres du premier album : « Killing an Arab », « It's not You », « Accuracy ».

Fun Fact : Malgré des critiques positives, le groupe se trouve quelques détracteurs à la plume sarcastique : *« Une musique avec la substance d'une barbe à papa mais sans la douceur… trois crétins exaspérants. »* – Ian Penman – NME

2383 539

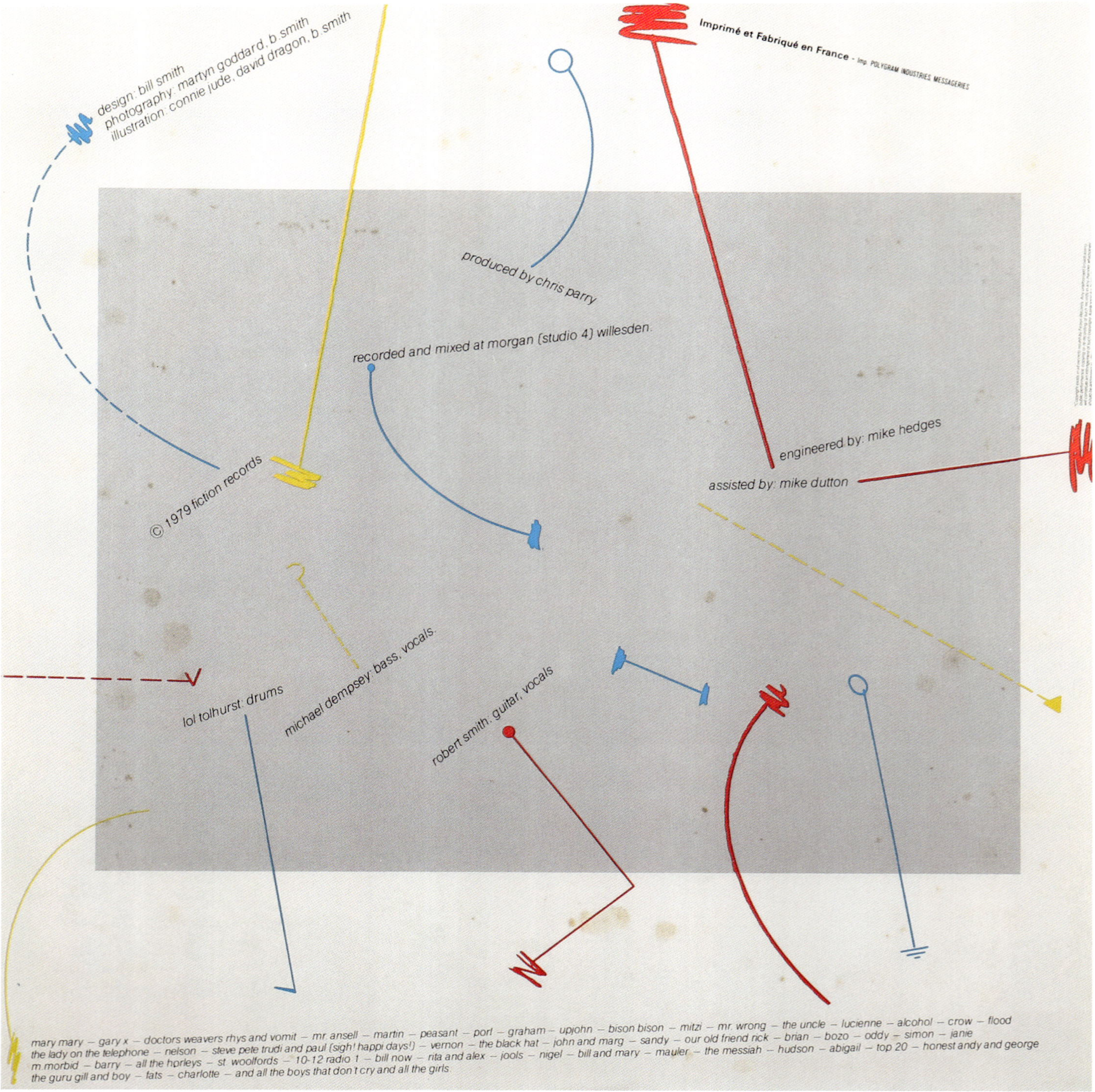
design: bill smith
photography: martyn goddard, b.smith
illustration: connie jude, david dragon, b.smith
Imprimé et Fabriqué en France - Imp. POLYGRAM INDUSTRIES MESSAGERIES
produced by chris parry
recorded and mixed at morgan (studio 4) willesden.
engineered by: mike hedges
assisted by: mike dutton
© 1979 fiction records
lol tolhurst: drums
michael dempsey: bass, vocals.
robert smith: guitar, vocals
mary mary – gary x – doctors weavers rhys and vomit – mr. ansell – martin – peasant – porl – graham – upjohn – bison bison – mitzi – mr. wrong – the uncle – lucienne – alcohol – crow – flood
the lady on the telephone – nelson – steve pete trudi and paul (sigh! happi days!) – vernon – the black hat – john and marg – sandy – our old friend rick – brian – bozo – oddy – simon – janie
m.morbid – barry – all the horleys – st. woolfords – 10-12 radio 1 – bill now – rita and alex – jools – nigel – bill and mary – mauler – the messiah – hudson – abigail – top 20 – honest andy and george
the guru gill and boy – fats – charlotte – and all the boys that don't cry and all the girls

GRINDING HALT
Smith, Tolhurst, Dempsey

« Une autre chanson sur l'entropie et l'apathie. Voici comme je me sentais parfois (souvent) au réveil. »[24]
– Robert Smith

Mille cinq cents exemplaires promotionnels sont envoyés aux radios et clubs d'Angleterre pour faire de cette chanson le prochain single du groupe. Vu le manque d'enthousiasme des programmateurs radio, Chris Parry change de cap et choisit « Boys Don't Cry » comme deuxième single. Un choix qui laisse un petit gout amer dans la bouche du chanteur qui a souvent déclaré que « Grinding Halt » était l'une des rares chansons de *Three Imaginary Boys* qu'il appréciait. Exceptionnellement, les paroles sont en partie écrites par Lol Tolhurst. Son texte originel comportait des phrases plus longues que Smith va raccourcir, pour finalement n'en conserver que le début. Bien que cela puisse être interprété littéralement comme la fin du monde, il est apparemment question d'indifférence et de décadence. « Gringing Halt » reflète l'état d'esprit d'une personne qui perd tout intérêt pour le monde qui l'entoure.

Suite à une critique au vitriol de Paul Morley paru dans le NME, le groupe, d'humeur vengeresse, décide de réécrire le texte le temps d'une « Peel Sessions »*. Ils la rebaptisent pour l'occasion : « Desperate Journalist In Ongoing Meaningful Review Situation ». Une riposte éphémère enregistrée en mai 1979, pour ridiculiser la prose sophistiquée du journaliste. Cette version alternative n'a officiellement jamais été commercialisée. Le groupe sera invité à quatre reprises aux Peel Sessions animées par John Peel sur BBC Radio 1. En 1978, 1979, 1981 et 1985.

Fun Fact : Lors de la tournée 1980-1981, l'intro de « Grinding Halt » pouvait varier en fonction de la consommation de bière du batteur. Si Lol Tolhurst envoyait un signe discret à Robert Smith, alors celui-ci la faisait durer plus longtemps pour lui permettre de passer derrière l'écran pour uriner dans un sceau mis à sa disposition. Un soir, l'ingénieur lumière a malencontreusement allumé un spot dirigé vers le sceau, éclairant Lol Tolhurst en train de le remplir. Le public eut la surprise de voir l'ombre surdimensionnée du batteur se soulageant. En septembre 1980 *Grinding Halt* est incluse à la bande originale du film *Time Square*.

ANOTHER DAY
Smith, Tolhurst, Dempsey

« Simplement l'expression de l'ennui et de la monotonie. » – Robert Smith

« Another Day », c'est une journée solitaire et morose dont on souhaiterait voir la fin avant même qu'elle ne commence. L'esprit hagard, les yeux fixés sur un paysage hivernal, la tristesse de l'instant est palpable. Souvent associé au mouvement punk, The Cure prouve avec ce titre qu'il est bien plus qu'un simple acteur parmi tant d'autres navigant dans ce courant musical. Les paroles et l'ambiance vaporeuse de cette chanson offrent une ouverture vers des horizons plus sombres et mélancoliques.

« La plupart des groupes punks étaient affreux. Je pensais que nous n'étions pas trop mauvais et que nous allions devenir bien meilleurs. Tout ça était du bluff et des fanfaronnades de gamins ! »[25]
– Robert Smith

Pour la première fois, l'influence de la philosophie existentialiste de Camus et Sartre se fait sentir. La passivité et l'attentisme, souvent reproché à ce dernier, vont devenir des thèmes récurrents dans l'œuvre du groupe. Paul Morley, journaliste au NME ne semble pas très sensible à cette vision : *« The Cure essaie de nous dire quelque chose. The Cure essaie de nous dire qu'ils n'existent pas*[26]. *»*

D'autres adhèrent, comme Adam Sweeting de Sound International : *« Je n'arrive pas à me souvenir d'un groupe exhibant un format de base simple aussi riche depuis les Who... ça ressemble à une rêverie introspective lors d'un après-midi pluvieux. »*

Fun Fact : Lors du festival Reading Rock le 24 août 1979, après sa rencontre avec le groupe Motörhead, Robert Smith dédie la chanson « Another Day » à son chanteur, Lemmy Kilmister : *« Celle-ci est pour le merveilleux Lemmy ! »*

Deux univers distincts viennent de se télescoper...

OBJECT
Smith, Tolhurst, Dempsey

« Un ricanement décisif cachant un désir aigre. »[24] – Robert Smith

Pour Smith, « Object » n'est rien d'autre que le pastiche d'une chanson sexiste. C'est une histoire d'horreur farfelue, totalement fictive. « Object » symbolise presque à elle seule tout ce que Smith reproche à la production du premier album : *« Nous avions beaucoup d'engueulades. Certaines chansons n'avaient rien à voir avec ce que nous voulions, mais nous n'avions aucun contrôle sur la production. Chris Parry voulait un son particulier qui m'horrifiait. J'ai aimé "Killing an Arab", "10:15 Saturday Night" et "Boys Don't Cry" mais je haïs "Object" ! J'étais très déçu car jusqu'à ce moment-là, nous avions tout fait nous-mêmes, et lui était quelqu'un d'extérieur au groupe proprement dit... mais il avait le dernier mot. »*

Les visions artistiques diffèrent et s'opposent tout au long de la réalisation de l'album mais le producteur à plus d'expérience, et cet argument suffit pour que la balance penche en sa faveur.

« J'avais un concept de production : c'était un trio, et plutôt que de les faire sonner comme j'avais fait avec les Jam, je voulais quelque chose de totalement différent, d'insaisissable, de translucide, dénudé jusqu'à l'os. J'aimais les paroles, j'aimais la voix de Robert et j'étais convaincu qu'après le punk, les gens voudraient quelque chose de plus mystérieux[5]*. »* – Chris Parry

C'est volontairement que Chris Parry le producteur choisit quelqu'un de jeune, pour apporter des idées fraîches et une vision contemporaine à l'enregistrement. *« Hedges était grand, imposant et possédait une large crinière rousse. Chose plus essentielle encore, il nous appréciait et avait compris dès le début ce qu'on attendait. Il était pleinement conscient des nouvelles techniques et technologies qui commençaient à être monnaie courante dans les studios. Mais il était également assez old school. Il savait comment bien recoller différents bouts d'enregistrement sur une même bande. »*[3] – Lol Tolhurst

SUBWAY SONG
Smith, Tolhurst, Dempsey

C'est l'histoire tragique d'une fille seule dans le métro à minuit. Elle rentre chez elle mais le danger la guette. La résonnance des bruits de pas qui la suivent dans les couloirs du subway, la présence inquiétante d'un inconnu, la solitude et la peur de faire face à son bourreau la paralysent. C'est un cauchemar tout droit sorti de l'imaginaire de Smith : *« J'avais l'habitude de dire aux gens que je connaissais quelqu'un qui avait été assassiné dans un passage souterrain. C'était totalement faux. »*[5]

Lol Tolhurst apporte la contradiction : *« Cette histoire est véridique »* et c'est à Horley, sa ville natale que le crime aurait eu lieu.

Le volume de la chanson baisse jusqu'à ce que l'auditeur se prépare au silence, et c'est un cri strident, plein d'effroi, qui vient exploser ses tympans, comme l'évidence d'un épilogue tragique.

Fun Fact : Pour l'harmonica, aucun musicien additionnel, c'est Robert Smith qui s'en charge. En revanche, près de vingt ans plus tard, le 6 novembre 1996 au Bataclan, le technicien chargé de lui apporter l'instrument commet une bourde : *« Ils m'ont donné un mauvais harmonica, ce n'était pas la bonne tonalité. Cela devait être si bémol et ils m'ont donné un si en me disant "ne souffle pas aussi fort et ça sera pareil !!!" »*[157]

Ceux qui étaient présents à ce concert se souviennent que souffler moins fort ce n'est pas « pareil » ! Concernant ce concert, Smith en garde un souvenir affreux : *« J'ai détesté le Bataclan, c'est en fait le pire concert. Il faisait beaucoup trop chaud. J'avais demandé des ventilateurs mais il n'y avait aucun dans tout le bâtiment !!! C'est incroyable. Même si j'avais 21 ans, j'en avais besoin. Il faisait tellement chaud que j'ai cru que j'allais en crever et j'ai manqué d'eau sur scène parce qu'ils avaient oublié de m'en donner. Cela m'a vraiment mis en colère. Non, pour moi, ça n'a pas fonctionné. J'ai simplement haï chaque seconde de la minute où ça a commencé jusqu'à la minute où ça s'est terminé. »*[157]

MEATHOOK
Smith, Tolhurst, Dempsey

« C'est une des premières chansons écrites par The Cure et sans doute la pire. »[24] – Robert Smith

Sans s'étendre sur le sujet et sans donner trop d'explications, Smith parle de « Meathook » comme d'une plaisanterie douteuse provoquée par un incident datant de l'époque Hansa. C'est une réponse moqueuse et juvénile à une réflexion mal acceptée par le groupe. Smith se souvient : *« Un vieux producteur n'arrêtait pas de se plaindre parce qu'une de nos chansons n'avait pas d'accroche. »*[5] (Hook = accroche.)

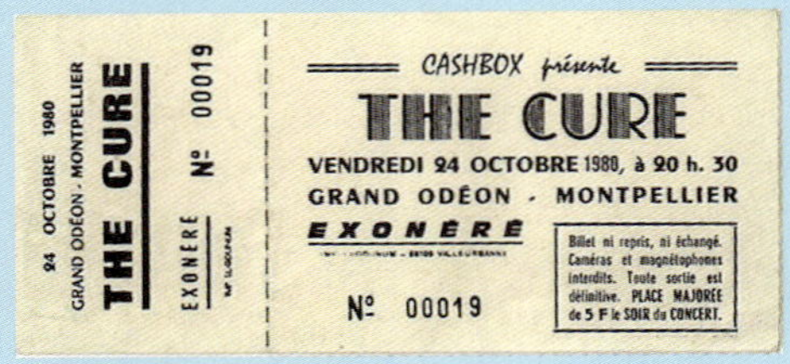

En octobre 1977 et grâce aux 1000 £ reçues pour le contrat avec Hansa, le groupe, alors nommé Easy Cure, réserve les Studios SAV de Londres pour réaliser sa première véritable maquette. C'est à cette occasion qu'ils enregistrent « Meathook », « See The Children », « I Just Need Myself », « Pillbox Tales » et « I Want To Be Old ».

Curieusement, « Meathook » qui est tant méprisée par son auteur est la seule chanson de cette séance à figurer sur le premier album. Ce n'est pas la seule composition de cette époque que Smith rejette.

Fun Fact : Concernant la brève et malheureuse expérience avec le label Hansa, Robert Smith déclare : *« Ils nous ont signés uniquement pour ce que nous représentions, pas pour notre musique. Ils n'ont même pas écouté la démo que nous leur avions donnée. En fait, ils ont juste aimé la photo qu'on leur avait envoyée. »*[49]

SO WHAT
Smith, Tolhurst, Dempsey

Qu'elle est l'inspiration de cette chanson ? *« Moi ivre ! »* Robert Smith

À l'origine, « So What » comportait des paroles bien différentes de la version définitive et s'intitulait « Cheap Sex ». C'est l'une des rares chansons du groupe dont le texte n'est pas terminé au moment de l'enregistrement. Robert Smith, ivre, ne trouve pas l'inspiration et se contente de lire une offre spéciale pour un ustensile à décorer les gâteaux. Lol Tolhurst lui vient en aide en proposant quelques bouts de phrases. En fait, ce morceau est un exutoire.

« Cette chanson est un exemple d'écriture en état d'ébriété. C'est une sorte de cri. Après quatre jours enfermés dans un studio, il fallait juste faire quelque chose[27]*. »* – Robert Smith

D'habitude très critique envers le son et la production de l'album, Smith, cette fois, concentre ses griefs sur le texte : *« C'est marrant comme ça semblait une bonne idée de lire un papier d'emballage. J'aime la musique mais pas les paroles. »*

Lol Tolhurst décrit la chanson comme « très Dadaesque ».

FIRE IN CAIRO
Smith, Tolhurst, Dempsey

La chanson décrit les émeutes du Caire de 1952, également connues sous le nom de Samedi Noir. Au cours de ces évènements, sept cent cinquante bâtiments sont pillés et incendiés en réaction à la mort de cinquante policiers égyptiens provoquée par les troupes britanniques d'occupation. La population se soulève contre les biens matériels de l'occupant et provoque le début de la fin du Royaume d'Égypte. Smith utilise ces évènements comme une métaphore pour mettre en lumière la détresse émotionnelle et la passion amoureuse.

Dans un interview de 1983, il déclare : *« Mes paroles sont un mélange d'images tirées de mon esprit, je ne pense jamais à développer un sujet précis. "Killing an Arab" et "Fire in Cairo" étaient des sujets spécifiques, désormais cela ne se produit plus. »*[22]

Comme à son habitude il lui arrive de donner plusieurs explications pour définir un même texte : *« "Fire in Cairo" est à propos de l'impudeur de la pop et de ce qu'il y a derrière. »*[23]

En 1988, « Fire In Cairo » est réédité en version live sur le EP intitulé *The Peel Sessions – The Cure* qui contient quatre titres enregistrés lors de l'émission de John Peel, le 4 décembre 1978 : « Killing an Arab », « 10:15 Saturday Night », « Boys Don't Cry » et « Fire In Cairo ».

Fun Fact : *« Comme je travaillais encore à cette époque, j'ai dû prétendre que j'étais malade pour pouvoir me rendre au studio. J'ai dit que j'avais des furoncles au derrière ! J'ai été puni, j'en ai vraiment eu. »*[5] – Lol Tolhurst

IT'S NOT YOU
Smith, Tolhurst, Dempsey

« Je t'assassinerais si j'avais l'alibi, ici dans ma main. » La détestation prend une ampleur telle, que Smith en vient à caresser l'idée de meurtre. Lassé et fatigué de cette relation superficielle qui annihile toute idée de passion, il lui faut quelqu'un d'autre. À répéter douze fois « It's Not You », le message que délivre le chanteur est aussi clair que péremptoire.

Le 27 mai 1978, le groupe entre au Chestnut, un petit studio local pour y enregistrer une maquette de quatre titres : « It's Not You », « Boys Don't Cry », « 10:15 Saturday Night » et « Fire In Cairo ». La cassette, accompagnée d'une photo et d'une lettre, est envoyée aux plus importants labels anglais dans l'espoir de signer un contrat. L'initiative vient de Ric, le frère aîné de Simon Gallup, qui, lassé de les voir végéter depuis trop longtemps dans les pubs de Crawley, décide de financer l'enregistrement. Coup de l'opération : 50 £ (bières comprises, selon la légende.) C'est cet enregistrement qui arrive sur le bureau de leur futur producteur, Chris Parry, et qui permet aux Cure de signer un contrat, de multiplier les concerts et d'enregistrer leur premier album. Cette cassette est à l'origine du succès du groupe et pose les bases d'une carrière exceptionnelle. C'est principalement pour cette raison que « It's Not You » acquiert une importance particulière dans la discographie du groupe.

Il faut relativiser. Chris Parry en convient, ce n'est pas cette chanson qui l'a motivé à signer The Cure sur son label fraîchement créé, mais « 10:15 Saturday Night » et « Boys Don't Cry » qui ont su charmer ses oreilles de producteur.

Fun Fact : Les réponses des labels anglais, Virgin, Island, EMI et les autres, sont toutes négatives. Quant à la BBC, elle préfère jouer la carte du refus réconfortant… ou humoristique, à voir. Elle prévient les jeunes musiciens que ce courrier les fera surement rire lorsqu'ils auront vendu plusieurs millions d'albums à travers le monde. Bien vu, à ce jour The Cure a écoulé plus de quarante millions d'albums.

En quarante-cinq ans de carrière et plusieurs milliers de concerts « It's not You » ne fut jouée en public qu'à trente-neuf reprises. En comparaison, « A Forest » aura eu mille deux cent fois les honneurs de la scène.

THREE IMAGINARY BOYS
Smith, Tolhurst, Dempsey

Le 20 septembre 1978, lors de la deuxième session d'enregistrement aux Studios Morgan, le groupe enregistre le titre « Three Imaginary Boys » qui devient la première chanson d'une longue série directement inspirée des rêves de Smith. Il déclare dormir peu mais rêver beaucoup et être heureux d'avoir l'habileté de pouvoir se souvenir de ses songes.

C'est avec des moyens restreints et une certaine immaturité que le trio exprime à sa manière un mal être adolescent qui deviendra sa marque de fabrique. Robert Smith semble se moquer éperdument de la qualité de son matériel et refuse d'en changer, ce qui agace profondément son producteur Chris Parry : *« Il ne voulait pas changer son ampli. Un soir tard, on a eu des mots à ce sujet. Il aimait le son. C'était OK mais ça ne marchait pas pour toutes les chansons. D'ailleurs après le solo de guitare sur "Three Imaginary Boys", l'ampli est tombé en morceaux. Il ne voulait pas non plus changer sa guitare et j'ai pensé : "merde, j'investis de l'argent dans un album pour un crétin qui refuse d'entendre raison." »*[5]

Avec la furieuse envie de contrarier son producteur, Smith déclare que sa guitare Top 20 (achetée à Woolworths pour 20 £) est la meilleure guitare qu'il n'ait jamais eue. Pour preuve, il révèle garder sa Fender en réserve. Comme il l'avoue à la sortie de l'album, il ne fait aucune concession concernant l'écriture des morceaux. Pour lui, le texte des chansons n'est pas moins important que la musique : *« J'ai simplement l'intention de pouvoir faire quelque chose qui me satisfasse. »*[26]

Fun Fact : Sur les conseils de Chris Parry, les Cure saisissent toutes les occasions pour se produire sur scène. C'est donc naturellement qu'ils acceptent de faire les premières parties de Generation X. Une aventure qui prendra fin de façon abrupte.

« Après le concert, j'ai traversé la loge de Generation X pour aller aux toilettes. Quelqu'un a voulu m'empêcher d'y entrer. J'avais une envie terrible et je suis passé outre. Billy Idol se tenait contre une pissotière dans une position plutôt compromettante avec une jeune fille. J'ai eu droit à sa fameuse grimace, et j'ai pensé "Va te faire foutre." Je suis allé à la pissotière d'à côté et j'ai sorti mon zizi. Billy disait "Ne sois pas nerveux", je me suis tourné vers lui en disant, d'accord Billy, et je lui ai pissé dessus. »[5] – Lol Tolhurst

THE WEEDY BURTON
Smith, Tolhurst, Dempsey

C'est le morceau « caché » de l'album. Il commence une minute après la dernière chanson du disque. Ce titre instrumental n'avait pas de nom, jusqu'à la réédition Deluxe de l'album en 2004. « Weedy Burton » est une référence à Bert Weedon, un musicien anglais auteur de *Play in a day*, une méthode pour apprendre la guitare. C'est aussi le premier guitariste anglais à avoir eu un hit dans son pays. À la mort de Weedon en 2012, Smith confie à la BBC : *« J'avais appris par moi-même à jouer un peu en lisant les livres "Play in a day" de Bert Weedon, en utilisant la guitare de mon frère aîné. Cette chanson est une sorte d'hommage ironique à Bert. »*

C'est la chanson la plus courte écrite par le groupe (une minute et quatre secondes).

THE CURE
"ALL RIGHTS OF THE PRODUCER AND OF THE OWNER OF THE WORK REPRODUCED RESERVED. UNAUTHORISED COPYING, HIRING, LENDING, PUBLIC PERFORMANCE AND BROADCASTING OF THIS RECORD PROHIBITED"
2383 539 1
Fabriqué en France

SEVENTEEN SECONDS

(1980)

Fiction Records
Production : Mike Hedges Robert Smith
Enregistrement : Morgan Studios. (Londres) 1980
Pochette : Bill Smith
Date de sortie : avril 1980

1-A Reflection
2-Play for Today
3-Secrets
4-In Your House
5-Three
6-The Final Sound
7-A Forest
8-M
9-At Night
10-Seventeen Seconds

Contrairement à ce qu'espéraient Chris Parry et certains fans de la première heure, The Cure ne reproduit pas la formule du premier album. C'est la froideur et la désolation qui prédominent sur ce nouvel opus. Le disque déroute autant qu'il fédère une nouvelle vague de mélomanes plus sensibles au romantisme de Smith qu'aux réminiscences punk pas toujours assumées par le chanteur.

Très influencé par l'album *Low* de David Bowie, Nick Drake et la *Gayane Ballet Suite* de Khatchatourian, Smith imagine ce second opus comme une litanie acoustique : *« J'avais écouté beaucoup de violoncelle et je pensais que ce serait bien d'avoir une batterie, une basse et une guitare avec un grand trou au milieu. »*[5]

Ce changement de direction artistique n'est pas le seul fait marquant. Smith écarte poliment Chris Parry, lui demandant de faire confiance à Mike Hedges, qui, après avoir assisté le producteur sur l'album précédent, prend désormais les commandes. Il sait comment les Cure travaillent et surtout il comprend leurs choix musicaux.

« On se complétait parfaitement. Hedges était ouvert aux expérimentations pendant les sessions d'enregistrement et d'élaboration de la musique. Il nous aidait de mille façons. Il nous encourageait et on admirait tous sa créativité. »[3]
– Lol Tolhurst

Parry prend conscience que les musiciens ont besoin de liberté et d'être livrés à eux même pour réaliser l'album qu'ils souhaitent. Il passera quand même de temps en temps au studio pour écouter l'avancée du projet et s'assurer de ne pas devoir regretter la confiance qu'il accorde à ses jeunes protégés. L'enregistrement se fait live et vite. Du 13 au 20 janvier 1980 aux studios Morgan, puis mixé du 4 au 10 février à raison de seize à dix-sept heures de travail quotidien. Pour l'occasion, Smith délaisse sa guitare bon marché au profit de sa Fender Jazzmaster et enrichit sa signature sonore de nouveaux effets : flanger, chorus, delay. Tous ces effets sont analogiques et créent des accidents, des sonorités inhabituelles, ce qui n'est pas pour déplaire aux musiciens. L'ajout de réverbérations enregistrées sur bande et passées à l'envers participe à créer cette esthétique et cette homogénéité dont Hedges et Smith sont les principaux architectes.

« La direction musicale de l'album est morose, atmosphérique et très différente de Three Imaginary Boys. *Smith était très déterminé à obtenir un certain son. »*[166]
– Mike Hedges

Suite au départ de Michael Dempsey, très peu emballé par les égarements existentiels de son chanteur, le groupe accueille un membre bientôt indissociable des Cure, le bassiste Simon Gallup. Dans son sillage, un quatrième garçon rejoint le groupe : le claviériste Matthieu Hartley, ami et collègue de Gallup au sein du groupe Lockjaw. Les quatre musiciens cherchent à développer un son unique, inhabituel et plus éthéré que celui du premier album. Mike Hedges se souvient : *« j'avais très envie d'expérimenter, et Robert m'a encouragé à le faire. En tant que coproducteur, il s'est donc chargé de la direction musicale, tandis que je me suis occupé de la direction sonore. Les membres du groupe étant très différents, je voulais un son vraiment individuel, ce qui m'a amené à faire pas mal d'expériences et à changer de matériel. »*[132]

2383 574
THE CURE
SEVENTEEN SECONDS

Des expérimentations parfois hasardeuses et peu convaincantes : *« On a même échangé nos instruments pour voir ce que ça pouvait donner. Aucune des chansons qui sont sorties de cette expérience ne figure sur l'album. Ça veut tout dire ! »*[3] – Lol Tolhurst

En raison d'un budget très serré, les heures d'enregistrement sont comptées et le groupe ne doit pas se perdre en conjectures. La cohésion entre les musiciens est bonne et les compétences de Hedges permettent au projet d'avancer correctement. Parfois, épuisé après de longues journées d'enregistrement et pour économiser de l'argent, le groupe dort sur place, dans le vieux studio Morgan 1, une grande pièce construite dans une ancienne église à l'architecture inquiétante. La fatigue ajoutée à la noirceur de *Seventeen Seconds* fait croire à certains que le lieu est hanté. D'autres prétendent même avoir aperçu des fantômes.

Les textes de *Seventeen Seconds* se caractérisent par une mélancolie et une fragilité en parfaite symbiose avec l'économie d'emphase caractérisée par l'interprétation vocale de Smith. Les sentiments ne sont pas refoulés, ils sont voilés et sublimés par le minimalisme d'une musique glaciale. Pour Smith et Tolhurst, ces dix chansons servent de catharsis.

« Seventeen Seconds *était un album extrêmement personnel, nous avons pourtant reçu des centaines de lettres de personnes nous écrivant combien elles avaient ressenti les mêmes choses et exprimant leur bonheur qu'un album puisse contenir leurs humeurs en musique. »*[163] – Robert Smith

Ces textes s'accompagnent aussi de reproches. Certaines personnes voulant rendre le groupe responsable de l'état dépressif d'un proche ou d'un suicide… Descente aux enfers pour les uns, magnificences des émotions pour les autres, ce deuxième album demeure pour beaucoup le chef-d'œuvre du groupe. Son importance chronologique réside dans le fait qu'il est le premier volet de la trilogie sombre, celle qui fera des Cure le groupe phare de la coldwave. Suivie par *Faith* en 1981 et *Pornography* en 1982, *Seventeen Seconds* rencontre un succès inattendu qui offre au groupe la possibilité de sillonner les routes d'Europe pour des concerts aux ambiances souvent mystiques, voire religieuses. Un succès qui conforte Smith dans le désir de plonger plus profond dans les méandres macabres de son esprit torturé.

« On ne pouvait survivre et dépasser l'horreur du monde qu'en chantant et en jouant notre musique. »[3] – Lol Tolhurst

La presse anglaise accordera à l'album un accueil aussi froid que son contenu : *« On reste là à attendre un sursaut… »*, *« Les bandes sonores guindées qui peuplent* Seventeen Seconds… *»*, *« Musique déprimante et régressive… »*

La pochette réalisée par Bill Smith est assez représentative du disque. Brumeuse, énigmatique, floue. Robert Smith et Lol Tolhurst souhaitent que rien ne vienne parasiter l'écoute de la musique. *« C'est la première fois qu'on est parvenu à se confier autant. Même la pochette, que Robert tenait à valider, reflétait cette sincérité. Toutes les photos du groupe sont floues, ce qui représente parfaitement le message de l'album. On voulait que les gens se concentrent sur la musique, sur les chansons et non pas sur notre apparence. »*[3] raconte Tolhurst.

A REFLECTION
Smith, Tolhurst, Gallup, Hartley

« "A Reflection" sert à donner une ambiance contemplative à l'ensemble du disque. »[37] Robert Smith

L'introduction instrumentale de l'album instaure une atmosphère cotonneuse et presque dissonante, qui sert de parfait préambule au développement du disque. Smith décide de prendre les choses en main après sa déception concernant la production du premier opus. C'est associé à Mike Hedges qu'il décide de co-réaliser *Seventeen Seconds*.

« J'ai toujours essayé de produire des disques qui soient d'une seule pièce, qui expriment une certaine atmosphère dans leur globalité. Pour explorer quelque chose à fond, une seule chanson ne suffit pas. C'est pourquoi j'ai toujours aimé les albums de Nick Drake, ou de Pink Floyd comme Ummagumma. *J'aime les disques qui sont construits autour de lents changements, qui permettent de traiter les choses avec beaucoup de précisions. »*[38] – Robert Smith

PLAY FOR TODAY
Smith, Tolhurst, Gallup, Hartley

« "Play For Today" évoque les aspects malhonnêtes d'une relation insincère. »[37] – Robert Smith

Smith se questionne sur l'idée qu'il n'est pas forcément nécessaire de faire ce qui est juste pour se sentir bien. Certaines situations ne nécessitent pas la vérité mais il s'agit plutôt de s'en accommoder et de faire avec. C'est pendant la réalisation des maquettes du deuxième album que des désaccords d'ordres artistiques se font ressentir entre le bassiste et le reste du groupe. Smith souhaite s'orienter vers des ambiances plus sombres.

« J'ai fait écouter la démo de "Play For Today" à Dempsey, il a détesté. Il voulait qu'on soit une deuxième version de XTC alors que je voulais qu'on soit une deuxième version de Siouxsie and the Banshees… il est parti. » – Robert Smith

Durant la préparation de l'album, Smith occupe également le poste de guitariste au sein de Siouxsie and the Banshees. Il y joue le rôle de musicien intérimaire pendant un mois en 1979. Robert Smith confie *« Je voulais avoir un groupe qui ferait ce que Steven Severin et Budgie faisaient. »*

Fun Fact : *« Les fans de Cure chantent toujours sur la partie de clavier de "Play For Today", ce qui est une expérience merveilleuse à vivre. »* – Lol Tolhurst

SECRETS
Smith, Tolhurst, Gallup, Hartley

« "Secrets" est une chanson sur le souhait désespéré d'avoir le courage de saisir les occasions manquées. »[37]– Robert Smith

Le groupe cherche un son minimaliste et une écriture épurée pour chaque chanson de l'album. Smith et Mike Hedges expérimentent sans relâche différentes techniques d'enregistrement, des textures sonores et une multitude d'effets pour s'approcher au plus près de l'atmosphère crépusculaire voulue par le chanteur : *« Notre objectif était de créer une ambiance. Pas une suite de climats mais différents aspects de la même ambiance. »*[49]

« Secrets » est un parfait exemple de cette approche minimale : quelques mots ciselés, deux accords, une production dépouillée et un mix inhabituel… tout comme la pochette de l'album, spectrale et abstraite.

« La pochette de l'album correspond à la musique. Pendant la tournée avec Siouxsie and the Banshees j'avais un appareil photo avec moi. J'ai pris quelques clichés et après qu'elles aient été développées, l'une d'elles montrait une rangée d'arbres, mais l'appareil avait bougé pendant la prise de vue. C'était un accident, mais ça a donné une très belle image. C'était comme une parodie de tout ce qui était écrit sur nous. C'est une rangée d'arbres mais à cause du mouvement, cela ressemble à une forme d'église. J'ai délibérément choisi que la pochette soit comme ça. En ce moment nous contrôlons tout nous-mêmes. »[50] – Robert Smith

IN YOUR HOUSE
Smith, Tolhurst, Gallup, Hartley

« Se sentir mal à l'aise en présence de quelqu'un, mais toujours revenir. »[37]
– Robert Smith

La chanson évoque un sentiment de malaise face à une relation amoureuse incertaine et distordue… une romance fantasmée où l'auteur se noie tout en prétendant nager.

Avant d'être enregistré, le morceau est rodé sur scène sous le titre « People Conversation ». Les répétitions pour *Seventeen Seconds* commencent chez Robert Smith le 3 janvier 1980. Dans la foulée, le groupe intègre le Morgan Studio pour y enregistrer l'album qui sort en avril de la même année. La maturité des compositions et l'évolution musicale du groupe surprennent une partie de la presse britannique. Comme le dit Nick Kent à la sortie de l'album : *« Pour un groupe aussi jeune que les Cure, il est étonnant de voir la rapidité de leur évolution dans un si court espace-temps. Dans l'ensemble, l'album se situe dans une ambiance en demi-teinte où beaucoup de choses sont insinuées mais rien n'est clairement dit. La musique et l'auditeur semblent pris dans la signification même de cette distance que Smith entretient jusqu'à l'obsession. »*

« Les chansons peuvent avoir un air triste… ou révolté. J'avais vingt ans quand je les ai écrites et nous savions que nous n'étions plus des enfants. Mais je ne voulais pas que l'on puisse penser que je resterais mélancolique toute ma vie. Nous ne disposions pas de beaucoup de temps pour faire ce genre de musique par ce que les gens allaient vite se fatiguer de ce style, moi le premier. »[5] – Robert Smith

Pendant la préparation de l'album, le groupe prend quelques jours pour tenir un engagement en Allemagne. Il en résulte la version Live de « In Your House » incluse à l'album *Concert: The Cure Live*.

THREE
Smith, Tolhurst, Gallup, Hartley

« "Three" traite du "triangle éternel". »[1] – Robert Smith

Au niveau émotionnel, le triangle éternel désigne une relation d'amour et de jalousie entre trois personnes. Musicalement, c'est une direction artistique nouvelle pour le groupe, pleine d'expérimentations, de sons éthérés, de reverb et d'échos. La structure aussi s'éloigne des compositions pop de l'album précédent.

Les paroles de « Three » sont imperceptibles, mais peu importe, l'heure est à l'expérimentation. Smith et Hedges s'aventurent dans un univers abstrait qui convient au producteur : *« J'aime vraiment la direction musicale, morose, atmosphérique, très différente de* Three Imaginary Boys. *On était tous renvoyés à nos propres moyens. Sur le moment, on ne s'est pas rendu compte que nous faisions beaucoup d'expérimentation en utilisant des techniques d'enregistrement bizarres, on ne pensait pas du tout à l'aspect commercial. En fait, je suivais les instructions de Robert qui voulait un certain son. »*[5]

Pendant la tournée de l'album *Faith* en 1981, les Cure avaient pour habitude de clôturer leurs concerts par une version improvisée et prolongée de « Three ». Parfois très en forme, il leur arrivait de l'étirer jusqu'à en faire une performance de trois quarts d'heure.

THE FINAL SOUND
Smith, Tolhurst, Gallup, Hartley

« "The Final Sound" devait être un morceau instrumental assez long, mais la bande s'est arrêtée pendant que nous l'enregistrions et Hedges ne nous l'a pas dit. Le son à la fin est en fait la bande qui s'achève… »[33] – Robert Smith

Le groupe doit composer avec un budget très serré, compris entre 2000 £ et 3000 £ pour l'enregistrement de l'album. Tout aussi serré que le délai qui leur est alloué : huit jours. Cette contrainte financière ne permet pas d'utiliser plus de bande pour réenregistrer le morceau, qui restera donc amputé d'une longue partie musicale. Les finances sont tellement légères qu'il n'est pas non plus pensable de séjourner à l'hôtel, et c'est donc sur place, au Studio Morgan, que The Cure vit et travaille en autarcie.

Fiction
Polydor
UNIVERSAL
982 183-4

Fiction Records
2383 574
POL 350
ONE
A REFLECTION
PLAY FOR TODAY
SECRETS
IN YOUR HOUSE
THREE
TWO
THE FINAL SOUND
A FOREST
M
AT NIGHT
SEVENTEEN SECONDS
GUITARS, VOCALS—ROBERT SMITH
KEYBOARDS—MATTHIEU HARTLEY
DRUMS—LAURENCE TOLHURST
BASS—SIMON GALLUP
PRODUCED BY ROBERT SMITH AND MIKE HEDGES
ASSISTED BY CHRIS PARRY AND M L S
ENGINEERED BY MIKE HEDGES AND MIKE DUTTON
ASSISTED BY NIGEL GREEN AND ANDREW WARWICK
RECORDED AT MORGAN STUDIO ONE
COVER ART BY BILL SMITH AND THE CURE
PHOTOGRAPHY BY ANDREW DOUGLAS
THANK YOU FLOOD, GRAHAM, RITA, ALEX, MARG AND JOHN
℗ 1980 18 AGE RECORD CO. LTD.
© 1980 POLYDOR LTD.
Distribué par Polydor
2, rue Cavallotti 75018 Paris
Imp. POLYGRAM INDUSTRIES MESSAGERIES
« Imprimé et Fabriqué en France »

« Tout l'album a été fait avec une économie de moyens, ce qui était un bon choix. Ils travaillaient toute la journée, se couchaient à quatre heures du matin et ce satané aspirateur les réveillait vers les dix heures. Ils se levaient un peu grincheux mais ils étaient assez jeunes pour supporter ça, et cela créait une espèce d'ambiance mystique autour de leur façon d'enregistrer. »[5] – Chris Parry

Fun Fact : En 1989, suite à une question concernant l'inspiration de cette chanson, Smith répond : *« Court poème mélancolique de Matthieu. »*[37] Comprend qui veut, la chanson ne comporte aucune parole…

A FOREST
Smith, Tolhurst, Gallup, Hartley

Initialement intitulée « Into The Trees », puis renommée « At Night » (sans lien avec la chanson du même nom présente sur le même album), « A Forest » comportait des paroles différentes avec une structure musicale similaire. Le titre raconte une poursuite au cœur d'une forêt à la recherche d'une fille inatteignable. Un prétexte pour parler d'une expérience malheureuse et traumatisante vécue par le jeune Robert, seul et perdu dans les bois.

« J'essaie de capturer ce sentiment de peur extrême qui m'a envahi et comment, peut-être de manière différente, ce type de sentiment désagréable peut encore arriver. »[7] – Robert Smith

Il admettra quelque temps plus tard avoir inventé cette histoire : *« Parce que ça avait l'air plus intéressant pour les médias. »*

« Tout s'est construit autour des paroles que Robert avait écrites. On avait commencé à la bosser à la maison, si je me souviens bien. On voulait un son très mécanique, c'est pourquoi nous avons conservé un rythme très simple. Pour moi c'est le premier morceau des Cure qui a cette marque de fabrique, ce mouvement, vous savez... c'est difficile à décrire mais il y a cette progression de rythme et d'accords, cette sensation de mouvement. Quelque chose qui, même si on ne l'a pas inventé, a fait le son de notre carrière musicale. » – Lol Tolhurst

Seul le trio et leur producteur croyaient au potentiel artistique et commercial de la chanson. Avant que le public ne leur donne raison, il aura fallu convaincre l'industrie musicale et les radios qui refusaient de jouer le titre. Robert Smith explique *« Mais c'est comme ça que ça sonne, c'est le son que j'ai dans la tête. Peu importe si c'est compatible avec les radios. »*

Même Polydor, maison mère de Fiction en Angleterre ne voyait pas « A Forest » comme un single… Ce fut un hit !

« "A Forest" est l'archétype du son Cure, cette chanson est un tournant. Les gens ont commencé à écouter le groupe et à penser que nous pouvions réaliser quelque chose, y compris moi. »[57] – Robert Smith

L'orchestration autour de la voix sous mixée de Smith pose les jalons du son Cure : une batterie simple et percussive, des guitares discrètes et noyées dans un flanger, un clavier vaporeux et une basse plus présente que jamais. Simon Gallup dira plus tard que son jeu de basse sur « A Forest » est directement inspiré par JJ Burnel le bassiste des Stranglers.

Selon Smith, l'ensemble des paroles de l'album *Seventeen Seconds*, dont « A Forest » est le single, a été écrit en une nuit, le 3 octobre 1979, suite à un concert de Siouxsie and the Banshees ou il officiait en tant que guitariste. Alors qu'il essayait de regagner sa chambre d'hôtel, il tombe sur trois hommes d'affaires qui vont le passer à tabac, sans raison. Coincé dans l'ascenseur avec les trois costauds en costard, Smith se prend une raclée. Choqué, il s'enferme dans sa chambre et écrit l'intégralité des textes de *Seventeen Seconds*.

Beaucoup de premières pour cette chanson : Premier single à entrer dans le top 40 anglais. Première prestation au *Top Of The Pops* sur la BBC. Premier et unique single avec Mathieu Hartley aux claviers.

Premier single format 12 inch (l'alternative 7 inch présente un mix différent)

« A Forest » sort le 8 avril 1980. Face B : « Another Journey by Train ».

Fun Fact : De retour de la tournée américaine, terminée la veille, le groupe est envoyé à *Top of the Pops* pour promouvoir le single. Épuisés par le jet-lag, ivres et désabusés, ils massacrent le playback de la chanson avec un chanteur au doigt bandé qui s'est blessé quelques jours plutôt dans un accident de voiture.

« Tout ce qu'on pouvait voir à la TV c'était le pansement énorme de Robert qui montait et descendait le long du manche de sa guitare. »[3] – Lol Tolhurst

Le présentateur oublie leur nom et la prestation est désastreuse. Résultat : « A Forest » sort des charts dans la foulée.

À l'occasion du changement de millénaire, Channel 4 place « A Forest » à la 15e place des cent meilleures chansons du siècle. Smith s'en étonne autant qu'il s'en amuse tout en déplorant le manque de reconnaissance de son pays vis-à-vis de son groupe.

En 1981, en Belgique, lors du Werchter Festival, The Cure joue en première partie de Robert Palmer. Impatient de faire son concert, le chanteur demande à son staff de faire sortir de scène ce petit groupe. Furieux, les Cure vont ralentir le tempo de « A Forest » pour l'étendre et la faire durer neuf minutes, puis, en guise d'aurevoir, Gallup prendra le micro pour hurler à la foule : « Fuck rock'n roll, Fuck Robert Palmer ! » De quoi agacer fortement les roadies de Palmer qui vont s'en prendre aux amplis et au back-line des Cure en jetant le tout hors de scène.

M
Smith, Tolhurst, Gallup, Hartley

Lorsqu'on demande à Smith de quoi parle cette chanson, il répond de manière évasive : *« c'est à propos d'une fille... »*[37]

« M » est le seul morceau de l'album à apporter un peu de réconfort dans ce profond désespoir que le groupe s'efforce de partager. Il s'agit en réalité d'une déclaration d'amour à Mary Poole, la future épouse de Smith, mais « M » ne prend ni la forme d'une chanson d'amour traditionnelle ni celle d'une romance à l'eau de rose. Pour déclarer sa flamme, Smith s'inspire d'une nouvelle d'Albert Camus : « La mort heureuse ».

« En fait, Mary et moi, on se connait depuis si longtemps que je n'ai pas besoin de finir de dire les choses. Un mot suffit et elle sait ce que je pense. Ça fait la conversation... enfin... » – Robert Smith

« M » est l'une des premières chansons écrites par Smith, et composée avant la sortie de *Three Imaginary Boys*. C'est finalement sur le deuxième album du groupe qu'elle trouvera sa place.

« Mary représente tellement pour moi, de façon inimaginable. Je ne pense pas qu'elle n'ait jamais réalisé à quel point je suis dépendant d'elle depuis toutes ces années. Elle a toujours été celle qui m'a sauvé quand j'étais le plus autodestructeur, elle a toujours été celle qui m'a rattrapé quand j'étais près de m'effondrer. Si jamais elle avait dû me quitter ou disparaitre... je sais que je tombe dans mon image de dépressif insupportable en disant cela mais je me serais suicidé. » – Robert Smith

Fun Fact : « M » est utilisée dans « Countdown to Zero » documentaire de 2010 traitant de la crainte d'un désastre nucléaire.

AT NIGHT
Smith, Tolhurst, Gallup, Hartley

La chanson tire son nom du récit éponyme de Kafka (1920) et se concentre sur l'un des personnages chargés d'observer les dormeurs, la nuit.

« Cette chanson est inspirée de Kafka, du fait qu'il y a un gardien qui nous voit et serait le concept de dieu. Pour en revenir à la nuit, cela est assez récurent dans mes textes car je préfère écrire la nuit plutôt que le jour. Habituellement je bosse la nuit et dors la journée. Je ne sais pas pourquoi mais c'est ainsi. »[7]
– Robert Smith

À l'instar de l'album, la chanson est minimaliste, expérimentale et triste. Si l'ambiance générale des titres est sombre et dépourvue de toute forme de réjouissance, elle contraste avec les souvenirs communs des protagonistes de cette œuvre morose.

« Je sortais de mon train-train quotidien, tout me faisait plaisir... rester debout jusqu'à trois heures du matin... et boire. »[5] – Simon Gallup

« Parce que les paroles avaient été écrites avant, elles étaient assez dépressives, mais l'enregistrement a été spontané. »[5] – Robert Smith

« Simon et moi étions très excités parce que c'était la première fois que nous étions en studio. Robert et Lol l'étaient aussi car ils faisaient quelque chose de nouveau. Personne n'était de l'humeur du disque, plutôt triste. »[5] – Matthieu Hartley

« Quand j'essaie de me souvenir, tout ce que je vois, c'est la fête. »[5]
– Mike Hedges

Dans l'ancienne église à l'architecture inquiétante où se situent les Morgan Studios, Tolhurst avoue avoir vécu quelques moments inquiétants : *« Les lumières éteintes, une fois couchés, on pouvait entendre un tas de bruits étranges. Ça foutait les jetons... quelqu'un a dit qu'il y avait des fantômes. »*[5]

Fun Fact : En 1980, un journaliste du New Musical Express écrit : *« N'importe quel imbécile doté d'un synthétiseur et de quelques connaissances sur Kafka peut faire la même chose. Si l'on y ajoute une véritable sensibilité pop, un synthé correctement employé et un bon vibrato de guitare, alors là je veux bien aimer les Cure. »*

SEVENTEEN SECONDS
Smith, Tolhurst, Gallup, Hartley

« C'est à partir de cet album que la carrière de Cure a véritablement démarré. »[36]
– Robert Smith

Concernant le texte de la chanson titre, Smith donne une explication littérale et évasive : *« Une mesure arbitraire du temps passé qui semblait être partout une fois la chanson écrite. »*[37]

Parfois, il lui arrive d'être un peu plus explicite et de proposer quelques clefs : *« Beaucoup de gens sont comme nous. Tous ceux que je connais ont traversé le traumatisme émotionnel de "Seventeen Seconds", qui consiste à apprendre que vous ne pouvez pas faire confiance aux gens aussi implicitement que vous le pensiez quand vous étiez plus jeune. »*[29]

Grâce au succès du single « A Forest », les Cure ont la possibilité de promouvoir leur nouvel album en dehors de leur zone de confort. Première destination : les États-Unis. Pour cette dizaine de concerts, le groupe décide d'imposer « Seventeen Seconds » comme titre d'ouverture de chaque show à un auditoire encore peu familier de ce genre de musique. Bien que risqué, ce choix s'avère payant. Simon Gallup se souvient de cette première incursion américaine : *« La tournée a été faite presque sans argent, mais on s'est bien marré. Au lieu d'avoir des canettes de bière dans les loges on buvait des verres de Southern Comfort ! »*[5]

La chanson qui donne son titre à l'album est la conclusion d'un disque que le groupe propose comme un ensemble cohérent et non une simple suite de chansons : *« Je préfère cet album à* Three Imaginary Boys. *Le premier album était un tel amalgame de chansons différentes, certaines avaient même été écrites deux ans avant d'être enregistrées. »*[35] explique Smith.

Pour « Seventeen Seconds », Smith avoue s'être beaucoup inspiré de Nick Drake et de David Bowie. Deux références majeures qu'il citera sans gêne tout au long de sa carrière. *« Pendant la réalisation de l'album Seventeen Seconds, nous avons senti que nous créions quelque chose que personne n'avait encore fait. À partir de ce moment, j'ai pensé que chaque disque serait le dernier, alors j'ai essayé d'en faire quelque chose qui serait une sorte de jalon. Je pense que* Seventeen Seconds *est l'un des rares albums à avoir atteint cet objectif. »*[35]
– Robert Smith

FAITH (1981)

Fiction Records
Production : Mike Hedges Robert Smith
Enregistrement : Morgan Studios (Londres) 1980-1981
Pochette : Bill Smith
Date de sortie : avril 1981

1-The Holy Hour
2-Primary
3-Other Voices
4-All Cats Are Grey
5-The Funeral Party
6-Doubt
7-The Drowning Man
8-Faith

Églises, cimetières, questionnement sur la foi et l'importance de la religion, tels sont les fondements de l'inspiration de l'album *Faith*. La perte de proches fait prendre conscience aux musiciens que la mort n'est pas une abstraction mais qu'elle est bien réelle lorsqu'elle vient frapper à votre porte. « *Si les gens admettaient vraiment qu'ils vont mourir un jour, leur vie serait moins médiocre.* »[1] – Robert Smith

Matthieu Hartley, peu convaincu par la volonté du groupe d'aller plus loin dans l'expression de la mélancolie claque la porte et ne sera pas remplacé : « *Je me suis rendu compte que le groupe se dirigeait vers une musique suicidaire et sombre, le genre de choses qui ne m'intéressait pas du tout* ».[121]

Simon Gallup, lui, s'est parfaitement intégré et prend une place prédominante dans les textures sonores de ce nouvel album. Sa basse est plus percussive et plus présente que sur *Seventeen Seconds*, ce qui permet à Smith de se concentrer davantage sur la voix. Parfois doublée et harmonisée dans un registre plus aigu, elle est aussi traitée avec des reverbs et des échos plus affirmés que par le passé. Smith et Hedges décident de travailler cette voix comme un instrument qui doit s'inclure dans un ensemble. L'enregistrement est une expérience émotionnelle et cathartique qui ne facilite pas le travail en studio. Le groupe prend ces séances très au sérieux et s'applique de façon laborieuse à retranscrire musicalement ses pensées lugubres.

Dans la foulée de l'enregistrement de *Seventeen Seconds*, le groupe était parti instantanément le défendre sur scène, enchainant les concerts sans avoir le temps de plancher sereinement sur la suite à donner à leur carrière. Épuisés, les trois jeunes musiciens auraient aimé se donner le temps de la réflexion mais les clauses du contrat qui les lient avec Fiction Records imposent une nouvelle réalisation.

« Une fois par an Fiction pouvait choisir de suivre une des clauses et nous obliger à écrire et à sortir un nouvel album. C'était à plusieurs égards des conditions injustes puisqu'elles ne nous permettaient que de prévoir l'avenir à court ou moyen terme, album après album. Ils agitaient un chèque pour mieux nous faire avaler cette clause du contrat. » – Lol Tolhurst

C'est essentiellement pour cette raison que, à l'inverse de *Seventeen Seconds*, la plupart des textes de *Faith* sont écrits en studio.

Du 2 au 11 février 1980, le groupe s'installe aux Studios Morgan puis prolonge le douloureux processus de création pendant plus d'un mois dans différents studios. The Cure stagne et réenregistre sans cesse les mêmes chansons sans parvenir à leur apporter la force escomptée. Le temps passe et les musiciens désespèrent de pouvoir donner un successeur à *Seventeen Seconds*. Hedges supporte de moins en moins les sautes d'humeurs de Smith, alors que Chris Parry se désole du retard et du coût financier de ces dépassements.

L'album sort finalement le 14 avril 1981. Le producteur est soulagé et semble même ravi de son contenu : « *Superbe, le plus épuré et le plus stylé des albums* ».[121]

Gallup, Smith et Tolhurst, sont eux aussi satisfaits du résultat, même s'ils sortent éprouvés de ces séances d'enregistrement interminables. Ils ont atteint un vocable minimaliste qui repose sur la simplicité et la tension de chaque chanson. Une volonté artistique pleinement assumée. Pour Tolhurst, la beauté des Cure se résume ainsi : « *Le moins est un plus.* »[3]

Faith ne se contente pas d'exploiter la mélancolie du disque précédent mais amplifie l'expression du malaise et de l'obsession face à la mort et l'absence de foi. Le suicide de Ian Curtis, chanteur de Joy Division en mai 1980 est un choc libérateur pour Smith qui de façon inconsciente, va porter le flambeau de la dépression musicale jusqu'à frôler la folie.

« Un exercice intellectuel qui s'est transformé en crise émotionnelle. »[67]
– Robert Smith

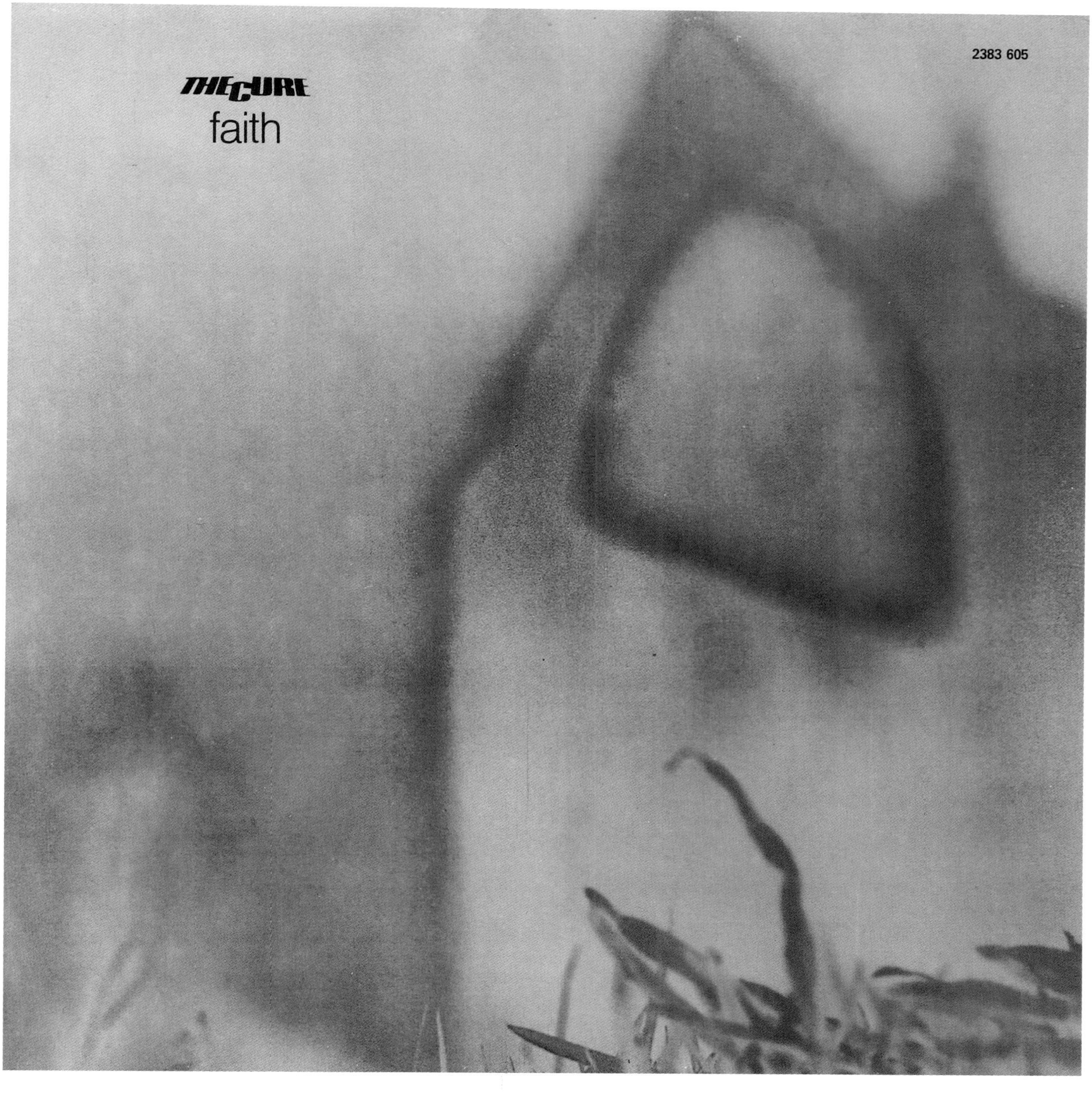
THE CURE
faith
2383 605

2383 605
POL 365
the holy hour
primary
other voices
all cats are grey
the funeral party
doubt
the drowning man
faith
Distribué par POLYDOR
2, rue Cavallotti 75018 Paris
Imp. POLYGRAM INDUSTRIES MESSAGERIES
« Imprimé et Fabriqué en France »
copyright exists in all records issued by polydor limited. any unauthorised broadcasting, public performance, copying or re-recording in any manner whatsoever will constitute an infringement of such copyright. application for public performance licence should be addressed to; phonographic performance limited, ganton house, 14/22 ganton street, london w1v 2lb.
© 1981 fiction records ℗ 1981 fiction records

Faith est le troisième album de Cure et le deuxième volet de la trilogie « sombre ». Alors seulement âgé de 22 ans, Robert Smith devient le représentant d'une génération en proie aux angoisses existentielles et qui voit en lui le spectre du défunt chanteur de Joy Division.

Les huit titres qui composent cet album forment le linceul de l'innocence et de la jeunesse de trois garçons désespérés. Pour ne rien arranger à l'affaire, les drogues et l'alcool prennent une place de plus en plus importante dans la vie du trio qui va découvrir à ses dépens comme il est éprouvant de jouer cet album chaque soir sur scène.

Pas le temps de souffler. Le 18 avril le groupe s'engouffre dans une tournée de cent vingt et une dates. Pour tenter de sortir du circuit traditionnel des concerts, ils embarquent un chapiteau de cirque pour les représentations aux Pays-Bas. *« Le chapiteau avait été créé par Fred Zylstra, le promoteur hollandais de la tournée. À cette époque on avait déjà joué en Hollande et on avait cherché un lieu différent, un endroit qui ne soit pas trop rock. On pensait que jouer sous un chapiteau nous démarquerait des autres groupes. »*[3] – Lol Tolhurst

C'est une trentaine de techniciens qui chaque jour s'affairent au montage de ce grand chapiteau qui affiche complet à chaque représentation du « cirque Cure ».

Le décès de la mère de Tolhurst advient au milieu de cette tournée qui commence à avoir raison des nerfs de ce qui ressemble plus à un gang qu'à un groupe de rock. L'année 1981 laissera des stigmates durs à effacer.

« J'avais demandé au manager de la tournée de ne me donner des nouvelles de l'état de ma mère qu'après les concerts, s'il recevait un appel de mon frère pendant qu'on jouait. C'était la moindre des choses par respect pour les fans qui avaient dépensé leur argent pour venir nous voir. »[3] – Lol Tolhurst

La presse britannique n'est pas tendre avec le nouvel opus : *« Creux, superficiel, prétentieux, suffisant et dépourvu de tout cœur et de toute âme véritable ; un catastrophisme éculé qui aurait dû mourir avec Joy Division. »*[19]

La pochette à nouveau floue, représente L'Abbaye de Bolton à peine perceptible et noyée dans un gris plus danse et plus macabre que celui de l'opus précédent. Autant visuellement que musicalement, le groupe s'enfonce dans la désespérance.

THE HOLY HOUR
Smith, Tolhurst, Gallup

Sans répéter la même formule, *Faith* prolonge la froideur de *Seventeen Seconds* et s'enfonce un peu plus dans le macabre. Le disque s'ouvre sur le brumeux « The Holly Hour ». Les bases sont posées, l'album sera glacial.

« J'ai écrit ce texte alors que j'écoutais la messe dans l'église du couvent catholique de Crawley, un dimanche soir. »[1] – Robert Smith

C'est une période sombre pour le groupe qui se confronte à maladie de la mère de Lol Tolhurst. Les questionnements existentiels sur la vacuité de la vie et le rapport contradictoire à la foi vont pousser les musiciens sur une voie bien plus cafardeuse que prévu.

« La mère de Lol est tombée malade au cours de cette période. Lui et moi parlions beaucoup de la mort et de combien il est facile de la rendre abstraite tant qu'elle n'arrive pas sur le pas de la porte. »[5] – Robert Smith

Cependant, cette chanson évite la confrontation directe avec la mort, et se concentre plutôt sur les croyances et les espoirs que les religions cherchent à exacerber. Le texte peut se découper en quatre parties. Tout d'abord, le narrateur observe la façon dont les fidèles pratiquent leur culte. Il n'est pas un simple spectateur passif, il met lui aussi les genoux à terre.

La deuxième partie décrit le désir de croire, l'envie d'être séduit par l'idée de trouver un réconfort en un dieu. C'est le moment de la remise en question. La troisième partie est plus compatissante. L'effort à fournir pour se connecter au pouvoir divin est louable mais ne correspond pas aux souhaits du narrateur. Enfin, la quatrième partie est l'acceptation du principe de foi. Il reconnait qu'un hypothétique dieu puisse être une source de réconfort, mais pas pour lui.

« J'allais écrire des chansons à l'église. Je pensais à la mort et je regardais les gens. Je savais qu'ils étaient tous là avant tout parce qu'ils voulaient l'éternité. Tout d'un coup, je me suis rendu compte que je n'avais aucune foi et que j'avais peur. Avant Noël, j'avais pensé à cet album comme une exploration d'idées. Je me disais que quand on est jeune, on est endoctriné et forcé de croire en quelque chose. »[5] – Robert Smith

Le titre sera dédié à Ian Curtis le 17 octobre 1980 lors d'un concert à Amsterdam. Son suicide marque profondément Smith qui considère Joy Division comme l'un des groupes majeurs de sa génération.

« Je me souviens que la première fois que j'ai entendu Closer, *le deuxième album de Joy Division, je me suis dit : "Je ne peux même pas imaginer créer quelque chose d'aussi puissant que cela." J'ai pensé qu'il faudrait que je me tue pour arriver à faire un disque aussi convaincant. »*[67] – Robert Smith

En 2000, The Cure reprendra l'un des titres les plus emblématiques de Joy Division « Love Will Tear Us Apart » lors d'un concert à Brisbane en Australie.

PRIMARY
Smith, Tolhurst, Gallup

« "Primary" parle de la perte de l'innocence. »[29] – Robert Smith

Ce single ne rencontre pas le même succès que le précédent (A Forest). Après avoir bénéficié de la liberté souhaitée pour la réalisation de l'album *Seventeen Seconds* The Cure entre en studio avec le désir de retrouver le même confort. Le trio ne souhaite aucune interférence dans le processus de création et le producteur est poliment invité à se faire discret.

« À partir de ce moment, cela a été de plus en plus dur. Personne ne pouvait pénétrer dans le triangle qu'ils avaient formé. Robert se voulait passionné, hermétique, et méchant comme jamais auparavant. Personne, absolument personne, ne pouvait s'y insérer. »[5] – Chris Parry

Entre le 27 et le 29 septembre 1980 aux Studios Morgan le groupe tente, sans y parvenir, d'enregistrer les maquettes de « Primary » et « All Cats Are Grey ».

« On a essayé mais ces maquettes étaient lentes, pesantes, sans vie. On voulait des chansons qui sonnent de façon funèbre, mais elles étaient seulement ternes. »[5] – Robert Smith

Il s'en suit une tournée européenne de vingt-sept dates qui permet au groupe de prendre un peu de recul et de constater que la demande du public pour un nouvel album est forte, comme en témoigne la fréquentation de leurs concerts : tous complets. Du 2 au 11 février 1981 ils retournent en studio pour terminer l'enregistrement de *Faith*. Le processus est long, compliqué et laborieux mais le résultat finira par satisfaire le groupe.

Concernant le texte de « Primary », Smith explique qu'il joue avec l'idée qu'il vaudrait peut-être mieux mourir très jeune, innocent et en rêvant… ou même être tué en cadeau…

La chanson est bâtie autour de plusieurs lignes de basse qui s'enchevêtrent, toutes jouées par Gallup et Smith, avec une batterie qui maintient la pulsation mais avec aucune guitare… la tessiture doit rester sombre. Le titre est pop mais son orchestration reste fidèle à l'esprit de l'album : radicale et sans concession.

« Primary » sort en single le 20 mars 1981. Face B : « Descent ».

Fun Fact : « Primary » et « The Holly Hour », sont les deux seuls morceaux de l'album à n'avoir aucune référence directe à la mort.

Après avoir collaboré avec le groupe en tant que guitariste lors de la période Easy Cure, Porl Thompson s'associe de nouveau au trio, mais cette fois, en tant que graphiste pour réaliser la pochette de l'album. *« J'étais dans une école d'art et je n'aimais pas les pochettes de Cure. Je l'ai dit à Robert en ajoutant que mon ami Undy et moi pouvions faire bien mieux. Il nous a donné notre chance et ça nous a rendus dingues ! Ça a été le début de notre "assossation Parched Art". J'ai oublié le collège et je me suis lancé. Comme pour les pochettes suivantes j'ai attendu que la musique soit terminée avant de démarrer. J'allais beaucoup aux séances d'enregistrement et aux répétitions pour m'imprégner du morceau. »*[5] – Porl Thompson

OTHER VOICES
Smith, Tolhurst, Gallup

Smith a du mal à apporter une explication précise concernant le texte : *« Celui-ci est un peu difficile… euh… effacer le monde en mangeant le fruit défendu ? Assourdi par la luxure ? »*[1]

Pour cette chanson, la clarté des paroles ne semble pas être une priorité pour The Cure, qui privilégie l'émotion à travers l'abstrait. « Other Voices » est l'une des pierres angulaires de l'édifice macabre construit par le groupe et est indissociable de son ensemble. Les paroles ont probablement autant de significations qu'il y a d'auditeurs pour les écouter.

« La littérature que j'aime est assez obscure et je ne trouve pas ça repoussant. J'aime plutôt la notion d'incompréhension des choses. Tout n'a pas besoin d'être dit ! Je me souviens qu'enfant, à l'école, on planchait une heure pour tenter de disséquer dix lignes de T.S Eliot. Quelle connerie ! S'il avait voulu qu'on comprenne chaque phrase, en plus du poème, il aurait écrit une explication au bas de la page. Dans ce cas, pourquoi se donner la peine d'écrire le foutu poème ?! »[56] – Robert Smith

« Other Voices » puise une partie de son inspiration dans la première nouvelle semi-autobiographique de Truman Capote : « Other voices other rooms » qui raconte l'histoire d'un enfant parti à la recherche de son père. Ce récit est une allégorie de l'acceptation de sa propre existence et du vieillissement. À l'instar de l'album, cette chanson apporte une noirceur et une mélancolie encore jamais développée par le groupe. Sans le vouloir, The Cure devient le fer de lance du mouvement gothique, même si Smith s'en est toujours défendu.

Pour lui, cet album reflète simplement l'état d'esprit d'un jeune homme qui se questionne sur deux sujets universels : la foi et la mort. Peut-être fait-il tout pour s'enfoncer encore un peu plus dans les abîmes mais il le dit et le signe depuis plus de quarante ans : rien avoir avec le mouvement goth ; *« Seuls les gens qui ne sont pas gothiques pensent que nous le sommes. »*[24] – Robert Smith

Toutes les chansons de l'album sont dans la même veine et partagent le même esprit, formant un ensemble cohérent et monotone voulu par le groupe.

ALL CATS ARE GREY
Smith, Tolhurst, Gallup

« "All Cats Are Grey" : c'est comme un cauchemar. C'est comme être perdu et pris au piège dans des grottes qui résonnent comme des tombes et des cellules de prison. C'est aussi vieillir. »[1] – Robert Smith

Pour Smith, « All Cats Are Grey » et « The Funeral Party » (les deux premières démos réalisées pour le nouvel opus) représentent la direction artistique à suivre pour l'album. Hélas, les séances d'enregistrement ne se déroulent pas aussi aisément que pour *Seventeen Seconds*.

Le processus est plus exigeant et complexe et amène le groupe à expérimenter plusieurs studios : les Morgan Studios, puis le Red Bus pour poursuivre au Roundhouse, passer par le Trident et finir à Abbey Road. Le producteur Chris Parry s'impatiente : *« Je ne souhaitais pas aller à d'autres séances parce que je ne voulais pas qu'il y en ait d'autres. Je voulais seulement que l'album soit vite terminé. J'ai été content du disque mais il a coûté plus cher que prévu. »*[5]

En 2016, Lol Tolhurst révèle que le sujet principal de la chanson est la mort de sa mère Daphné. Bien que le texte ait été écrit quelques mois avant son décès, il a servi de catharsis à Tolhurst pour exprimer sa douleur et sa tristesse : *« "All cats are grey" est une expression qu'elle avait l'habitude d'utiliser, c'est donc devenu très mystique. J'ai eu la main sur quelques textes de Cure, donc forcément ils sont nourris de ma propre expérience, comme cette chanson qui parle de la mort de ma mère. Il y a aussi les mots de Robert qui m'ont toujours beaucoup aidé. En grandissant, nous sommes passés par beaucoup d'évènements similaires. Donc ces paroles sont révélatrices pour moi, aussi. »*[3]

Les textes des Cure sont parsemés de références et d'influences diverses, mêlant les expériences personnelles de Smith et Tolhurst à leurs nombreuses lectures. Concernant « All Cats Are Grey », on peut citer le proverbe de John Heywood datant de 1546 : « When all candles bee out all cats be gray » (Quand toutes les bougies sont éteintes, tous les chats sont gris) », ainsi qu'un passage de la trilogie de Gormenghast de Mervyn Peake.

« Nous avons toujours beaucoup lu, et nous continuons. Je passe une bonne partie de mon temps libre à ça. J'ai toujours trois livres en cours. J'ai vraiment été marqué par Mervin Peake, et je trouve que la trilogie de Gormenghast est extraordinaire. »[4] – Lol Tolhurst

Il avoue que cette littérature classique a une grande influence sur le groupe.

C'est un des rares morceaux des Cure dont le texte n'est pas écrit par Robert Smith qui, exceptionnellement, ne joue pas de guitare ni de basse, mais du clavier.

Fun Fact : « All Cats Are Grey » est utilisée dans la dernière scène du film « Marie Antoinette » de Sofia Coppola. Une autre chanson du groupe, « Plainsong » sera également présente dans ce film. Robert Smith, grand admirateur de la réalisatrice, a demandé à son label de lui vendre les droits de ces deux titres à prix discount.

Lol Tolhurst a appelé son fils « Gray » en référence à cette chanson, et donc en hommage à la grand-mère de ce dernier.

THE FUNERAL PARTY
Smith, Tolhurst, Gallup

« À propos de la mort de mes grands-parents, et finalement, je suppose, de la mort de mes parents, puis la mienne. »[61] – Robert Smith

Pleins du désespoir et du désenchantement des personnages de fictions qui nourrissent leur imaginaire, Smith et Tolhurst doivent faire face à une détresse véritable : la mort des grands-parents de Smith et la maladie incurable de la mère de Tolhurst.

« Quand quelqu'un que vous connaissez meurt, vous réalisez soudainement ce qu'est la mort. Quelque chose prend forme dans votre esprit, ce n'est plus une entité indéfinie et abstraite. Même si mes parents sont toujours vivants, je peux comprendre et cela m'a ouvert les yeux pour faire face à de grands changements. Mes paroles sont un mélange d'images tirées de mon esprit. »[65] – Robert Smith

« The Funeral Party » est la première chanson écrite pour *Faith*. Profondément submergé par la mélancolie, Smith l'écrit en une nuit et décide que c'est elle qui donnera le ton à l'album.

« Si je bois à la maison et que je commence à écouter de la musique, je dois faire très attention car il y a des chansons qui me déchirent, qui me font pleurer... il y a même certaines chansons de Cure qui me mettent mal à l'aise. Par exemple "Faith" et "The Funeral Party" me ramènent au jour où ma grand-mère est morte. C'était une journée horrible. »[66] – Robert Smith

DOUBT
Smith, Tolhurst, Gallup

« "Doubt" exprime la colère et la frustration face à la futilité de tout, c'est une tentative de combat contre les vagues de l'absurdité. »[61] – Robert Smith

« Doubt » est avec « Primary » la seule composition qui vient briser le spleen mélancolique et dépressif de l'album *Faith*. « Doubt » se distingue par son urgence punk, comme un clin d'œil aux vagues mouvementées d'un passé pas si lointain.

Pour la première fois Simon Gallup participe à l'écriture du texte. Ce sera une de ses rares incursions dans ce domaine.

On peut constater le manque d'intérêt que lui porte le groupe, par le nombre, presque insignifiant d'interprétations sur scène : neuf fois en quarante-cinq ans de carrière.

« Je suis content du nouvel album à part "Doubt". Je n'aime pas trop ce morceau. »[59] Quelques années plus tard il en remet une petite couche : *« Il est facile d'écrire de mauvais textes, je suis d'ailleurs coupable d'en avoir commis quelques-uns. Je crois que le pire de tous est "Doubt". »*[60] – Robert Smith

Fun Fact : Simon Gallup se souvient de l'enregistrement : *« Lol et moi manquions d'expérience et quand Robert essayait de chanter, on se saoulait, ce qui l'agaçait. Nous bourrés, lui qui essayait de travailler, c'était normal pour nous... Un jour il s'est expliqué et on s'est calmé. »*[5]

THE DROWNING MAN
Smith, Tolhurst, Gallup

La trame de cette chanson évoque la première partie de la trilogie « Gormenghast » de Mervin Peake. Smith chante l'amour brisé de Lady Fuchsia Groan, adolescente rêveuse et romantique qui ne désire rien de plus que d'être aimée. Détruite par la déception et la désillusion, elle s'enfonce progressivement dans la folie et sombrera définitivement dans les eaux qui entourent le château familial. C'est aussi un hommage indirect à l'un des auteurs les plus influant sur l'écriture de Smith : Percy Shelley, poète romantique britannique du 19e siècle, qui lui aussi mourra noyé accidentellement.

« The Drowning Man » est l'expression ultime de la mélancolie façon The Cure. La production caverneuse, les reverbs cathédrales et ses voix sorties d'outre-tombe font de cette chanson l'instantané d'une descente aux enfers émotionnelle.

« Faith *est plus intense que* Seventeen Seconds*, plus atmosphérique, plus sombre, gris et brumeux. La plupart des chansons sont faites pour se pendre. »*[5]
– Mike Hedges

Pourtant, le groupe n'avait absolument pas prévu de donner une suite aussi macabre à *Seventeen Seconds*, et la trilogie funèbre n'était clairement pas un acte prémédité.

« Faith *devait être un disque très positif, mais des évènements dans nos vies privées l'ont totalement transformé au dernier moment. En tournée, nous l'avons traîné pendant un an, ce qui fut une erreur très difficile à vivre »*[56] confie Robert Smith.

« The Drowning Man » (L'homme qui se noie) est une analogie de la vie que vivent Lol Tolhurst et Robert Smith pendant la réalisation de l'album. Le premier n'accepte pas la maladie incurable de sa mère et le second plonge dans les drogues et la dépression, tout en se questionnant sur son rapport à la foi et la pertinence de l'existence. Il en résulte un processus créatif complexe qui déroute le label et les producteurs Parry et Hedges. Le groupe vit en autarcie et cherche à sublimer une idée fantasmée d'un monde sans religion. Les musiciens intellectualisent le propos, mais peinent à le concrétiser. Ils jouent et enregistrent la chanson des dizaines de fois puis effacent tout et recommencent. Ils s'épuisent, et malgré l'amitié que Hedges porte à Smith, il réalise qu'il arrive aux limites de ce qu'il peut faire avec The Cure. Chris Parry s'inquiète : *« Les drogues arrivaient, les exigences aussi, et les paroles étaient écrites à même le sol. Je voyais bien qu'ils ne pouvaient pas continuer comme ça. »*[152]

Fun Fact : *« C'est à cette époque que j'ai commencé à devenir très alcoolisé. Je me souviens avoir essayé de chanter "The Drowning man" et j'attendais que le chant commence, oubliant que c'était moi le chanteur… »*[152] avoue Robert Smith.

FAITH
Smith, Tolhurst, Gallup

« Aussi optimiste que je puisse l'être, "Faith" offre, ou devrait offrir une note d'espoir. »[37] – Robert Smith

Pour lui, cette chanson revêt un aspect tout particulier et ce, encore maintenant, plus de quarante après sa création : *« Je ne pense pas pouvoir réécrire une chanson qui m'émeuve autant que "Faith", qui change mon existence comme elle l'a fait ou qui résume aussi bien une période de ma vie. »*[62]

Une composition comme « Faith » change la donne. Le Cure des débuts avec ses chansons pop et ses tempos soutenus est déjà loin, au désespoir de certains fans et d'une partie de la presse musicale. Pourtant, le groupe compte bien aller jusqu'au bout de sa démarche artistique et radicale et peu importe ce qu'il en coûte. Quand bien même cette approche nourrit une certaine incompréhension.

« Il y avait beaucoup de jalousie et d'aigreur à cette époque. Les gens disaient "tu as changé !" Nous sommes devenus beaucoup plus insulaires. Nous buvions comme des trous et jouions des chansons. »[21]
– Robert Smith

En février 1981 les Studios Morgan sont réservés pour l'enregistrement de l'album. Le groupe se veut totalement autonome et n'accepte que la présence et l'aide du producteur Hedges car l'objectif est d'exploiter au maximum cet isolement pour développer de la meilleure façon les thèmes morbides de Smith. Cette chanson en est le parfait reflet et constitue un aboutissement dans la carrière du chanteur, comme il le confesse en 2004 : *« Je pense que "Faith" ne sera probablement jamais délogée de la place qu'elle occupe dans mon cœur. À l'époque j'ai senti que c'était la première chanson que j'écrivais qui me donnait l'impression d'avoir fait quelque chose qui résisterait à l'épreuve du temps. »*[21] – Robert Smith

« Faith » est jouée et enregistrée des dizaines de fois avant que Smith ne soit satisfait du résultat. Le processus est laborieux et la cocaïne qu'il ingère à forte dose n'aide pas à calmer ses doutes ni à apaiser l'ambiance oppressante des séances. Mais peut-être est-ce le sujet même qui pose problème : son aversion pour les religions et ses questionnements sur l'intérêt de la foi le perturbe.

« Je ne veux pas paraitre désinvolte mais j'ai toujours trouvé l'idée de la foi intrigante. Pour ma part je n'ai foi en rien d'autre que ce que je peux voir de mes propres yeux et toucher de mes mains. Cependant, je sais que certaines personnes ont une croyance très forte et je les envie. Au fond de moi j'aimerais avoir une telle conviction, mais je me demande quand même s'ils ne font pas que se bercer d'illusions »[63] – Robert Smith

Son dégoût des religions ne s'estompe pas avec le temps. En 2012 il déclare : *« Je déteste la religion ! Toutes les religions. Pour moi la religion est source de tant de discorde et de bêtise... toute forme de foi est synonyme de terreur. J'ai grandi dans une famille catholique et très pieuse, et j'ai compris dès l'âge de huit ans que c'était de la merde. Il m'a fallu des années pour me défaire de cette croyance en l'enfer, aux anges et aux démons. »*[64]

« La religion est la pire invention de l'homme. » – Robert Smith

THE CURE
faith
the holy hour
primary
other voices
all cats are grey
side 1
BACEM
Fabriqué en France
2383 605
2383 605 1
STEREO
33
produced by mike hedges and the cure
all songs written by smith tolhurst gallup
all songs published by apb music co ltd
© fiction records 1981
℗ fiction records 1981
TOUS DROITS DU PRODUCTEUR PHONOGRAPHIQUE ET DU PROPRIETAIRE DE L'OEUVRE ENREGISTREE RESERVES SAUF AUTORISATION LA DUPLICATION LA LOCATION LE PRET L'UTILISATION DE CE DISQUE POUR EXECUTION PUBLIQUE ET RADIODIFFUSION SONT INTERDITS

PORNOGRAPHY

(1982)

Fiction Records
Production : Phil Thornalley, Robert Smith
Enregistrement : RAK studios (Londres)
Janvier-Avril 1982
Pochette : Ben Kelly, Michael Kostiff
Date de sortie : mai 1982

1-One Hundred Years
2-A Short Time Effect
3-The Hanging Garden
4-Siamese Twins
5-The Figurehead
6-A Strange Day
7-Cold
8-Pornography

« On avait l'impression que des nuages noirs étaient en train de se former au-dessus de nos têtes et qu'une tempête allait bientôt nous frapper. De cette tempête émergerait l'album le plus puissant de notre carrière. »[3] – Lol Tolhurst.

Grave, triste et mélancolique sont les adjectifs qui définissent le mieux le début de cette décennie frénétique que vit le groupe.

En mai 1982, sous la houlette de leur nouveau producteur, Phil Thornalley, The Cure propose l'épilogue de sa trilogie. Un album rouge de violence et noir de rage, *Pornography.*

Enregistré aux RAK studios à Londres, de janvier à avril 1982 dans des conditions de désolation extrêmes : Smith dort à même le sol du studio, refuse toutes intrusions extérieures, absorbe en quantité des psychotropes et de l'alcool et subit des crises de paranoïa et de dépression qui font de ces séances un cauchemar pour qui pénètre dans l'antre de cette folie. *« Je ne me souvenais plus de ce que j'avais fait ni où j'étais allé. J'ai vraiment perdu le contact avec la réalité pendant quelques mois. »*[121] – Robert Smith

Parry s'en accommode, malgré une inquiétude grandissante, et accepte de renouveler les expériences passées en laissant les musiciens et leur producteur créer sans lui. En revanche, il s'octroie la possibilité de gérer la communication et la promotion comme bon lui semble. Le groupe accepte la proposition car trop obnubilé par la réalisation d'une oraison musicale inédite.

« C'est pour moi l'une des plus belles réussites du groupe, et celle dont je suis le plus fier. Le contexte dans lequel cet album a été réalisé a été très intense, mais ce qui le caractérise c'est qu'il continue de résister à l'épreuve du temps car il n'a été soumis à aucune mode ni aucun genre musical. »[3] – Lol Tolhurst

La production est brutale et le son voulu par Smith et Thornalley se veut claustrophobique et malsain. En adéquation parfaite avec les paroles et les compositions d'un Smith omnipotent, seul et au bord du gouffre. C'est la violence qui s'exprime au détriment de toute forme mélodique. Même si Thornalley réussit l'exploit de concrétiser les vœux du groupe, l'idée première était de laisser la réalisation de l'album à Conny Plank, producteur de Kraftwerk, Ultravox et Neu ! Tolhurst explique dans ses mémoires que leur collaboration n'a pas vu le jour à cause du décès prématuré de Plank. Étonnant, sachant que ce dernier meurt le 18 décembre 1987. Thornalley et Smith vont s'appliquer à compenser l'absence de ce producteur au son glacial par tous les moyens possibles. Ils retirent moquettes, tapis et paravents du studio pour ne laisser qu'une grande pièce dénudée et vide de tout capitonnage acoustique. Les murs en béton créent une réverbération naturelle et amplifie la froideur et la violence de chaque son. Gallup et Smith investissent dans des amplis beaucoup plus puissants et Tolhurst achète la caisse claire de John Bradbury, batteur des Specials pour obtenir une profondeur de son plus grosse et plus percussive. La folie n'est pas loin et personne ne sortira indemne de cette expérience. Pas même l'auditeur qui, quel qu'il soit, ne peut que ressentir le malaise qui suinte de chaque note et de chaque mot.

2383 639
THE CURE PORNOGRAPHY

« Nous voulions faire un album intense et ultime. Je ne me souviens plus exactement pourquoi, mais nous l'avons fait. » [88]
– Lol Tolhurst

En quelques mots Smith a résumé ce que *Pornography* devait représenter : *« Le plus gros bras d'honneur lancé à l'humanité. »*[3]

Sans pause ni répit et dans une aliénation totale, le groupe entame la tournée *Fourteen Explicit Moments Tour* de quarante-quatre dates à travers l'Europe. C'est aussi lors de cette série de concerts que le look désormais si distinctif des Cure se construit. Après les cheveux longs crêpés, inspirés par le panache capillaire de Siouxsie Sioux, Smith ajoute le maquillage rouge sang sur ses lèvres et sous les yeux.

« Chaque fois que les gens croisaient Robert dans les coulisses avant le concert, le choc était le même. C'est vrai qu'on aurait dit que ses yeux saignaient ou que quelqu'un lui avait lacéré le visage avec un couteau. »[3] – Lol Tolhurst

Héroïne, alcool et LSD en excès vont finir de tuer ce qu'il reste de Cure. Le 27 mai 1982 à Strasbourg, après trente-trois concerts éprouvants, une bagarre éclate entre Gallup et Smith. Trop de rancœur et de fatigue accumulées ont créé une bombe qui n'attendait que d'exploser et ce fut le cas ce soir-là dans ce petit club strasbourgeois. Le lendemain Smith rentre au pays, Gallup en fait de même et Tolhurst reste sur place, essayant de trouver une solution salvatrice. Faire chanter quelqu'un à la place de Smith ? Trouver un bassiste remplaçant en urgence ? Ses idées sont évidemment rejetées. Robert Smith, qui sur les conseils de son père Alex lui rappelant que le public a acheté les billets et qu'il se doit d'honorer son contrat, prend sur lui et termine la tournée. Deux dates sont annulées et les trois musiciens se retrouvent le 30 mai à Montreux pour prolonger et clore sans conviction leur pire tournée. Gallup et Smith deviennent deux ennemis qui partagent la même scène mais ne s'adressent plus la parole. Le groupe implose dans un torrent de sang et de larmes et soudain, l'air devient plus respirable. Comme une prémonition, pendant l'enregistrement de *Pornography,* Smith pensait qu'il s'agissait de leur dernier album.

« C'était comme une rediffusion des pires films que vous n'ayez jamais vus. Tout ça ressemblait plus à une tournée de rugby qu'à une tournée de Cure. »[121]
– Robert Smith

Pour Ian Cranne de Smash Hits : *« C'est leur production la plus sombre jusqu'à présent. Il s'agit d'un ensemble de complaintes lugubres qui traitent toutes allègrement, d'une manière ou d'une autre, de la mort. Vous serez heureux d'être en vie. »*

Le 5 octobre 1981, quelques mois avant la sortie de *Pornography,* The Cure propose le single « Charlotte Sometimes ». Titre extrait d'aucun album et pourvu d'une face-B elle aussi inédite, « Splintered in Her Head ». Sur le maxi, se trouve une version live de « Faith » de plus de dix minutes. « Charlotte Sometimes » sera intégrée à la compilation *Standing On A Beach* en 1986.

Il existe deux pochettes différentes pour l'album. La version vinyle 33 tours représente les trois musiciens, flous au centre de l'image. La version cassette les montre tout aussi flous mais en bas de l'image. Pour la première fois, le traditionnel logo est abandonné pour une typo plus classique.

ONE HUNDRED YEARS
Smith, Tolhurst, Gallup

« "One Hundred Years" est un pur dégoût de soi et de notre inutilité. Elle contient la phrase clef, celle qui a sous-entendu cette période d'écriture : "Ça n'a pas d'importance si nous mourons tous..." Tout est vide, cette chanson est désespérée. »[1] – Robert Smith

Après avoir réalisé les trois albums précédents, le producteur Mike Hedges quitte The Cure et s'engage avec Siouxsie and the Banshees pour produire *A Kiss In A Dream House*. Une décision qui n'est pas pour déplaire à Smith, qui de toute façon pense qu'il n'est plus l'homme de la situation. Chris Parry se charge de trouver un nouveau producteur et propose plusieurs noms, des gens qu'il connait bien et qu'il considère comme bons, mais Smith a une obsession, il veut quelqu'un de jeune.

« Robert faisait une fixation sur la jeunesse, comme si un type plus vieux n'aurait pas été capable de piger. Je comprends maintenant sa préoccupation. » [5]
– Chris Parry

C'est le jeune Phil Thornalley, 21 ans, qui sera choisi : *« La seule chose que je connaissais d'eux était "Killing An Arab", une bonne chanson mais trop rusée à mon gout. J'étais naïf, je ne savais même pas qu'ils avaient eu des succès. Je les ai traités comme des gens normaux, ce qui a créé une atmosphère saine. »*[5]

Le groupe change d'environnement et quitte les habituels Morgan Studios pour les RAK Studios de Londres. Un nouvel endroit, un nouveau producteur et une hargne latente offrent les conditions parfaites pour la pire entrée en matière de ces séances d'enregistrement.

« Les deux premiers jours j'ai cru qu'on se dirigeait vers un désastre. Phil était si gentil et moi tellement odieux. Il a eu tort d'être aussi poli avec moi alors que j'étais tout sauf ça. » – Robert Smith

« One Hundred Years » ouvre l'album *Pornography* et annonce d'emblée la noirceur et la détresse que va renfermer le disque. Bien que considéré par les fans comme l'œuvre majeure du groupe, et aujourd'hui presque unanimement salué par la presse musicale, l'album ne reçoit pas que des louanges et suscite de nombreuses critiques à sa sortie en 1982. *« Il y a un certain type de fans de Cure qui tiendrait* Pornography *en plus haute estime que tout ce que nous avons fait, mais à l'époque, la plupart des gens le détestaient. Ce sont les seules chansons que nous avons jouées où les gens quittaient la salle en nous jetant des trucs... nous n'étions probablement pas très bons sur scène. »* – Robert Smith

« Ça n'a pas d'importance si nous mourons tous » sont les premiers mots de « One Hundred Years » et résonnent comme une injonction nihiliste et définitive à l'idée que la vie ne vaut rien. Quelques années plus tard, Smith tempèrera son propos : *« Si vous gardez ce sentiment de futilité dans votre tête pendant trop longtemps, il peut commencer à vous ronger. Vous pouvez en être conscient tout en appréciant les choses de la vie. Donc oui, ça n'a pas d'importance si nous mourons tous, mais étant donné cela, vous pouvez quand même faire quelque chose qui soit vraiment fun. »*[1]

Le texte est une allusion non dissimulée au monde dystopique créé par Georges Orwell dans son roman *1984*.

Fun Fact : Un disque promotionnel sorti en Angleterre en 1982 proposait « One Hundred Years » comme single officiel, reléguant « The Hanging Garden » en face-B.

A SHORT TERM EFFECT
Smith, Tolhurst, Gallup

« "A Short Term Effect" fait référence à la drogue et ses effets à court terme. »[1] – Robert Smith

Il y a une similitude entre l'effet de courte durée de la drogue et la brièveté de la vie. Deux thèmes abordés dans cette chanson et insidieusement distillés au long de l'album. C'est une période où l'usage des drogues psychédéliques tel que le LSD, devient un sérieux problème dans la vie du groupe. De l'aveu de Smith, leur consommation est à ce point excessive qu'elle est un élément indissociable du processus de réalisation de l'album. Il reconnaitra plus tard que ces excès sont la raison pour laquelle il n'a que très peu de souvenirs de l'enregistrement, et ceux qui lui restent ne sont pas des plus agréables.

« Je n'ai pas de bons souvenirs de Pornography, *mais je pense que c'est l'une des meilleures choses que nous n'ayons jamais réalisées et cela n'aurait jamais été fait si nous n'avions pas poussé les choses à l'excès. »* – Robert Smith

L'alcool et les drogues commencent à détruire ce qu'il reste de lien affectif entre les trois musiciens et la démence n'est pas loin de s'emparer de l'esprit de Smith, qui s'enfonce volontairement dans les aspects les plus glauques et délétères de l'espèce humaine. La lecture compulsive de récits concernant des malades mentaux et des analyses psychiatriques nourrit son imaginaire et imprègne les paroles de ses chansons. Le vers *« Un visage de charbon mord ma main »* de « A Short Term Effect », est tiré d'un livre dans lequel un patient dessine au fusain des personnages qui, avec l'arrivée de la nuit et son lot de cauchemars, prennent vie de façon effrayante.

« Pendant Pornography, *le groupe s'effondrait à cause de l'alcool et la drogue. J'étais défoncé la plupart du temps donc je ne suis pas sûr que mes souvenirs soient bons. Je sais pertinemment que nous avons enregistré certaines chansons dans les toilettes pour obtenir une sensation vraiment horrible, parce qu'elles étaient sales et sinistres. Simon ne se souvient de rien de tout cela, mais j'ai une photo de moi assis sur le trône, en train d'essayer de rafistoler certaines paroles. C'est une photo tragique. »*[15] – Robert Smith

À la suite de la tournée *Four Explicit Moments* et sans raison apparente, The Cure décide de ne plus interpréter « A Short Term Effect » en concert. La chanson retrouvera la scène vingt ans plus tard pour trois concerts, dont un à Bruxelles et deux à Berlin. La version du deuxième show berlinois est filmée et incluse dans la captation vidéo des concerts allemands nommés *Trilogy*.

« Je ne me souciais pas de vivre ou de mourir à cette époque. Quand je repense à l'alcool et aux drogues que nous avons consommés… nous nous provoquions mutuellement pour savoir qui allait mourir en premier. »[17] – Robert Smith

THE HANGING GARDEN
Smith, Tolhurst, Gallup

« "The Hanging Garden" parle de la pureté et de la laideur des animaux qui baisent. »[43] – Robert Smith

La chanson est inspirée du livre de David Wagoner, publié en 1980, intitulé *The Hanging Garden*. Il raconte l'histoire sordide d'animaux torturés et pendus dans un jardin. Le titre est trompeur et loin de l'idée que certains peuvent s'en faire : aucun rapport avec l'une des Sept Merveilles du monde antique, les jardins suspendus de Babylone. La littérature est une source d'inspiration intarissable pour Smith. Il l'admet sans complexe, mais faut-il encore qu'il s'en souvienne, car selon lui, les psychotropes ont effacé la plupart de ses souvenirs concernant la création de l'album : *« J'ai écrit dans un état de défonce ultime. Je me souviens d'être allé au studio et d'avoir eu cette grosse gerbe de mots. J'étais tellement excessif à cette époque. Il était difficile de travailler avec moi. Simon et Lol n'ont pas du tout apprécié. »*[73]

« The Hanging Garden » est symptomatique de l'atmosphère délétère et nuisible que s'infligent ses protagonistes. Depuis *Seventeen Seconds*, les trois garçons vivent en autarcie presque totale pour ne se consacrer qu'à leur groupe.

« Nous habitions dans les bureaux de Fiction et depuis trois ans nous étions constamment ensemble. Je dormais par terre, derrière le divan avec une couverture accrochée au mur pour former un toit. C'était comme une tente. J'avais plein de trucs que je trouvais dans la rue et que je rapportais dans mon nid. »[5]
– Robert Smith

Les séances d'enregistrement se terminent généralement vers dix heures du matin avec le même rituel : ne jamais se coucher sans un passage par le pub local pour finir de se saouler. Après quelques heures de sommeil, le trio retrouve le chemin du même pub pour un bon nombre de pintes avant de se diriger vers le studio pour reprendre l'enregistrement de leur œuvre toxique et vénéneuse.

Pour ne pas déroger à la règle établie jusqu'alors, il n'y aura qu'un seul single extrait de l'album. Le label Fiction Records n'est pas convaincu par la chanson, mais vu la teneur de ce que propose le groupe il n'a pas vraiment d'autre option que de sortir « The Hanging Garden » le 12 juillet 1982. Face-B : « Killing an Arab » (version live enregistrée à Manchester en avril 1982.) Lorsque le single sort, le bassiste Simon Gallup n'est plus membre des Cure. Quant à l'expression live, Smith l'évoque ainsi *« "The Hanging Garden" est une chanson vraiment difficile à jouer. Nous l'interprétons rarement sur scène car elle ne sonne jamais bien. »*[71]

Fun Fact : Les paroles de la chanson se retrouvent en intégralité dans le comic book The Crow de James O'Barr dont le travail a été en partie influencé par la musique des Cure. La bande originale de l'adaptation cinématographique de The Crow comporte un titre inédit du groupe : « Burn ».

Concernant la vidéo Smith exprime sa déception : *« Nous avons eu les deux mecs qui ont fait la vidéo de Madness. Ce qu'ils ont fait pour "The Hanging Garden" est vraiment horrible. Ils voulaient nous faire paraitre sérieux alors que nous, nous voulions qu'ils nous fassent ressembler à Madness. »*[72]

SIAMESE TWINS
Smith, Tolhurst, Gallup

« "Siamese Twins" parle de la laideur de l'amour. » – Robert Smith

Moins violente que les autres compositions de l'album mais tout aussi oppressante, « Siamese Twins » montre la densité mélancolique dont le groupe est capable. À l'inverse de la plupart des titres de *Pornography*, ce n'est ni la haine ni le dégoût de soi qui viennent nourrir cette chanson mais la désillusion et l'abandon. Comme une acceptation d'un état schizophrénique, Smith sent que sa personnalité se dédouble et qu'il est temps d'abandonner celle qui l'attire vers les abysses : *« Je pensais que je ne serais pas capable de conserver les deux aspects de ma personnalité et que l'équilibre était impossible. Une fois que "Siamese Twins" a été écrite, j'ai compris que je ne voulais pas de l'autre aspect de ma personnalité, qu'il était excitant et séduisant mais, d'une certaine manière, dérangé... qu'il n'avait aucune substance. Je devais me détacher d'un style de vie. »*[5]

Malgré le calme relatif de « Siamese Twins », l'enregistrement demeure chaotique. La folie rode insidieusement et la consommation outrageusement excessive de substances n'apaise pas l'ambiance électrique. Une fois la batterie et la basse enregistrées, Tolhurst et Gallup se réfugient au fond du studio, loin de la folie destructrice du chanteur, et boivent. À ce stade du processus, leur but est simple : se saouler à mort !

« C'était un peu fou. On empilait toutes les canettes et les bouteilles dans un coin du studio. À la fin, il y en avait tellement qu'on aurait pu s'y cacher. »[5] – Lol Tolhurst

Un comportement qui enrage Smith et le pousse encore un peu plus à bout. Pendant que des murs de canettes se montent en plein studio, lui, s'obstine à enregistrer les guitares et les voix et gère avec Thornalley la production du disque. Le roadie du groupe (Gary Biddles) se souvient : *« Si Simon et moi dansions dans le studio, Robert disait : "Pourquoi ? J'essaie de faire un album !", il était vachement sérieux. Il consommait de monstrueuses quantités de tout et se battait contre tout ce qui l'entourait. »*[5]

Cet album devient tellement important pour Smith que toute son énergie est destinée à sa réussite. Alors que son groupe se délite, rien ne peut le détourner de son obsession.

« Nos caractères devenaient excessifs, nos personnalités exacerbées au point de fomenter le disque le plus délirant que nous n'ayons jamais fait : sorte de mélange désabusé de méchanceté et de frustration. On a naturellement fini par se détester. » – Robert Smith

Bien qu'il s'exclue de toute vie sociale et préfère se noyer dans les ténèbres de ses névroses, Smith peut tout de même compter sur sa muse et future épouse : Mary Pool. Elle fait quelques rares apparitions au studio pour réconforter son chanteur de petit ami, mais... *« ... Mary était assise sur une chaise à côté de moi et me fixait pendant que je chantais "Siamese Twins". C'était trop bizarre. »*[70]

Fun Fact : Les Cure sont approchés par Michel Pavelka pour participer au pilote d'un programme télévisé pour la BBC2. Le projet : interpréter une version réarrangée de « Siamese Twins », avec un quatuor à cordes pendant que deux artistes de ballet dansent sur une chorégraphie de Nicholas Dixon. Steve Severin remplace Simon Gallup à la basse.

La réalisation a lieu le 7 mars 1983 au London Hammersmith Riverside Studios, et malgré l'enthousiasme de la chaine, le projet ne verra pas le jour.

Plus tard Smith se demandera si ce n'était pas une tentative de la chaine pour tester sa capacité à écrire de la musique pour une pièce du « Royal Ballet ».

2383 639
3170 639
POL 365
SIDE ONE
ONE HUNDRED YEARS
A SHORT TERM EFFECT
THE HANGING GARDEN
SIAMESE TWINS
SIDE TWO
THE FIGUREHEAD
A STRANGE DAY
COLD
PORNOGRAPHY
℗ 1982 FICTION
© 1982 FICTION
Fiction
polydor
Imprimé en France
Diffusé par POLYDOR
2, rue Cavallotti - 75018 Paris

2383 639

THE FIGUREHEAD
Smith, Tolhurst, Gallup

« "The Figurehead" a été inspiré par une sculpture de crâne grotesque que j'ai découvert dans l'asile désaffecté que nous avons utilisé pour la vidéo de "Charlotte Sometimes". Je l'ai ramené chez moi pour lui parler, pour me confesser. Cette chanson parle de cette culpabilité. »[43]
– Robert Smith

Une introduction toute en percussions sourdes et sombres, tribale et inédite jusqu'alors pour le groupe. La brillance des cymbales est reléguée au second plan pour laisser place à la lourdeur dramatique des tambours. La fascination pour la folie humaine commence à déteindre sur les membres du groupe, comme en témoigne cette référence au crâne trouvé pendant la réalisation du clip de « Charlotte Sometimes ». Ce crâne n'est pas la seule bizarrerie décorative dont le groupe s'entiche. D'autres objets de toutes sortes, trouvés dans les rues, viennent quotidiennement transformer le studio en maison des horreurs. L'attitude autodestructrice des musiciens aggrave un climat déjà explosif, et les tensions commencent à se faire ressentir entre le producteur et le chanteur-guitariste.

« Son style de guitare était sa fierté et sa joie et je l'ai peut-être choqué, je ne sais pas… Quand un mec a l'habitude d'être flatté, il est toujours bon d'avoir quelqu'un qui lui dise ce qu'il pense vraiment. »[5] raconte Thornalley.

Le producteur ne saisit pas la volonté de Smith d'imposer un son de guitare aussi étrange : *« Il m'a dit qu'il n'aimait pas mon son de guitare. Ce qui m'a ennuyé c'est qu'à cette époque-là je n'avais pas de son de guitare. "One Hundred Years" et "The Figurehead" ne sonnaient pas du tout comme je le souhaitais. Et puis il ne supportait pas que je sois en retard. Je lui ai dit que si ça ne lui plaisait pas, on trouverait quelqu'un d'autre qui serait content de faire le disque. On a discuté à fond et tout s'est bien terminé. »*[5]

Les Cure se tuent à la tâche, ils travaillent jusqu'à l'épuisement, dorment dans les bureaux du label, parfois à peine deux heures, puis retournent élaborer l'album qui les détruit à petit feu. Simon Gallup se souvient de cette ambiance : *« C'était un disque tellement intense à faire que ça a explosé à nouveau. Je crois que Robert voulait quitter The Cure. »*[5]

Fun Fact : *« Toutes les histoires folles que vous avez lues sur la réalisation du disque sont vraies. On a dépassé les bornes. »*[68] – Phil Thornalley

En avril, le magazine musical Rip It Up chronique l'album avec cette phrase : *« À côté, Ian Curtis est un grand comique. »* Quant à David Quantick du NME, il voit dans ces chansons *« Phil Spector en enfer. »*

A STRANGE DAY
Smith, Tolhurst, Gallup

« "A Strange Day" est une chanson sur ce que je ressentirais probablement si je devais vivre la fin du monde. Elle est soutenue par la même force motrice qui est apparue sur "A Short Term Effect", mais avec un tempo légèrement plus lent. »
– Robert Smith

Un thème en parfaite corrélation avec la période sombre et extrême dans laquelle The Cure se débat. Le groupe est persuadé de vivre ses derniers instants et la dépression de Smith combinée à ses problèmes d'addiction ne laissent pas beaucoup d'espoir. Si c'est le dernier album des Cure, alors il faut qu'il soit extrême et sans concession. Smith s'y emploie de façon obsessionnelle. Le producteur de l'album, Phil Thornalley en est convaincu : *« Finalement il n'y a pas eu de single à succès, mais il y a le grand héritage de cet album. Lorsque vous l'écoutez, vous vous dites que c'est quelque chose de différent et de spécial. Ce n'est absolument pas ce qui se faisait à l'époque. »*[68]

L'influence de la nouvelle de Nevil Shute *On The Beach* (1957) est remarquable dans les paroles de « A Strange Day ». Le livre décrit le quotidien des survivants d'un conflit nucléaire réfugiés en Australie. Le nuage radioactif se rapproche, empoisonne tout sur son passage et condamne les rescapés à une mort certaine. Cette thématique de l'apocalypse imprègne le texte de la chanson et évoque la futilité de la vie face à une telle catastrophe et la résignation face à l'inéluctable. Concernant ses paroles, Smith reconnait volontiers s'inspirer de ses lectures, comme de ses rêves et de son vécu. Son œuvre est un grand mix de toutes ces émotions : *« J'ai toujours pensé que les textes de* Pornography *étaient bons. Assez curieusement, plus tu écris et plus c'est dur parce qu'il faut trouver d'autres façons d'exprimer des émotions familières et très souvent semblables. Le danger est de se reposer sur une certaine imagerie qui conduit à se répéter, je déteste ça. En musique je veux toujours faire des trucs différents, alors qu'au niveau des textes, sauf changement profond de personnalité, je ressens les mêmes choses dans des situations données. »*[60]

Fun Fact : *« J'allais au studio vers 22 h et j'en repartais à 1 h du matin… je m'ennuyais ferme. Je dois être honnête, le seul morceau qui ne me rebutait pas était "A Strange Day". »*[5] – Chris Parry

COLD
Smith, Tolhurst, Gallup

« "Cold" est une autre chanson sur la drogue et son emprise… » – Robert Smith

Début décembre, quelque part dans le Surrey, Robert Smith et Lol Tolhurst se retrouvent au studio The Windmill, pour maquetter quelques morceaux en vue du prochain album. Simon Gallup est absent pour le début des séances et les rejoindra plus tard, signe des tensions émergentes entre le bassiste et le chanteur. Gallup accepte mal le rapprochement de son chanteur avec Severin et Siouxsie et jalouse leur complicité. En six jours, le groupe enregistre les maquettes des titres qui composeront *Pornography* et semble satisfait du résultat. De retour à Londres, Smith se gave de LSD et d'alcool pour écrire la plupart des paroles de ce qui deviendra le disque le plus sombre des Cure.

« Je ne peux pas écrire de chansons joyeuses. Ça ne veut pas dire que je ne suis pas heureux, en fait je le suis la plupart du temps. Je passe plus de temps à sourire qu'à pleurer. Sur scène, quand on joue "Cold", je suis triste pendant quelques minutes. Je m'implique dans la chanson et je me souviens de ce que je ressentais quand je l'ai écrite. C'est comme une thérapie. »[69] – Robert Smith

« Cold » et sa tristesse abyssale sont le reflet de l'esprit torturé d'un musicien à bout, épuisé physiquement par le rythme effréné des concerts qui s'enchainent et des différents projets dans lesquels il s'implique. Psychologiquement, il ne va pas mieux.

« Chaque chanson a été écrite dans un état d'alcoolémie extrême sur une vieille machine à écrire, dans ma chambre à Crawley, ou bien sur des brouillons, lors de matinées hallucinées passées à me promener dans des coins horribles de Londres, pendant le mois de décembre 1981. »[43] raconte Robert Smith.

Comme si les tensions déjà bien présentes entre les membres du groupe et l'atmosphère oppressante des morceaux ne suffisaient pas, le trio ira plus loin dans sa démarche autodestructrice. Smith se souvient : *« Nous nous sommes immergés dans les côtés les plus sordides de la vie, et cela a eu un effet très néfaste sur tous les membres du groupe. On s'est procuré des films et des images très dérangeants pour se mettre dans l'ambiance. Après coup, je me suis demandé si ça en valait vraiment la peine. On n'avait qu'une vingtaine d'années et ça nous a choqués plus que je ne le pensais. À quel point les gens peuvent être vils, à quel point ils peuvent être mauvais… »*

Fun Fact : Le violoncelle de l'intro est joué par Robert Smith.

PORNOGRAPHY
Smith, Tolhurst, Gallup

« "Pornography" ne parle pas de pornographie mais de l'obscénité de la violence, de l'exploitation et des abus de pouvoir. »[9] – Robert Smith

La seule pornographie lisible dans cet album est la façon dont Smith montre ses émotions et sa fragilité. La chanson débute par le sample joué à l'envers d'un débat entre la féministe Germaine Greer et le comédien des Monthy Python Graham Chapman : le thème de la discussion est la pornographie.

« C'est une de ces choses bizarres qui se sont produites dans ma carrière en studio. Nous avons essayé cette approche que Brian Eno et David Byrne de Talking Heads avaient l'habitude de faire. Ils l'appellent "Found Music". Vous allumez la radio ou la télévision et essayez de trouver des éléments disparates qui correspondent à la chanson… parfois ça fonctionne. Dans ce cas c'était très littéral, la chanson parlait de pornographie… en fait je ne sais pas de quoi parle la chanson, mais le titre est "Pornography". C'est une coïncidence, nous avons essayé cette expérience juste au moment où cette émission traitait du sujet. C'était très bizarre. »[68]
– Phil Thornalley

Avec quelques années de recul, Smith se souvient des séances d'enregistrement éprouvantes mais l'état psychologique dans lequel il sombrait a laissé des stigmates amnésiques. Les souvenirs sont parcellaires : *« Je ne me souviens pas bien de l'écriture des paroles, surtout pour cette chanson. Je connais la plupart des références qui sont dedans, mais elle est tellement décousue que j'ai mis du temps à la comprendre. »*[73]

Il considère ce titre comme un appel aux armes : *« "Pornography" est la dernière chanson de l'album et aussi la dernière que j'ai écrite. Elle est alimentée par la même autodérision et la même haine de soi qui brûlait dans "One Hundred Years", mais c'est, ne serait-ce que très légèrement, un petit peu plus optimiste. »*[24]

Effectivement, l'album s'ouvre sur la phrase *« ça n'a aucune importance si nous mourons tous »* et arrive à sa conclusion avec la chanson titre qui montre un Smith plus combatif et prêt à lutter contre ses démons personnels : *« Je dois combattre cette maladie, trouver un remède… je dois combattre cette maladie. »*

« Pornography » est l'épilogue d'un disque qui aura conduit le groupe à flirter avec la folie et la noirceur comme jamais au paravent. L'album est mortifère et c'est bien l'objectif que Smith s'était fixé. Plusieurs semaines d'enregistrement éprouvantes pour un résultat qui effraie le staff de Fiction Records qui ne comprend pas cette violence et ce besoin d'effacer toute trace mélodique au profit d'un son inaccessible. Pour le label, l'album est inabordable et hermétique. En résumé, c'est un échec commercial assuré… *Pornography* se classera à la 8e place des Charts anglais. Loin de l'échec annoncé, c'est un succès jusqu'alors inédit pour The Cure.

Fun Fact : Smith a un souvenir vivace concernant l'intensité mise dans la réalisation de l'album : *« Les gens disent souvent que rien de ce que nous avons fait n'a autant de passion et d'intensité. C'est vrai, je ne pense pas que nous aurions pu faire beaucoup d'albums comme ça… nous ne serions plus vivants ! »*

THE CURE PORNOGRAPHY
SIDE ONE
ONE HUNDRED YEARS
A SHORT TERM EFFECT
THE HANGING GARDEN
SIAMESE TWINS
33 RPM
STEREO
PRODUCED BY THE CURE AND PHIL THORNALLY
ALL TITLES PUBLISHED BY APB MUSIC CO LTD
Fiction
2383 639

THE TOP (1984)

Fiction Records
Production : Chris Parry, Dave Allen, Robert Smith
Enregistrement : Genetic, Garden Studios, Trident 1983-1984
Pochette : Parched Art
Date de sortie : mai 1984

1-Shake Dog Shake
2-Bird Mad Girl
3-Wailing Wall
4-Give Me It
5-Dressing Up
6-The Caterpillar
7-Piggy in the Mirror
8-The Empty World
9-Bananafishbones
10-The Top

Après trois singles aux antipodes des ambiances sombres et torturées des albums précédents et une deuxième compilation à succès, The Cure, désormais amputé de son bassiste Simon Gallup, ne s'avoue pas vaincu. Le chanteur envisage de donner un nouveau souffle à son groupe et c'est accompagné de Lol Tolhurst, Andy Anderson, Phil Thornalley et Porl Thompson que les maquettes d'un nouvel album commencent à prendre forme. Ce ne sont pourtant pas les projets qui manquent : en décembre 1982 il crée avec son ami Steve Severin (bassiste de Siouxsie And The Banshees) le groupe éphémère The Glove. Contractuellement, Smith ne peut pas chanter les titres de ce nouveau projet et laisse donc sa place à la chanteuse Jeanette Landray. Cette association donne naissance à l'album *Blue Sunshine* en septembre 1983. Teinté d'une bonne dose de psychédélisme, ce disque sera une source d'inspiration pour *The Top*. En parallèle il est aussi devenu le guitariste officiel de Siouxsie And The Banshees, ce qui implique de passer beaucoup de temps en studio pour l'enregistrement de leur prochain album et d'accompagner le groupe en tournée. Un emploi du temps si intense qu'il sera brièvement hospitalisé suite à un malaise dû au surmenage. Au fur et à mesure que les concerts avec les Banshees s'enchainent, Smith ne se sent plus vraiment à sa place… Il souhaite s'émanciper d'un groupe géré de main de fer par la chanteuse Siouxsie Sioux et retrouver la liberté créatrice qui commence cruellement à lui faire défaut : *« Je suis un membre à part entière, mais je n'ai pas autant voix au chapitre qu'eux. C'est pourquoi il est toujours bon de revenir aux Cure. Je suis The Cure. »*[49]

The Cure veut et va renaître de ses cendres. Le producteur Dave Allen vient prendre la barre de ce bateau fantôme : pas vraiment de groupe, une direction musicale protéiforme et loin des codes habituels de la pop et du rock, un leader qui partage son temps entre deux groupes et son acolyte Tolhurst qui est plus souvent ivre que musicien. La partie ne semblait pas gagnée mais la bonne entente entre le nouveau producteur et Smith apporte son lot de surprises. Soucieux des souhaits créatifs du leader et des impératifs qui en découlent, Allen emmène le groupe dans divers studios : le Trident, Garden Studios et le Genetic.

« Dave Allen avait travaillé comme ingénieur du son sur l'album Dare *de Human League. Le courant est tout de suite passé. Il avait une intelligence vive et affûtée et il en connaissait un rayon en matière de sons électroniques et d'instruments de musique plus traditionnels. C'était exactement le gars qu'il nous fallait. »*[3]

Des explorations musicales différentes pour chaque chanson, des univers féeriques et mystérieux développés par les textes de Smith et des musiciens créant de nouvelles sonorités font que l'ambiance est bonne et inspirante. Dave Allen se souvient de la motivation et de l'enthousiasme de Smith comme des moments de pure création : *« L'état d'esprit de Smith était d'une extrême motivation mais il souffrait aussi d'un épuisement avancé à cause de sa double casquette Banshees/Cure. Il était aussi créativement au sommet de sa forme et heureux de pouvoir faire ce qu'il voulait plutôt que ce que les Banshees lui imposaient. »*[166]

C'est justement ce qu'il fallait au chanteur pour se relancer. *The Top* est comme une thérapie salvatrice qui lui ouvre les portes de tous les possibles.

« L'écrire a été comme un nouveau départ, comme écrire Three Imaginary Boys. *J'ai fait plein de trucs et beaucoup d'idioties, j'ai travaillé à partir de là. Il y en avait tellement que ça aurait pu déboucher sur n'importe quoi. »*[161] – Robert Smith

821 136-1
the cure
the top
fiction

fiction
the top
shake dog shake ~ bird mad girl ~ wailing wall ~ give me it ~ dressing up
the caterpillar ~ piggy in the mirror ~ the empty world ~ bananafishbones ~ the top
42282 11361
polydor
Diffusé par Polydor

Le début de l'année 1984 voit Smith naviguer entre la réalisation du prochain opus de son groupe, celui de Siouxsie And The Banshees et une série de concerts européens avec ces derniers. *The Top* sort le 4 mai 1984 et surprend par sa diversité et son éclectisme. Détesté des puristes et pas vraiment apprécié des nouveaux convertis, ce disque est l'ébauche d'un futur rayonnant et devient le premier volet de la trilogie pop qui emportera Cure vers les sommets. Avant d'entamer la tournée de soixante-huit concerts, le chanteur annonce à son groupe que ce sera la dernière tournée et le dernier album du groupe.

« L'une des raisons qui ont poussé Robert à faire cette annonce était d'essayer de renouveler la passion qu'il mettait à créer, de ressentir une excitation suffisante pour poursuivre l'aventure au sein des Cure et pour réaliser à chaque fois le meilleur album possible. »[3] – Lol Tolhurst

La nouvelle formation composant ce « nouveau » Cure comble son leader qui souhaite désormais y consacrer tout son temps et ne plus s'éparpiller dans des projets annexes. C'est l'occasion de mettre un terme définitif à sa collaboration avec Siouxsie And The Banshees. Il leur soumet un certificat médical parfaitement en règle qui constitue une dispense officielle pour la tournée américaine. Ayant atteint ses limites physiques, il ne se sent pas en mesure d'entreprendre cette série de concerts.

Le groupe et le producteur sont satisfaits de *The Top*, bien qu'au fil du temps le chanteur en vienne à tempérer ses propos et modérer son enthousiasme. : *« C'est bizarre, les chansons sont souvent bonnes mais l'album est assez mauvais. Il n'a pas d'identité. Je crois que c'est parce que je n'ai pas aimé le réaliser. C'était une période difficile pour moi, j'étais vraiment dépressif et* The Top *est imprégné de cet état d'esprit. J'ai beaucoup de mal à le réécouter. »*[56]

La critique est perplexe. Certains y voient un signe évident de folie alors que d'autres préfèrent mettre l'accent sur la démarche artistique : *« Je n'ai aucun moyen de le critiquer même si je le voulais parce qu'il n'entreprend pas de prouver quoi que ce soit et ne peut donc pas échouer. Il n'a pas d'autres valeurs que sa propre existence, ni règles, ni précédents, ni préjugés, rien...* The Top *est une parfaite liberté. »*[168]
– Melody Maker

Le combo de graphistes Porl Thompson et Andy Vella baptisé Parched Art réalise la pochette de l'album. Inspiré par l'ambiance psychédélique qui s'en dégage, le visuel contraste avec les réalisations précédentes. Les couleurs sont vives et la typographie rappelle la calligraphie indienne. Des symboles de factures mystiques entourés d'un cercle doré questionnent et interpellent.

SHAKE DOG SHAKE
Smith

« "Shake dog Shake" parle de moi pendant la tournée avec Siouxsie And The Banshees. » – Robert Smith

Une manière agressive et sombre d'exprimer son désarroi face au peu de reconnaissance de la chanteuse de Siouxsie And The Banshees, que ce soit pendant la tournée, ou lors de l'enregistrement de l'album *Hyaena*. Les remords n'empêchent pas Smith d'apprécier « Shake Dog Shake » : *« J'aime beaucoup cette chanson, très "heavy", pied sur le plancher. Le premier truc lourd depuis "One Hundred Years". En plus tout le groupe y a contribué, tout le monde joue dessus. »*

Il écrit, coréalise et joue presque de tous les instruments sur *The Top*, ce qui rend ce titre particulier sur la forme... il est le seul de l'album à être enregistré comme un groupe à l'habitude de le faire, ce qui n'est plus très courant pour Smith et Tolhurst depuis *Pornography*. Avec les Banshees, c'est l'inverse. Smith est le guitariste exécutant qui doit répondre aux demandes du groupe. Mener les deux projets de front avec des concerts à honorer entre les séances d'enregistrements lui font frôler le burn-out : *« Je me suis rendu chez mon docteur que je n'avais pas vu depuis sept ans. Il a été horrifié par mon état et il a insisté pour que j'aille tout de suite en maison de repos ou alors il ne répondrait de rien. »*[5]

Il refuse mais s'en sert comme excuse pour cesser sa collaboration avec les Banshees.

Smith cite « Shake Dog Shake » comme l'un des morceaux de Cure qu'il préfère au point de régulièrement le choisir comme titre d'ouverture pour les concerts du groupe : *« Je crois que c'est l'un des meilleurs morceaux que je n'ai jamais écrits, textes et musique. »*[158]

Le jeu de batterie d'Anderson l'a beaucoup influencé pour composer cette chanson et sa présence bienveillante du début à la fin de l'album lui a été d'un soutien précieux.

Andy Anderson décède le 26 février 2019 à l'âge de 68 ans. Pour lui rendre hommage, The Cure jouera « Shake Dog Shake » le mois suivant son décès lors de leur introduction au Rock and Roll Hall of Fame. Le nom du batteur est inscrit sur la guitare de Smith, visible pendant le mini-concert donné pour l'occasion.

Fun Fact : « Shake dog Shake » aurait dû être le single de l'album mais les radios lui ont préféré « The Caterpillar ».

Robert Smith explique *« C'est parce que les radios ne passaient toujours pas "Shake Dog Shake", même une semaine après l'avoir reçu. Ce n'est pas une logique très satisfaisante, mais il faut sortir en 45 tours la chanson la plus commerciale, c'est comme ça. À défaut de répondre à cette pratique ce sont des gens comme Nik Kershaw, Howard Jones ou Nick Heyward qui passeront à la radio à ta place. »*[166]

Seulement quelques centaines d'exemplaires de cette version single promotionnelle sont pressés et font de ce disque l'un des plus rares et prisés des collectionneurs.

Robert Smith constate *« Il existe encore quelques exemplaires du single en Angleterre, ils doivent coûter horriblement cher. »*[166]

BIRDMAD GIRL
Smith, Tolhurst

« "Birdmad" Girl parle d'une jeune femme malade dans une institution psychiatrique. » – Robert Smith

« Birdmad Girl » est basé sur un poème de Dylan Thomas « Love in the Asylum ». À la fin de la première strophe, le poème décrit une fille aussi folle que les oiseaux. (A Girl Mad as Birds.)

« A stranger has come

To share my room in the house

Not right in the head,

A girl mad as birds. »

« Nous nous sommes souvent concentrés sur le côté noir de la nature humaine. C'est davantage intrigant… au moins dans une perspective littéraire, comme chez Dylan Thomas. Dans la réalité, le côté sinistre de l'existence n'est pas aussi intéressant que ça. Il serait même plutôt dégueulasse. Mais bon, nous n'écrivons pas sur la réalité du monde extérieur, nos chansons n'ont rien à voir avec ça. »[74] – Robert Smith

Comme toutes les chansons de *The Top*, « Birdmad Girl » comporte des phrases énigmatiques que seul son auteur arrive parfois à expliquer, notamment *« Oh je devrais être un ours polaire » : « Pour moi, l'ours polaire est un symbole de la sauvagerie insensible mise en cage pour être regardée. Ou quelque chose comme ça… »*[68]

Il refuse la vision stigmatisante de cette « Birdmad Girl » qui n'est pas uniquement définie par sa maladie mentale. L'auteur exprime sa sympathie pour cette fille passionnée, qui vole à l'extérieure de sa cage, chante des paroles étranges et brûle d'un amour intense. À l'instar de la plupart des titres de *The Top*, Smith joue de tous les instruments sur « Birdmad Girl ».

Fun Fact : Chris Packham, le naturaliste et présentateur britannique de la série *Springwatch* de la BBC, s'est lancé le défi de nommer un maximum de chansons des Cure pendant le programme. Il cite « Birdmad Girl » dans l'épisode d'ouverture de la série en 2010. Au cours des douze épisodes, il fera référence à trente-trois autres titres du groupe.

WAILING WALL
Smith

« Écrit sur mon voyage à Jérusalem avec Siouxsie and the Banshees. J'ai visité le mur des Lamentations et j'ai été profondément choqué. »[7] – Robert Smith

En tant que guitariste permanent des Banshees, Smith participe à leur tournée, ce qui lui donne l'occasion de jouer à Jérusalem les 10, 11 et 12 septembre 1983. *« Très singulier. J'ai à la fois aimé et détesté. J'ai loué une grosse voiture américaine et j'ai emmené les Banshees à la mer morte. J'y ai perdu mes chaussures, je crois que j'étais saoul, je ne me souviens que d'un banc de poissons volants… Le mur des Lamentations était génial… le plus merveilleux bruit que j'ai jamais entendu… une totale folie religieuse. »*[5] – Robert Smith

Pendant l'enregistrement de l'album *Hyaena* des Banshees, et entre deux prises de guitare, Smith se consacre à l'écriture des textes de *The Top*. L'objectif est de formuler ce qui se balade dans son imaginaire : des hallucinations psychédéliques, des animaux sauvages et métaphoriques et beaucoup de cauchemars. *« Il est vrai que les paroles de mes chansons sont souvent obscures et difficiles à saisir. Ce serait stupide de les modifier pour que les gens les comprennent. Les rendre trop accessibles serait les rendre banales. »*[130]

Fun Fact : Smith émet certains doutes quant à la qualité globale de l'album, bien qu'il reconnaisse la valeur de certains titres : *« Certains morceaux de l'album sont vraiment bons, mais ils n'étaient pas joués par un groupe : on jouait séparément, je faisais plusieurs instruments, il fallait que je sache à l'avance très exactement comment devait être le disque, tout calculer. »*[158]

GIVE ME IT
Smith

« Oh mon dieu… je n'étais pas de très bonne compagnie à l'époque, surtout au moment de cette chanson. » – Robert Smith

Initialement écrite pour The Glove sous le nom « Cats Like Cheese », Smith décide de garder cette composition pour The Cure. « Give Me It » puise son inspiration dans le film *Bad Timing* de Nicholas Roeg, film qui explore les thèmes de la passion et des relations humaines complexes. Il s'agit de la chanson la plus incisive et enragée de l'album. Naviguant entre la production du nouvel album des Cure et les sessions du prochain opus interminable des Banshees, Smith fait de « Give Me It » l'exutoire nécessaire pour exprimer son mal-être.

Lol Tolhurst, présent physiquement mais artistiquement absent, ne sera pas d'une grande aide. Il a depuis peu abandonné la batterie pour les claviers, mais vu son manque d'entrain et ses problèmes d'addiction, Smith est souvent contraint de prendre en charge la majorité des parties qui lui étaient destinées.

« J'ai collaboré à certaines chansons pour lesquelles je suis crédité, mais il est vrai que c'est quasiment l'album de Robert. Je ne pouvais pas me plaindre de ne pas avoir mon mot à dire sur la création de l'album pour la bonne et simple raison que je ne me sentais pas assez solide pour prendre davantage de responsabilités. »[3]
– Lol Tolhurst

Pour ajouter à la violence de cette chanson, quoi de tel que la dissonance agressive d'un saxophone déjanté. Porl Thompson, de passage au studio pour montrer l'avancée de son travail concernant le visuel de l'album, est invité à jouer du cuivre sur ce titre : *« J'allais régulièrement au studio pour leur montrer l'évolution de la pochette et, un soir, Robert m'a demandé de jouer du sax sur "Give Me It". Puis il m'a demandé de faire la tournée avec eux. Personne ne m'a jamais dit "reviens" mais petit à petit, nos rapports sont devenus plus ouverts et je suis resté. »*[5]

THE Cure
European tour - 1984.
April
25.. Newcastle
26.. Edinburgh
27.. Glasgow
29.. Birmingham
30.. Nottingham
May
1.. Liverpool
2.. Manchester
4.. Bristol
5.. Oxford
6.. Portsmouth
8-10 London ....
13.. Brussels
14.. Lille
15.. Paris
16.. Lyon
17.. Marseille
18.. Nice
20.. Bologna
21.. Milan
22.. Zurich
24.. Munich
25.. Dusseldorf
26.. Hamburg
27 Berlin
29-30 Utrecht.

the cure the top
new album; cassette + compact disc
fiction

Fun Fact : Après le départ de Simon Gallup, The Cure entreprend sa première tournée véritable depuis deux ans pour promouvoir l'album *The Top*. Cette tournée est un succès et chaque concert se joue à guichet fermé. Pour immortaliser cette réussite, le groupe enregistre un album live intitulé *Concert: The Cure Live*.

Pendant l'enregistrement de *The Top*, The Cure, qui n'était alors principalement constitué que de Robert Smith, assisté de façon épisodique par Lol Tolhurst, se transforme en quintet avec l'ajout de trois nouveaux membres : Phil Thornalley, Andy Anderson et Porl Thompson.

DRESSING UP
Smith

« En fait "Dressing up" était une chanson écrite pour The Glove. Je me suis dit que je l'aimais trop pour la proposer à Severin. »[15] – Robert Smith

Au travers de cette chanson, Smith parle du rituel qu'il s'impose avant chaque concert, c'est-à-dire le maquillage : *« Je n'applique pas le rouge à lèvres proprement pour éviter que les gens pensent que c'est par coquetterie, alors que je le porte pour des raisons de théâtralité. Au début, j'en mettais autour des yeux et autour de la bouche de manière à ce que, lorsque j'étais sur scène, avec la sueur, ça puisse dégouliner partout. On aurait dit que quelqu'un venait de me frapper et que je saignais. J'ai dû arrêter par ce que ça commençait à m'abîmer les yeux. J'ai gardé le rouge à lèvres car je le trouve totalement hors de propos avec ce que je suis réellement. »*[35]

« Dressing Up » rappelle l'incursion des Cure dans la musique électronique, période « Let's Go To Bed » et « The Walk ». L'influence du producteur Dave Allen, spécialiste de ce style musical et déjà impliqué dans le travail du groupe sur le titre « The Lovecats », est particulièrement perceptible sur cette chanson.

Quant à l'interprétation de Smith, la démence n'est pas loin. Sa voix part dans les aiguës, dégringole, repart chercher la note avant de se perdre dans une sorte de miaulement. Une performance vocale qui témoigne de l'état d'ébriété manifeste dans lequel il se trouvait lors de l'enregistrement. Pour cause… Le groupe est logé dans un pub ! Les horaires de fermeture ne correspondent pas à ceux des musiciens mais peu importe, le tenancier va faciliter les choses et parer à ce décalage en leur laissant les clefs… Idée brillante ! Les musiciens peuvent donc se saouler autant qu'ils le souhaitent, il leur est juste demandé de noter leurs consommations sur un bout de papier. *« On vivait dans le pub du village le plus proche du studio Genetic. Ça veut dire qu'on travaillait toute la nuit et qu'on arrivait au pub vers 10 h 30 le matin. Nous nous levions vers 19 h 30, dînions, buvions soixante pintes de bière, prenions de la drogue, puis on retournait travailler la nuit. »*[5] raconte Robert Smith

Lol Tolhurst résume la journée type du groupe : *« Pub, studio, bye-bye. On n'a pas arrêté de boire. »*[5]

Fun Fact : « Dressing Up » est l'une des chansons que Smith apprécie particulièrement de jouer sur scène. Il fait constamment tout son possible pour essayer de l'inclure à la setlist de chaque concert.

THE CATERPILLAR
Smith, Tolhurst

« La chanson d'amour la plus évidente que j'ai jamais écrite. » – Robert Smith

C'est en trio que le groupe enregistre « The Caterpillar » : Lol Tolhurst aux claviers, Andy Anderson à la batterie et Robert Smith à la basse, à la guitare et au chant. Seul et unique single de l'album, cette chanson est une synthèse de ce que représente *The Top* : psychédélique, abstrait, hallucinatoire et surtout très différent des quatre disques précédents. Le traitement des sons des instruments et surtout le piano dissonant rappellent les sonorités utilisées par Robert Smith et Steve Severin pour l'album *Blue Sunshine* de The Glove.

« Beaucoup de choses sur notre disque qui sonne comme des chœurs lourds ne sont en fait que des instruments désaccordés. » – Robert Smith

Tolhurst se souvient de la manière très particulière dont Anderson a assuré la rythmique : *« On avait beaucoup aimé le son qu'il avait créé en frottant avec ses mains sur son pantalon en cuir. Oui, c'est bien ça qu'on entend dans "The Caterpillar" et qui ressemble à des ailes de papillon en mouvement. Ça vient en fait du pantalon de Mr Anderson. »*[3]

The Cure fait appelle à Tim Pope pour réaliser la vidéo qui sera tournée dans la grande serre du Syon Park de Londres.

« Encore une fois ils m'ont prévenu un jour à l'avance. On voulait des papillons mais à cette époque de l'année ils n'étaient pas éclos. On a dû se servir de chenilles, un méli-mélo de différentes espèces. Ce n'est pas la meilleure vidéo que j'ai faite, ça n'a pas été non plus la plus amusante… je me souviens qu'ils n'ont pas arrêter de taquiner un des membres de l'équipe à propos d'un gros tas de poudre… »[5] – Tim Pope

« The Caterpillar » sort en single le 26 mars 1984 et atteint la 14e place des charts britanniques. Un deuxième titre est ajouté à la version Maxi : « Throw Your Foot Away ».

Fun Fact : À la sortie de « The Caterpillar », Smith fait toujours partie de Siouxsie And The Banshees, et les deux groupes publient simultanément leurs singles respectifs. Le chanteur des Cure affirme ouvertement que, selon lui, « The Caterpillar » est bien meilleur que « Swimming Horses ». La chanson des Cure obtient plus de succès que celle des Banshees. Siouxsie Sioux se vexe et sa collaboration avec Smith amorce son déclin. La rancœur sera tenace.

Siouxsie Sioux se laisse aller *« Ce gros lard de Smith n'a rien à voir avec le nouvel album sauf qu'il y joue. »*[19]

PIGGY IN THE MIRROR
Smith, Tolhurst

« Une référence au film de Nicholas Roeg "Bad Timming", que Severin et moi avons regardé un soir au ralenti… beaucoup trop de drogue… » – Robert Smith

Lorsqu'on lui demande qui est ce porc dans le miroir, il arrive parfois à Smith de répondre que c'est de lui dont il s'agit, de retour de soirée, le visage bouffi par l'abus d'alcool et les yeux rougis par les drogues. Paranoïa, psychédélisme, autodérision… les interprétations sont multiples et varient souvent en fonction de son humeur : *« Je mens beaucoup. Mentir pour gagner la confiance d'une personne ou pour se rapprocher de quelqu'un c'est stupide… La plupart du temps j'invente des choses par ennui. De toute façon la plupart des choses qui se passent dans Cure sont fabriquées. On passe beaucoup de temps à se raconter des conneries les uns aux autres. »*[76]

Concernant l'enregistrement de l'album, Smith déclare : *« Je suis juste redevenu complètement taré, comme ce qui était arrivé à l'époque de* Pornography. *»*[75]

Malgré lui il est devenu le grand architecte de cet album, comme le précise Lol Tolhurst qui sombrait tous les jours un peu plus dans l'alcool et les drogues : *« Même si j'étais physiquement présent dans le studio pendant tout l'enregistrement, mon esprit était ailleurs, attiré par ce gouffre infernal dont j'ai fini par me libérer. »*

Tolhurst avoue n'avoir coécrit que trois chansons de l'album. « Piggy In The Mirror » est l'une d'entre elles et demeure aussi l'une de ses préférées. Il est conscient de sombrer et de ne pas pouvoir épauler Smith comme il le voudrait : *« Pendant l'enregistrement de* The Top, *on a redéfini notre manière de voir le groupe. J'avais une confiance absolue en Robert et en notre capacité à créer quelque chose de plus abouti et de plus apaisé. »*[3]

Fun Fact : *« Pour* The Top, *j'ai été obligé de tout faire moi-même : il était devenu une sorte d'obsession. À l'époque je ne savais pas s'il était bon ou mauvais, je le considérais parfois excellent, le lendemain épouvantable. Je ne suis pas totalement satisfait de cet album car il n'en est pas sorti ce que j'aurais aimé qu'il en sorte. »*[158] – Robert Smith

THE EMPTY WORLD
Smith

« "The Empty World", c'est l'autre face de la médaille de "Charlotte Sometimes". » – Robert Smith

Comme « Splintered In Your Head » et « Charlotte Sometimes », ce morceau s'inspire du livre éponyme de Penelope Farmer. Le titre de la chanson est un emprunt : « She felt excited, almost exhilarated by this empty world » (*Elle se sent excitée, presque grisée par ce monde vide*). Smith ose même reprendre telles quelles plusieurs phrases : « Stiff as toys and tall as men » (*Raides comme des jouets et grands comme des hommes*), « She talked about the armies that marched inside her head and how they made her dreams go bad, but how happy she was » (*Elle parlait des armées qui marchaient dans sa tête et de la façon dont ils ont fait échouer ses rêves, et comme elle était heureuse*). Il raconte sans détour l'histoire du livre de Farmer : un rêve dans lequel Charlotte Makepeace se bat contre des soldats de plomb, dans une guerre où le frère de sa logeuse, miss Chisel Brown, meurt au front.

Selon Smith, « The Empty World » parle effectivement de « Charlotte Sometimes » mais aussi de son ancien ami, Simon Gallup : *« Aussi fier l'un que l'autre. »*[5]

The Top constitue presque un album solo de Smith. Non seulement parce qu'il joue pratiquement tous les instruments, mais surtout parce qu'il prend seul les décisions artistiques pour l'orientation de l'album.

« Je pense qu'après le départ de Simon et la querelle à Strasbourg, il avait besoin d'essayer quelque chose en solo, ce qui l'a conduit à emprunter une voie psychédélique. »[3] – Lol Tolhurst

Les divers projets annexes du chanteur ont nourri son inspiration et sa créativité, ce qu'il reconnait volontiers : *« Je chante sur* The Top *comme jamais auparavant. Ma voix est plus forte, plus épaisse, différente. Quant au son, il est plus influencé par The Glove que par les choses jouées dans le passé avec The Cure. »*[158]

Fun Fact : Les séances d'enregistrement de *The Top* se font sous influence. Alcool et drogues en excès, mais surtout, une potion dont Smith se souvient. *« Le batteur Andy Anderson avait l'habitude de nous faire un énorme pot de thé aux champignons magiques (psilocybine) au début de chaque journée, et ça n'a fait qu'empirer à partir de là… »*[25] – Robert Smith

fiction
the top ~ shake dog shake ~ bird mad girl ~ wailing wall ~ give me it ~ dressing up ~ the caterpillar ~ piggy in the mirror ~ the empty world ~ bananafishbones

BANANAFISHBONES
Smith

« Encore moi qui me déteste… »
– Robert Smith

Le texte s'inspire d'une nouvelle de J. D. Salinger intitulée *« Un jour rêvé pour le poisson-banane »*. Toutefois, Smith avoue ne plus vraiment se souvenir du sens de ses paroles, ni même de la raison pour laquelle il a choisi d'utiliser ce titre énigmatique faisant référence à des arêtes de bananes. « Bananafishbones » atteint le paroxysme psychédélique exploré par *The Top*. Une direction artistique déjà exploitée par Smith un an plus tôt avec The Glove. Bien que la consommation de LSD ait sans doute influencé cette évolution musicale, il essaie parfois de minimiser son impact : *« Le LSD ne me change pas vraiment, quel que soit le nombre de fois que j'en prends. Ça n'a pas modifié ou altéré ma perception du monde comme ça a pu le faire chez certains. En fait je crois que j'ai toujours eu une vision assez distordue de la réalité. »*[35]

En ce mois de janvier 1984, The Cure n'est plus guère représenté que par son leader. Le bassiste occasionnel Phil Thornalley part en Australie pour produire le prochain Duran Duran et Lol Tolhurst se concentre plus sur la boisson que sur le son. Seul le batteur Andy Anderson reste un appui solide pour Smith. Côté production, Dave Allen et Chris Parry viennent prêter main-forte au chanteur.

« Je crois que je les ai convaincus que je savais ce que je faisais. J'en avais ras le bol de travailler sur de la musique électronique. Enregistrer sans restriction a donc été une bonne expérience. »[5] – Dave Allen

Fun Fact : Concernant J. D. Salinger, Smith dira : *« Il est un personnage que j'admire et qui m'intrigue aussi. S'exclure de ce monde, vivre dans un monastère, arrêter d'écrire et refuser tout contact avec le monde extérieur : c'est fascinant. »*[77]

THE TOP
Smith

À la première écoute, cette chanson semble parler d'une douloureuse rupture, comme tant d'autres compositions du groupe, sauf qu'à y regarder de plus près il est probable que Smith s'adresse à son ancien bassiste et ami, Simon Gallup. De façon évidente et comme à son habitude, le chanteur brouille les pistes. « The Top » est une métaphore pour désigner l'endroit où il faut se trouver pour être bien.

« Je reviens à la raison avec cette chanson. Une sorte de repère lyrique. Ça a surtout été un moment bien amusant en studio à passer la nuit pour obtenir le bon son de la toupie. » – Robert Smith

C'est effectivement le son d'une toupie qui ouvre la chanson et qui la clôt. La composition s'articule autour d'une basse évoquant la période sombre du groupe, moins violente et oppressante que celle de l'album *Pornography*, mais avec son influence encore bien perceptible. « The Top » achève un album éponyme kaléidoscopique, nourri de rêves et de délires hallucinatoires. La presse musicale de l'époque y voit un signe de folie et s'inquiète de l'état psychique de son auteur.

« Dans l'ensemble, The Top *est tellement dérangé, que je pense que les gens vont avoir une drôle d'idée de moi si je continue à écrire des choses pareilles. »*[35]
– Robert Smith

Il convient de reconnaitre qu'il déploie tous les efforts nécessaires pour nourrir l'image fantasque que certains ont de lui. À titre d'exemple parmi tant d'autres, il se plaît à créer des récits délirants afin de rendre les interviews moins monotones, allant jusqu'à prétendre qu'il emmène un agneau vivant en tournée. Selon ses dires, l'agneau résiderait désormais dans une ferme au pays de Galles, et il raconte avec humour : *« Je suis allé le voir récemment, il ne se souvient pas du tout de moi. »*[78]

THE HEAD ON THE DOOR

(1985)

Fiction Records
Production : Dave Allen, Howard Gray, Robert Smith
Enregistrement : Angel Recording Studios,
Genetic Studio 1985
Pochette : Parched Art
Date de sortie : août 1985

1-In Between Days
2-Kyoto Song
3-The Blood
4-Six Different Ways
5-Push
6-The Baby Scream
7-Close to Me
8-A Night Like This
9-Scew
10-Sinking

En dépit des critiques mitigées de l'album *The Top*, le public reste fidèle à son groupe fétiche et lui pardonne ses incartades pop. Pourtant, Smith et son nouveau line up vont persister et emprunter une voix identique, sans hésitation aucune. Dave Allen reste le producteur, Tolhurst reste aux côtés de son chanteur et le reste du groupe part vers d'autres horizons musicaux. Après avoir participé à la tournée *The Top Tour*, Porl Thompson, le graphiste officiel des Cure et ancien guitariste de Malice est embauché en CDI. Le bassiste Simon Gallup fait son retour après avoir noyé ses rancœurs dans quelques pintes de bière partagées avec Smith dans un pub de Londres. Boris Williams, qui fut appelé à la rescousse pendant *The Top Tour* à la suite de l'éviction de Andy Anderson pour pétage de plomb – absorption surdosée de champignons hallucinogènes, destruction de chambre d'hôtel, agression physique et menaces de mort envers certains membres du groupe – devient formellement le nouveau batteur des Cure.

« Je savais que c'était le groupe qu'il me fallait. L'album est d'une fraîcheur fantastique et l'environnement était vraiment agréable. Toutes les petites amies s'entendaient bien et le groupe est devenu beaucoup plus familial. À cette époque, j'avais vingt-cinq ans et je me suis rendu compte que je devais grandir un peu. »[15] – Robert Smith

En février 1985, les démos se font au Studio F2 à Tottenham. L'efficacité du groupe permet de donner aux maquettes une forme suffisamment précise pour indiquer la direction musicale à suivre. Au début du printemps, les cinq musiciens accompagnés de leur producteur déménagent aux Studios Angel de Islington pour débuter l'enregistrement de l'album. Les séances sont plus complexes que prévu et obligent les musiciens à se mouvoir vers les Studios Genetic.

Le retour de Gallup est un élément essentiel à la cohésion du groupe : *« Simon apportait un supplément d'âme au groupe. Tout est une question d'alchimie, et ce n'est pas quelque chose qui peut s'inventer, n'en déplaise à ce que les gens peuvent dire. »*[3] explique Lol Tolhurst.

Smith ne peut qu'approuver les propos de son ami : *« Il y a bien eu cinq versions différentes de Cure depuis nos débuts ; le groupe mue, se transforme. Les nouveaux apportent toujours quelque chose d'extramusical, des idées, un regard, des humeurs. Le groupe est davantage une somme de personnalités que de compétences techniques. Certains membres étaient même d'épouvantables musiciens, mais ils étaient mes amis. »*[77]

L'idée n'est pas de créer un disque homogène mais plus une suite de chansons qui potentiellement pourrait chacune être un single. Un éclectisme revendiqué par Smith qui souhaite *« une collection d'ambiances et non un album d'humeur. »* Devenu un quintette aussi extravagant qu'efficace, The Cure accouche d'un album qui leur ouvre en grand les portes du succès international.

The Head On The Door sort le 30 août 1985 et grâce à une médiatisation façon matraquage médiatique et une presse en admiration, il donne naissance à la Curemania. Chaque musicien porte le même costume gris, Smith et Gallup concourent pour le plus gros pétard capillaire et le combo rouge à lèvres/khol forment les visages d'un groupe devenu mainstream. Le public adhère et s'identifie à une image savamment travaillée.

THE HEAD ON THE DOOR
THE CURE

« Sans maquillage personne ne me remarque et personne ne sait que c'est moi. Mais bon, il faut dire que je me ressemble moins que la plupart des gens qui viennent à nos concerts. »[24] – Robert Smith

Les critiques sont conquis par le nouvel album, l'intégrité artistique et l'évolution musicale du groupe mais ne peuvent s'empêcher parfois, de railler son image. *« Beaucoup de journalistes me donnent du fil à retordre quand ils parlent de mon look, mais je n'ai jamais rencontré un journaliste à qui j'aimerais bien ressembler. »*[24] – Robert Smith

La tournée débute le 20 mai 1985 au Studio 54 à Barcelone, trois mois avant la sortie de l'album. S'en suit une série de soixante-deux dates en Europe, aux États-Unis, puis de nouveau en Europe pour se terminer en apothéose le 18 décembre 1986 à Paris dans un Bercy en ébullition. Suite à ce dernier show, le groupe prend possession du bar de l'hôtel Warwick dans lequel il séjourne et organise un petit concert privé. La patience des employés du palace atteint ses limites et les musiciens se font sortir. Les Cure dérivent ivres dans les rues parisiennes afin de trouver un endroit pour fêter dignement la fin de la tournée. Alors que l'un d'entre eux s'obstine à grimper à chaque arbre qu'il croise sur sa route, qu'une autre danse sur le capot d'une voiture et que les roadies essaient d'apprendre les rudiments de la langue française avec les quelques autochtones, Smith propose de l'argent à un sans-abri qui a la délicatesse de lui répondre : *« Mec, vu ton look, ça va être dur de trouver un job, garde ton argent. »*

The Head On The Door est un succès et pour la première fois de sa carrière, The Cure extrait deux singles d'un même album. « In Between Days » et « Close To Me ». Tim Pope est désormais leur clipper attitré et réalise des vidéos qui font de Smith un acteur qui pousse au paroxysme le côté clownesque de son personnage. Cette créature vraiment attachante devient une idole. Son visage sur des posters vendus dans des magazines pour adolescents est accroché aux murs des chambres de collégiens, la tendance vestimentaire vire au noir, les cheveux se font crêpés et l'attitude est prostrée. Smith déclarait quelques mois avant la sortie du disque : *« Le jour où nous avons un album dans le top 10 je dissous le groupe immédiatement. »*[24] *The Head On The Door* se classe à la 7e place des charts anglais.

En décembre 1985 sort un EP réservé au marché anglais, *Half An Octopus* contenant la version single de « Close To Me » ainsi que trois faces B : « Stop Dead », « New Day » et « A Man Inside My Mouth ». Le mois suivant, un deuxième EP voit le jour aux États-Unis et au Canada : *Quadpus*, contenant la version Maxi de « Close To Me », « A Night Like This » et les faces B « New Day » et « A Man Inside My Mouth ».

La pochette est de nouveau réalisée par Parched Art (P. Thompson et A. Vella), et de nouveau elle est floue. Le visage de Janet Smith (la jeune sœur de Robert) se détache sur fond noir. La typographie est manuscrite et prolonge en quelque sorte l'esthétisme amorcé avec le graphisme de *The Top*.

IN BETWEEN DAYS
Smith

« C'est à propos de deux amants qui se séparent. L'un rencontre quelqu'un mais désire encore l'autre. » – Robert Smith

Comme souvent avec les chansons pop de Cure, l'ambivalence est de mise. Les paroles mélancoliques et funestes contrastent avec une mélodie joyeuse et un rythme enlevé.

« C'est un morceau dont l'idée maîtresse se rapproche de celle de "Boys Don't Cry", c'est de la pop simple et opportuniste. Nous ferions mieux de voir le monde sous un angle positif si nous voulons pouvoir continuer. »[80] – Lol Tolhurst

The Head On The Door est un album varié, dans l'esprit de *The Top*, bien qu'il sache rendre l'ensemble plus cohérent et plus abordable. *« Il y a beaucoup de chansons différentes, mais il y a toujours cette espèce de continuité qu'ont les albums "Disco Beach Party". Habituellement, il y a un fossé entre les gens qui aiment les singles et ceux qui aiment les albums, mais avec "In Between Days" je pense que ce fossé va se refermer, car si on aime le single, il y a des chances pour qu'on aime également l'album. »*[35] évoque Robert Smith.

En effet, l'album cartonne tout autant que le premier extrait. On peut dire que « In Between Days » est LA CHANSON qui permet à la formation de quitter son statut de groupe indépendant pour la faire entrer dans la catégorie « grand public ». « In Between Days » atteint la 15e place des Charts britanniques. Elle permet aussi au groupe de se classer pour la première fois dans le top 100 aux États-Unis.

En 2001, après le rachat de leur label Fiction Records par Universal Music, le groupe doit faire quelques concessions pour avoir le droit de sortir le coffret *Join The Dots*. L'une d'entre elles est d'autoriser l'utilisation de « In Between Days » pour la publicité Fiat Punto en 2003. Smith a toujours refusé catégoriquement toutes propositions de ce type et c'est contraint et à contrecœur qu'il accepte : *« Je me suis battu si longtemps pour garder le contrôle sur ce que nous faisons... car je déteste que la musique soit utilisée pour vendre des produits. Je pense que ce que nous faisons devrait signifier plus que cela. »*[81]

« In Between Days » sort le 15 juillet 1985. Face B : « The Exploding Boy ». Un titre supplémentaire est inclus à la version Maxi : « A Few Hours After This ».

Fun Fact : De façon volontaire, ou non, ce morceau se rapproche de certains titres de New Order tels que « Dreams Never End » et « All Day Long ». Cette fois-ci, il n'y aura pas la même controverse entre les deux groupes qu'il y eut concernant la similitude entre « Let's Go To Bed » et « Blue Monday ».

Lors de sa sortie, en 1985, le titre s'écrit « In Between Days ». Depuis 1990, l'orthographe s'est muée en : « Inbetween Days ».

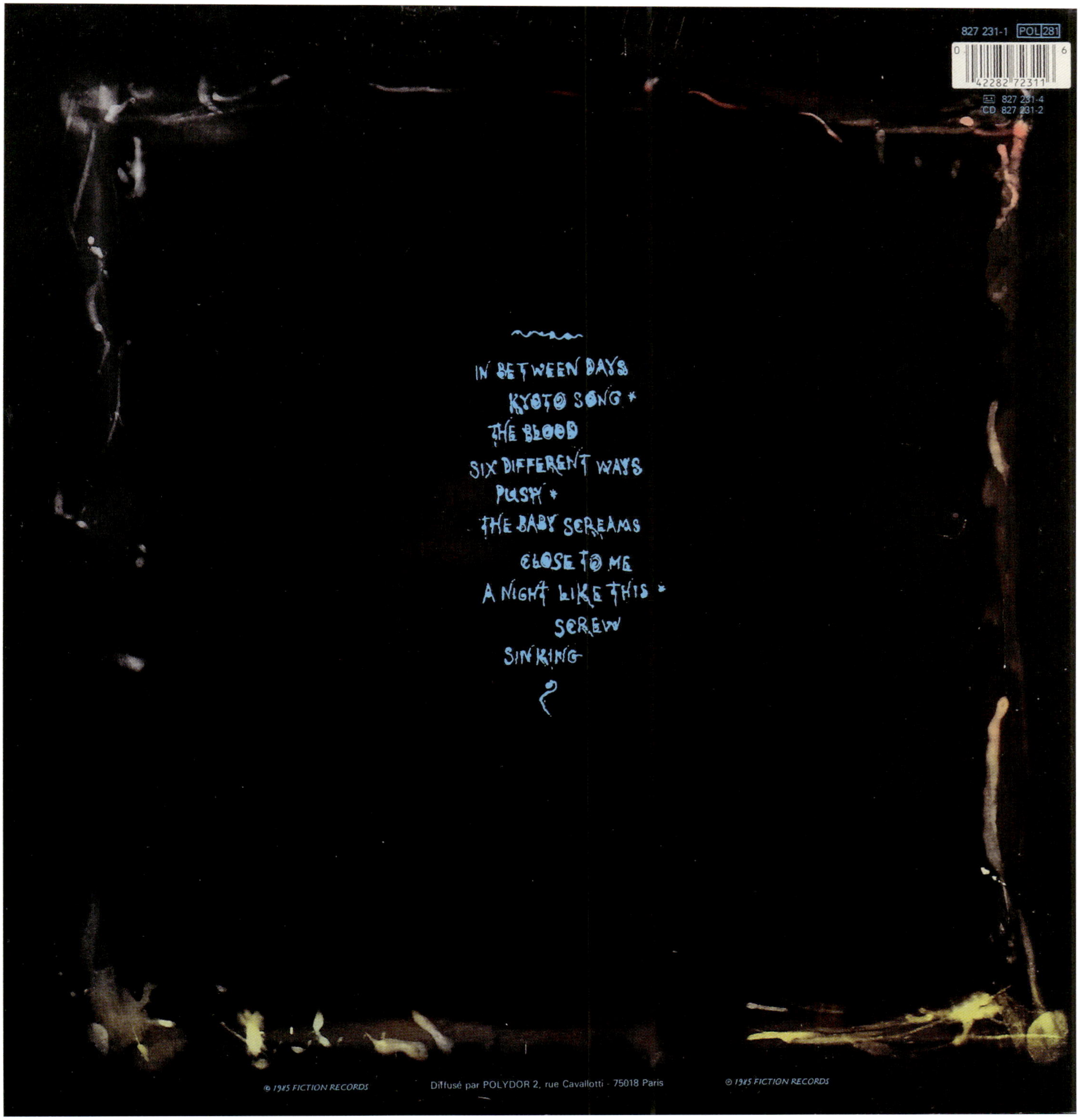
827 231-1 POL 281
827 231-4
CD 827 231-2
IN BETWEEN DAYS
KYOTO SONG *
THE BLOOD
SIX DIFFERENT WAYS
PUSH *
THE BABY SCREAMS
CLOSE TO ME
A NIGHT LIKE THIS *
SCREW
SINKING
© 1985 FICTION RECORDS
Diffusé par POLYDOR 2, rue Cavallotti - 75018 Paris
℗ 1985 FICTION RECORDS

KYOTO SONG
Smith

Avec « Kyoto Song », on perçoit clairement l'influence de la période berlinoise de David Bowie, ainsi qu'une forte touche orientale. Selon Robert Smith, le texte est en partie inspiré d'un cauchemar dans lequel sa femme se noie dans une piscine, et d'un rêve où il se voit en train de dévorer quelqu'un. Il lui est également arrivé d'attribuer une autre signification concernant le sens des paroles : *« "Kyoto Song" parle d'une nuit passée sur le sol de quelqu'un. Je pense à Steve Severin... »*[5]

Si cette version est exacte, alors « Kyoto Song » peut être considérée comme la jumelle de « The Upster Room », qui puise son influence de la même situation. Surement un vague souvenir embrumé et quelque peu distordu d'une nuit d'ivresse.

Le titre initial était « The Koto Song », en référence à l'instrument de musique traditionnelle japonaise, dont Smith avoue ne jamais avoir été capable d'en jouer correctement. Ensuite l'idée de départ et les paroles ont évolué aux fils des séances.

Smith explique *« Pendant les répétitions on imitait un groupe espagnol qui aimerait sonner Britannique. On était aussi curieux de voir comment un groupe japonais jouerait une chanson pop anglaise ! C'était comme une expérience. J'ai acheté une guitare espagnole pour l'occasion. »*[79]

« Kyoto Song » est l'une des nombreuses facettes que comporte l'album *The Head On The Door.* Dix chansons pour dix ambiances bien distinctes.

« C'est vraiment une collection de chansons et non un album d'humeur. Nous sommes revenus à l'idée originelle que chaque chanson écrite est jouée comme un single, et peut être écoutée hors de son contexte, ou à côté d'autres musiques. Cet album est une étape importante de notre carrière, qui va à droite comme à gauche, comme si nous étions saouls. »[158]
– Robert Smith

Fun Fact : Smith et conscient de faire un album qui peut changer la donne. *« Le son était vraiment dynamique et le groupe était très heureux. C'était un plaisir de faire ce disque, je me suis dit que cet album allait faire la différence. »*[153] – Robert Smith

THE BLOOD
Smith

C'est une bouteille de vin portugais, le Lagrima Christi issu de la vallée du Douro, qui est à l'origine de cette chanson. *« Des amis m'ont offert une bouteille de ce vin. C'est pourquoi la chanson a un air pseudo-flamenco. C'est la seule chanson de l'album que j'ai écrite complètement ivre. »*[84] – Robert Smith

Smith est un buveur de bière invétéré dont la consommation excessive est un secret de polichinelle. Il s'attaque parfois à certains alcools forts mais le porto était jusqu'alors inconnu de son univers éthylique. Cette découverte l'a assez marqué pour en faire une chanson : *« C'est une boisson brutale... si tu bois la moitié d'une bouteille tu commences à avoir d'horribles visions. On m'en a donné une et je l'ai bue. Ensuite j'ai remarqué que l'étiquette représentait la Vierge Marie avec Jésus sous un bras et une bouteille dans l'autre main. C'était complètement génial... J'étais convaincu que j'étais un guitariste flamenco portugais. »*[5]

C'est un groupe transformé qui enregistre « The Blood ». Le nouveau batteur Boris William est un transfuge des Thompson Twins. Connu pour sa technicité et sa frappe puissante, il apporte une signature qui, associée au son et à la droiture de jeu de Simon Gallup, crée la section rythmique la plus percussive et précise que le groupe n'ait jamais eue jusqu'alors. Porl Thompson, saxophoniste, claviériste et surtout guitariste signe ici le solo hispanisant de « The Blood ».

Robert Smith explique *« À l'époque de* The Top, *je nous trouvais compétents et je détestais cette idée. Aujourd'hui je nous trouve dynamiques et ça m'excite... C'est de nouveau un vrai groupe et si l'on me demandait dans quelle formation j'aimerais le plus me trouver, je choisirais sans hésiter celle-ci. »*[35]

« The Blood » explore une direction encore inédite pour le groupe et l'emploi de nouveaux instruments a joué un rôle important dans cette évolution : *« J'ai toujours considéré la guitare acoustique comme un instrument un peu hippie, pas vraiment un instrument que les Cure devraient utiliser. Je suis désormais déterminé à explorer toutes ses possibilités. »*[153] – Robert Smith

Aux États-Unis, les paroles de « The Blood », en particulier la phrase « I am paralyzed by the blood of Christ » sont interprétées par une frange catho-extrémiste comme relevant d'un groupe satanique. Les médias américains s'emballent et demandent à Smith s'il est au courant de cette controverse. Sa réponse est sans appel : *« Je ne crois ni au diable ni à Dieu, donc tout ça c'est de la merde. »*

Fun Fact : Dans un but purement commercial avec l'intention de toucher le public espagnol, la maison de disque sort la chanson en single promo uniquement en Espagne, sans mentionner son origine portugaise.

SIX DIFFERENT WAYS
Smith

« Les paroles parlent de la manière dont je traite les gens. Le six n'est pas vraiment important. Ça aurait pu être cinq. »[5] – Robert Smith

Pour surmonter l'ennui des longues séances d'interviews, Smith a adopté l'habitude d'inventer des anecdotes, de raconter des histoires surréalistes et de répondre de façon contradictoire aux sempiternelles mêmes questions. C'est ce qu'il tente d'exprimer avec « Six Different Ways ». Des mensonges qui varient selon son humeur et l'inspiration du moment, à la manière de cette autre signification qu'il donne de la chanson : *« Nous avons eu cette célèbre dispute sur le nombre de façons d'écorcher un chat. L'inanité était stupéfiante. Et quelqu'un a dit : "il doit y avoir six manières différentes" et ça semblait tout simplement être un joli titre à cause du 6/8. »*[15]

6/8 est une mesure à deux temps divisés en 2 triolets. Bref, c'est une structure rythmique inédite pour The Cure. Comme la plupart des titres de l'album, « Six Different Ways » diffère de ce que le groupe a jusqu'alors composé.

« J'ai toujours voulu écrire une valse. J'avais essayé avec The Glove mais Severin n'a jamais réussi à suivre le rythme. »[5] – Robert Smith

C'est surtout grâce à cette nouvelle formation et son niveau technique qu'un morceau comme celui-ci a pu être enregistré.

« Porl a toujours été un grand guitariste et Boris Williams est un batteur extraordinaire. Nous n'aurions jamais pu tenter "Six Different Ways" avant, car nous n'avions jamais eu de batteur capable de jouer en 6/8. C'était un super sentiment d'être dans un groupe qui jouait bien et je me suis dit, mon dieu, on pourrait même improviser si on le désirait. »
– Robert Smith

Fun Fact : Après l'enregistrement de l'album *Hyaena* de Siouxsie And The Banshees, Smith quitte le groupe non les mains vides : le son du piano presque bastringue de « Six Different Ways » est plus qu'un emprunt au titre « Swimming Horses ». Faisant sienne la formule de Picasso : *« Les bons artistes copient, alors que les artistes géniaux volent ».* (Citation que le peintre a lui-même transformée et empruntée à T. S. Eliot.)

La technologie évolue et de nouveaux instruments font leur apparition. Smith se souvient de l'importance de certains d'entre eux : *« J'avais le DX7, l'Emulator 2 et l'Ensonic mirage dans mon appartement et chaque jour je trouvais un nouveau son, une nouvelle voix. Des chansons comme "Close To Me" et "Six Different Ways" semblaient presque s'être réalisées sans moi. »*[153]

PUSH
Smith

Ce texte autobiographique relate la sensation d'inconfort ressentie par Smith lors d'un voyage en train alors qu'il portait une robe. À l'âge de quinze ans, il avait pris l'habitude de se maquiller et parfois de revêtir des vêtements féminins. Cette expérience l'a confronté à la peur de se faire juger et a été l'occasion pour lui de mûrir en apprenant à cacher ses craintes derrière un sourire. En 1986, lors du concert filmé à Orange, il présente « Push » de la manière suivante : *« Cette chanson fait référence à une période où je portais une robe et que je voyageais en train. »*

Il lui est arrivé d'en donner une interprétation plus universelle : *« "Push" parle de la manière dont on peut haïr irrationnellement les autres, simplement parce qu'ils sont là. »*

L'apport du guitariste Porl Thompson est primordial dans la production de « Push ». Son jeu incisif et son passé de soliste permettent au groupe de réaliser un morceau loin des codes habituels de Cure. C'est la chanson rock de l'album. *The Head On The Door* est un patchwork qui compile différents styles musicaux. Smith dit de « Push » qu'elle représente la fraction *« toutes guitares dehors ».*

Au sujet de *The Head On The Door*, Robert Smith insiste *« C'est l'album le plus varié qu'on ait jamais enregistré, un peu comme une collection de singles, une exploration plus étendue que celle de* The Top. *»*[5] De façon contradictoire, les raisons qui l'amènent à apprécier ce disque sont les mêmes qui l'ont poussé à critiquer le premier album de son groupe : *« Je n'aime pas* Three Imaginary Boys. *Beaucoup l'aimaient pour sa diversité, mais c'est exactement ce que je lui reproche. Ça sonne comme un album de compilation ou un truc du genre. »*[5]

Fun Fact : Porl Thompson est le premier guitariste à jouer avec Smith et Tolhurst dans les groupes Malice et Easy Cure. Après son départ en 1978 il crée Parched Art avec le photographe Andy Vella dans le but de réaliser les pochettes du groupe. The Cure valide, et Thompson devient leur graphiste officiel avant d'être leur saxophoniste, le beau-frère de Smith, puis l'indispensable musicien. C'est lors de l'enregistrement de *The Head On The Door* qu'il sera officiellement intronisé guitariste des Cure.

« Push » est la chanson des Cure que Mary Pool (femme de Robert Smith) préfère.

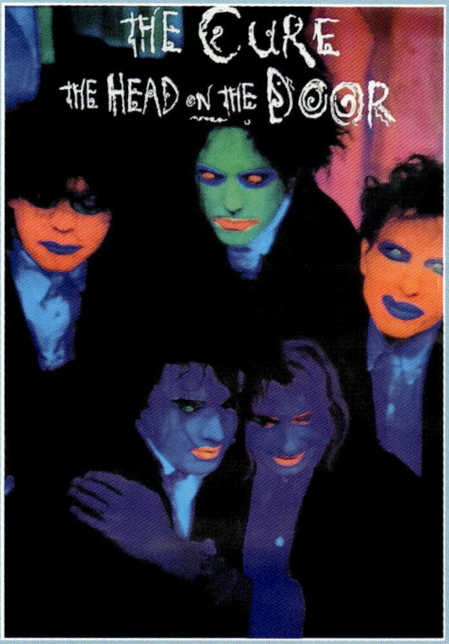

THE CURE
THE HEAD ON THE DOOR
SIDE ONE
INBETWEEN DAYS (SMITH)
*KYOTO SONG (SMITH)
THE BLOOD (SMITH)
SIX DIFFERENT WAYS (SMITH)
*PUSH (SMITH)
827 231-1
SACEM
ALL SONGS PRODUCED BY ROBERT SMITH AND DAVE ALLEN EXCEPT *PRODUCED BY ROBERT SMITH AND DAVE ALLEN AND HOWARD GRAY
PUBLISHED BY A.P.B. MUSIC CO. LTD.
ORIGINAL SOUND RECORDING MADE BY FICTION RECORDS
℗ 1985 FICTION RECORDS © 1985 FICTION RECORDS
TOUS DROITS DU PRODUCTEUR PHONOGRAPHIQUE ET DU PROPRIETAIRE DE L'OEUVRE ENREGISTREE RESERVES DUPLICATION EXECUTION PUBLIQUE. RADIODIFFUSION DE CE DISQUE INTERDITES

THE BABY SCREAM
Smith

« "The Baby Scream" est un numéro de danse, quelque chose pour frapper dans ses mains. Ça parle de mon côté "cette boisson n'est pas assez froide, donnez m'en une autre." Quand je fais ça, le groupe et les gens qui me connaissent savent que je ne suis pas sérieux. »[5] – Robert Smith

Au printemps 1985, les Cure réservent les Angels Studios à Londres pour une durée d'un mois. L'intention est de donner à chacune des chansons un son de batterie unique pour apporter une couleur singulière à chaque pièce de ce puzzle que forme *The Head On The Door*. Ce processus prolonge considérablement la durée des sessions d'enregistrement, contraignant le groupe à poursuivre la production de l'album aux Studios Genetic. Conscient du potentiel créatif et commercial des nouvelles chansons, ainsi que de la cohérence émergente de cet album en gestation, le producteur Dave Allen s'investit de manière inédite. Lui et le groupe sont en symbiose et leur collaboration fructueuse durera jusqu'en 1992.

Smith fait référence à ses influences musicales en précisant que « The Baby Scream » présente une évidente similitude avec certains sons des albums *Kaleidoscope* de Siouxsie and the Banshees et *Dare* de Human League. En 1985 il explique les raisons d'une telle diversité dans l'album *The Head On The Door*, en se référant aux Beatles et la variété de certaines de leurs chansons. *« Cet album cumule six ou sept styles différents et je veux que nous puissions poursuivre à l'avenir dans n'importe lequel d'entre eux, ou alors les abandonner tous. Nous sommes très éclectiques et j'aime que ce disque fasse penser à une compilation de divers artistes. »*[56] – Robert Smith

CLOSE TO ME
Smith

« Close To Me » est une parfaite illustration de l'habileté qu'a le groupe à enrober un sujet sombre dans une ambiance musicale dansante et pop. Cependant, pour son auteur, cette chanson est loin d'être l'une des meilleures de son répertoire, au point d'envisager de ne pas l'intégrer à l'album. Ce n'est qu'après avoir enregistré la voix définitive et s'être acharné sur la production pour créer une atmosphère claustrophobique, que « Close to me » trouvera sa place sur le disque. La vidéo de Tim Pope retransmet parfaitement cette ambiance en présentant les cinq membres du groupe enfermés dans une armoire, au bord de la falaise de Beachy Head. Initialement et comme le souligne Smith, les paroles n'avaient rien à voir avec la version définitive : *« Au dernier moment, j'ai chanté ces mots que j'avais laissés en suspens. Je ne pensais pas qu'il y avait quoi que ce soit de musical qui puisse fonctionner avec les paroles. Il s'agissait en fait de ce sentiment récurrent que j'avais, de voir se rapprocher un destin funeste. Tout a commencé lorsque j'ai chopé la varicelle, très jeune. Il m'arrivait d'avoir d'horribles visions cauchemardesques d'une tête flottant dans un faisceau de lumière dès les lampes de la chambre éteintes et la porte entrouverte. »*[17]

Pendant la réalisation de l'album, les visions reviennent : *« J'étais épuisé et je me suis soudainement mis à avoir les mêmes hallucinations, ce qui était très étrange. C'est le sujet de cette chanson. Au dernier moment j'ai essayé de chanter sur cette ligne de basse enjouée et ce motif de batterie et ça a tout de suite fonctionné. »*[17]

En 1985 Smith donne une explication un tantinet différente : *« Cette chanson parle de la claustrophobie. Pas physiquement, mais plutôt de ce sentiment de mal-être que l'on ressent en compagnie de la mauvaise personne, même dans la pièce la plus spacieuse au monde. »*[18] Contrairement aux précédents albums du groupe, le titre de cet opus ne reprend pas le nom de la dernière chanson de la track-list, marquant ainsi une rupture avec une habitude ancrée dans l'histoire du groupe, *The Head On The Door* est une phrase extraite des paroles de « Close To Me » : *« If only I was sure That my head on the door was a dream »*.

Le single bénéficie d'une orchestration enrichie de cuivres et d'un mix plus ample alors que la version présente sur l'album est aussi dépouillée que possible : *« Ça me rappelle Jimmy Mack... c'est le son que cette chanson aurait dû avoir au départ. »*[19]

L'idée de la vidéo vient d'un cauchemar du chanteur : il se retrouve enfermé dans un placard qui tombe d'une falaise pour sombrer dans l'océan. Tim Pope se chargera de façon absolument littérale de mettre en image cette vision tragique : *« On est allé dans un immense studio, le plus grand de Londres, et on était tous dans l'armoire. Les cinq membres de Cure, moi, le cameraman, l'assistant-cameraman… c'était la plus petite installation dans le plus grand studio. C'était très drôle et plutôt agité là-dedans… Je ne sais pas si vous avez eu à faire aux intestins de Lol, mais… Un jour on fera un film sur ce que son estomac contient. »*[5]

Concernant la réalisation de la vidéo, Smith a un souvenir mitigé : *« C'est très "Le lion, la sorcière blanche et l'armoire magique." Ils ont envoyé trois armoires vides du haut des falaises de Beachy Head puis ils ont utilisé des camions de pompiers pour remplir l'armoire dans laquelle nous étions. Le problème, c'est que l'eau utilisée stagnait dans les camions depuis plus de six semaines. Le lendemain, nous étions tous malades comme des chiens. »*[18]

Le single « Close To Me » sort le 17 septembre 1985. Face B : « A Man Inside Man Mouth ». Deux titres supplémentaires sont inclus à la version Maxi : « Stop Dead » et « New Day ».

En 1990 une version remixée (Closer Mix) sort en single pour promouvoir l'album de remixes *Mixed-Up*.

Fun Fact : *« J'ai toujours dit que nous ne sortirions jamais deux singles du même album. J'ai été tenté de le faire car le reste du groupe pensait que si nous sortions "Close to me" ce serait un numéro un. »* – Robert Smith

Le succès de cette chanson est tel que le groupe est invité sur tous les plateaux de toutes les chaines de TV de l'époque. Une prestation en particulier a marqué les esprits : Champs-Élysées en 1986, émission phare de la TV française présentée par Michel Drucker. Les Cure apparaissent ivres, vêtus de robes à fleurs (qui ne sont en fait que des bouts de rideaux cousus à la va vite) devant un public atone, vieux et loin de vouloir envisager la possibilité de saisir la réalité de ce à quoi ils assistent. Le groupe prend un malin plaisir à massacrer le playback : *« C'était juste pour se moquer de, euh... Indochine plus qu'autre chose. Parce qu'on pensait qu'ils essayaient de nous ressembler, alors on se demandait s'ils seraient tentés de porter des robes, pour les voir détruire leur propre carrière avant même qu'ils ne l'aient commencée. »*[58] – Robert Smith

Pour Smith, la phrase extraite de « Close To Me », *« I wish I›d stayed asleep today »*, a une signification particulière : *« La futilité de... tout. Parfois, à vingt et une heures, on n'arrive pas à se souvenir d'une seule chose décente faite dans la journée. »*[155]

A NIGHT LIKE THIS
Smith

« C'est à cela que ressemblait "Plastic Passion" au début. Les paroles ont été écrites sous la pluie... je n'étais pas au top. » - Robert Smith

L'origine de cette chanson remonte à 1976. The Cure n'étaient pas, ils se nommaient Malice. Sortie du fond d'un tiroir « A Night Like This » est enregistrée et incluse à l'album pour finalement devenir un classique inamovible des setlists des concerts du groupe. Elle fut jouée sur scène lors du deuxième concert de Malice sous une forme différente de la version de l'album. Le texte présente des similitudes avec celui de « Boys Don't Cry » qui aborde un thème souvent exploité par Robert Smith : la séparation.

Ici, les regrets d'une rupture dont il est responsable. « The most gorgeous stupid thing I ever cut in the world » (*La chose la plus belle et la plus stupide que j'ai jamais faite.*) Lorsqu'en 1985 un journaliste compare « A Night Like This » aux vieux morceaux de Roxy Music, le chanteur rétorque : *« Quelle drôle d'idée, c'est exactement ce que j'avais prévu. Quel producteur je fais ! Cette chanson a près de dix ans. The Cure commençait à peine et nous avions un autre groupe qui devait servir à évacuer toutes nos influences en imitant un certain nombre d'entre-elles. Je ne me souviens plus du nom du groupe mais nous la jouions déjà à l'époque. Je l'ai redécouverte récemment et nous l'avons enregistré. Elle devait ressembler à "Song for Europe". »*[56]

La chanson sortira en single promo aux États-Unis avec une vidéo réalisée par Tim Pope.

Le solo de saxophone est joué par Ron Howe, ancien collaborateur de Simon Gallup au sein du groupe Fools Dance.

« Bon solo de sax, n'est-ce pas ? Par le mondialement connu Ron Howe, que nous allons à jamais confiner à l'obscurité avec ça ! »[56] – Robert Smith

Fun Fact : En 1995, James Iha, guitariste des Smashing Pumpkins reprend « A Night Like This » dans une version acoustique pour figurer sur le Maxi de « Bullet with Butterfly Wings ». Le leader des Smashing Pumpkins, Billy Corgan, a souvent cité The Cure comme l'une de ses influences musicales. Un respect mutuel qui amènera Smith et Corgan à collaborer pour reprendre la chanson « To Love Somebody » des Bee Gees.

SCREW
Smith

The Head On The Door est le premier album des Cure réalisé sans l'influence de substances toxiques depuis *Seventen Seconds*. Pourtant, Smith choisit d'intituler cette chanson « Screw ». Un mot aux significations multiples et diverses. Comme à son habitude il s'amuse avec les doubles sens : Arnaquer ? Tromper ? Baiser ? Faire des travaux manuels ? Même si le propos reste volontairement flou et obscur, il s'agit de drogue. Il est même probable que le narrateur soit lui-même le psychotrope. La drogue et ses effets sont une source d'inspiration inépuisable pour Smith, autant que la désillusion, la frustration et tout ce qui tourmente l'esprit névrosé du chanteur. C'est sans gêne et sans pudeur qu'il chante cette addiction alors qu'étonnamment, il se réserve de parler des problèmes liés à alcool. Les excès, les conflits, les séparations liés à l'ivresse sont une constante dans la vie des Cure mais restent un sujet très peu développé.

Gallup, Smith et Tolhurst avouent sans rechigner que, effectivement, ils ont bu plus qu'à aucune autre séance d'enregistrement... en précisant tout de même et avec une certaine fierté, qu'ils n'ont pas pris de drogue.

« Tu penses toujours que tu écris mieux quand tu es ivre, et tu arrives à ce stade où tu te dis "putain, ça y est je suis lucide". Il nous arrive parfois d'enregistrer dans des états particuliers, mais le lendemain on réécoute et on se dit "putain de merde !" et on ne boit pas pendant trois jours. Je crois que mes paroles viennent souvent le lendemain à partir de souvenirs d'images mélangées. Ce serait terrible de devoir utiliser un moyen d'évasion pour devenir créatif. Attention, quand je dis boire, je veux dire boire sérieusement. »[83] – Robert Smith

De la même manière que chaque chanson de l'album a sa propre identité, « Screw » est délibérément différente du reste...

« The Head On The Door *a été construit comme un album des années 60. C'est à dire que chaque chanson a le potentiel d'être un single. En agissant ainsi, nous maintenions notre intérêt envers le groupe, car refaire un long-jeu thématique comme* Pornography *nous aurait agacé au plus haut point... c'est une expérience que nous avons déjà tentée. »*[80] – Lol Tolhurst

SINKING
Smith

« Le désespoir de vieillir et de perdre son innocence. Mon interprétation d'une éternelle et inévitable dépression. »
– Robert Smith

Smith avoue que jouer « Sinking » en concert le déprime le temps que dure la chanson : *« Je me laisse aller et me souviens de ce que j'ai ressenti quand je l'ai écrite… C'est le morceau le plus proche de l'idée que nos fans les plus virulents se font de nous. Les paroles et le climat sont les plus touchants de ce disque, plus intenses que divertissants. À l'origine, je ne voulais pas de telle chanson sur* The Head On The Door, *puis je me suis aperçu que l'album risquait d'être un peu léger et insouciant. C'est une tradition désormais que nos albums se terminent de la sorte : j'ai donc résolu d'y sacrifier. »*[56]

« Sinking » offre à Simon Gallup les arguments pour s'imposer comme le seul, unique et indispensable bassiste des Cure. Après une absence de plus de deux ans il fait son retour au sein du groupe. Les tensions se dissipent et The Cure retrouve son bassiste emblématique. Le jeu et le feeling de Gallup contribuent à créer la trame de « Sinking », une chanson qui clôture l'album et transporte l'auditeur dans un voyage temporel vers des atmosphères similaires à certains titres de *Faith*.

« J'étais nerveux à l'idée de jouer avec Boris, je savais qu'il était un excellent batteur. Je ne connaissais pas bien Porl non plus, je ne lui avais pratiquement pas parlé depuis Easy Cure et je me demandais comment les choses allaient tourner avec Robert et Lol. Mais ça a été la séance d'enregistrement la plus facile que je n'ai jamais eu. On s'est tellement amusé, comme si la boucle était bouclée. Sauf que cette fois nous pouvions nous offrir plus de bière. »[5] – Simon Gallup

Le groupe est en symbiose et travaille quotidiennement à l'élaboration de l'album.

« Pour la première fois, nous créions les sons en même temps que les chansons. Les consignes du désolant "Sinking" étaient : il faut que l'on pleure ce soir avant 18 h. »[25] – Robert Smith

L'album prend forme mieux que Smith ne l'imaginait, le groupe s'entend bien, mais Lol sombre tous les jours un peu plus dans l'alcool. Smith raconte *« Lol ne doit pas se souvenir de grand-chose, chaque soir il était sur sa propre planète et on devait le renvoyer chez lui en taxi. Le jour, il arrivait en disant "C'est fini, je ne bois pas ce soir", il tenait jusqu'à 22 h et puis il descendait sa première bouteille de vin. »*[5]

KISS ME, KISS ME, KISS ME (1987)

Fiction Records
Production : Dave Allen, Robert Smith
Enregistrement : Studio Miraval 1986-1987
Pochette : Parched Art
Date de sortie : mai 1987
1-The Kiss
2-Catch
3-Torture
4-If Only Tonight We Could Sleep
5-Why Can't I Be You?
6-How Beautiful You Are
7-The Snakepit
8-Hey You!!!
9-Just Like Heaven
10-All I Want
11-Hot Hot Hot!!!
12-One More Time
13-Like Cockatoos
14-Icing Sugar
15-The Perfect Girl
16-A Thousand Hours
17-Shiver And Shake
18-Fight

1986, les Cure travaillent au successeur de *The Head On The Door* dans le studio de Jean Costa. Un petit studio situé à Draguignan, dans le Var, où ils découvrent le chant des cigales, la Provence et le Pastis. Le groupe étoffe des sons travaillés à Londres et en profite pour enregistrer quelques maquettes qui serviront de bases à la réalisation du prochain album. C'est un endroit parfait pour maquetter et développer des idées mais pas suffisamment équipé pour enregistrer l'album que souhaite produire Smith. Séduits par l'environnement, les musiciens ne se déplacent que de quelques kilomètres pour poser instruments et valises au Studio Miraval à Correns. La France aime les Cure, les Cure aiment la France. C'est le temps de l'amour fusionnel. Des dizaines de fans suivent le groupe dans chacun de ses mouvements, dorment sous leurs fenêtres, recouvrent la voiture du chanteur de tags témoignant de leur dévotion…

Smith souhaite ne plus être le seul à s'impliquer dans le processus créatif et propose aux membres de son groupe d'apporter idées, chansons, paroles… bref, tout ce qui peut permettre de créer un disque varié qui se voudrait un prolongement des deux précédents.

À l'exception de Tolhurst, l'ensemble des musiciens saisit cette opportunité et contribue à la réalisation du vœu de leur chanteur. L'éclectisme est de mise, tant par la personnalité des musiciens que par leurs gouts musicaux. Le groupe est prolifique, à tel point que cet album qui ne devait être qu'un simple devient un double. (Au total, le quintette enregistrera trente-sept chansons.)

Étonnamment, Smith accepte l'idée de publier ce qu'il a toujours eu en horreur : *« Les doubles albums sont inévitablement trop longs, excessivement verbeux et souvent ratés »*. Seuls le *White Album* des Beatles, *London Calling* des Clash, *Electric Ladyland* de Jimi Hendrix et *Ummagumma* de Pink Floyd trouvent grâce à ses yeux.

Dave Allen reste avec Smith le coproducteur des Cure et s'applique à rendre audibles les délires sonores de ces cinq musiciens en roue libre dans ce studio du sud de la France. Une période que Smith définit comme l'un des enregistrements les plus joyeux et productifs qu'il ait vécu. Pour Allen, le souvenir de ces sessions n'est pas aussi jovial : *« Miraval avait un son de salle de contrôle absolument horrible. Rien ne sonnait jamais bien là-dedans, mais dans l'ensemble, je pense que c'est l'un des moments où les Cure se sont le plus rapprochés d'une communauté. »*[166]

Cet album est le dernier volet d'une trilogie bigarrée, ouverte par le psychédélique *The Top* et suivi du très pop *The Head On The Door*. Un triptyque qui ne recrée pas le mythe de la trilogie sombre mais qui conforte The Cure dans l'idée que le succès leur permet tout.

« Si on devait sortir un simple qui sonne comme D.A.F. ou Kraftwerk, le public se dirait "Oh c'est The Cure." Même si on adoptait un style Glenn Miller, les gens ne seraient pas si étonnés, ils ne savent plus à quoi s'attendre avec nous. On peut tout faire et je ne pense donc pas qu'on suive une direction particulière. C'est plus excitant. »[4] explique Smith.

The Cure
Kiss Me Kiss Me
Kiss Me

Catch
Torture
If only tonight we could Sleep
0 42283 21301 2
832 130-1
POL 287
832 130-4
CD 832 130-2
Why Can't I be you?
How beautiful you are...
The Snakepit
Hey you
℗FICTION RECORDS LIMITED 1987
©FICTION RECORDS LIMITED 1987
Just like heaven
All I want
Hot Hot Hot!!!
One more time
Like Cockatoos

En revanche, deux ans plus tard, la publication de *Disintegration* portera la contradiction de façon radicale en apportant une homogénéité et une direction rappelant les productions du début de la décennie

Pour préparer la tournée *The Kissing Tour* et ses soixante et onze concerts, le groupe s'offre les services du claviériste des Psychedelic Furs, Roger O'Donnell. Sa personnalité et ses compétences pianistiques doivent servir à épauler Lol Tolhurst qui a de plus en plus de difficultés pour interpréter ses parties de clavier. Son alcoolisme le freine dans ses aptitudes à assurer son rôle au sein du groupe.

Ce septième album sort en mai 1987 et remporte à son tour un succès colossal, plus grand que celui de *The Head On The Door,* car mondial. *Kiss Me, Kiss Me, Kiss Me,* est un double album un peu foutraque, chamarré comme aucun autre disque du groupe : *« il clignote »* dira Smith.

Parched Art se charge de réaliser la pochette et de mettre l'accent sur la signature visuelle des Cure. Exit les traditionnelles images floues et subliminales, c'est un gros plan bien précis des lèvres de Smith au recto et d'un œil au verso. Le graphisme est simple et maîtrisé. Avant que ne s'impose l'idée des lèvres, l'album devait s'intituler *One Million Virgins*. Le titre change en décembre 1986. *« Peut-être parce que je savais qu'il y aurait ma bouche sur la pochette. À moins que ça ne soit tout simplement parce que le premier morceau commence par ces mots. »* – Robert Smith

THE KISS
Smith, Tolhurst, Gallup, Williams, Thompson

« La folie de la luxure. » – Robert Smith

Le titre est trompeur… non, « The Kiss » n'est pas une ode au romantisme, mais une analogie entre le baiser du vampire, sa morsure dans le cou pour y boire le sang de sa victime et le dégoût d'un rapport non consenti. Cette chanson est empreinte de rage et de colère et sa longue introduction présage d'un album tout en tension, rappelant la dureté de *Pornography*. Il n'en sera rien, aucune parole introspective, très peu de tourments existentiels… les traces du passé ne seront que musicales. Chaque chanson possède sa propre tonalité et sa propre couleur, ce qui fait de ce disque l'un des plus diversifiés du groupe.

« Comme nous enregistrons à l'extérieur du pays, loin des distractions, il n'y aura que nous, ce sera probablement un album très bizarre, pour changer. »[49]
– Robert Smith

Pour la première fois, Smith encourage les membres du groupe à participer activement à la composition et à présenter leurs propres idées : *« Quand je proposais une idée, "The Kiss" par exemple, elle était modifiée par le groupe, c'était la première fois que cela se produisait vraiment dans les Cure… Au lieu de dire aux autres quoi jouer, je pouvais m'asseoir et écouter ce qu'ils voulaient faire. »*[154]

Pour l'ouverture des concerts de la tournée *The Kissing Tour*, le groupe se fend d'une scénographie plus élaborée que d'habitude. Sur un grand drap blanc disposé devant la scène, une projection d'une bouche, aux lèvres maquillées rouge sang, murmure quelques mots d'une ancienne cérémonie japonaise du thé, dans une ambiance macabre. Cette bouche s'apparente à celle du vampire qui s'apprête à mordre, puis, gros plan sur l'iris d'un œil qui se superpose aux lèvres incandescentes. Près de cinq minutes de ce spectacle effrayant, puis le drap tombe pour laisser apparaître le groupe qui entame le show avec la chanson « The Kiss ». Les cinq musiciens portent des chemises blanches maculées de rouge. C'est une première : le noir vestimentaire n'est plus de rigueur.

Le mini-film d'introduction est illustré par une composition inédite intitulée « Eyemou ».

CATCH
Smith, Tolhurst, Gallup, Williams, Thompson

« C'est un aspect du groupe que nous n'avons pas souvent développé, un peu dans la même veine que "The Caterpillar"… une chanson très calme, introspective et intimiste. Catch a été composé simplement : juste nous assis dans la même pièce en train d'improviser. On a enregistré toutes ces "petites" chansons dans un environnement intimiste, dans des studios comme celui où nous étions en Provence, pour capter l'essence et l'esprit de la chanson. C'est surement le morceau qui me fait le plus penser à Jesus and Mary Chain, sans leur feedback. Si on enlève tout le bruit de leurs albums, ça devrait sonner un peu comme ça. Les premières fois où nous l'avons joué j'ai réalisé qu'il y avait la même atmosphère que "Walk On The Wild Side" de Lou Reed. »[16]
– Robert Smith

À l'âge de dix ans, Smith connait deux années d'hallucinations quotidiennes, à la suite d'une chute à vélo, caractérisées par l'apparition d'une personne imaginaire qu'il appelait « Bunny ». En 1984 alors qu'il se trouvait à l'aéroport JFK de New York, il croise une fille qui ressemble trait pour trait à Bunny. Elle se prénomme Anna. Empreint d'une certaine tendance au mysticisme, Smith décide d'aller à sa rencontre, ils eurent une brève discussion puis Bunny/Anna disparait à jamais. *« Catch est à propos de cette rencontre heureuse… »* raconte Robert Smith.

Le chanteur est connu pour ses contradictions et apporte parfois plusieurs significations différentes concernant l'influence des textes de ses chansons. « Catch » ne déroge pas à la règle : *« Il s'agit d'une fille que j'ai connue et qui avait une façon particulière de rire. La phrase "J'essayais parfois de l'attraper/Mais je n'ai jamais pu attraper son nom" était une licence poétique : je connaissais son nom. Je l'ai aussi appelée "Catch" parce que Hansa avait l'habitude de dire : "Tu écris de bonnes chansons, mais il n'y a jamais de 'catch.'" (d'accroche) »*[155]

« Catch » est le deuxième single de l'album *Kiss Me, Kiss Me, Kiss Me*. Il sort le 22 juin 1987 et sa commercialisation est réservée au marché européen. Il atteint la 27e place des charts anglais. Sur la face B figure « Breathe ». Un titre supplémentaire est inclus à la version Maxi : « A Chain Of Flowers ».

La vidéo est réalisée en France par Tim Pope, en mai 1987 à la Villa Beau Site à Nice.

« La vidéo a coûté deux fois plus cher que toutes les autres vidéos que nous avons réalisées : 120 000 livres. Lol a tout gâché. Nous avons fait cette belle vidéo et ce vieux salaud en jean de mineur se promène dans l'escalier en colimaçon, sans même prendre la peine de faire semblant de jouer du violon. »[155] – Robert Smith

TORTURE
Smith, Tolhurst, Gallup, Williams, Thompson

« C'est à propos de la soumission et de l'asservissement... il vaut mieux ne pas y toucher. » – Robert Smith

« Sur tout l'album, les morceaux sont censés être les plus extrêmes possible chacun dans son style, très bruts et donc très différents les uns des autres. L'alternative aurait été de faire un certain type de chanson et de les mettre ensemble, mais je pense qu'il est plus pertinent de faire suivre quelque chose comme "Catch" par "Torture"... Quant à la chanson "Torture", c'est comme un pansement sur une blessure... »[16] – Robert Smith

Dans les années 80, les Cure font rarement appel à des musiciens additionnels. En effet, cette période est marquée par le développement de la technologie qui offre aux artistes la possibilité de remplacer, de manière plus ou moins heureuse, tous types d'instruments.

« La trompette sur "Torture" est une idée que j'ai eue en studio, je l'ai immédiatement jouée sur un petit émulateur. Toutes ces parties de l'album sont jouées sur un petit synthétiseur, l'un des moins chers au monde. Avec lui, très rapidement, je peux matérialiser mes idées. Puis, après coup, personne ne s'est rendu compte que ce ne sont pas de vrais cuivres ou de vrais violons. Si je ne vous l'avais pas dit, vous ne l'auriez pas su. »[16] – Robert Smith

Fun Fact : En France, le succès des Cure ne s'estompe pas et les ventes de *Kiss Me, Kiss Me, Kiss Me* le confirment. Smith donne une explication très personnelle : *« En France, nous avons touché quelque chose dans la mentalité française, probablement parce que nous sommes très dégoûtants, ivres et désinvoltes, souvent. [...] Peut-être parce que la musique autochtone et les divertissements locaux en France sont affreux. Ce n'est pas plus terrible qu'ailleurs, mais c'est... terrible. »*[58] – Robert Smith

IF ONLY TONIGHT WE COULD SLEEP
Smith, Tolhurst, Gallup, Williams, Thompson

« Cette chanson parle d'une douce et joyeuse mort. »[92] – Robert Smith

Fortement influencé par la poésie romantique, Smith dissémine ses influences dans ses chansons depuis le début de sa carrière. Souvent de façon subtile et discrète, et parfois de manière plus évidente, comme pour « Charlotte Sometimes », « Splintered In Her Head » et « If Only Tonight We Could Sleep ». Pour cette dernière, c'est de Charles Baudelaire dont il s'inspire. Principalement « La mort des amants » ainsi que quelques emprunts aux textes « Le flambeau vivant » et « Les métamorphoses du vampire ». Robert Smith est un lecteur compulsif qui chante sans relâche ses rêves, mais aussi les créations de ses auteurs favoris : J. D. Salinger, Rimbaud, Edgar Allan Poe, Dylan Thomas, Baudelaire...

« Je préfère lire plutôt que jouer de la guitare. Mais surtout, je dois finir un livre une fois que je l'ai commencé, ce qui signifie que je lis beaucoup de daubes. »[94] – Robert Smith

« If Only Tonight We Could Sleep » est le morceau le plus sombre et triste de l'album, qui étonnamment, ne se nourrit pas du spleen introspectif du chanteur. Les influences sont littéraires et uniquement littéraires. Cette ambiance cotonneuse emplie de mélancolie fera dire à Smith quelques mois après la sortie de l'album que « If Only Tonight We Could Sleep » représente la direction musicale qu'il souhaite emprunter à l'avenir. Il ne renie pas le côté pop du groupe, mais ne se reconnait plus dans des titres comme « In Between Days » ou « Let's Go to Bed ». Effectivement, le prochain album sera empli de cette mélancolie et de ces ambiances éthérées noyées dans des nappes de synthé.

« En fait, le synthé est le seul instrument qui offre une telle variété de sons. Il permet également de jouer des instruments que l'on ne pourrait jamais jouer à moins de passer dix ans à s'entraîner. Sur le nouvel album, par exemple, il y a des sons Ensoniq Mirage sur "If Only Tonight We Could Sleep". *Avec toute la volonté du monde, il faudrait être très, très bon pour pouvoir jouer cela sur un sitar. Mais si vous vous asseyez une minute face aux claviers, vous pouvez y arriver. »*[160] – Lol Tolhurst

WHY CAN'T I BE YOU ?
Smith, Tolhurst, Gallup, Williams, Thompson

« Moi déplorant mon inélégance ou ma jalousie face à l'assurance de quelqu'un d'autre. » – Robert Smith

Selon son auteur, les paroles de « Why Can't I Be You? » ont été inspirées par une situation particulière : *« J'étais au milieu d'une discussion tendue et ces personnes autour de la table me regardaient comme si j'allais faire des révélations inédites, et je me suis dit : "Bon dieu, pourquoi ne puis-je pas être ailleurs ? Pourquoi n'y a-t-il personne d'autre à ma place ?" J'aurais échangé avec n'importe qui. »*

Au fil des années et des interviews il lui est arrivé de fournir d'autres explications concernant sa signification. Par exemple, il a déjà évoqué une réflexion d'un fan lui disant qu'il souhaiterait être à sa place. Ou bien que « Why Can't I Be You? » est en fait liée à une visite effectuée auprès de son enfant péruvien parrainé, Aurora.

« Why Can't I Be You ? » est le premier extrait de l'album *Kiss Me, Kiss Me, Kiss Me*. Il atteint la 21e place du top britannique et pointe à la 54e place dans le Billboard Hot US. Un succès dont Smith semblait convaincu : *« Une de ces chansons pop qui après avoir été composée nous donne la certitude que ce sera un single. C'était un très bon rythme, du rock classique, très inhabituel pour nous. Dans cet album il y a beaucoup de choses inhabituelles, principalement dans la façon dont ma voix change à chaque morceau. Dès les premières notes de* "Why Can't I Be You ?" *je savais que j'aurais du plaisir à la chanter. »*[16]

Comme pour « The Blood », aux États-Unis, certains fondamentalistes estampillent le groupe de satanistes, pensant que ses paroles sont un hymne dédié au diable.

« Why Can't I Be You? » sort en single le 6 avril 1987. Face B : « A Japanese Dream ».

HOW BEAUTIFUL YOU ARE
Smith, Tolhurst, Gallup, Williams, Thompson

Les paroles de « How Beautiful You Are » sont inspirées du poème de Charles Baudelaire « Les yeux du pauvre » publié en 1869. Selon Smith, le texte de la chanson est l'un des meilleurs et des plus aboutis qu'il n'ait jamais écrit. Il confie avoir nourri l'idée de « How Beautiful You Are » pendant plus de quatre ans. *« Vous pouvez connaitre une personne depuis des années, bien, de façon intime… et soudain quelque chose arrive et vous réalisez que tout ça n'est qu'une supercherie. Que vous ne la reconnaissez plus. Ça ne veut pas forcément dire que c'est vous qui avez changé. »*[90]
– Robert Smith

Smith reprend la première phrase du poème de Baudelaire pour l'introduction de sa chanson : *« You want to know why i hate you today ». « J'ai lu une nouvelle de Baudelaire et ce thème est réapparu. C'est là où j'ai pris l'image d'un homme et d'un enfant. C'est aussi un bon exemple de la manière dont je travaille. Je n'invente rien mais je redécouvre des thèmes qui occupent mon esprit. »*[91]

Il avouera que ce fut l'un des textes les plus difficiles à écrire : *« Je voulais que ça sonne comme une chanson plutôt qu'un simple exercice littéraire. »*

THE SNAKEPIT
Smith, Tolhurst, Gallup, Williams, Thompson

« À propos d'une expérience arrivée dans un club… me faire allumer par un groupe de filles qui semblaient toutes plus stupides et futiles les unes que les autres. Une sensation horrible. » – Robert Smith

Effectivement, les paroles s'apparentent à ce qui pourrait être une description de l'enfer :

« Et je me tords dans la fosse aux serpents,

J'ai l'impression que mes yeux éclatent,

Ils se fendent comme des prunes. »

Il lui est arrivé de donner une version différente concernant le texte, qui en fait ferait référence à un moment pénible dans une voiture en compagnie d'une fille stupide. Toutefois, si les compositions musicales sont de plus en plus une œuvre collective, Smith demeure l'unique parolier. « The Snakepit » présente des similitudes avec certains titres de l'album *Pornography*, notamment sa violence macabre et son sentiment d'apathie. La complainte étouffée de Smith contraste avec le dessein pop de certaines chansons de l'album aux climats hétérogènes.

« Cet album constitue une conclusion de ce que l'on faisait avant, mais c'est aussi un nouveau début… il représente un peu l'essence des divers éléments qui ont fait la musique de Cure depuis dix ans. D'un autre côté, il nous ouvre aussi de nouvelles voies. Une moitié de ce disque est un peu Cure regardant en arrière, et l'autre Cure se projetant en avant. »[35] – Robert Smith

HEY YOU !!!
Smith, Tolhurst, Gallup, Williams, Thompson

Quelques jours avant l'enregistrement de « Hey You!!! », le groupe assiste à un concert de jazz dans un pub proche du studio. Plus tard, pour réussir à poser sa voix sur « Icing Sugar » Smith contacte l'un des jazzmen, Andrew Brennen. Ce dernier impressionne par sa dextérité et sa rapidité d'exécution, à tel point que les Cure feront de nouveau appel à ses services pour l'enregistrement de « Hey You!!! » Cette chanson est une plaisanterie adressée à Chris Parry. Après avoir passé deux semaines aux Studios Miraval, le groupe a déjà finalisé une dizaine de chansons. Pour s'assurer que tout va bien et que son groupe travaille comme il faut, Parry décide de leur rendre une petite visite.

« Nous voulions nous foutre de lui. Nous avons donc rapidement fait une très mauvaise version de ce morceau où nous jouions tous dans des tonalités différentes et où nous étions totalement hors du temps. Quand il est arrivé, nous lui avons dit que nous avions une mauvaise et une bonne nouvelle. La mauvaise nouvelle est que nous n'avons qu'une seule chanson et la bonne nouvelle est que c'est un tube. Nous lui avons fait écouter, en attendant qu'il explose, mais il a écouté jusqu'au bout, en tapant du pied, et à la fin, il s'est retourné et a dit "c'est fantastique", il était tellement défoncé qu'il a vraiment aimé. »[6] – Simon Gallup

Une version remixée de « Hey You!!! » par le duo de DJ Kevorkian/Gregorie devient la face B de « Hot Hot Hot !!!», le quatrième single de l'album. Sorti le 8 février 1988.

Fun Fact : *« Sur ce morceau notre "super saxophoniste" n'en est pas un, ce n'est que moi. Je ne joue pas très bien des claviers, juste avec un doigt et légèrement à contretemps. »*[16]
– Robert Smith

JUST LIKE HEAVEN
Smith, Tolhurst, Gallup, Williams, Thompson

Initialement la chanson s'intitulait « Shivers ». Pour Smith, « Just Like Heaven » est tout simplement la meilleure pop-song réalisée par le groupe : *« Tous les sons s'harmonisent et ça s'est fait en une seule prise. J'adore la version de Dinosaur Jr, ils nous ont influencés dans la façon de la jouer sur scène. »*

Concernant l'origine du texte, Smith déclare : *« En fait,* "Just Like Heaven" *parle d'une nuit que j'ai passée sur les falaises de Beachy Head. Nous avions bu et quelqu'un a pensé que ce serait cool d'aller se promener, mais le brouillard est arrivé et j'ai perdu de vue mes amis. Je ne voyais pas à un mètre. Pour ne pas tomber de la falaise je me suis assis et je suis resté comme ça jusqu'à l'aube. J'ai aussi entendu des voix, j'ai presque commencé à croire aux fantômes. »*[47]

La première phrase de la chanson rappelle son enfance lorsqu'il s'amusait à impressionner ses camarades avec des tours de magie : *« D'une certaine manière il s'agit de ces tours, mais d'un autre point de vue, il s'agit d'un jeu de séduction que j'ai réalisé beaucoup plus tard dans ma vie. »*[87]

La démo de « Just Like Heaven » est enregistrée à un tempo plus lent que la version définitive. C'est lors des répétitions en groupe dans le studio de Jean Costa que Boris William, instinctivement, accélère le rythme. Le jeu du batteur inspirera Smith : *« J'ai adoré la façon dont Boris l'a fait. Il a créé un break de batterie qui m'a donné l'idée d'introduire les instruments un par un avant que la voix ne s'impose d'elle-même. »*[87]

Le chanteur reconnait que lorsqu'il n'est pas en tournée ou en studio, son quotidien est extrêmement ordinaire. Ainsi, pour éviter de tomber dans une certaine léthargie, il s'impose un rythme de travail qui lui permet de créer certaines œuvres majeures : *« En 1987, ma femme Mary et moi vivions dans un petit appartement de deux chambres au nord de Londres, une des pièces était mon studio de musique. La seule contrainte que j'ai dans la vie, je me la suis imposée. Je me suis fixé une obligation d'écrire quinze jours par mois, sinon je me serais levé en milieu d'après-midi et j'aurais regardé la télévision jusqu'à l'ouverture des pubs, puis je serais sorti boire. J'ai su dès que j'ai écrit* "Just Like Heaven" *que c'était une bonne chanson. »*[87] *« Je me souviens avoir dit aux autres en studio "C'est ça. Je n'écrirai plus jamais quelque chose d'aussi bien que ça. On devrait tous faire nos valises, là, maintenant." Heureusement, ce n'est pas ce que nous avons fait. »*[15]

À propos de la vidéo réalisée par Tim Pope, Smith déclare : *« Dans la vidéo, Mary danse avec moi par ce que c'est elle la fille de la chanson, donc ça devait être elle. L'idée est qu'une nuit comme ça vaut mille heures de drogue. »*[87]

C'est le troisième single de l'album *Kiss Me, Kiss Me, Kiss Me*. Il sort le 5 octobre 1987. C'est un succès qui permet aux Cure de se classer pour la première fois dans le top 40 aux États-Unis. Face B : « Snow in Summer ». Un deuxième titre sera inclus à la version Maxi : « Sugar Girl ».

Fun Fact : En 2006, lors de la mission spatiale STS-121, l'astronaute Piers Sellers choisit « Just Like Heaven » comme réveil matin. Chaque jour pendant une semaine les Cure ont résonné dans la navette Discovery.

En 2005 la comédie romantique « Et si c'était vrai » avec Reese Witherspoon et Mark Ruffalo emprunte le nom de cette chanson pour son titre. Katie Meluna en fera une reprise pour la bande originale.

ALL I WANT
Smith, Tolhurst, Gallup, Williams, Thompson

Une envie de sexe, et pas de façon conventionnelle. Les instincts primaires sont éveillés ! *« I want to hold you like a dog. »*

Initialement, la première phrase était : *« All i want is to hold you like a doll. »* Au cours de l'enregistrement le mot « Doll » est devenu « Dog » donnant ainsi au texte une direction nettement plus agressive. Du point de vue musical, « All I Want » fait légèrement remonter le souvenir déjà lointain de *Pornography* avec ces guitares hypnotiques et cette ambiance pesante et sombre qui se dégage de ces 5,20 minutes. En revanche, le texte s'éloigne radicalement des tourments introspectifs qui ont tant nourri l'écriture de Smith. « All I Want » est une des nombreuses facettes d'un groupe en perpétuelle mutation.

« Cet album constitue une conclusion de ce que l'on faisait avant, mais c'est aussi un nouveau début… Il représente un peu l'essence des divers éléments qui ont fait la musique de Cure depuis dix ans. D'un autre côté, il nous ouvre aussi de nouvelles voies… Une moitié de ce disque est un peu Cure regardant en arrière, et l'autre, Cure se projetant vers l'avant. »[35]
– Robert Smith

Fun Fact : Smith décrit l'enregistrement de *Kiss Me, Kiss Me, Kiss Me* comme *« la période la plus agréable que j'ai vécue au cours des dix dernières années. C'était en Provence, dans le sud de la France, dans une vieille maison de campagne avec son propre vignoble. Nous l'avons enregistré dans un isolement total, nous n'avons permis à personne d'entendre quoi que ce soit jusqu'à ce que nous l'ayons terminé – personne du tout, pas même nos familles. C'était très intime, très secret, parce qu'on s'amusait tellement qu'on ne voulait pas que quelqu'un vienne rompre le charme. C'était une situation très irréelle – dix semaines passées complètement coupés du monde, sans aucun stimulus extérieur. Nous n'avions pas de télévision, nous n'avions pas de moyen de transport pour nous rendre à la ville la plus proche, qui se trouvait à huit kilomètres, et toute la nourriture nous était livrée par une camionnette chaque matin. »*[159]

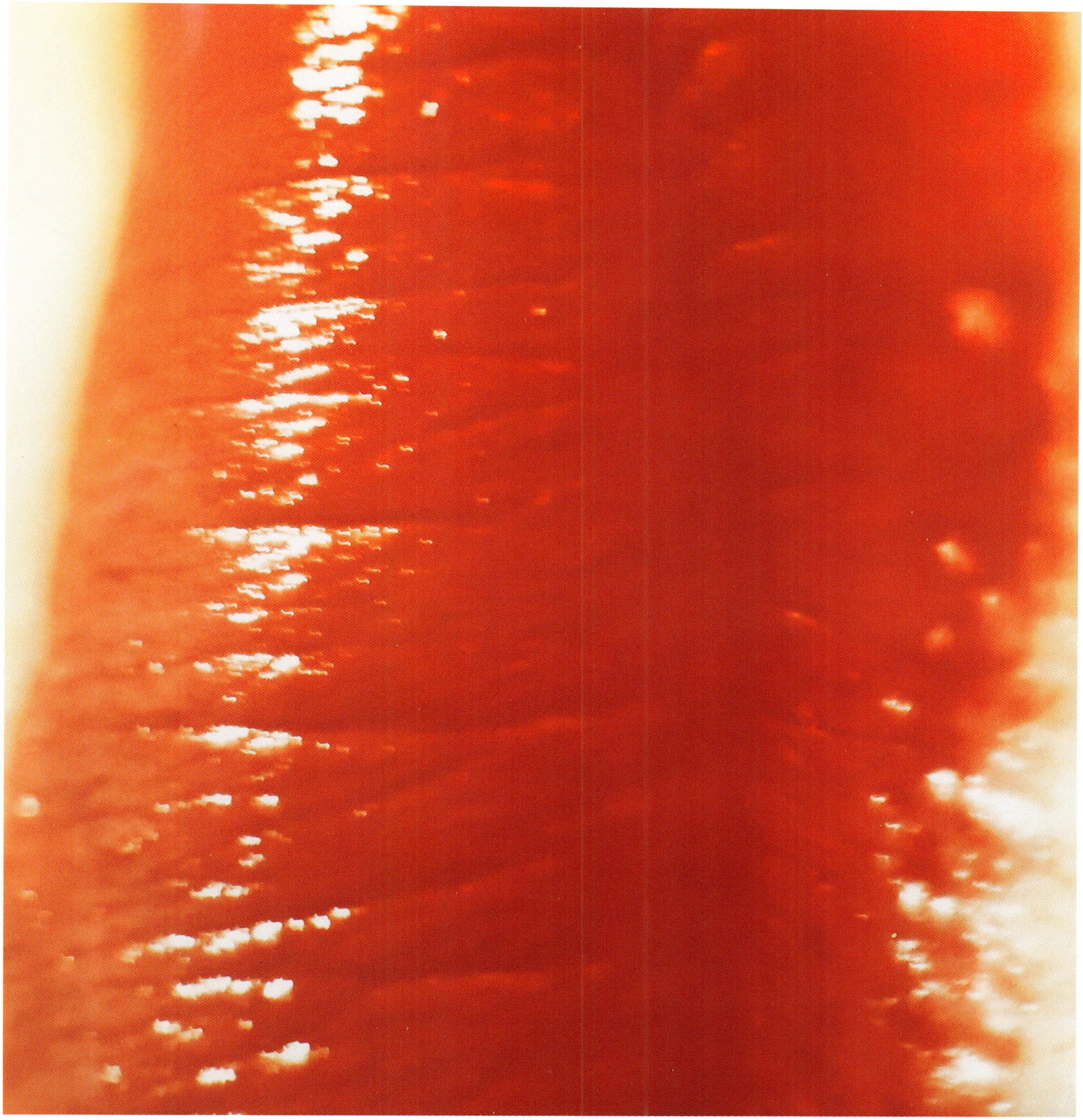

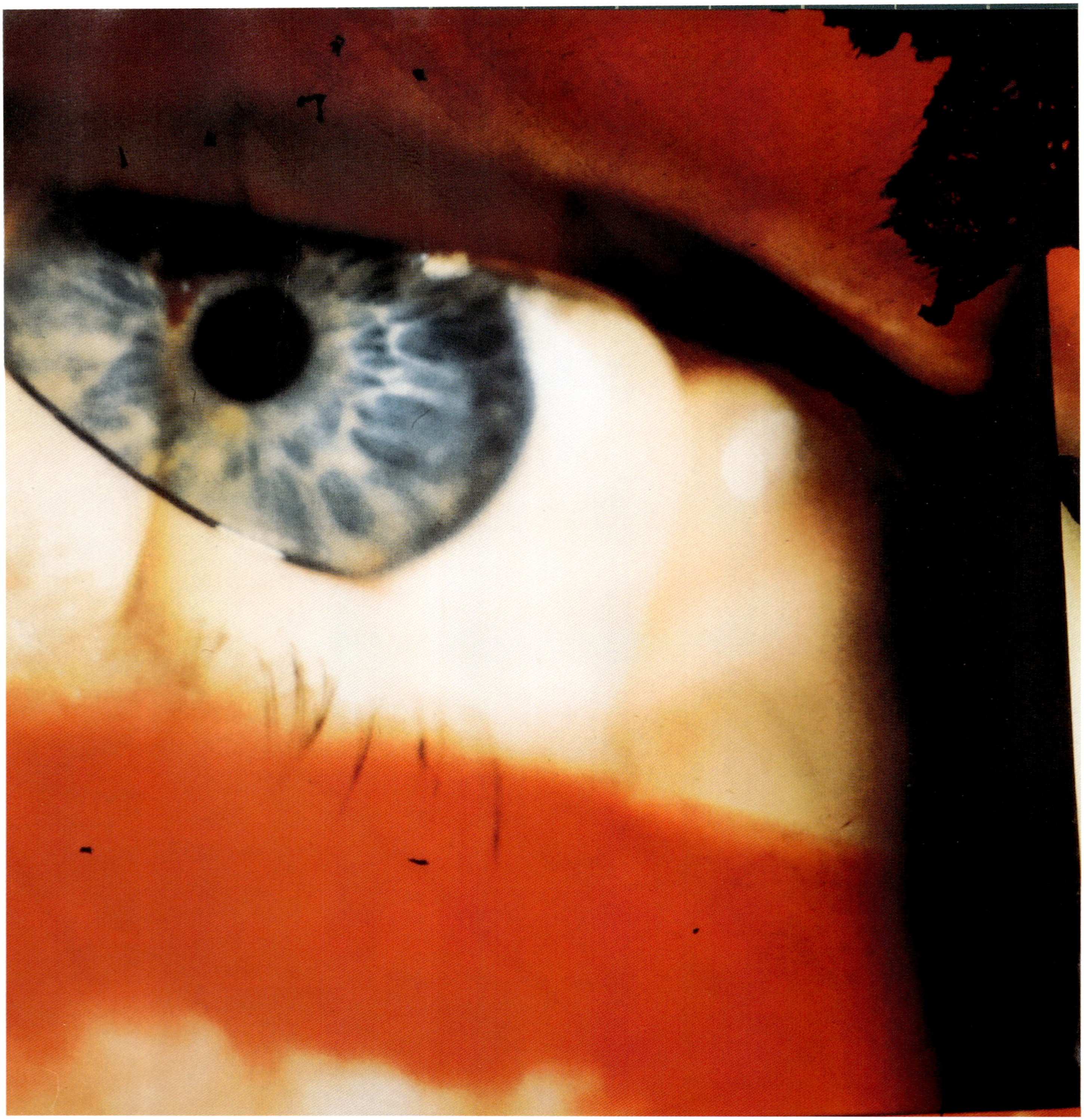

HOT HOT HOT!!!
Smith, Tolhurst, Gallup, Williams, Thompson

« Hot Hot Hot!!! » débute par une phrase de Charles Aznavour tirée de la chanson « She » : *« She may be the face i can't forget »*.
Concernant la signification du texte, Robert Smith explique : *« Il s'agissait de trois expériences sexuelles étranges : dans le sous-sol d'un club, sur un ferry, et chez moi dans ma chambre. La foudre est une analogie. Je pensais à un livre pour enfant "Earthfast" de William Mayne qui raconte l'histoire d'un garçon frappé par la foudre, ce qui lui permet de remonter le temps, et à ce type dans le Guinness Book des Records qui a été foudroyé à plusieurs reprises. »*[155]

À l'origine « Hot Hot Hot!!! » est censée être une blague… une récréation au milieu de séances d'enregistrement étonnamment très productives. Se prenant au jeu du plagiat funky disco, le groupe commence à l'apprécier, et son producteur soupçonne le potentiel commercial d'une telle chanson.

« C'est censé sonner comme une chanson du groupe Chic… le morceau sonne chic, mais pas la production. C'est juste fait pour danser. Ça ressemble à une imitation, surtout à cause de la voix. Il n'y avait rien de prémédité, c'est venu très spontanément, j'ai fait ça en une seule prise. Tout le monde riait en m'entendant chanter là-dessus, je savais donc que c'était bien. C'est tellement rare que les gens rient lorsque je chante. »[16] – Robert Smith

« Hot Hot Hot!!! » déroute autant qu'elle surprend. Les puristes crient au sacrilège, alors que les nouveaux aficionados se réjouissent de pouvoir danser sur un titre des Cure.

« D'un autre côté, "Hot Hot Hot!!!" ressemble presque à un disque de Louis Armstrong, ce que je n'aurais jamais essayé auparavant. Sur The Top, *j'ai commencé à essayer de changer ma voix pour donner des expressions différentes que j'aurais considérées comme sacrilèges auparavant. La plupart des chanteurs de musique pop modifient leur voix pour la rendre plus acceptable, plus agréable, plus américaine ou autre. Très peu de chanteurs essaient de devenir plus désagréables. Mais, encore une fois, je me suis dit "pourquoi pas ?" »*[161] – Robert Smith

« Hot Hot Hot!!! » est le quatrième single de l'album *Kiss Me, Kiss Me, Kiss Me*. Il sort le 8 février 1988 et rencontre un succès modéré : (#45) UK. (#65) US.

Face B : « Hey You!!! » (Extended remix)

ONE MORE TIME
Smith, Tolhurst, Gallup, Williams, Thompson

« Cette chanson parle de ma peur de mourir. Ce que tout le monde a… » – Robert Smith

« One More Time » est une analogie entre l'innocence perdue de l'enfance et la décomposition d'une relation : *« Prends-moi dans tes bras ce soir, juste une dernière fois. »*

Cette complainte musicale au tempo lent, dominée par les claviers, propose une longue introduction avant que Smith vienne y poser sa voix. Un chant qui entre calmement, adoptant une tessiture assez basse pour ensuite se développer, s'affirmer et atteindre les notes aiguës typiques de son habilité à magnifier la vulnérabilité de ses paroles. Une démonstration vocale illustrant l'expression exacerbée du romantisme de son auteur.

« Je suis encore très, très limité. Je suis frustré lorsque j'entends de bons chanteurs, mais c'est marrant. C'est tellement embarrassant de chanter. Je ne pourrais pas le faire maintenant. Je sauterais dans la rivière plutôt que de chanter, mais si je suis dans un état d'esprit spécifique et que je chante des chansons, alors c'est une libération »[180] – Robert Smith

Le groupe cherche à explorer toutes les dimensions de son identité musicale, sans se limiter à un thème ou un concept précis. « One More Time » s'oriente vers la langueur et le spleen de l'album *Faith*.

Kiss Me, Kiss Me, Kiss Me est une synthèse des possibilités de Cure, comme le souligne Robert Smith : *« C'est très bien d'avoir été capable de continuer longtemps sans faire de compromis et de n'avoir aucun regret. Mais il existe un fort courant de folie qui balise ce que nous faisons. J'ai été très morbide, mais il arrive un moment où soit tu l'acceptes et tu bâtis ta carrière dessus, et tu te tues métaphoriquement, soit tu l'ignores et tu l'utilises pour créer un environnement un peu absurde et légèrement dingue. C'est ce que j'ai choisi de faire. »*[35]

Fun Fact : La tournée qui suit la sortie du double album va bénéficier de moyens techniques et financiers jusqu'alors inédits pour The Cure. *The Kissing Tour* débute le 17 mars 1987 à Buenos Aires, pour se terminer le 9 décembre 1987 à Londres, après soixante et onze concerts.

« Pour moi, cette tournée reste notre meilleure en termes de production. Visuellement, je pense sincèrement qu'on n'a pas fait mieux pendant tout le temps où j'ai fait partie des Cure. J'adorais le système Kabuki de rideaux blancs qui recouvraient tout le devant de la scène. »[3] – Lol Tolhurst

LIKE COCKATOOS
Smith, Tolhurst, Gallup, Williams, Thompson

« Like Cockatoos » est une chanson sur la solitude et l'abandon. Quiconque a déjà entendu un cacatoès sait comme son cri est atroce et strident. C'est malheureusement une nuée de ces oiseaux qui résonnent dans la nuit, symbolisant une rupture et la fin d'une relation adultère. L'amant attend au coin d'une rue sombre la femme qu'il va quitter. Elle, seule avec sa peine, entend sa souffrance résonner aussi bruyamment que ces Cacatoès. Smith s'inspire en partie du livre de Patrick White *Les cacatoès*. Il mélange plusieurs éléments des six évènements que comporte le recueil.

Pour écrire les paroles, Smith s'impose une pratique bien personnelle : *« Je mettais le nez dehors tous les jours, je m'asseyais sur mon tapis avec une bouteille d'eau et j'essayais de terminer un texte avant dix-huit heures, heure à laquelle Simon sortait avec une pinte de Guinness bien fraîche. Nous nous approvisionnions nous-mêmes, ce qui signifiait que le bar était désormais ouvert. »*[24]

« Like Cockatoos » est l'une des trois chansons de l'album à avoir été proposée au groupe par le guitariste Porl Thompson et le batteur Boris Williams, qui ont également contribué aux titres « Fight » et « Snakepit ».

Fun Fact : Les compagnes des membres du groupe assistent aux séances d'écoute finales. À ce sujet, Smith parle de leur influence sur la musique : *« Les filles s'asseyaient sur un canapé au fond de la salle de contrôle et donnaient des notes sur dix aux chansons. Il y a donc eu une très grande contribution féminine. »*[15]

ICING SUGAR
Smith, Tolhurst, Gallup, Williams, Thompson

Certaines prises de voix se font instantanément, d'un jet, alors que d'autres sont plus laborieuses. Ce qui fut le cas pour « Icing Sugar ».

« J'ai essayé plusieurs façons de chanter cette chanson. Mais j'ai compris que ce qu'il fallait pour m'inspirer serait quelques sons de cuivres bien sauvages. Surement parce que j'ai entendu un très bon groupe de jazz dans un bar local quelques jours plutôt. Nous avons eu le numéro de téléphone du bar et je les ai appelés pour leur expliquer ce qui se passait et deux heures après, Andrew Brennen était à mes côtés. Le chant a été enregistré en une prise avec en plus, une exceptionnelle partie de sax. »[6] – Robert Smith

Comme l'ensemble des membres du groupe est sollicité pour participer à l'écriture des chansons. Simon Gallup aura la satisfaction d'avoir deux titres retenus : « Icing Sugar » et « The Perfect Girl ».

Le temps imparti au groupe à Miraval touche à sa fin alors qu'il reste encore une dizaine de chansons pour lesquelles les voix n'ont pas été enregistrées. Le chanteur s'est habitué au soleil provençal et souhaite terminer l'album dans un climat similaire : *« Nous ne pouvions pas prolonger notre réservation et je ne voulais pas retourner au Royaume-Uni. J'ai donc décidé de me rendre au studio Compass Point aux Bahamas. »*[154]

Seul avec Dave Allen et Chris Parry, Smith ne se sent pas à l'aise sous cette chaleur humide et ce soleil écrasant : *« L'ambiance chaleureuse de l'expérience Miraval et le groupe m'ont vraiment manqué, Compass Point n'a pas été très amusant pour moi. »*[154]

Ce sera finalement aux Studios Bruxellois ICP que Smith terminera l'enregistrement des voix *: « C'est l'un des meilleurs Studios dans lesquels je n'ai jamais travaillé. Il y avait une piste de bowling, un juke-box et... de la bière belge. »*[154]

THE PERFECT GIRL
Smith, Tolhurst, Gallup, Williams, Thompson

Le narrateur est intrigué et fasciné par cette personne qu'il vient de rencontrer et dont il est tombé amoureux. Il est avide de découvrir toutes les facettes de sa personnalité.

« "Shiver and Shake" c'est mon côté masculin alors que "The Perfect Girl" est une chanson très féminine. Je pense que c'est probablement la raison pour laquelle l'album a un tel attrait et pourquoi il a si bien marché. » – Robert Smith

Avec cette chanson, Smith exprime une réflexion personnelle sur la beauté physique et la personnalité de certains êtres qui peuvent ou non l'attirer : *« J'ai souvent essayé de me persuader que les gens sont beaux à cause de ce qu'il y a en eux, mais je n'y suis pas arrivé. Tu rencontres des gens et ils sont beaux ou pas... Et curieusement, les plus beaux ont souvent les personnalités les plus désagréables. C'est comme ça. »*[60]

Bien que certains titres de *Kiss Me, Kiss Me, Kiss Me*, ont une similitude avec *Pornography*, les textes de Smith, en 1987, sont généralement plus optimistes : *« Beaucoup de paroles ont été influencées par l'endroit où je me trouvais quand je les ai écrites. Je logeais dans une petite maison de deux pièces avec beaucoup d'arbres autour et c'était vraiment propice à la rêverie. J'ai beaucoup réfléchi à la chance que j'avais, plutôt qu'à ma malchance, ce qui fait probablement la plus grande différence sur l'ensemble de l'album. C'est nouveau pour moi d'accepter ce sentiment et de l'évoquer. En revanche, il y a eu des moments où le même environnement a provoqué d'énormes crises de dépression obsessionnelle, les deux vont de pair chez moi, malheureusement. »*[159]

Fun Fact : Simon Gallup semble plus que fan de ce nouvel album : *« Honnêtement, je pense que c'est une merveille. C'est comme un mélange entre* Pornography *et* The Head On The Door *en conservant les meilleurs éléments des deux. Cela fonctionne très bien parce qu'à un moment on est exalté et à l'autre, on est plongé dans le désespoir. Je suis satisfait à cent pour cent du groupe et, sans trop vouloir insister, je pense que cet album est parfait. »*[161]

A THOUSAND HOURS
Smith, Tolhurst, Gallup, Williams, Thompson

Le romantisme des Cure s'exprime pleinement à travers l'idée de consacrer un millier d'heures, chaque jour, pour ressentir une seule seconde de vie, ce qui mérite véritablement cet investissement. La voix de Smith navigue dans les aigus avec une rage contenue pour exprimer à sa manière le désespoir et la mélancolie de ses paroles. L'orchestration offre une place prédominante aux claviers, habituellement dévolue à Lol Tolhurst. Hélas, les problèmes d'addiction de ce dernier ont contraint Thompson et Smith à prendre le relais, exacerbant ainsi les tensions déjà palpables entre lui et les membres du groupe.

« Lol n'a pratiquement rien fait sur l'album, il est dans une spirale infernale. »[49] – Smith

L'alcoolisme de Tolhurst représente un véritable problème pour les musiciens et celui qui était jusqu'alors le frère d'armes de Smith, devient le souffre-douleur de tout un groupe. Reconnaissons tout de même que choisir le Studio Miraval n'est peut-être pas la décision la plus judicieuse. Le studio se situe au cœur d'un domaine viticole de plusieurs hectares et sa cave regorge des meilleurs vins de la région. Ces milliers de bouteilles sont à la disposition du groupe… Tolhurst ne sera pas le seul à user de ce privilège.

Fun Fact : Une nuit, ivres du rosé local et des nombreux verres de Pastis, les musiciens décident de partir en voiture à la recherche du pilote automobile Alain de Cadenet. Il est quatre heures du matin. Robert Smith au volant négocie mal un virage et va encastrer la Jeep dans un rocher au bord d'une falaise. La voiture est morte mais les passagers s'en sortent indemnes, et c'est tout penauds et légèrement désorientés qu'ils rentreront à pied au Studio Miraval.

SHIVER AND SHAKE
Smith, Tolhurst, Gallup, Williams, Thompson

On retrouve dans cette chanson toute la rage et l'agressivité de certains des premiers morceaux du groupe, tel « Doubt »… Une violence peu habituelle dans le répertoire récent des Cure. Selon Smith, cette chanson s'adresse aux membres du groupe, pour le traitement cruel qu'ils infligeaient à Lol Tolhurst.

« Je ne savais plus qui était Lol et il ne savait pas non plus qui il était. J'avais l'habitude de désespérer et de crier sur les autres parce que je trouvais complètement fou de le traiter ainsi. »[88] – Robert Smith

Il est possible d'envisager une autre interprétation. Le texte serait en fait une injonction directement adressée à Lol Tolhurst, dont Smith ne supporte plus le comportement erratique. Ses sérieux problèmes d'addiction seront en grande partie à l'origine de son éviction deux ans plus tard. À la question d'un journaliste, demandant à Smith la signification de cette chanson, la réponse du chanteur est sans appel : *« Une version traitant de Lol et d'autres comme lui. »*[93]

Le producteur Chris Parry se souvient de cette période et du statut particulier de Tolhurst au sein du groupe : *« Parfois, je me demande si The Cure n'existait pas uniquement pour tuer Lol. Il était juste misérable, il buvait tellement. Son visage tremblait avec ce que Robert appelait "Les furets sous sa peau" »*. Les sessions d'enregistrement se déroulent globalement bien et sont même plus productives que pour les albums précédents. Cependant, certains morceaux demandent plus de travail que d'autres. Le chanteur se souvient avoir éprouvé des difficultés à trouver la bonne interprétation pour certains d'entre eux : *« J'ai dû refaire "Shiver And Shake" une bonne vingtaine de fois, à des jours différents, parce que je n'arrivais pas chanter assez agressivement. Un matin, j'ai reçu un appel téléphonique très bouleversant de Londres. Dès que j'ai raccroché, j'ai couru au studio en criant "mettez 'Shiver and Shake', je vais chanter tout de suite !" Et tout est sorti. »*[16]

FIGHT
Smith, Tolhurst, Gallup, Williams, Thompson

Depuis dix ans, Robert Smith règne sans partage sur les compositions et les textes du groupe mais, le temps est venu de laisser s'exprimer la créativité de ses musiciens : *« Fight »* est en partie composé par Porl Thompson et Boris Williams.

« J'avais écrit The Head On The Door *seul, chez moi, et le groupe l'avait interprété comme un orchestre l'aurait fait. Cette fois, j'ai insisté pour que les autres me donnent des cassettes de leurs propres compositions et j'ai reçu six ou sept chansons de chacun. Même Boris en a fait une, composée de rythmes vampiriques bizarres ! Tout le monde voulait participer. »*[35] – R. Smith

Seul Lol Tolhurst reste en retrait, sans s'impliquer dans le processus de création. Ses compères, eux, s'engagent plus que jamais dans la réalisation de l'album. Les musiciens se satisfont de cette nouvelle façon de travailler comme le sous-entend le batteur Boris Williams : *« Sur* The Head On The Door *j'avais joué les parties qu'on m'avait préparées alors que j'ai créé celles de* Kiss Me. *»*[166]

« "Fight" est la chanson la plus étrange que nous ayons faite. C'est comme un hymne… c'est la première fois que je chante que les autres devraient se lever et agir. "Pornography" est à l'opposé de ça. Je n'aurais jamais pu imaginer faire une chanson comme ça. En fait, "Give In" serait un titre plus approprié. »[49]
– Robert Smith

Fun Fact : Pendant les séances de mix, un groupe de filles, constitué essentiellement des petites amies des membres de Cure, avait l'habitude de mettre une note aux chansons proposées lors des séances en studio. « Fight » n'a pas remporté leur approbation. En revanche, les garçons, eux, la trouvèrent assez bonne pour être présente sur le disque. *« Une chanson masculine »* selon Smith.

DISINTEGRATION
(1989)

Fiction Records
Production : Dave Allen, Robert Smith
Enregistrement : Studios Hookend 1998-1989
Pochette : Parched Art
Date de sortie : mai 1989

1-Plainsong
2-Pictures of You
3-Closedown
4-Lovesong
5-Last Dance
6-Lullaby
7-Fascination Street
8-Prayers for Rain
9-The Same Deep Water as You
10- Disintegration
11-Homesick
12-Untitled

« Je ne l'avais jamais fait auparavant, mais pour cet album, j'ai essayé d'imaginer les gens qui l'écoutaient. Il y avait des êtres imaginaires et des personnes réelles et j'ai découvert ce qu'ils ressentaient en écoutant les chansons. Je chantais également pour ce public que j'inventais dans ma tête. Certains d'entre eux étaient critiques et d'autres acceptaient tout. Ils étaient tous dans des chambres différentes de cet hôtel où il n'y avait pas de room service. J'essayais de les surprendre par l'intensité que je m'efforçais de produire. »[75] – Robert Smith

Smith épouse Mary Poole le 13 août 1988. Une année particulière pour le groupe qui ne joue aucun concert (une première depuis 1979), et qui surtout en profite pour prendre un peu de distance avec un succès devenu étouffant. L'année 1988 est aussi une période de remise en question. Smith pense sérieusement à réaliser un album solo et envisage le prochain opus des Cure comme le dernier. L'approche de la trentaine le fait à nouveau plonger dans les affres de la dépression. *Disintegration* sera son exutoire.

Roger O'Donnell fait désormais partie intégrante du groupe et s'implique dans le processus de création. Son jeu de clavier et sa technicité seront déterminants pour l'orchestration et les sonorités crépusculaires de l'album.

La composition se nourrit de l'expérience acquise au cours de ses dix ans de carrière, tout en étant également influencée par les sollicitations de nombreux réalisateurs qui lui demandent de composer des musiques pour leurs films. Smith va donc développer des thèmes sur la longueur en s'affranchissant, parfois, des structures plus traditionnelles imposées par les chansons. Il va également modifier son approche dans la conception des maquettes : *« Je ne compose plus à la guitare, seulement au piano et à la basse. En fait c'est une basse six cordes, une Fender. J'utilise la basse VI depuis* Faith, *toujours comme une guitare. »*[56]

Le groupe se retrouve chez Boris Williams dans le West Country durant l'été 1988 pour réaliser les démos qui serviront à la production de l'album. Les musiciens jouent live et enregistrent sur un simple quatre pistes. Les claviers et la basse se taillent la plus belle part du gâteau, quant à la voix de Smith elle atteint une dimension jusqu'alors inédite. Murmurée sur « Lullaby », hurlante sur « Disintegration », brisée par les larmes dans « The Same Deep Water as You ». L'ampleur de son registre vocal se développe tout au long de l'album. Pour lui, ce disque se situe entre *Faith* et *Pornography* et s'éloigne radicalement des pérégrinations pop des six dernières années : *« Tout le monde voulait que nous poursuivions sur la voie de singles comme* Why Can't I Be You? *et* Hot Hot Hot!!!, *mais nous ne l'avons pas fait. C'est ce qui fait la beauté d'un groupe volontairement obscur. Je ne voulais pas m'enfermer dans une autre série d'interviews de Star Hits et j'ai décidé de faire quelque chose d'un peu plus consistant. »*[75]

L'album marque un retour dans le monde de la solitude, de l'isolement, de l'incertitude, des regrets, de l'échec de l'amour, de l'absence de foi et de la mémoire de la félicité.

C'est aussi une période de rupture : Lol Tolhurst est évincé avant la sortie de l'album, faisant de Smith l'unique membre fondateur présent au sein du groupe.

THE CURE · DISINTEGRATION

LLABY · FASCINATION STREET ·
· TWO · PRAYERS FOR RAIN ·
THE SAME DEEP WATER AS YOU · DISINTEGRATION · UNTITLED ·
· ONE · PLAINSONG · PICTURES OF YOU · CLOSEDOWN · LOVE SONG · LU
Available on Cassette and Compact Disc. DISTRIBUTED BY/DISTRIBUÉ PAR – WEA MUSIC OF CANADA LTD./WEA MUSIQUE DU CANADA LTÉE./1810 BIRCHMOUNT RD., SCARBOROUGH, ONT. A WARNER COMMUNICATIONS COMPANY ℗ © 1989 Elektra/Asylum Records All Rights Reserved.
Warning: Unauthorized reproduction of this recording is prohibited by Federal law and subject to criminal prosecution.
0 7559-60855-1 9
ELEKTRA

Les séances d'enregistrement de *Disintegration* s'échelonnent de novembre 1988 à février 1989 aux Hookend Studios à Checkendon. La production est de nouveau confiée à Dave Allen qui travaillera en partenariat avec Robert Smith. Les deux hommes parviennent à créer un son d'une puissance encore inégalée dans la discographie des Cure. Le combo basse/batterie apporte une assise métronomique imparable qui permet d'y déposer un contraste mélodique composé de cordes, de guitares et d'harmonies vocales. Les nouvelles technologies et la cohésion artistique entre Smith et Allen jouent aussi un rôle crucial dans cette réalisation.

« Sur Disintegration, *il y avait surtout des échantillonneurs pour les claviers. Il n'y avait pas vraiment de ce que j'appellerais des synthés. Je pensais à cela récemment, à la différence entre les synthés et les échantillonneurs. Je crois que la différence est devenue moins évidente. À l'époque, nous utilisions un E-mu Emulator II et III. »*[178] – Roger O'Donnell

L'album sort le 2 mai et embarque le groupe dans une tournée mondiale de soixante-seize dates qui débute le 1er mai 1989 à Roskilde (Danemark) pour se conclure de l'autre côté de l'Atlantique le 23 septembre à Mansfield (USA). The Cure se retrouve à nouveau tout proche de l'implosion : *« Physiquement, cette tournée est bien plus éprouvante que les précédentes. Sur une période de huit jours nous avons sept performances à donner. La journée nous voyageons vers la prochaine ville et les distances sont souvent importantes. Nous sortons de scène complètement vidés. Il nous faut pas mal de temps pour retrouver nos forces. »*[163]
– Robert Smith

Après la parution de quatre singles extraits de l'album dont deux atteignant le top 10 et malgré un succès autant commercial que critique, Smith ne peut s'empêcher de réitérer des propos devenus désormais habituels : *« le groupe ne tournera plus et cet album est le dernier »*. Tim Pope donne un indice sur la possibilité d'une véritable séparation :

« The Cure est comme un gros roly-poly, il peut se retourner et devenir quelque chose d'autre. On ne sait jamais avec Robert, mais je le vois bien tout abandonner un jour. »

La fin de la décennie propulse le groupe au sommet, marquée par la sortie d'un album qui demeure à ce jour ce que beaucoup considèrent comme leur chef-d'œuvre.

« Les années 80 avaient démarré avec Closer *de Joy Division, elles se terminent avec* Disintegration. *Ce qui a bien pu se passer entre les deux importe peu. »*[67] Rock&Folk

Pour la première fois, le visage de Smith apparaît sur une pochette d'album. Noyé dans une nébuleuse florale, son regard fixe l'objectif d'Andy Vella.

En 1998, Robert Smith prête sa voix à son propre personnage dans un épisode de South Park. Trey Parker et Matt Stone, tous deux fans de The Cure, ont créé un épisode où Smith se transforme en un monstre inspiré de Mothra, le papillon géant souvent associé à Godzilla. À la fin de l'épisode, Kyle affirme de manière humoristique : *«* Disintegration *est le meilleur disque qui n'ait jamais existé ! »*.

L'album est honoré avec le Brit Awards : « meilleure vidéo pour *Lullaby* » en 1990, et « meilleur groupe britannique » en 1991.

Fun Fact : Durant l'enregistrement de *Disintegration*, Tim Burton sollicite Robert Smith pour la composition de la bande originale du film *Edward aux mains d'argent*. Le réalisateur lui remet le script et lui propose un rôle, sans en préciser sa nature. Contraint par le manque de temps, Smith refuse à regret, mais consent à ce que Johnny Depp utilise son apparence physique pour le rôle-titre. Dix ans plus tard Burton réitère sa requête pour *Sleepy Hollow* mais Smith est en studio pour la réalisation de l'album *Bloodflowers* et doit à nouveau décliner son offre.

PLAINSONG
Smith, Tolhurst, Gallup, Williams, Thompson, O'Donnell

« "Plainsong" éclaire les différents aspects d'une obsession. » – Robert Smith

« Plainsong » est le nom donné à certains chants grégoriens et autres chants de la liturgie catholique. Ces psaumes monophoniques, composés d'une seule ligne mélodique, sans accompagnement, sont souvent interprétés de manière responsoriale, le soliste chantant une série de versets qui sont ensuite suivis d'une réponse du chœur.

« Je voulais quelque chose de très luxuriant, très orchestral. »[88] – Robert Smith

C'est la chanson d'ouverture de l'album et son ambiance sépulcrale annonce la fin des réjouissances pop des albums précédents. Un choix revendiqué par Smith : *« L'essence de cet album est le dégoût concernant la perte de la capacité à ressentir des sentiments profonds quand on vieillit. C'est la désintégration dont je parle. Je m'en inquiète, comme tous les gens de mon âge que je connais. »*[105]

Le chanteur annonce à son groupe que le disque s'intitulera *Disintegration*, et qu'il est l'épilogue de la carrière des Cure. Tout semble clair dans sa tête mais beaucoup moins dans l'esprit de ses musiciens, qui s'attendaient à une suite de *Kiss Me, Kiss Me, Kiss Me*.

« J'avais les paroles de "Plainsong" écrites de manière assez proche de ce qu'elles sont, mais je ne me suis pas soucié de la mesure ou de la rime. Les phrases étaient toutes là. Lorsque nous travaillons sur la musique, je me dis : "Cette musique va aller avec ces mots". Quand j'assemble les morceaux, je m'assieds dans ma chambre avec la bande qui passe en boucle, et je pense à la forme que cela doit prendre jusqu'à ce que je n'ai plus besoin de l'écouter. Puis je me mets devant le micro, j'éteins toutes les lumières, je bois quelques verres et ce qui sort, c'est ça. »[105] – Robert Smith

Le groupe s'inquiète de la santé mentale de son chanteur qui reprend sa consommation de LSD de façon excessive et montre des signes de dépression évidente. Peut-être à juste titre : il a affiché sur les murs du studio les coupures de presse concernant le pacte suicidaire de deux adolescents qui se sont donné la mort en écoutant The Cure.

Fun Fact : *« Je me souviens du jour où nous avons enregistré "Plainsong". Tout était fait dans la salle de contrôle et Robert me montrait quoi jouer et pour une raison quelconque ce jour-là, il ne parlait pas. Je pense qu'il avait une grosse gueule de bois alors on a tout fait avec lui qui écrivait et nous faisait passer des petits mots... c'était hilarant. Il a joué les principaux accords. C'était très Robert, il jouait toutes les notes possibles en même temps. La chanson est en Do, donc toutes les notes blanches, et chacune d'entre elles a été jouée dans cette chanson. »* – Roger O'Donnell

PICTURES OF YOU
Smith, Tolhurst, Gallup, Williams, Thompson, O'Donnell

Le texte de cette chanson est basé sur un essai de Myra Poleo, *The dark power of ritual pictures*. Après en avoir terminé la lecture, Robert Smith détruit l'ensemble de ses photos personnelles ainsi que beaucoup de ses vidéos de famille pour faire « table rase de son passé. » Quelques jours plus tard il regrettera son geste : *« La chanson est le résultat de la perte de vieilles photos que j'avais dans mon portefeuille, beaucoup d'avant ma naissance. »*[98]

Le nom Myra Poleo est l'anagramme de celui de sa femme Mary Pool et aucun poème portant ce titre ne semble exister. Est-ce une nouvelle supercherie dont le chanteur est coutumier ? *« Je mens aux interviewers parce que je m'ennuie à mourir si je n'invente pas des histoires. »*[18]

Selon une autre version avancée par Smith, l'inspiration de « Pictures Of You » serait liée à un incendie qui a failli détruire sa maison. Après avoir fouillé les décombres encore fumants, il aurait retrouvé une photo presque intacte de sa femme.

« Ça parle de ce que l'on ressent lors ce qu'on tient à quelqu'un. Cela ressemble un peu à une chanson comme "How Beautiful You Are", l'idée que vous vous faites de cette personne n'est pas vraiment la bonne. Parfois, on perd complètement le contact avec ce qu'elle est devenue. Vous voulez juste vous accrocher à ce qu'elle était. »[100] – Robert Smith

Selon Roger O'Donnell l'ambiance délétère entre certains membres des Cure à cette époque était telle que Simon Gallup n'aurait pas participé à l'enregistrement de la chanson. Lol Tolhurst crée les conditions requises pour faire imploser le groupe et il faudra l'ultimatum de Thompson et Gallup menaçant de claquer la porte pour que Smith prenne la décision de se séparer de son ami d'enfance.

La vidéo est tournée à Lochaber en Écosse par Tim Pope le 24 janvier 1990.

« Après avoir passé beaucoup de temps à construire le décor de "Lovesong", nous voulions quelque chose de plus simple. Nous avons donc pris trois caméras Super-8 et sommes allés à l'endroit auquel je pensais. Je voulais une ambiance ensoleillée, mais comme il est question de neige dans les paroles... En fait, comme elle est filmée en noir et blanc la neige ressemble à du sable, alors j'ai pensé : "Commençons par le soleil, puis éloignez-vous et vous verrez une tempête de neige". Le vieil adage "L'appareil photo ne ment pas" n'est pas vrai. »[98] – Robert Smith

Sur la pochette du single, on peut voir Mary Poole de dos. D'après Smith, cette photo a été prise en Écosse en 1981. C'est cette même image, bien que déformée et presque méconnaissable, qui apparaît sur la pochette du single « Charlotte Sometimes ».

« Pictures Of You » sort en mars 1989. Face B : « Babble ». Un titre supplémentaire est inclus à la version Maxi : « Out Of Mind ».

Fun Fact : Le titre fut réenregistré en 2018 par Robert Smith et Roger O'Donnell avec le Quartet londonien « Voluté » pour le documentaire *Dead Good*.

Utilisée dans les films :
Me You Madness (2021)
White Bird In A Blizzard (2014)
The Vow (2012)
Café de Flore (2011)
Starter For 10 (2009)
One Perfect Day (2004)

CLOSEDOWN
Smith, Tolhurst, Gallup, Williams, Thompson, O'Donnell

L'album *Disintegration* est principalement constitué de chansons qui reflètent la peur de Robert Smith d'atteindre l'âge de trente ans sans avoir créé son chef-d'œuvre. Cette angoisse du temps qui passe est un thème récurrent dans l'œuvre des Cure depuis *Seventeen Seconds* en 1980.

« Avec "Faith", c'était comme une seule chanson divisée en huit autres. J'ai l'impression que "Closedown" et "Untitled" prennent ce chemin, revenant aux vieilles marottes concernant l'âge, la tristesse et la désintégration elle-même. Dans l'ensemble, elles donnent au disque une humeur sombre. Je pense que c'est le genre d'album que vous devriez écouter seul. »[95] – Robert Smith

Il décrit « Closedown » comme la chanson clef de l'album. Pour lui, vieillir fait entrer le cynisme dans la vie. Il veut se battre contre l'apathie et l'indolence de cet état d'esprit : *« Je trouve horrible que l'on devienne insensible avec l'âge. Quand tu es jeune et naïf, tu as toujours des sentiments intenses. Tout ce qu'on gagne avec l'expérience nous fait perdre cela. »*

Cet album marque également la dernière collaboration avec Lol Tolhurst. Lors de la session d'écoute du mix final, au Studio RAK à Londres, Smith a pris conscience que son ami ne pouvait plus continuer à faire partie du groupe : *« À la fin de l'écoute, Lol marmonne quelques mots sombres, tourne les talons et s'en va. Nous avons tous su à ce moment-là que The Cure était devenu un groupe de cinq musiciens. »*[154]

Fun Fact : Le *Prayer Tour* est la plus longue tournée européenne jamais réalisée par le groupe depuis le début de sa carrière : treize semaines sur les routes, soixante-seize dates et un épilogue en forme d'apothéose au Wembley Arena de Londres pour trois concerts sold-out. Le dernier soir, le 24 juillet 1989, la performance dure plus de trois heures trente avec une set-list de trente-cinq morceaux. Ces trois concerts londoniens sont enregistrés pour la réalisation d'un mini album live : *Entreat*.

LOVESONG
Smith, Tolhurst, Gallup, Williams, Thompson, O'Donnell

« Lovesong » est un cadeau de mariage écrit par Smith pour sa fiancée Mary Poole, peu avant leur union en 1988. Il est demeuré fidèle à sa dévotion envers celle qu'il a rencontrée à l'école à l'âge de quatorze ans et il lui attribue le mérite de lui avoir sauvé la vie en le tirant de l'abîme lorsqu'il traversait des périodes autodestructrices. Les paroles de « Lovesong » ont été inspirées par les nombreuses tournées que Robert Smith a faites et continue de faire avec The Cure. Cependant, le message le plus important qu'il veut transmettre à travers cette chanson est que peu importe la distance, les sollicitations et le nombre de concerts insensé qu'il devra encore honorer, son amour pour Mary Poole reste intact.

« Mary et moi nous sommes mariés l'année dernière et je ne savais pas quoi lui offrir comme cadeau de mariage, alors je lui ai écrit cette chanson... Sympa et pas cher ! »[97] – Robert Smith

Ce cadeau personnel d'un amoureux romantique n'était pas destiné à être intégré à l'album. Personne dans le groupe, y compris Smith, ne souhaitait que « Lovesong » interfère avec le spleen de *Disintegration*.

« C'est la chanson la plus faible de l'album. J'ai pensé que de toutes les chansons que j'avais écrites, c'était la seule qui ne fonctionnait pas. C'était très décevant. »[21] – Robert Smith

C'était sans compter sur les oreilles aiguisées de leur producteur Chris Parry, qui persuade les musiciens de l'inclure à l'album, et bataille de toutes ses forces pour l'imposer comme single... Ce fut le plus grand succès commercial du groupe : N° 2 au Billboard US.

Suite à cette réussite, Roger O'Donnell avoue que son succès fut une véritable surprise, et reconnait qu'aucun des musiciens n'appréciait véritablement cette chanson.

Il aura fallu plus d'une dizaine d'années au leader pour se sentir assez à l'aise pour la chanter sur scène, et c'est aussi pour cette raison qu'elle fut l'un des singles les moins joués en concert. Souvent contradictoire et parfois de mauvaise foi concernant ses créations, Smith tempère ses propos : *« C'est la chose la plus directe, la plus vraie, la plus franche et la plus honnête que j'ai jamais chantée. Ça parle d'amour, mais aussi de l'impossibilité de vraiment connaitre quelqu'un. J'en ai donné une cassette à Mary comme cadeau de mariage. Elle est allée l'écouter dans l'autre pièce, puis elle revenue et m'a couvert de baisers. »*

La vidéo réalisée par Tim Pope n'arrive pas à rassurer le groupe sur l'intérêt de sortir « Lovesong » en single. Ce n'est pas l'heure des réjouissances pour les Cure et le réalisateur... personne n'est emballé par le résultat.

« Le plan d'ouverture est terrible... ce plan prolongé d'un énorme phallus qui n'a pas du tout l'air d'être une stalagmite. »
– Tim Pope

Le tournage devait initialement se faire dans les Caves of souls dans le Somerset... des grottes à l'ouest de l'Angleterre, mais la production n'obtient pas l'autorisation à temps. Ce sera finalement dans un studio de Londres et dans un décor rappelant vaguement l'idée première du script. Selon Pope : *« La grotte est censée être l'endroit où le groupe se retrouve après avoir été dévoré par l'araignée géante dans la vidéo de* Lullaby. *»*[98]

« Bien sûr, ils n'étaient pas très enthousiastes à l'idée de voir leurs grottes piétinées par une bande de musiciens à l'allure bizarre, alors elles ont été recréées dans un studio à Londres. Ce qui m'a le plus plu dans ce tournage, c'est que j'étais dans ma propre grotte, à l'écart des autres et dès que mes scènes étaient tournées, je pouvais partir et rentrer chez moi ! J'ai l'une des stalagmites dans mon studio. »
– Roger O'Donnell

« Lovesong » sort en single le 21 août 1989. Face B : « 2 Late ». Un titre supplémentaire est inclus à la version Maxi : « Fear Of Ghosts ».

Fun Fact : Une phrase de Franck Sinatra, *« Fly me to the moon »*, murmurée par Smith se cache à la fin du deuxième refrain. Présente dans les films :

All My Life (2020)
Disobedience (2017)
Now Add Honey (2015)
Starter For 10 (2006)

LAST DANCE
Smith, Tolhurst, Gallup, Williams, Thompson, O'Donnell

« La chanson parle d'une rencontre avec une personne perdue de vue depuis longtemps et pour qui vous aviez des sentiments très forts. Hélas, ce face-à-face vous fait soudainement réaliser que vous n'éprouvez plus rien… C'est une sensation horrible. »[100] – Robert Smith

Après avoir conquis le grand public américain avec *Kiss Me, Kiss Me, Kiss Me*, The Cure rencontre un succès encore plus important avec *Disintegration*, qui atteindra la douzième place des charts et se vendra à plus d'un million d'exemplaires aux États-Unis. Le disque contient également leur plus grand succès avec « Lovesong », qui atteint la deuxième place des charts US. Bien que « Last Dance » n'apparaisse pas sur la version vinyle de l'album, elle est incluse à la version CD et serait extraite de l'album solo de Smith… cet hypothétique album qui intrigue tant depuis sa première évocation en 1982 avec la diffusion du titre « Ariel » dans l'émission de radio *The Kid Jensen Show*. Concernant cet énigmatique album solo, Smith laisse planer le mystère : *« Si nous avions été comme la plupart des autres groupes, j'aurais commencé une carrière solo il y a des années. Le fait que je sois resté dans The Cure est un peu curieux, mais j'aime ça. J'aime l'idée d'en faire partie plutôt que d'être un personnage complètement public. Le nom Robert Smith est toujours suivi par "de The Cure", ce que j'apprécie, par opposition à Robert Smith "qui va faire ses courses." »* Et d'ajouter : *« Ça va être étrange mais, oui, cet album sortira un jour. »*[145]

Fun Fact : Cette chanson contient des paroles cachées… une phrase empruntée à la chanson « Cold » de l'album *Pornography*. Elle ne figure pas dans le texte officiel, mais est audible dans un murmure avant le dernier couplet : *« your name like ice into my heart »*.

LULLABY
Smith, Tolhurst, Gallup, Williams, Thompson, O'Donnell

« Cette chanson parle de la peur du sommeil. » – Robert Smith

« Lullaby » trouve son origine dans un cauchemar récurrent que Robert Smith faisait lorsqu'il était enfant, dans lequel une araignée géante venait le dévorer. Pour cette chanson, il invente une histoire effrayante mettant en scène une créature dévoreuse d'êtres humains appelée The Spiderman. Une façon métaphorique de critiquer l'industrie musicale qui, selon lui, se nourrit de cette manière. Son imaginaire torturé trouve en partie ses racines dans les histoires sordides qu'un de ses oncles, également appelé Robert, lui racontait avant de s'endormir. La dernière phrase de « Lullaby » reprend un passage du livre *The Spider and the Fly* de Mary Howitt, qui a été également une source d'inspiration pour les paroles.

« Je me suis réveillé un matin avec les deux premières phrases "Sur des jambes en bonbon, l'homme-araignée arrive/ Doucement à travers l'ombre du soleil du soir". »[155] explique Smith

Il souhaite que cette chanson soit le premier single à être publié : *« C'est un bon moyen de montrer ce que renferme l'album. »* Propos en totale contradiction avec ce qu'il dira quelques semaines plus tard :

« Je n'ai jamais vraiment aimé "Lullaby", elle a juste jailli comme ça ! Des chansons de Disintegration*, c'est la plus faible. C'est notre single qui s'est le plus vendu en Angleterre, alors cela montre simplement que je n'y connais rien. »*[1]

« Lullaby » sera bien le premier single extrait de l'album. Une sortie mondiale à l'exception des États-Unis qui lui préfèrent « Fascination Streets. »

« Je me souviens de Boris disant à propos de Disintegration *: "Qu'en pensez-vous, il n'y a pas de singles dessus, n'est-ce pas ? Il ne se vendra jamais." Nous pensions que "*Lullaby*" était assez commerciale et j'ai le souvenir que lorsque Robert l'a finalement chanté et que ça parlait d'araignées et de mort, nous nous sommes dit : Ah, ben c'est raté ! »* – Roger O' Donnell

Quant à Lol Tolhurst, sa présence pendant les séances d'enregistrement est plus que sporadique car son intérêt pour l'album est proche de zéro. Il est crédité sur le disque mais n'apparaît pas dans les clips. La vidéo est de nouveau réalisée par Tim Pope mais l'idée originale vient de Smith.

« En fait, j'ai dessiné dans des cases ce à quoi je voulais que la vidéo ressemble et on l'a faite à la manière de Christopher Lee. J'ai refusé d'avoir la vraie araignée sur moi : il y avait un type avec un antidote et j'ai essayé mais je n'ai pas pu… c'était une sorte de vidéo flippante. Jim Kerr (chanteur de Simple Minds) ne l'a pas comprise, mes neveux oui. Si j'ai le choix du public, je choisis mes neveux. »[98] – Robert Smith

« D'un côté, il y a cette stupidité et cet humour, mais derrière, il y a toutes les obsessions psychologiques et la claustrophobie de Smith. Il interprète la chanson comme une allégorie de son passé alimenté par la drogue. »[99] – Tim Pope

La vidéo s'inspire de Eraserhead, le premier film d'horreur de David Lynch, en 1977 et met en image la symbolique baroque et romantique souvent exploitée par The Cure. Malgré cette ambiance glauque et macabre, les chaines de TV n'hésitent pas à passer le titre en rotation et participent à son succès. *« J'avais grandi avec les films de Polanski, des films comme* Répulsion *et* Le Locataire*, ils ont eu une grande influence sur moi. Ils ont tous tendance à être sombres et obsessionnels et c'est quelque chose qui allait très bien avec la musique de The Cure et les paroles de Robert. »* – Tim Pope

La vidéo remporte le British Vidéo Award de l'année aux Brit Awards en 1990.

« Lullaby » sort en single le 10 avril 1989. Face B : « Babble ». Un titre supplémentaire est inclus à la version Maxi : « Out Of Mind ».

Il devient le single le mieux classé du groupe dans son pays d'origine – le seul à avoir atteint le top 5 au Royaume-Uni. Il intègre le top 30 dans huit autres pays étrangers et se hisse à la 74e place des charts US.

· ONE · PLAINSONG · PICTURES OF YOU · CLOSEDOWN · LOVE SONG
· LULLABY · FASCINATION STREET · TWO · PRAYERS FOR RAIN · THE
SAME DEEP WATER AS YOU · DISINTEGRATION · UNTITLED ·
robert smith · voice guitar and keyboards
simon gallup · bass and keyboards
boris williams · drums
porl thompson · guitars
roger o'donnell · keyboards
laurence tolhurst · other instrument
produced by robert smith and david m. allen
engineered by david m. allen and robert smith
recorded at outside studios, berkshire mixed
at rak studio three, london
assistant engineer at outside · richard sullivan
assistant engineer at rak · roy spong
thanks to richard (tricky 2) flynn, trace, fliss,
buffy, sandra, chloë, raffingtons, jack and rita
frankish (outside) and to hugh, smudger,
darren, and dan (rak)
thanks also to bill, ita, marian, sue, linda, janie,
bruno, teddy, nick, christine, miriam, arun
and cynde at the chainsaw arms
special thanks to the paz
art · parched art
words · robert smith
music · smith, gallup, williams,
thompson, o'donnell, tolhurst
THIS MUSIC HAS BEEN MIXED TO BE PLAYED LOUD
SO TURN IT UP

Fun Fact : Le 20 avril 1989, The Cure apparaît dans l'émission *Top Of The Pops*. Le réalisateur interdit tous les gros plans du visage de Smith car il considère que le rouge à lèvres et le fard à paupières noir du chanteur sont trop anxiogènes pour les enfants. Il est vrai que jamais auparavant Smith n'avait entouré ses yeux d'autant de charbon. C'est un Nosferatu chantant.

« Lullaby » est reprise en live par Page et Plant en 1995, accompagnés de Porl Thompson à la guitare. *« J'aime comment Robert Smith vous invite à entrer dans sa vulnérabilité. C'est un petit monde intéressant comme* L'histoire de M. Polly *de H. G. Wells. »*
– Robert Plant

FASCINATION STREET
Smith, Tolhurst, Gallup, Williams, Thompson, O'Donnell

« Je pensais à Bourbon Street, à La Nouvelle-Orléans, quand je l'ai écrite. Je me préparais à y aller et je me suis dit : "Mais qu'est-ce que je vais bien pouvoir découvrir ?" Il s'agit de l'incrédulité que j'ai encore à essayer de trouver un moment parfait. »[98] – Robert Smith

Robert Smith parle des plaisirs « souvent cyniques » de l'exploration de la vie nocturne d'une nouvelle ville. Une histoire vaguement basée sur une aventure particulière du groupe à La Nouvelle-Orléans à la fin des années 80.

« Oui, j'étais à La Nouvelle-Orléans en 1987 et c'est à peu près ça, je crois... Robert avait une liste de noms possibles pour la rue et nous avons tous choisi Fascination. » – Roger O'Donnell

Cette chanson est l'une des plus singulières du groupe sur le plan de la structure musicale, marquée par de longues sections instrumentales ponctuées d'un seul couplet et de deux refrains. L'introduction de la chanson dure une minute et vingt secondes, alors que la version remixée contient une intro qui dépasse les quatre minutes. À l'origine, « Fascination Street » durait douze minutes. L'orchestration se forme à partir de différents motifs qui s'additionnent et s'imbriquent sans jamais perturber la prédominance de la basse qui réitère inlassablement le même motif du début à la fin de la chanson. Un son de basse incisif comme jamais. *« J'utilise deux têtes Ampeg SVT 200 T. Un ampli asservi, et deux baffles Ampeg classic 8x10. »*[174] – Simon Gallup

Lol Tolhurst a été crédité sur ce titre et sur l'ensemble de l'album pour avoir joué « d'autres instruments ». Ses camarades de groupe ont révélé qu'il n'avait en réalité rien fait.

« Je me désintégrais. Je pense que ce n'est pas une erreur que le disque ait été nommé ainsi. »[146] – Lol Tolhurst

Bien que la diffusion du clip sur MTV ait contribué à l'intérêt du public pour le single, Robert Smith estime qu'il a raté sa cible. Le réalisateur habituel des Cure, Tim Pope, a dirigé la vidéo qui présente de nombreux gros plans des musiciens jouant dans une rue sombre.

Smith avoue à *Select Magazine* que le clip est « affreux ». *« L'idée originale était une vidéo de Doctor Who, c'est pourquoi il y a une cabine téléphonique et une horloge, avec des pièces cachées dans d'autres pièces. Mais ça a été fait avec un petit budget et c'est de très mauvais gout. Normalement, nos labels Elektra et Polydor nous donnent de l'argent, mais là, c'était uniquement pour l'Amérique, donc seul Elektra l'a fait. La féerie s'est perdue. »*[98]

« Fascination Street » sort en single le 18 avril 1989. Face B : « Babble. » Un titre supplémentaire est inclus à la version Maxi : « Out Of Mind »

Fun Fact : « Fascination Street » est le premier single américain extrait de l'album *Disintegration* et la première chanson du groupe à atteindre la première place du nouveau classement Billboard Modern Rock. La chanson s'est également bien comportée dans le Pop Chart, atteignant la 46e place. « Fascination Street » n'est publiée en single qu'aux États-Unis. Pour le reste du monde, « Lullaby » lui sera préférée. Un choix voulu par le label américain, en accord avec le groupe, dû à sa présence sur la bande originale du film Lost Angels (1989) réalisé par Hugh Hudson.

PRAYERS FOR RAIN
Smith, Tolhurst, Gallup, Williams, Thompson, O'Donnell

« Nous n'avons pas vraiment fait beaucoup de musique personnelle ces dernières années. J'ai souvent trouvé nos chansons assez réjouissantes, mais après les avoir écrites, je m'en suis éloigné. Chaque disque qui vous marque profondément est une expérience positive, même s'il vous donne un immense sentiment de désespoir. Au moins, vous ressentez à nouveau quelque chose, une émotion qui n'est pas émoussée... aussi paradoxal que cela puisse paraitre. »[105] – Robert Smith

Le diptyque cérémoniel que forme « Prayers For Rain » et « The Same Deep Water As You » est une complainte emplie de frustration et d'attente. Les deux chansons sont liées par cette symbolique pluviale et cette métaphore de l'eau dans la littérature est souvent associée à la purification. Par son énumération presque clinique des états névrotiques et douloureux, le texte souligne l'impact dévastateur subi par le narrateur.

Comme pour la trilogie sombre du début des années 80, la résignation et la désespérance deviennent à nouveau les fondements de l'inspiration de Smith : *« Je ne crois pas que ce soit un pas dans une direction particulière, c'est juste... ce que nous avons fait de mieux. Ce disque m'a obsédé comme l'avaient fait Seventeen Seconds, Faith et Pornography. »*[35]

L'approche de la trentaine et son cortège de mélancolie associé aux effets pervers d'une popularité soudaine font sombrer le frontman dans la dépression. Une période de doute envers son groupe s'installe. Il remet en question la musique élaborée au cours des dernières années et lui reproche de ne pas correspondre à sa vision sombre et nihiliste du monde.

Il souhaite s'émanciper de cette pop légère et modeler ses compositions à la forme de son désespoir. Les conséquences sont une consommation démesurée de substances psychédéliques et la création d'un disque devenu un pilier de la discographie des Cure.

« je pense qu'on est forcé d'accepter l'âge au fur et à mesure qu'on vieillit. Mais j'essaie toujours de lutter contre cela, je veux dire contre le déclin mental et physique qui vient avec l'âge. Cette sorte de perte de... euh... de sens de l'émerveillement devant les choses. Avec mes neveux et nièces, je me rends compte de plus en plus souvent que je vieillis et que je ne suis plus exalté par les choses qui me fascinaient auparavant. C'est un peu inquiétant et un peu triste. Alors j'essaie de lutter contre cela en faisant quelque chose, comme écrire des chansons. »[97]
– Robert Smith

THE SAME DEEP WATER AS YOU
Smith, Tolhurst, Gallup, Williams, Thompson, O'Donnell

« The Same Deep Water As You *concerne les attentes des gens à votre égard, et le fait que vous ne pouvez jamais y répondre. »*[101] – Robert Smith

Une chanson de neuf minutes qui débute et se termine sous la pluie d'un orage d'été et qui relate une histoire d'amour intense mais désespérément vouée à l'échec. Le narrateur admet ne pas être à la hauteur de la profondeur de ses émotions et de sa loyauté.

« Je suis vraiment fier de ce que nous avons fait. Dans mon esprit, il y a une petite partie de moi dans certaines chansons de Cure : "Siamese Twins", "Faith", "Figurehead", "17 Seconds" et maintenant ce nouveau titre, "The Same Deep Water As You". Même si cet album échoue, ça n'a pas d'importance. Ça en valait la peine. »[75] – Robert Smith

La puissance émotionnelle voulue par Smith est particulièrement perceptible dans cette chanson. Sa voix se brise légèrement dans un sanglot retenu à la fin du troisième couplet, sur la phrase : « The very last thing before I go. » Contre l'avis du producteur, il refuse de refaire cette prise, souhaitant conserver l'expression brute de sa douleur : *« Lorsque j'ai chanté "The Same Deep Water As You" dans le studio, j'ai été complètement bouleversé pendant environ quinze minutes. J'étais étonné de pouvoir encore ressentir cela pour quelque chose, mais c'était encore plus décevant lorsque je me suis réveillé le lendemain et que je n'ai plus rien ressenti du tout. »*[102]

« The Same Deep Water As You » témoigne de manière significative du traitement exacerbé des tourments d'un chanteur au bord du précipice. C'est un désespoir qu'il veut sublimer et qu'il veut partager : *« Je souhaite réellement que cet album puisse provoquer de profondes émotions chez l'auditeur. J'étais vraiment heureux de constater que j'arrivais encore à pleurer en enregistrant certaines de ces chansons. »*[77]

Fun Fact : À l'issue de la séance d'écoute de *Disintegration*, le producteur Chris Parry et les membres des labels anglais et américain en ressortent désemparés. Trop sombre pour trouver son public, l'album est considéré comme un suicide commercial inévitable. Pourtant, peu de temps après sa sortie, en mai 1989, le disque connait un succès critique et commercial inattendu : trois millions d'exemplaires vendus dans le monde, dont un million aux États-Unis.

DISINTEGRATION
Smith, Tolhurst, Gallup, Williams, Thompson, O'Donnell

« "Disintegration" est évidente. Cette chanson est mon cri contre tout ce qui se désagrège, et mon droit d'en sortir quand je le veux. »[101] – Robert Smith

C'est une chanson de rupture qui contient tous les éléments d'une relation qui a échoué : une désespérance chargée des obsessions du chanteur sur la complexité des rapports humains, combinée à l'angoisse du temps qui passe. Pour Smith, « Disintegration » est largement consacrée à l'effort requis pour retrouver cette zone de sensibilité que l'âge adulte tend à réprimer : *« C'est le chant d'une lutte intérieure pour ne pas perdre le bénéfice d'émotions profondes nées pendant l'enfance. »*[96]

C'est également une attaque féroce de Smith contre Robert. Il semble ressentir le besoin impérieux d'exprimer à voix haute la haine qu'il éprouve envers lui-même et le mépris que lui inspire la réflexion de son image dans les miroirs : *« Je suis désespérément mal à l'aise avec mon corps. Je l'ai toujours été depuis que j'ai quitté l'école. Je me regarde et je me dis "ça ne peut pas être moi". Je me suis toujours considéré comme séparé de mon corps. J'ai toujours pensé qu'il serait agréable d'avoir tout son être dans une petite sphère de métal, que l'on pourrait déposer dans un corps vide de son choix. »*[75] – Robert Smith

Musicalement, il y a une certaine similitude avec « One Hundred Years », cette même insistance dans la basse et la batterie. En revanche, selon lui, les paroles ne sont pas aussi désespérées : *« "Disintegration" parle de l'éloignement de quelqu'un, c'est une chanson plus chargée d'espoir que "One Hundred Years". "Disintegration" parle des horreurs d'une relation. »*[157]

Son interprétation vocale est la plus enragée de l'album. Son chant se développe crescendo tout au long de la chanson jusqu'à atteindre une fracture émotionnelle dévastatrice. *« Il y a toujours cette soudaine déferlante d'horreur dans mon être et tout sort. Au lieu d'aller me confesser, parce que je ne crois pas à l'absolution, j'écris des chansons et j'essaie de trouver un sens aux choses. C'est désormais une chanson et la haine m'a quittée. Je voulais la chanter en une seule fois et c'était dévastateur d'essayer de le faire. J'ai passé cinq nuits à me préparer. J'ai éteint les lumières, j'ai attendu de me sentir prêt, je l'ai fait et j'ai disparu par la porte de derrière. On ne peut pas faire semblant de chanter, surtout avec ma voix, qui est transparente. Je devais me mettre dans ces états d'esprit pour produire les émotions nécessaires. »*[75]

1
96-08551
THE CURE
DISINTEGRATION
℗ 1989
elektra/asylum records
stereo
PLAINSONG (5:12)
PICTURES OF YOU
LOVE SONG
FASCINATION STREET
DISTRIBUTED BY/DISTRIBUÉ PAR WEA MUSIC OF CANADA, LTD./WEA MUSIQUE DU CANADA, LTEE/1810 BIRCHMOUNT RD., SCARBOROUGH, ONTARIO A WARNER COMMUNICATIONS COMPANY

Submergé par des pensées sombres provoquées par une combinaison de dépression et de consommation excessive de LSD, Smith a écrit « Disintegration » comme un moyen de reconnaitre que sa dépendance à la drogue pourrait potentiellement le détruire.

Le titre de l'album n'a pas été choisi au hasard, il est le point de départ de tout le projet, inspiré par la vision sombre de la vie du chanteur alors qu'il vient d'entamer sa 29e année.

« Le projet a été déclenché par le fait que j'ai écrit les paroles de la chanson Disintegration *en avril dernier, à peu près au moment de mon 29e anniversaire (1988). C'est juste à propos du sentiment de tomber en morceaux dont je n'arrive jamais à me débarrasser. Mais je pense que c'est pareil pour tout le monde. »*[97] – Robert Smith

Le texte puise une partie de son inspiration dans la nouvelle de Brian Patten : « Party Piece ». C'est aussi la désintégration de l'ami d'enfance et co-fondateur du groupe : Lol Tolhurst. Le chanteur se souvient de la difficulté de prolonger leur collaboration : *« J'étais déterminé à impliquer tout le monde, mais les diverses addictions de Lol faisaient des ravages. Et pour être honnête, nous en avions tous un peu marre de lui. »*[154]

HOMESICK
Smith, Tolhurst, Gallup, Williams, Thompson, O'Donnell

« À propos de l'attraction des fruits défendus. »[104] – Robert Smith

Le thème central de « Homesick » s'harmonise avec les deux morceaux qui le précèdent, « The Same Deep Water As You » et « Disintegration ». Les trois chansons expriment la peur de l'engagement et l'apathie face au désir qui s'évanouit. Robert Smith lutte contre l'idée d'un endroit stable, d'un lieu où il pourrait s'enraciner, et affirme vouloir s'en éloigner, mais il repousse constamment l'échéance. La phrase récurrente *« Just one more and I>ll walk away »* utilisée tout au long de la chanson comme un mantra témoigne clairement qu'il n'est pas prêt, ou ne veut pas changer. Il se sert de la même excuse, répète les mêmes schémas et se maintient dans une léthargie.

« "Homesick" est assez explicite. Il s'agit en quelque sorte de se sentir absent en faisant des choses que l'on n'a pas vraiment envie de faire : une fixation qui devient obsessionnelle et de plus en plus présente avec le temps, je pense. »[100] – Robert Smith

Bien que « Homesick » ne soit pas présente sur la version vinyle de l'album elle est incluse à la version CD. Cette chanson serait extraite de l'hypothétique album solo de Smith, mais il dément : *« Non. Je n'ai pas écrit "Homesick" et je n'ai même pas non plus écrit la musique. »*[157]

Fun Fact : Pendant l'enregistrement *Disintegration*, Robert Smith s'est imposé une étrange restriction : s'abstenir de parler pendant les sessions. Afin de communiquer avec les autres membres du groupe pendant les prises, il leur passait des notes, favorisant ainsi une forme de communication non verbale.

UNTITLED
Smith, Tolhurst, Gallup, Williams, Thompson, O'Donnell

Il s'agit de l'incapacité à communiquer son amour et le regret que l'on éprouve après que l'occasion s'est présentée. Le narrateur est hanté par le spectre de ce regret qui le retient constamment dans le passé. « Untitled » est le morceau de clôture d'un disque volontairement dépressif et essentiellement nourrit des tourments existentiels de Smith. Un épilogue qui résume à lui seul l'ensemble des thèmes de l'album : le passage cruel du temps, la douleur de la perte, la frustration émotionnelle, l'apathie…

« On se rend compte de la futilité des jours qui passent sans que l'on ressente le besoin d'expérimenter quoi que ce soit. Malheureusement, dans le passé, cela m'a conduit à l'indulgence et à l'excès, de sorte qu'il est presque impossible d'être surpris, ravi ou choqué comme un enfant. Quand on retrouve ce sentiment, c'est encore plus douloureux, parce qu'on se rend compte qu'il est toujours là mais inaccessible. »[102] – Robert Smith

À l'aube de ses trente ans Smith veut frapper fort et laisser une marque indélébile. Pour ce faire, il décide de façon délibérée et unilatérale de faire de Disintegration un disque miroir de son mal-être. Une suite de chansons qui s'enchevêtrent et se fondent de manière homogène, dans une atmosphère sans lumière. C'est une œuvre à prendre dans son intégralité, avec un début, un développement et une fin. « Untitled » est cet épilogue.

« J'ai l'impression que ces dernières années nous avons négligé un aspect de notre musique. Pourtant, je sais que le plus beau disque est celui dont on peut profiter en toute solitude. Ces disques qui, après avoir été écoutés, te donnent le sentiment d'avoir enrichi ton expérience, ce que nous n'avons pas fait sur nos derniers albums qui étaient bons, mais qui n'ont pas vraiment touché profondément l'auditoire. »[105] – Robert Smith

Fun Fact : « Untitled » est la dernière chanson d'un album dont les textes ont bien failli partir en fumée.

« Le studio a pris feu. Avec Dave Allen, on a fait une chaine humaine pour récupérer mes paroles. C'était avant les ordinateurs… enfin je n'en avais pas… on cherchait partout avec une serviette humide sur le visage. J'étais le seul à savoir où elles étaient car on était là une heure avant. Quand les pompiers sont arrivés ils m'ont engueulé. Je leur ai dit : "C'est mes paroles ! Un an d'écriture !" »[147] – Robert Smith

WISH
(1992)

Fiction Records
Production : Dave Allen, Robert Smith
Enregistrement : The Manor 1991-1992
Pochette : Parched Art
Date de sortie : avril 1992

1-Open
2-High
3-Apart
4-From the Edge of the Deep Green Sea
5-Wendy Time
6-Doing the Unstuck
7-Friday I'm in Love
8-Trust
9-A Letter to Elise
10-Cut
11-To Wish Impossible Things
12-End

Cette année 1991 commence sous le signe des célébrations : le 19 janvier 1991, The Cure est la tête d'affiche du Great British Music Weekend, qui se déroule au Stade de Wembley. Des extraits de ce concert sont inclus au documentaire « Play Out » publié en novembre 1991. En février, lors de la cérémonie de remise des BRITS, qui se déroule au Dominion Theatre, The Cure reçoit des mains de Roger Daltrey le prix du meilleur groupe britannique.

Le 24 janvier, l'émission *MTV Unplugged* convie The Cure à venir interpréter une dizaine de chansons en version acoustique. Cet évènement offrira l'opportunité de dévoiler un titre jusque-là inédit : « A Letter To Elise ».

En mars sort le mini album live *Entreat* en tirage limité et offert pour l'achat de deux albums du groupe.

Passée l'heure des trophées, The Cure s'attelle à son nouveau projet au cours de l'été 1991 : un album provisoirement intitulé *Higher*. Pour se faire, il s'installe à Shipton-on-Cherwell, aussi appelé The Manor Studio, une immense bâtisse appartenant au patron de Virgin, Richard Branson. Depuis l'expérience Miraval, le groupe a pris gout aux lieux démesurément grands.

Perry Bamonte, un ancien technicien et ami du groupe, se voit attribuer le rôle de claviériste en remplacement de Roger O'Donnell, licencié à la suite de la tournée précédente. Au fil de l'enregistrement, ce guitariste de formation va délaisser les claviers pour mêler sa guitare à celles de Thompson et Smith. Bamonte connait le groupe depuis plusieurs années et les a parfois accompagnés en studio, il sait donc de quoi il parle lorsqu'il fait les louanges du Manor Studio : *« L'endroit où nous sommes est comme notre propre maison. C'est la meilleure atmosphère que le groupe ait trouvée. »*[167]

Ce début de décennie est musicalement plus axé sur les guitares électriques à l'agressivité débridée que sur les claviers. L'Indie-Rock triomphant du moment inspire un Robert Smith inquiet de ne plus être dans l'air du temps. Pour la première fois de sa carrière, The Cure va suivre la mode et non la devancer. Smith reconnait avoir beaucoup écouté de musique actuelle issue de la scène noisy : My Bloody Valentine, Ride, Nirvana, Levitation… *«* Wish *est proche de son époque, ce qui n'était pas le cas de* Disintegration. *»*[77] – Robert Smith

Dave Allen est à nouveau sollicité pour coproduire l'album avec Smith. Cependant, l'entente artistique qui prévalait entre les deux hommes autrefois s'est estompée et *Wish* demeure sa cinquième et ultime collaboration avec le groupe, ou presque : huit ans plus tard, il reprendra du service en proposant un mix d'une chanson de l'album *Bloodflowers*. Ses versions définitives du mixage de *Wish* ne seront d'ailleurs pas retenues au profit des mix de Mark Saunders. C'est au cours de l'enregistrement que Smith apprend que Lol Tolhurst intente une action en justice à son encontre pour des royalties qu'il estime ne pas avoir reçues. *« Je suis déterminé à aller en justice. Ce qu'il veut dire, c'est que je l'ai floué alors qu'en fait il me doit cinq ans de ma vie. »*[118]
– Robert Smith

wish

513 261-2

En avril 1992, après deux années d'absence et le départ de deux membres du groupe, The Cure propose à un public trépignant d'impatience un album noisy qui deviendra, avec *Disintegration* leur plus grand succès commercial. Simultanément les cinq musiciens entament *The Warm-Up Tour*. Une mini tournée promotionnelle de onze dates à travers le Royaume-Unis.

Le 21 avril *The Wish Tour* débute à Bradford (Angleterre) pour se clore le 3 décembre à Dublin. Les États-Unis sont conquis, l'Europe succombe et le reste du monde suit, mais la tournée harassante de cent onze dates aura raison du groupe... Porl Thompson et Boris Williams décident de tirer leur révérence alors que le reste du groupe est exsangue. Trois singles sont extraits de l'album aux trois millions de copies vendues : « High », « Friday I'm In Love » et « A Letter To Elise ». *Wish* atteint la deuxième place du Billboard US.

En 1992 le groupe est à nouveau honoré d'une récompense aux MTV Video Music Awards avec « Friday I'm in Love » sacrée meilleure vidéo de l'année.

L'album connait un succès retentissant, incitant les deux labels du groupe, Fiction Records et Elektra, à tirer pleinement parti de cette opportunité. En septembre 1993, un double album live intitulé *Show* voit le jour, suivi d'un second, *Paris*, un mois plus tard. Le 16 novembre de la même année un EP de quatre titres est publié en édition limitée, *Lost Wishes*. Dix-huit minutes de musique instrumentale issue des séances d'enregistrement de *Wish*.

Ce neuvième opus sera le dernier grand succès commercial d'une série exponentielle. Le groupe n'atteindra plus le top 10 anglais et le Billboard top 40. *Wish* est aussi leur troisième album certifié disque de platine aux USA.

Parched Art est de nouveau invité à concevoir la pochette. Des motifs énigmatiques dessinés sur fond rouge entourent un globe bleu. Une charte graphique qui se décline sur les pochettes des trois singles. Fait marquant : The Cure perd le « The » pour simplement devenir Cure.

OPEN
Smith, Gallup, Williams, Thompson, Bamonte

Une vision de ce que peut être la vie d'une célébrité alcoolisée qui voudrait fuir l'endroit où elle se trouve et l'état d'esprit dans lequel elle est.
« Pour "Open" *j'avais le titre en tête et je voulais qu'il y ait un morceau fort pour ouvrir l'album. Je ne voulais pas refaire l'erreur de Disintegration. Les deux seules choses dont j'étais sûre pour cet album c'est qu'il y ait une chanson vraiment forte pour l'ouvrir et une pour le clore. »*[119] – Robert Smith

La phrase *« And the way the rain comes down hard/That's how i feel Inside »* est une citation du poème de Sylvia Plath *Letters from home*.

« L'inspiration immédiate de cette chanson vient en grande partie de ce que nous faisons en tournée... à savoir, rencontrer beaucoup de gens sur demande. C'est facile de dire oui mais après on le regrette. J'ai parfois utilisé l'alcool pour me sortir de certaines de ces galères. »[120] – Robert Smith

Il y a un lien évident entre la première et la dernière chanson de l'album, « Open » et « End » : le refus du statut d'icône et de pop star inhérent au succès du groupe et les inconvénients liés à cette soudaine célébrité.

« Je n'ai jamais été et ne serai jamais Ron Wood ou Brett Anderson. Ils sont dans un autre monde que le mien. J'ai toujours apprécié des choses chez les gens, quel que soit leur âge. Je ne suis pas dans le monde des pop stars. Quand ça m'est arrivé par défaut, de me sentir comme ça, je l'ai vécu comme un cauchemar. »[46] – Robert Smith

Fun Fact : Smith avait l'habitude d'emmener ses nièces et neveux régulièrement à Euro Disney chaque Noël : *« Minnie Mouse s'est approchée de moi et m'a demandé un autographe sous le regard stupéfait de tous les enfants. C'était l'un des meilleurs et des plus troublants moments de ma vie. »*

« Les paroles de "Open" furent écrites il y a assez longtemps lors de la tournée de Disintegration. *Je ne me souviens pas d'une nuit bien précise mais je reconnais dans cette chanson un sentiment que j'ai souvent éprouvé, celui de se laisser entraîner dans une situation que je vais regretter. »*[109] – Robert Smith

HIGH
Smith, Gallup, Williams, Thompson, Bamonte

« Les paroles parlent de s'arrêter un instant pour penser à ce que tu as, plutôt que de toujours en vouloir plus. »[117]
– Robert Smith

Pour préparer la sortie de l'album, le label investi dans une campagne promotionnelle d'envergure. Matraquage de « High », le premier single extrait de *Wish* sur les ondes et les chaines de TV musicales, et en guise de préliminaire, les fans avaient la possibilité d'écouter la chanson en avant-première en téléphonant au 089.

« "High" était l'une des toutes premières démos. C'était une des idées de Simon Gallup, et je crois qu'instantanément, dès que je l'ai entendue j'ai su que c'était une très bonne chanson. C'était une de ces chansons où tu n'as pas grand-chose à faire avec… elle était juste là. »[117] explique Robert Smith.

Le texte de « High » puise une partie de son inspiration dans l'ode de Shelley *To a Skylark*, qui est citée dans le livret de l'album *Wish*. Le poème et la chanson parlent tous les deux de l'émerveillement devant la beauté et la joie insouciante d'une personne. Le lien entre la chanson et le poème est plus thématique que lyrique.

La vidéo réalisée par Tim Pope montre Smith, dans les airs attachés à un cerf-volant navigant au-dessus d'un château. *« À un moment, j'ai vraiment regretté d'avoir eu cette idée. C'était très inconfortable, j'étais assis sur une selle de vélo suspendu dans les airs pendant plusieurs heures. Je me sentais complètement engourdi alors que j'étais censé avoir l'air euphorique… j'étais trop mal. »*[118] raconte Smith.

« Beaucoup de vidéos des Cure ont un côté assez artistique. Avec "High" on voulait s'échapper de cette imagerie et faire quelque chose de plus littéral. C'est pour cette raison que tout est haut (High). »
[136] – Tim Pope

« High » sort le 16 mars 1992. Face B : « This Twillight Garden ». Un deuxième titre est inclus à la version Maxi : « Play ». Pour la version américaine, une seule Face B : une mouture remixée de « Open ». « High » atteint la 6e place des charts britanniques.

APART
Smith, Gallup, Williams, Thompson, Bamonte

« Il est très rare d'être vraiment heureux tout le temps. »[75] – Robert Smith

Initialement composée par Boris William, « Apart » a été retravaillée et arrangée en studio par le groupe, jusqu'à ce que Smith trouve la mélodie vocale. Comme souvent, les paroles sont écrites à la fin du processus de réalisation. Robert Smith aborde fréquemment la thématique de la détérioration des relations amoureuses, mais ici, avec une particularité : le récit est raconté du point de vue de l'observateur plutôt que de l'instigateur. La chanson décrit de manière simple la façon dont la communication se rompt entre deux personnes qui s'éloignent l'une de l'autre, malgré leur désir et leur attente désespérés d'un signe ou d'un geste qui ne vient pas.

« Je la chante tranquillement, sans passion, mais en essayant de m'impliquer avec les deux protagonistes de la chanson, en interprétant le point de vue de chacun. »[110] – Robert Smith

« Apart » se distingue nettement des autres titres de l'album caractérisés par une abondance de guitares électriques, de distorsions et de saturations. Conformément aux souhaits de Robert Smith, *Wish* se veut différent de son prédécesseur, avec un son brut et abrasif, des tempos plus rapides et une urgence rock typique de l'époque. Cette parenthèse éthérée au cœur du fracas nous emporte vers une atmosphère rappelant les albums *Faith* et *Seventeen Seconds*.

« Depuis que j'ai commencé à écrire de la musique pour ce groupe, j'ai toujours ressenti le besoin de laisser mes émotions s'exprimer au grand jour. The Cure sera toujours un groupe émotionnel. Je trouve qu'il est facile d'écrire sur ce qui vient de mon cœur. Il se trouve qu'une grande partie de ce qui en sort est sombre et presque désespéré. »[112] – Robert Smith

FROM THE EDGE OF THE DEEP GREEN SEA
Smith, Gallup, Williams, Thompson, Bamonte

« Les paroles racontent une histoire alimentée par des substances une nuit de passion, en haut d'une falaise, qui se termine en remords… En quelque sorte : la face sombre du joyeux Just "Like Heaven". » – Robert Smith

« From The Edge Of The Deep Green Sea » n'est pas une chanson apportée au groupe par Smith, comme souvent, mais le résultat d'une jam session. Pour l'enregistrement, le leader retrouve son rôle de musicien omnipotent et jouera toutes les guitares. Perry Bamonte et Porl Thompson ne trouvant rien à ajouter.

« Même les personnes proches du groupe sont surprises d'apprendre que je joue le solo sur cette chanson ; tout le monde pensait immédiatement qu'il est l'œuvre de Porl Thomson… Ce solo a été l'un de mes moments clefs dans la réalisation de Wish*. Un soir, après le dîner, j'ai dit que j'allais l'enregistrer. Tout le monde pensait que Porl allait s'y coller mais l'idée de le faire m'a vraiment attiré. Je me suis dit que si je ne pouvais pas y arriver tout de suite, je ne m'en donnerais pas la peine. J'ai passé environ quinze minutes à trouver le son, et je l'ai enregistré à la première prise. En fait, toutes les guitares de cette chanson sont de moi. Porl ne voyait pas l'intérêt de jouer parce qu'il ne trouvait rien, alors pourquoi avoir des parties inutiles ? »*[106] – Robert Smith

En ce qui concerne le sens des paroles, tout est résumé dans l'une des dernières phrases chantées dans un déchirement rageur : *« Love in vain »* (l'amour en vain). Il s'agit de vivre une relation que l'on sait vouée à l'échec. Bien qu'elle soit belle et romantique, elle se terminera inévitablement dans la douleur. Un thème cher à Robert Smith.

cure

● WENDY TIME
Smith, Gallup, Williams, Thompson, Bamonte

« Je n'ai jamais pensé que "Wendy Time" fonctionnait, mais à chaque fois que nous avons essayé de le remplacer, l'album semblait se ramollir. » – Robert Smith

Les premières moutures de « Wendy Time » étaient plus lentes et atmosphériques, avec un orgue Hammond qui a finalement été abandonné dans la version définitive. La chanson a subi de nombreuses modifications pour satisfaire les musiciens, mais le résultat n'a pas pleinement répondu à leurs attentes. Une version live filmée et jouée au Secret Gig à Londres donne un aperçu de la version initiale. Le 17 janvier 1991, le groupe donne un concert secret au Town and Country Club 2 de Londres, sous le pseudonyme « Five Imaginary Boys ». La capacité de la salle ne dépasse pas les trois cent cinquante personnes.
« "Wendy Time" était vraiment lente et c'était une sorte de chanson presque "bluesy". Le bon côté de la chose, c'est que quand on la jouera en live elle va probablement continuer d'évoluer, ce qui est assez inhabituel pour nous car nous avons généralement des versions bien définies. Pour "Wendy Time" nous avons trois ou quatre autres versions mais il n'y a pas eu de consensus, j'ai utilisé mon droit de veto ! J'ai insisté sur cette version plutôt que sur d'autres avec un peu plus d'orgue Hammond, car je trouvais qu'elle correspondait mieux à l'ambiance de l'album. »[124] – Robert Smith
Il rajoute *« "Wendy Time" est en fait un moment indéfinissable. Le titre n'a en réalité pas grand-chose à voir avec la chanson bien que l'idée de "Wendy Time" se soit en sorte cristallisée dans mon esprit comme étant un sentiment précis à un moment donné, comme lorsque vous quittez une pièce en poussant un soupir de soulagement. »*[110]

Fun Fact : *« Même si j'ai vraiment passé un bon moment durant l'enregistrement de l'album, rassurez-vous, je suis aussi malheureux qu'avant. »*[112]
– Robert Smith

● DOING THE UNSTUCK
Smith, Gallup, Williams, Thompson, Bamonte

« Cette chanson est une façon de dire : levons les mains en l'air et soyons heureux. »[110] – Robert Smith

Le Manor Studio dans l'Oxfordshire est réservé pour six mois de travail autarcique presque total. Le succès aidant, les séances d'enregistrement peuvent s'étendre de façon exponentielle. Plusieurs proches du groupe s'installent avec eux dans cette somptueuse demeure, offrant des conditions de travail plus confortables que jamais. L'ambiance est si agréable qu'elle pousse Robert Smith à réaliser l'un des titres les plus joyeux de sa carrière.
« C'est l'une de nos meilleures chansons pop. J'étais tellement heureux en studio qu'elle me fait encore rire quand je l'entends aujourd'hui. »[6] – Robert Smith
Depuis la réalisation de *Disintegration*, trois ans auparavant, les départs successifs de Lol Tolhurst et Roger O'Donnell ont notablement allégé l'atmosphère tendue qui régnait au sein des Cure. « Doing The Unstuck » reflète clairement cet état d'esprit, avec la voix de Smith jubilant de façon inédite. Mais le chanteur veut un disque varié et plus brutal que les précédents, sans pour autant faire de *Wish* un album aussi sautillant que cette chanson :
« C'est vrai que "Doing The Unstuck" est du genre gai, frappons dans nos mains et soyons heureux, un peu comme "The Lovecats". Globalement, l'album est une suite d'ombres et de lumières. L'ordre des chansons est important, les variations d'un morceau à l'autre sont essentielles. »[109]
Smith reconnait la position qu'il a prise dans la théocratie de la culture pop, mais il y voit aussi des limites et des inconvénients. « Doing The Unstuck » est en quelque sorte un pied de nez à la morosité et au désespoir de ses hymnes passés :
« Sur Pornography *et* Disintegration, *je me suis senti particulièrement isolé et mélancolique pendant les phases d'écriture et la musique en est le reflet. Sur* Wish, *je me suis senti plus intégré au groupe. C'était plus un effort commun et la musique s'est donc révélée moins introspective et aliénée. »*[112]

Initialement prévue comme troisième single de l'album *Wish*, « Doing The Unstuck » sera écartée au profit de « A Letter to Elise », une décision prise par la maison de disques contre l'avis du groupe.

● FRIDAY I'M IN LOVE
Smit, Gallup, Williams, Thompson, Bamonte

Le titre de travail était simplement « Friday », car ce morceau a été composé et enregistré un vendredi. Smith voulait composer une chanson pour rendre les gens heureux. Selon lui, écrire un texte de cette teneur, naturellement pop, est beaucoup plus difficile que d'écrire une chanson triste. Bien qu'il considère que toutes ses créations sont des pop-songs, certaines sont juste beaucoup plus dépressives et désespérées.

« Les gens pensent que nous sommes censés être les leaders d'une sorte de mouvement morose. Je pourrais m'asseoir et écrire des chansons lugubres toute la journée mais je n'en vois pas l'intérêt. C'est bien d'avoir ce contrepoids. "Friday I'm In Love" est une chanson pop de bas étage, mais elle est excellente en fait, parce qu'elle est absurde, très optimiste et elle vient vraiment du pays du bonheur. »[75] – Robert Smith

« Friday I›m In Love » arrive naturellement à l'esprit de Smith, sans qu'il ait besoin d'un travail laborieux pour l'écrire :
« Je me souviens qu'en rentrant chez moi un vendredi après-midi, j'ai commencé à penser à une séquence d'accords vraiment géniale, j'ai fait demi-tour, je suis retourné au studio et tout le monde était encore là. On a enregistré cette chanson ce vendredi soir. Ensuite, quand j'ai voulu écrire les paroles, j'ai pensé : pourquoi ne pas faire une chanson sur ce sentiment du vendredi ? C'est un truc qu'on a à l'école, exactement comme beaucoup de gens qui font des boulots qu'ils n'aiment pas vraiment. Donc ce sentiment du vendredi après-midi est quelque chose que vous attendez avec impatience. »[114]

Le tempo initial était beaucoup plus lent. Pendant l'élaboration du morceau, Simon Gallup a commencé à jouer de plus en plus vite jusqu'à trouver un tempo satisfaisant. C'est à cet instant que Smith réalise que « Friday » est une pop-song. Comme pour la musique, le texte arrive sans forcer : *« J'ai écrit toutes les paroles en cinq minutes. Quand je suis revenu dans la salle de contrôle, les autres étaient vraiment surpris de voir à quel point j'étais heureux. Ils pensaient que j'allais chanter quelque chose de morose alors ils attendaient le coup de théâtre. »*

À l'instar de Paul McCartney qui, après avoir composé « Yesterday », était persuadé qu'il venait en fait de plagier une chanson existante, Smith, trente ans plus tard, vit la même mésaventure. Il est convaincu d'avoir déjà entendu cette progression harmonique quelque part et d'être un pilleur de chanson.

« Ce n'est pas une œuvre de génie, c'était presque une chanson calculée, c'est une très bonne progression d'accords, je n'arrive pas à croire que personne d'autre ne l'ait utilisé. À l'époque, j'avais la paranoïa de la drogue. C'est évident, j'ai dû la voler à quelqu'un, je ne peux pas l'avoir inventée. J'ai demandé à toutes les personnes que je connaissais, j'appelais les gens et je leur disais : "Vous avez déjà entendu ça ? Comment ça s'appelle ?" Ils répondaient "Non, jamais". Sur le même album, il y a des chansons sur lesquelles j'ai trimé et que je trouvais infiniment meilleures, mais "Friday I'm In Love" est probablement la chanson de l'album Wish *… »*[99] – Robert Smith

L'insatisfaction est permanente chez Smith, qui même après le succès commercial et critique de l'album, trouve le moyen de ne pas en jouir pleinement : *« Nous avions passé tellement de temps à nous faire connaitre, et quand c'est arrivé, j'ai trouvé ça très inconfortable. Pendant longtemps, je n'aimais pas certains morceaux et je me disais "c'est de ta faute, salaud, tu m'as rendu populaire". "Friday I'm In Love" en est le parfait exemple. »*[115]

« Friday I›m In Love » sort le 25 mai 1992. Face B : « Halo ». Un titre supplémentaire est inclus à la version Maxi : « Scared as You ».

C'est le deuxième plus grand succès du groupe : 1,2 million d'exemplaires vendus en Grande-Bretagne. 6e des charts anglais et 18e des charts US.

Fun Fact : *« La chanson a été involontairement accélérée d'un quart de ton sur la bande d'enregistrement, à mi-chemin entre ré et mi bémol. C'était un accident. Je jouais avec le vari-speed et j'ai oublié de l'éteindre. Mais l'impression générale a changé, et le fait que ce soit la seule chanson de* Wish *qui ne soit pas à la bonne tonalité la met vraiment en avant et la fait sonner différemment. »*[116] – Robert Smith

Le staff du groupe apparaît dans la vidéo réalisée par Tim Pope : le manager Chris Parry, le producteur Dave Allen, l'ingénieur Steve Whitfield, la maquilleuse Michi, et Tim Pope visible au début du clip sur un rocking horse. Certains plans rendent hommage au cinéma muet comme le court métrage *L'éclipse* de G. Méliès (1907).

La vidéo remporte le prix European Viewers' Choice en 1992 aux MTV Music Awards.

La première phrase, *« I don't care if Monday's blue »*, est une référence au hit de New Order « Blue Monday ».

TRUST
Smith, Gallup, Williams, Thompson, Bamonte

« Parfois, on vous fait confiance pour des parties de vous qui sont instables et dont vous n'êtes pas très sûr. Il faut alors devenir ce que l'on n'est pas, ou abuser de cette confiance. Si vous êtes élevé dans une société qui attend de vous que vous soyez coupable, alors vous vous sentirez probablement coupable. »[123] – Robert Smith

De la part d'un menteur patenté, comme il s'amuse à le rappeler, cela semble assez ironique. Smith avoue inventer des histoires et travestir la vérité pour rendre les interviews moins fastidieuses. Pour certaines chansons, le groupe a du mal à trouver la bonne direction musicale. Smith sait juste qu'il veut un album plus dur et plus agressif que le précédent. L'arrivée de Perry Bamonte à la guitare va renforcer le côté brutal du son, comme le souligne le chanteur : *« Il n'y a plus personne vraiment pour jouer des claviers. Et nos guitares se sont liées naturellement. Ça nous a amenés à une musique plus physique. »*[119]

En revanche, « Trust » se distingue nettement de la brutalité de l'album et s'apparente à certaines compositions plus anciennes. Elle se compose principalement de claviers, avec une seule guitare acoustique pour accompagner l'orchestration.

« Perry a composé la musique de "Trust". Ça faisait dix ans qu'il avait cette chanson enregistrée sur cassette et qu'il attendait de me la faire écouter. »[136] – Robert Smith

Ce titre incarne le style austère des Cure, avec un son et une composition triste combinés à des paroles mélancoliques : *« Il n'y a plus personne au monde à qui je puisse m'accrocher »*. La confiance est-elle une vertu ou une simple illusion ? *« Un mélange des deux »*, répond Smith. *« Mais je pense qu'il faut faire confiance, même si l'on sait que l'on va en abuser. »*[123]

Bien que le processus de création soit laborieux, le groupe est conscient du travail qu'il reste à accomplir pour produire l'album qui deviendra leur best-seller.

« On a regardé ce qu'on avait fait pendant le premier mois et on s'est rendu compte qu'une grande partie n'était pas vraiment à la hauteur. L'atmosphère n'avait pas encore été créée à ce moment-là. On a réenregistré certaines chansons deux ou trois fois, juste pour avoir le bon feeling. »[116] – Robert Smith

Fun Fact : Quelques années après la publication de l'album, Smith confiera : *« "Trust" est l'une des meilleures choses que nous n'ayons jamais faites et elle est jouée avec beaucoup d'émotion. »*[122]

Cure

A LETTER TO ELISE
Smith, Gallup, Williams, Thompson, Bamonte

« Cette chanson est un flux de conscience et l'humeur est généralement la résignation face à un changement inévitable. »
– Robert Smith

L'influence de Franz Kafka est très présente dans l'œuvre des Cure et particulièrement dans cette chanson. Smith ne cache pas son admiration pour l'écrivain en le citant comme l'un de ses auteurs favoris : *« Pour la première fois, la voix du narrateur était la mienne. J'ai lu et relu tous ses livres…* Le Procès, La Métamorphose, Le Château*… Son influence sur mon écriture est énorme, comme sur "A Letter To Elise", directement inspirée de sa* Lettre à Felice*. »*

Smith aime diversifier et combiner ses sources d'inspirations au sein d'une même chanson. Il révèle avoir eu en tête le personnage d'Élise, issu de l'œuvre *Les enfants terribles* de Jean Cocteau lors de la phase d'écriture : *« La chanson ne la concerne pas directement mais le nom est plein de sous-entendus pour moi… Un symbole. »*[109]

Une connexion subtile peut également être établie avec le titre de David Bowie « A Letter to Hermione » qui partage une veine narrative similaire à celle de « A Letter to Elise ». Tant à des niveaux littéraires que musicaux, Bowie et Kafka ont profondément influencé l'œuvre des Cure depuis leurs débuts. En revanche, la référence à la *Lettre à Élise* de Beethoven n'est qu'un clin d'œil amusé d'un musicien qui aime balader son auditoire dans son propre monde de références littéraires et musicales.

« A Letter To Elise » sort en single le 5 octobre 1992. Face B : « The Big Hand ». Un titre supplémentaire est inclus à la version Maxi : « A Foolish Arrangement ».

La chanson atteint la deuxième place du *Alternative song chart US* et la troisième place du *Pitchfork Media's 200 best song of the 90'S*.

Fun Fact : Pour Smith, l'influence de Bowie remonte à son plus jeune âge : *« À sept ou huit ans, au grand désespoir de mes parents, j'étais devenu une espèce de petit démon nourri au rock psychédélique (rires)… Très vite, je me suis mis à acheter des disques avec mon argent de poche, le tout premier était Ziggy Stardust de Bowie. »*

CUT
Smith, Gallup, Williams, Thompson, Bamonte

« Une relation de longue date, qui a commencé à se briser de façon soudaine et inattendue. » – Robert Smith

« Cut » évoque une amitié qui échoue. Elle décrit la situation de deux amis proches dont l'un cesse subitement d'apprécier l'autre, suscitant ainsi une réflexion sur les raisons de cette rupture brutale. Il est possible que cette chanson évoque les douloureux mois de procédure intentée par Lol Tolhurst à l'encontre de Robert Smith, mais cela reste ouvert à interprétation. En tout cas, « Cut » transmet clairement un sentiment de haine et de solitude. Avec l'aide de Perry Bamonte qui abandonne en partie les claviers pour devenir au fil de l'enregistrement un soutien guitaristique de poids, la texture sonore du groupe change radicalement.

« Ça nous a amenés à une musique plus physique. En studio on se sentait enfin comme un vrai groupe. Pas de bandes, pas de sons programmés. »[35] – Robert Smith

Originalement intitulée « Away », « Cut » fut jouée pour la première fois dans une version bien plus lente lors du concert secret le 17 janvier 1991.

Fun Fact : Effectivement les guitares sont volontairement de sortie.
« Cela me fait rire ! Je pense que je suis surestimé en tant que guitariste, et ce n'est pas de la fausse modestie. Je suis satisfait de la façon dont je joue de la guitare, mais je pense que c'est injuste pour les gens qui sont vraiment de bons instrumentistes, comme les guitaristes classiques, par rapport à ceux qui, comme moi, tirent le meilleur parti de ce qu'ils ont. Ce que les gens appellent mon son est en fait celui de Porl. »[123]
– Robert Smith

TO WISH IMPOSSIBLE THINGS
Smith, Gallup, Williams, Thompson, Bamonte

« "To Wish Impossible Things" est une autre belle chanson mélancolique. En fait, elle pourrait bien être ma chanson préférée de l'album. »[122] – Robert Smith

Cette chanson est l'une des nombreuses compositions de Robert Smith, écrite sous la forme de nouvelles à l'intention de ses neveux et nièces. Il est proche d'une vingtaine d'entre eux et leur écrit régulièrement des histoires courtes qu'il assure ne pas vouloir publier. *« Un vœu suggère qu'il deviendra réalité. Si tu le désires suffisamment et que tu n'en parles à personne il se réalisera. C'est ça qui me plaît dans ce mot. Et puis d'un autre côté, certains dans le groupe espèrent que les vœux ne se réalisent jamais. Moi par exemple, je fais des vœux très étranges. »*[119] – Robert Smith

Quant à la signification de « To Wish Impossible Things », Robert Smith précise : *« Ce titre parle de relations. La notion des trois souhaits, tout au long de la chanson, développe l'idée qu'un souhait formulé de manière égoïste se retournera contre vous. Pourtant, les souhaits ne semblent jamais prendre en compte le désir des autres. Il y a toujours des moments douloureux dans chaque relation et c'est là que l'idée d'espérer des choses impossibles entre en jeu. »*[121]

Fun Fact : Quels sont les souhaits de Smith ? : *« J'aimerais pouvoir figer le temps ! N'importe quel pouvoir extraordinaire serait très bien. La capacité d'hypnotiser les gens ou de se transformer en animaux, ou de savoir comment rester au même âge, ou de ne vieillir que lorsqu'on décide de vieillir. Être de n'importe quel âge tout en conservant les connaissances et l'intelligence des autres âges. Sauter par-dessus de grands immeubles, voler, arrêter des trains, soulever des camions… »*[123]

END
Smith, Gallup, Williams, Thompson, Bamonte

« "End" accomplit tout ce que je voulais. » – Robert Smith

Pour clore l'album, Smith voulait une chanson puissante qui puisse créer un climat d'inconfort… quelque chose d'effrayant à l'image des histoires que son père lui racontait enfant : *« Il y avait toujours une fin horrible. Il disait quelque chose comme "Dors maintenant mon beau bébé ou tu ne te réveilleras jamais". »*

Bien que *Wish* débute par un titre intitulé « Open » et se termine par « End », Smith réfute l'idée de concept album. Initialement la chanson s'intitulait « Swell » et devait durer dix minutes… c'est au fil des sessions que le morceau se transforme.

« Je suis rentré chez moi un week-end et je suis revenu avec l'idée de "End" qui devenait de plus en plus rapide et se développait jusqu'à une conclusion excellente et cacophonique. J'ai donc pensé que le titre serait "Swell" et que ce serait le dernier morceau de l'album, qui s'appellerait également "Swell" »[111] – Robert Smith

Il exprime sa lassitude et le sentiment d'être dans une impasse. La position de rock star qu'il occupe à cette époque lui pèse, comme le souligne sans équivoque la phrase : *« Please stop loving me, I am none of these things »*. Des paroles qu'il adresse directement à son auditoire.

« Le public aime ce que fait The Cure et qui je suis au sein du groupe, il ne m'aime pas en tant que tel et si c'est le cas il ne devrait pas. "End" est entièrement basée sur cette idée qu'il pense me connaitre comme personne… Nul ne devrait jamais tomber amoureux des artifices qu'un artiste interprète. »[164] – Robert Smith

Des paroles très personnelles formulées de manière plus directes que par le passé mais l'émotion est toujours le moteur musical du groupe.

« Ce sera toujours un groupe émotionnel. Il m'est facile d'écrire sur ce qui sort de mon cœur. Il se trouve qu'une grande partie de ce qui s'en écoule est un sentiment de découragement, presque désespéré. La musique est ma façon de me plaindre, de pleurer ou de piquer une colère. Ce n'est pas calculé, c'est ce que je ressens sur le moment. Mes émotions ont été constamment exposées comme ça pendant si longtemps que beaucoup de nos fans s'y sont fortement identifiés. Ces gens semblent croire que j'ai en quelque sorte une vision spéciale des choses, que je suis en mesure d'apporter toutes les réponses à tous leurs problèmes. Je préfèrerais vraiment qu'on ne me considère pas de cette façon, c'est pourquoi j'ai inclus la chanson "End" à l'album. »[112] – Robert Smith

Il admet ne pas être intéressé par ce statut d'icône et de pop star : *« Parce que je ne pouvais plus supporter l'attention. Ce n'était pas nous, ce n'était pas moi. Il y a un prix à payer pour être un énorme groupe pop comme U2, et ce n'est pas le prix que je veux payer. »*[113]

Depuis le succès de *The Head On The Door*, le groupe reconnait l'ambiguïté de la situation. Bien que satisfait du confort que lui apporte cette reconnaissance et la liberté de choix qui en découle, cela ne suffit pas à apaiser les craintes de Smith concernant sa légitimité : *« C'est probablement un sentiment que les gens comprennent lorsqu'ils sont mis dans une position où ils sont appréciés, aimés ou considérés, lorsqu'ils deviennent presque une caricature d'eux-mêmes et qu'ils souhaitent changer, mais n'ont pas le courage de le faire. »*[110]

Le chanteur ne se voit pas comme une star du rock et pense ne pas avoir la grosse tête, mais reconnait tout de même devoir lutter pour ne pas succomber aux pièges du show-business : *« On pourrait croire qu'il est bien tard pour que tout cela me monte à la tête, puisque nous sommes en place depuis si longtemps, mais le succès a atteint une ampleur telle qu'il est insistant et insidieux. »*[135]

Fun Fact : *« En concert, j'ai toujours l'impression qu'après avoir joué "End", lorsque nous sortons de scène, la suite du concert est complètement différente. Je me libère presque entièrement émotionnellement à la fin de cette chanson et après cela, beaucoup des morceaux que nous faisons sont des chansons positives qui me rapprochent du public. Je suppose qu'après avoir bu une bouteille de vin, je me sens un peu plus relax sur scène. Je me fais plaisir d'une manière plus idiote. »*[157]
– Robert Smith

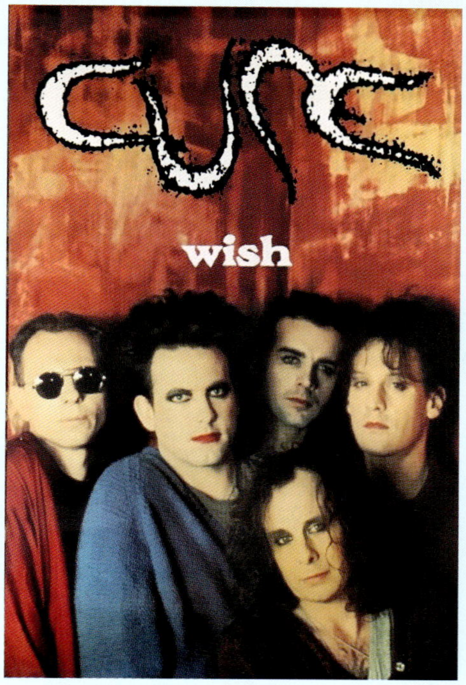

WILD MOOD SWINGS (1996)

Fiction Records
Production : Steve Lyon, Robert Smith
Enregistrement :
Saint Catherine's Court 1995-1996
Pochette : Andy Vella
Date de sortie : mai 1996

1-Want
2-Club America
3-This is a Lie
4-The 13th
5-Strange Attraction
6-Mint Car
7-Jupiter Crash
8-Round & Round & Round
9-Gone!
10-Numb
11-Return
12-Trap
13-Treasure
14-Bare

Après une année 1994 marquée par l'absence de concerts, The Cure semble avoir soif de retrouver son public et s'engage dans une mini tournée des festivals d'été européens *The Team Tour*. Une série de onze dates qui débute le 6 juin 1995 en Grèce et se termine le 18 juillet 1995 à Madrid. Accompagné par Jason Cooper, un jeune batteur choisi à la suite d'une audition à l'aveugle (batteur qui détiendra le record de longévité au sein de Cure), le groupe s'offre la possibilité de tester en live, trois titres du prochain album : « Want », « Jupiter Crash » et « Mint Car ».

Quelques mois plus tard, c'est dans le sud de l'Angleterre, à Bath, dans le manoir de l'actrice Jane Seymour que les musiciens se retrouvent pour enregistrer les chansons du prochain album. St Catherine's Court est une gigantesque bâtisse du 16e siècle entourée d'un parc arboré tout aussi immense. Smith dira avoir été impressionné par le nombre de portraits de la propriétaire accrochés aux murs de sa monumentale demeure… il lui aurait même fallu près d'une journée pour réussir à toutes les compter.

L'enregistrement débute fin 1995 et prend rapidement un retard difficilement rattrapable, engendrant par la suite des tensions entre le producteur et le groupe. Aucun plan concret n'est vraiment défini, les musiciens ont simplement la certitude qu'ils ne feront pas un *Wish* bis.

Une complication de taille vient s'ajouter au problème de timing, il manque un batteur officiel. Jason Cooper a fait ses preuves pendant *The Team Tour*, mais il n'est pas encore certain qu'il soit l'homme de la situation. En revanche, le retour du claviériste Roger O'Donnell après cinq années d'absence est un réconfort certain.

« Le groupe a eu plusieurs vies, selon les gens qui y étaient à chaque époque. Roger est d'ailleurs bien la seule personne à avoir quitté le groupe de lui-même sans que j'aie eu à lui demander. C'est pourquoi il est le seul à être revenu. »[77]
– Robert Smith

Smith souhaite réaliser un album acoustique, inspiré de *Five Leaves Left* de Nick Drake avec quatuor à cordes et guitares sèches. Pour se faire il contacte Haydn Bendall (compositeur et ancien patron d'Abbey Road), croyant qu'il était l'homme derrière les arrangements de l'album de Nick Drake. Malheureusement pour le chanteur, Bendall n'a jamais participé à ce disque. La direction acoustique est abandonnée dès les premières séances d'enregistrement et le projet prend une autre tournure. *« Pour commencer j'ai fait ce disque seul. Deux ans plus tard, en 1996, on l'a fini avec un nouveau line up et des chansons totalement différentes. »*[165] raconte Smith.

Le nouveau coproducteur, Steve Lyon vient prendre le siège laissé vacant par Dave Allen.

« J'ai pensé qu'il était temps de changer. J'avais peur que rien de nouveau ne se produise. Nous n'avons jamais vraiment eu besoin de quelqu'un pour nous aider sur le plan créatif ou artistique, mais j'ai pensé que ce serait mieux de faire appel à une personne plus jeune et qui n'avait pas d'idées préconçues sur le groupe. »[132]
– Robert Smith

THE CURE
WILD MOOD SWINGS

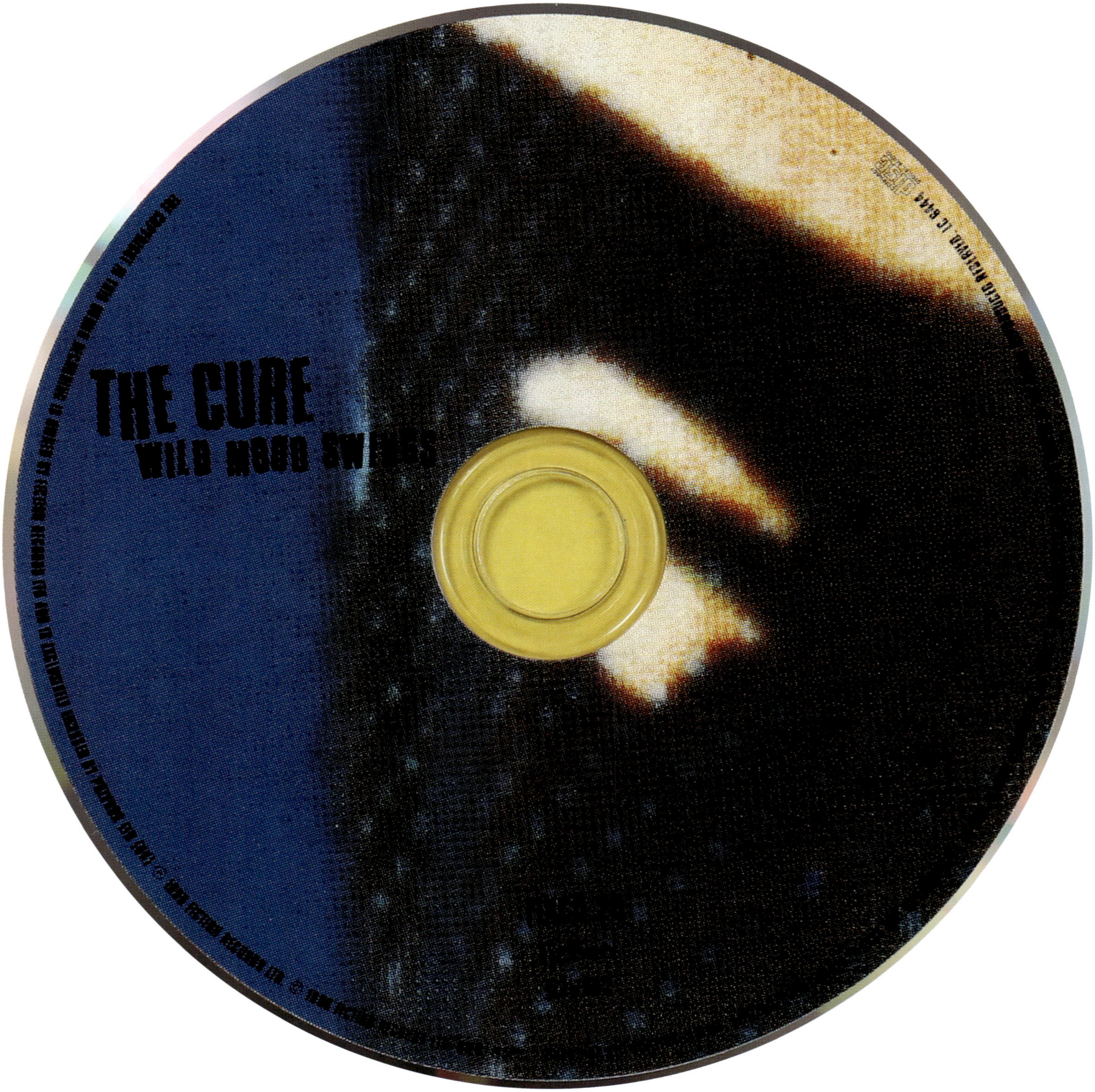
THE CURE
WILD MOOD

Mais Lyon n'impose pas de ligne directrice et suit le groupe dans ses pérégrinations musicales. Personne ne semble vraiment savoir ou aller et perd un temps précieux en expérimentations malheureuses. The Cure semble être un navire à la dérive dont le capitaine aurait disparu. Chris Parry s'impatiente et fixe une date de sortie alors que l'album est loin d'être terminé. C'est désormais une course contre la montre qui s'engage pour respecter des contingences économiques au détriment de l'aspect artistique. Le groupe travaille dans l'urgence et ne prend pas le recul nécessaire pour apporter de la cohérence au projet. Une myriade de musiciens et de techniciens participe à l'enregistrement. Le mixage est réalisé par plusieurs ingénieurs au grand dam de Lyon qui désespère devant tant de précipitation.

Ce n'est pas seulement l'aspect musical qui requiert du temps, mais aussi les textes de Smith qui peinent à prendre forme : *« J'ai atteint un point où je me sentais écrire toujours les mêmes choses, j'étais totalement insatisfait des premières moutures. Ça m'avait pris des mois et j'ai tout balancé à la poubelle, du jour au lendemain. Je me suis aperçu que je n'en pouvais plus d'écrire sur ma propre existence. »*[169]

Mai 1996, le disque sort enfin et porte le nom étrange de *Wild Mood Swings*. Les quatre ans d'absence ont coûté cher au groupe qui s'est fait oublier par une frange de son public, lui préférant une musique plus actuelle. Pour la première fois un album de The Cure se vend moins que le précédent, la tournée ne fait pas le plein et la presse les boude. Même si *Wild Mood Swings* dépasse le million d'albums vendus aux États-Unis, The Cure semble passé de mode. À sa sortie, l'album se fait assassiner par les médias qui ne voient en Cure qu'une pâle relique d'une époque révolue.

« Wild Mood Swings, *ignorant tous les courants de la musique du milieu des nineties, sonne comme n'importe quel autre album de Cure, mais là où leur complaisance cotonneuse était voluptueuse, elle semble à présent obèse. »* Simon Price du *Melody Maker*.

« C'était une façon stupide de faire ce disque. J'aurais dû sortir un album solo à ce moment-là et m'en débarrasser pour de bon. »[165] – Robert Smith

La pochette réalisée par Andy Vella représente un jouet d'enfant, un clown en métal appartenant à Robert Smith.

Un nouvel EP voit le jour en juin 1997. Disponible uniquement sur le site officiel du groupe, ce disque est une édition limitée de cinq mille exemplaires, dédiée à la mémoire de Billy Mackenzie décédé cinq mois plus tôt. *Five Swing Live* comporte cinq chansons enregistrées lors des concerts de Birmingham, Sheffield et Manchester en décembre 1996.

« Want », « Club America », « Mint car », « Trap », « Treasure ».

WANT

Smith, Gallup, Bamonte, O'Donnell, Cooper

Le morceau d'ouverture de l'album *Wild Mood Swings* débute par un riff de guitare tourbillonnant qui gagne progressivement en intensité. « Want » s'inscrit dans la lignée des morceaux d'introduction puissants et progressifs des albums *Kiss Me, Kiss Me Kiss Me, Disintegration, Faith…* Dans les paroles, Smith énumère toutes les choses qu'il pourrait désirer posséder, sachant pertinemment qu'elles ne le combleront jamais complètement. Ce sentiment d'insatisfaction et de frustration est récurrent dans les textes du chanteur, mais au-delà de ces aspirations matérielles, ce qu'il souhaite vraiment c'est davantage d'espoir et de temps pour profiter de la vie. Cette critique du matérialisme se retrouvera quelques années plus tard dans la chanson « The Hungry Ghost ».

« Comme je le chante dans "Want", nous n'avons plus le temps d'expérimenter autre chose que le temps présent. Cela peut sembler être des paroles futiles, mais je pense que nous nous sentirions beaucoup mieux si nous acceptions, dans une certaine mesure, les choses comme elles sont. »[129] – Robert Smith

« Want » est l'une des deux chansons de l'album que Smith considère comme personnelles : *« En fait, je n'ai pas écrit sur moi depuis Disintegration, sauf pour des chansons telles que "Want" et "Bare". Sur* Wish *et* Wild Mood Swings *je ne voulais pas écrire sur ma condition car je souhaitais essayer plusieurs styles différents. »*[9]

CLUB AMERICA
Smith, Gallup, Bamonte, Cooper

Au chant, Smith évolue dans une tonalité inédite, explorant les notes les plus basses de son registre. Ce titre reste à ce jour la seule et unique tentative allant dans ce sens.

Le texte de cette chanson est également remarquablement différent des sujets développés dans l'album. Contrairement à « Open », où Smith est en position difficile dans un club où il subit la soirée, ici, il l'apprécie. De même, la présence de cette fille à la beauté vénéneuse est inédite dans l'univers de Cure.

« Je suis allé à New York pendant l'été 94 avec Perry Bamonte pour voir les matchs de football de la coupe du monde. Avec le frère de Perry, Daryl, qui travaillait pour Depeche Mode et maintenant pour nous, nous sommes allés tous ensemble dans tous les endroits les plus huppés de la ville… Et bien on ne s'amuse pas dans les salles VIP ! Nous allions dans différents endroits et nous recevions vraiment beaucoup d'attention… J'ai alors joué le jeu bien plus que je n'aurais dû. Dans l'avion du retour, j'ai écrit la chanson, parce que j'essayais de me l'expliquer. C'est ironique, vous savez. J'ai fait cette photo avec ces célébrités, et j'étais là, et j'ai fait ça, et j'étais plein de dégoût pour moi-même ! Ce gars dans la chanson n'est pas contre "la fille en robe plume de canari", il est en fait anti-moi parce que je faisais partie de ce cirque. »[125] – Robert Smith

Musicalement, cette chanson est, à l'image de l'album, une tentative de s'échapper des schémas traditionnels du groupe. « Club America » est le seul morceau de l'album à être mixé par Paul Kolderie et Sean Slade. Jason Cooper n'est pas encore le batteur officiel du groupe même s'il enregistre sept des quatorze titres de l'album. Plusieurs musiciens vont donc se succéder pour jouer les rythmiques de l'album. Sur « Club America », c'est Louis Pavlou qui est aux baguettes.

THIS IS A LIE
Smith, Gallup, Bamonte, Cooper

Ce titre est peut-être celui qui représente le mieux la façon dont devait sonner *Wild Mood Swings* : acoustique et dépouillé, ce qu'il n'est pas. Smith explique : *« L'album aurait dû s'appeler* Bare *et je voulais qu'il ait une atmosphère qui puisse être exprimée par un quatuor à cordes et un piano. »*[129] Depuis quelques années, le leader abandonne un peu de son hégémonie et laisse les musiciens du groupe lui proposer des compositions.

> *«* This Is a Lie *était à l'origine une partie de guitare acoustique réalisée par Perry Bamonte, et quand j'ai commencé à bosser dessus, elle s'est transformée en un morceau de cordes joué sur un clavier. »*[132]
> – Robert Smith

Concernant le texte, Smith se confronte au questionnement de sa femme Mary, quant aux sentiments qu'il éprouve à son égard : *« Personne ne le sait mais ce texte est le seul que j'ai dû défendre auprès de Mary, le seul qui l'ait mise en colère. Pourquoi dans ce monde devrions-nous tous perdre quelqu'un ? »*[133]
Des paroles tirées (pour remplacer « qui viennent ») de discussions au sein du groupe sur la monogamie et le fait de savoir si l'intimité physique et spirituelle que l'on atteint dans une relation monogame est aussi satisfaisante qu'une courte intimité plus superficielle avec différentes personnes.
« Pour moi, la plénitude que l'on peut ressentir avec une seule personne vaut vraiment la peine de se passer de ces différentes expériences. J'ai le sentiment que si je devais me partager entre autant de personnes, chacune d'entre elles ne pourrait obtenir que très peu de choses de moi. D'autres membres du groupe voient les choses différemment. J'ai essayé d'illustrer cela dans la chanson. Ils n'ont certainement pas apprécié que je l'intitule "This Is A Lie" (c'est un mensonge). C'était vraiment étrange d'écrire une chanson avec leur point de vue et non le mien. »[162] – Robert Smith

Initialement, c'était à Audrey Riley qu'était confiée la tâche de superviser les arrangements pour les cordes. Étant indisponible, le groupe a dû faire appel à un autre quatuor, mais, comme l'explique Smith, la tâche n'était pas aisée : *« Le problème des musiciens classiques est qu'ils ne peuvent pas jouer correctement sur un tempo. Enfin, ils peuvent, mais ils ne le font pas, parce qu'ils pensent que c'est dégradant. Leur accordage était également affreux ! Audrey, en revanche, est très consciente d'enregistrer pour de la pop contemporaine. Elle est très honnête à ce sujet, et s'ils jouent mal quelque chose, elle n'a pas peur de le dire. Avec les autres, j'étais obligé d'y aller moi-même et de dire : "Sérieusement, vous n'entendez pas que vous jouez faux ?" »*[132]
C'est Ronald Austin qui est préféré à Jason Cooper pour enregistrer la batterie de « This Is A Lie ».

Fun Fact : Le titre de cette chanson est un clin d'œil au comportement fantasque de Robert qui avoue mentir souvent en interview : *« Tous les mensonges que je dis quand les gens m'interviewent, c'est parce que j'en fais trop. Je m'ennuie tellement si je n'invente pas des histoires. J'ai commencé à le faire parce que rien ne m'arrive jamais, mais les gens attendent toujours de moi que je fasse des trucs dingues. Donc toutes les histoires sur l'adoption d'un agneau et la tournée de Cure avec lui sont complètement inventées. J'ai menti sur tout, j'ai dit que nos costumes avaient été dessinés par J. P. Goude, et ils m'ont cru… »*[18]

THE 13th
Smith, Gallup, Bamonte, O'Donnell, Cooper

« "The 13th" parle d'une danseuse sensationnelle dans un club en Colombie. Mais c'est bon, j'ai réussi à m'en sortir sans problème majeur. »[129] – Robert Smith
Le titre initial de la chanson était « The Two Chords Cool », parce qu'il ne s'agissait que de deux accords grattés sur une guitare. Robert Smith décide d'en changer après avoir remarqué une étrange coïncidence. L'incident décrit dans la chanson s'est produit le 13 du mois, et il a écrit les paroles le 13 d'un autre mois, il s'est donc demandé si cela avait une signification.

Le style latino de la chanson déroute les fans qui espéraient un second *Wish* ou un album profond et sombre comme *Disintegration* ou *Pornography*. Un fantasme qui après quatre ans d'attente se transforme en désillusion, mais Smith se justifie en rappelant que les Cure ont toujours tenté des incursions dans des univers musicaux variés : *« Nous avons exploré plein de directions différentes, notre musique est faite de mélanges. »*[130]

Il est convaincu que le groupe a réussi à produire un son mexicain plutôt convaincant. Alors que Simon Gallup préfère modérer ses propos : *« Nous sommes loin d'être les meilleurs musiciens du monde. Quand nous faisons une chanson d'inspiration latino-américaine, nous prenons en fait le plus petit dénominateur commun de cette musique. Nous n'en retenons que la base. En fait nous sommes un groupe de karaoké. »*[35]

L'Angleterre vit depuis quelques années au rythme de la Brit Pop et l'arrivée de groupes comme Blur et Oasis au top des charts, font passer les Cure pour les représentants d'une époque révolue. D'office, les médias se détournent et le public s'intéresse plus aux frasques des frères Gallagher qu'aux nouvelles expériences musicales des Cure. Ce qui ne semble pas déranger Smith : *« Je me sentais plus à l'aise en étant légèrement en dehors de ce qui se passait, parce que c'est comme ça que je me sens depuis le début. Si on avait continué à devenir de plus en plus célèbre je ne pense pas que j'aurais survécu, pas en un seul morceau en tout cas. »*[25]
Le label pense que sortir « The 13th » n'est pas un choix judicieux, et essai de convaincre le groupe de proposer une autre chanson.

« Quand on est revenu pour faire Wild Mood Swings *j'ai retrouvé ce sens de l'humour. Et ça se voit sur l'album ; il y a des chansons assez démentes. Mais c'était une honte, parce qu'il a été mis à mal quand il est sorti. Les fans l'ont détesté. C'est la seule fois où j'ai été extrêmement déçu... Je suppose que c'était parce que "The 13th" – avec cette sorte de salsa cinglée – était la première chose qu'ils avaient entendu du groupe depuis des années, et je ne pense pas qu'ils lui aient donné une chance après ça. »*[68] – Robert Smith

Jason Cooper admet implicitement que la décision de choisir « The 13th » comme premier extrait du nouvel album était un choix risqué : *« Quelque chose comme "The 13th" est particulier. Je suppose qu'à la radio, certaines chansons sont plus immédiates que d'autres. Je pense que le texte et la vidéo sont assez étranges. Il y a quelque chose de légèrement inconfortable, même si c'est fait d'une manière latine. Je pense que c'est une chanson groovy, je peux danser dessus. En fait, je danse sur n'importe quoi. »*[156]

« The 13th » est le premier single de l'album *Wild Mood Swings*, il sort le 22 avril 1996 et est accompagné de trois faces B : « It Used To Be Me », « Adonais » et « Ocean ».

Fun Fact : *« C'est l'une des premières chansons que nous avions enregistrées. Nous n'arrêtions pas d'ajouter des parties de percussion, puis nous la mettions de côté et en rajoutions d'autres. Nous avons fini par beaucoup l'aimer mais, d'une certaine manière, elle est assez vulgaire. »*[156]
– Simon Gallup

STRANGE ATTRACTION
Smith, Gallup, Bamonte, O'Donnell, Cooper

« Moi, me transformant en victime des obsessions d'un fan sur "Strange Attraction"... C'est une histoire vraie. »[15] – Robert Smith

Il s'agit d'une relation qui a commencé par un dévouement et s'est terminée par une obsession. C'est un avertissement pour ne pas se laisser avoir par cette idée fixe, car vous serez déçu à la fin. Smith a aussi déclaré qu'il s'agissait d'une chanson utilisant le langage de la « théorie du chaos » pour raconter une histoire de mauvaise communication... *« J'ai souvent enduré des discussions entières en tant que non-participant et mes réponses sont souvent, sans le savoir, contenues dans les paroles de mes chansons... des paroles de chansons telles que "Strange Attraction". »*[131]

Afin de compliquer davantage toute tentative de compréhension rationnelle, Smith évoque une chanson qu'il qualifie d'autobiographique, mais qui s'éloigne considérablement des explications précédemment données : *« Le texte renvoie à ma passion de l'astronomie. Et, plus métaphoriquement, aux tentations délétères. Aux mensonges que l'on s'accorde à soi-même. Un autre titre, "This Is A Lie", né d'une discussion sur la fidélité, illustre en outre une certaine théorie du mensonge, de la dissimulation et de la vérité qui me fascine tant. »*[148]

« Strange Attraction » est le troisième single extrait de l'album *Wild Mood Swings*, sorti exclusivement aux États-Unis et en Australie. La chanson n'a pas réussi à se classer dans les deux pays et ne comporte aucune face B inédites.

Fun Fact : Compte tenu du sujet, aucune vidéo n'a été faite pour ce single, ce qui fait de « Strange Attraction » le seul single du groupe à ne pas avoir de vidéoclip.

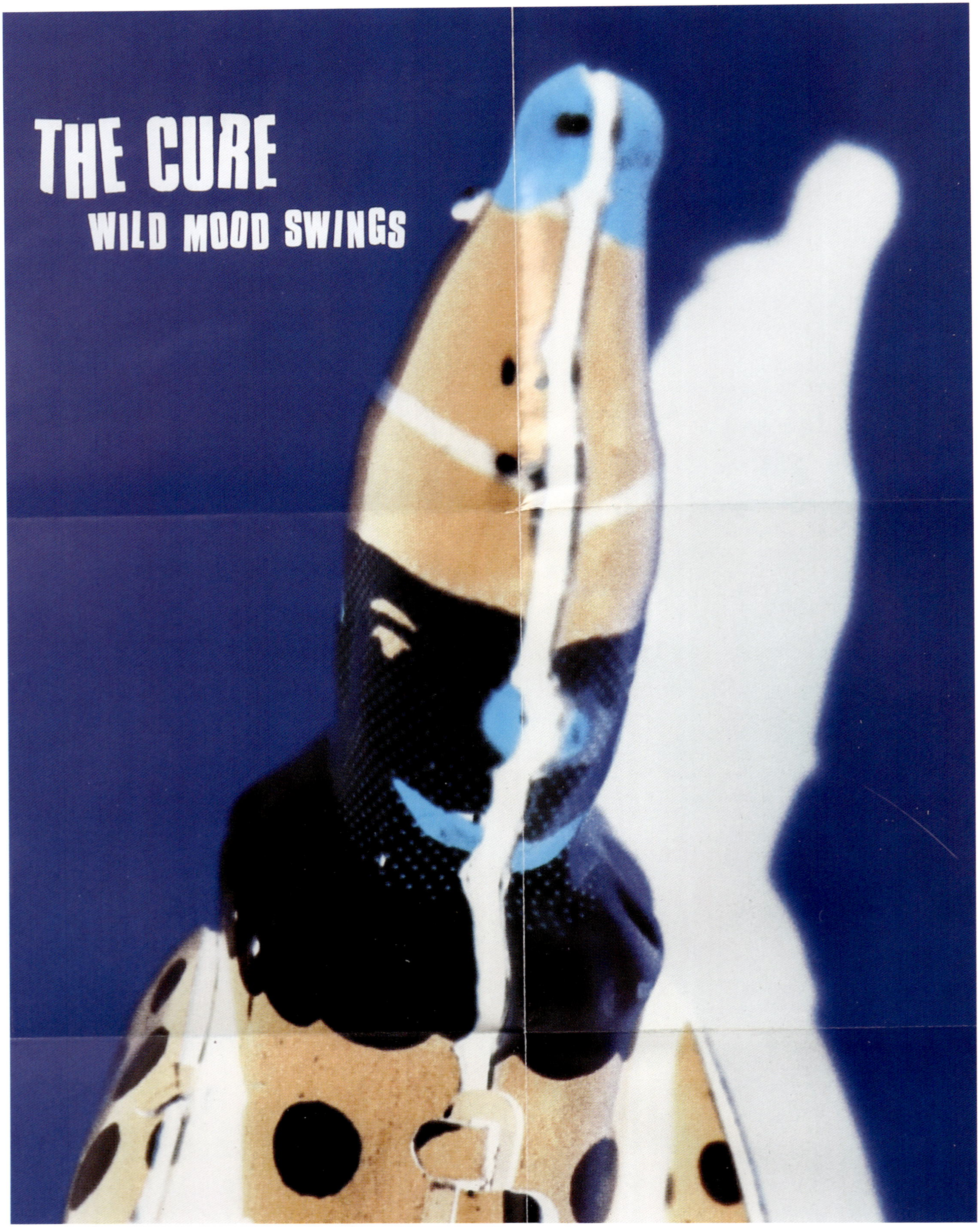
THE CURE
WILD MOOD SWINGS

MINT CAR
Smith, Gallup, Bamonte, O'Donnell, Cooper

Une certaine définition du bonheur selon Smith. La sensation d'un véritable amour qui ne devrait jamais s'arrêter. En revanche, l'amour du public pour les Cure semble battre de l'aile et les multiples échecs commerciaux que rencontrent les singles en sont la preuve.
« Nous avons fait un album en 1996 et il y avait une chanson intitulée "Mint Car", c'était le single et je pensais que c'était une meilleure chanson que "Friday I'm In Love". Mais ça n'a rien donné parce que nous n'étions pas "le groupe" à cette époque. L'esprit du moment n'était pas le bon. »[128] – Robert Smith

D'après ses dires, la chanson s'intitule « Mint Car » en partie grâce à l'euphorie qui submergeait Simon Gallup à chaque fois qu'il recevait une nouvelle voiture miniature de collection de la marque Franklin Mint. Sans aller chercher plus loin, le groupe en est venu à associer l'expression « mint car » à l'état de bonheur absolu. Mark Price est choisi pour enregistrer la batterie sur ce titre.

La vidéo est réalisée par Richard Heslop le 6 juin 1996 aux studios Bows à Londres. Billy MacKenzie y fait sa dernière apparition publique avant de se suicider le 22 janvier 1997.
2e single de l'album *Wild Mood Swings*. Il sort le 17 juin 1996 et comporte trois faces B inédites : « Home », « Waiting », « A Pink Dream ».

JUPITER CRASH
Smith, Gallup, Bamonte, O'Donnell, Cooper

« Humm, j'aime beaucoup "Jupiter Crash". Je pense que c'est une très bonne chanson. » Robert Smith

En juillet 1994, la comète Shoemaker-Levy 9 s'est disloquée et est entrée en collision avec la planète Jupiter, ce qui a représenté la première observation d'une collision entre deux objets du système solaire. Robert Smith, grand amateur d'astronomie, a puisé dans cet évènement une source d'inspiration et utilise Shoemaker-Levy 9 comme une métaphore pour évoquer des *« expériences sexuelles insatisfaisantes. »*[126]

Il explique la signification du texte : *« À propos du crash de la comète il y a quelques années. Comme une similitude avec une rencontre sexuelle ratée. Et comment il est facile d'influencer et de conditionner les gens. Tout le monde s'attendait à ce que la comète heurte Jupiter et explose. À moins d'avoir un télescope assez puissant, vous ne pouviez rien voir du tout. Il y a une grande excitation, c'est normal, mais le lendemain, tout le monde disaient "C'était n'importe quoi". Effectivement, c'était n'importe quoi, c'était incroyable. Ce n'était simplement pas ce à quoi vous vous attendiez. »*[127]

« Un classique des Cure. Je pense que c'est l'une des meilleures chansons que Robert n'ait jamais écrites, les mots fonctionnent brillamment. »[24] – Roger O' Donnell

ROUND & ROUND & ROUND
Smith, Gallup, Bamonte, O'Donnell, Cooper

Il s'agit d'une parabole sur la vie du groupe en tournée, marquée par les excès, les rencontres futiles et un incessant besoin de plaire. Malgré les promesses répétées de Smith de ne plus y retourner, le groupe continue de de se produire en live inlassablement, faisant ainsi écho aux contradictions et aux défis de la vie en tournée.

« Il est temps de prendre ma retraite. Ça me semble en général évident après six mois sur la route, quand je perds le gout, le sens de ce que l'on fait… Puis je recommence. La dernière tournée était vraiment épuisante, on finissait par croire que les gens nous disaient qu'il fallait devenir encore plus énormes. Sauf qu'humainement ça ne suivait plus. Je me défonçais en permanence… Pas à l'aise non plus avec l'idée d'avoir dépassé la barre des trente ans, sans même parler de l'entourage de plus en plus envahissant. »[67] – Robert Smith
Des moments épuisants et interminables qui auront raison d'un bon nombre de musiciens. Certains reviendront, d'autres quitteront le groupe pour de bon. *The Swing Tour* de 1996 est l'un des plus longs jamais réalisée par The Cure : quatre-vingt-dix-huit concerts.

Fun Fact : Malgré tout, Smith reconnait qu'être sur scène est l'une des meilleures choses au monde, mais avec la fatigue, la lassitude s'installe : *« C'est vraiment mental plus que physique. Tourner vous fait devenir un monstre. Franchement, même si tu essaies très fort de lutter contre cela, tu finis par être un idiot à simplement continuer de faire la même chose année après année. »*[157]

GONE!
Smith, Gallup, Bamonte, O'Donnell, Cooper

Cette chanson a la même signification que « Doing The Unstuck », présente sur l'album *Wish* : *« Il n'est jamais trop tard pour se lever et partir », « Si tu fais ça, tu vas rater le monde, tu dois te lever, sortir et y aller. »* Smith délaisse son penchant dépressif et son écriture tourmentée pour proposer une chanson positive et pleine d'entrain. Le message fondamental est simple : la vie est trop courte, alors il faut s'y mettre.

« Gone! » est le quatrième et dernier single de l'album *Wild Mood Swings*. Il sort le 2 décembre 1996 et ne rencontre pas de véritable succès commercial, malgré une interprétation live dans l'émission Later With Jools Holland.

Fait assez notable pour être souligné : « Gone! » ainsi que « Strange Attraction » sont les deux seuls singles à n'offrir aucune face B inédite. Une première pour un groupe qui a toujours pris soin de proposer un contrepoids aux singles et de faire preuve de générosité envers son public.

« La première chose que je faisais quand j'avais un nouveau single était de le retourner et d'écouter l'autre chanson. J'ai toujours espéré que la face B me donnerait une autre version de l'artiste, quelque chose d'aussi bon que la face A mais quelque peu différente. J'attendais de grandes faces B des artistes que j'aimais. »[6] – Robert Smith

Fun Fact : *« Parfois, je pense que lorsque nous sortons des chansons plus pop, c'est intéressant car elles attirent les gens et nous pouvons les amener à écouter des choses auxquelles ils n'auraient pas été exposés en temps normal. Même si une personne sur cent suit vraiment notre ligne de pensée et écoute* Pornography *en se disant "Mon Dieu, c'est génial", alors les chansons pop sont bonnes. Si notre musique reflétait toujours le contenu des paroles, nous aurions un public beaucoup plus restreint et cela me frustrerait. »*[75] – Robert Smith

NUMB
Smith, Gallup, Bamonte, O'Donnell, Cooper

La chanson adopte le point de vue d'un proche qui constate les changements opérés par la consommation de drogues sur un ami. « Numb » établit une ressemblance entre une relation vouée à l'échec et la vie d'une personne qui s'abandonne et sombre dans la toxicomanie. Dans *Wild Mood Swings*, cette chanson pourrait représenter le *Mood*. Elle dénote de l'ensemble du disque par sa tristesse typiquement Cure, même si certains titres comme « Bare » et « Treasure » plongent l'auditeur dans les tourments existentiels de Smith, « Numb » est direct et sans fard. Un contraste et une diversité que Simon Gallup reconnait volontiers : *« Nous avons été surpris de l'incroyable diversité de ce que nous avions écrit. Il y avait entre autres, beaucoup de chansons au tempo assez rapide. Ce n'est pas rare que certaines compositions dénotent par rapport à l'ensemble. Mais jamais nous n'avions été confrontés à un tel écart. »*[35]

Smith avoue avoir pensé à Kurt Cobain pour l'écriture de « Numb » : *« Sa mort m'a bouleversée bien plus que je ne m'y attendais. Sans doute parce que j'ai traversé les mêmes dépressions, subi les mêmes pressions. On ne se connaissait pas, mais je m'en suis voulu de ne pas avoir fait un pas vers lui. »*[148]

RETURN
Smith, Gallup, Bamonte, O'Donnell, Cooper

Est-ce un voyage temporel de quelques minutes dans un univers sado masochiste ? Smith donne un indice sur la temporalité de l'histoire : *« un prisonnier en PVC à 3 h 01. »* Au début de la chanson, l'horloge parlante indique 3 h 01 puis 2 h 57 à la fin de la chanson. « Return » dure environ trois minutes et demie, ce qui serait parfaitement anodin s'il n'y avait pas ce problème de direction. On peut comprendre pourquoi le narrateur a le sentiment que quelque chose d'assez anormal et particulier se trame. « Return » présente beaucoup de références BDSM avec un personnage qui semble dominé bien qu'il ne soit pas clair que ce soit par choix. Mais comme le dit Smith, même si ses paroles sont écrites à la première personne elles n'expriment pas réellement son point de vue. « Return » aborde un thème inédit dans la discographie des Cure, ce qui découle de sa volonté : *« Sur les vingt-cinq chansons que j'ai écrites depuis que je suis ici, environ quinze ne peuvent pas être rattachées à des choses que j'ai déjà chantées auparavant, ce dont je suis vraiment fier. Avant, je ne m'intéressais pas aux évènements extérieurs à ma propre vie, mais il y a en fait deux ou trois chansons sur ce disque où j'observe des choses, alors je suppose que j'ai dû changer. »*[135]

Concernant l'enregistrement de l'album : *« Lorsque j'écris et que nous enregistrons, je me sens vraiment dans mon monde. C'est ce que j'ai toujours voulu faire : jouer de la musique et rester aussi longtemps que possible de ce côté-là de la barrière. J'ai éprouvé un plaisir fou à enregistrer l'album en prenant mon temps, en refusant de céder à la moindre pression, en vivant à l'écart dans ce manoir isolé. Nous avons eu beaucoup de soirées très stimulantes, passées entre nous à discuter. Je me suis beaucoup promené dans les environs. Certains jours, je ne faisais tout simplement rien, je laissais aller, j'attendais que ça passe et ça me rendait profondément heureux. Je suis devenu exactement le type que j'aurais détesté il y a vingt ans… »*[8]

Fun Fact : Quel est ce clown sur la pochette de *Wild Mood Swings* ? *« Le mien. Je l'ai photographié. L'idée est venue d'un fait divers américain. Des anarchistes saouls déguisés en clowns déferlaient sur les villes. Un jour, les policiers, qui les prenaient pour des braqueurs, ont tiré dans le tas. La presse a reproduit l'image d'un des clowns morts. Pour moi, le clown reste un symbole tragi-comique : celui du deuil de l'enfance. Comme lui, je maquille mon visage et mes sentiments. »*[148] – Robert Smith

FEBRUARY

TRAP
Smith, Gallup, Bamonte, O'Donnell, Cooper

Comme une suite de « Club America », les guitares abrasives et l'ambiance lourde relèvent le tempo de l'album. Ce qui était l'œuvre de Porl Thompson depuis plus d'une dizaine d'années incombe désormais à Perry Bamonte qui, le reconnaissant lui-même, s'exécute avec moins de dextérité. La place de « Trap » dans l'album n'est pas le fruit du hasard…

Le groupe a toujours apporté beaucoup de soin à l'agencement des chansons de leurs disques, qu'ils soient conceptuels comme *Disintegration* ou plus hétéroclites comme *Kiss Me, Kiss Me, Kiss Me*. Avec « Trap », il est question du ressenti d'une personne impliquée dans une relation où son partenaire est obsédé par l'idée de mettre à l'épreuve son amour, en tendant de petits pièges et en guettant la moindre erreur. Ce comportement étouffant et manipulateur suscite chez l'autre le sentiment d'être rejeté et de ne plus avoir d'attache émotionnelle.

Après plus de douze ans de collaboration, Dave Allen est remplacé par le producteur de Depeche Mode, Steve Lyon. Avec l'arrivée du successeur d'Allen, Smith doit changer sa façon de travailler : *« D'une certaine manière, cela nous a aidés de travailler avec quelqu'un que nous ne connaissions pas. Dans le passé, lorsque je chantais, personne ne savait à quoi s'attendre, pas même moi. Je l'ai fait, je l'ai écouté et j'ai travaillé dessus. Cette fois-ci, j'ai dû réfléchir davantage à ce que j'allais faire et j'ai vraiment essayé de ne pas commettre trop d'erreurs pour ne pas avoir l'air horrible et me mettre dans l'embarras. »*[135]

Malheureusement pour Lyon, *Wild Mood Swings* s'est avéré être l'album le moins vendu depuis douze ans, marquant ainsi le début d'une tendance à la baisse des ventes pour les productions futures.

TREASURE
Smith, Gallup, Bamonte, O'Donnell, Cooper

« Mis à part "Treasure" dont les paroles sont inspirées des vers de Christina Rossetti, une poétesse anglaise du 19ᵉ siècle reconnue pour sa vision prophétique, l'album montre peu d'influences littéraires. »[148] – Robert Smith

Le texte qui a inspiré Smith s'intitule « Remember » (1849) et commence par la phrase *« Remember me when I am gone away »*. Les deux dernières phrases du poème sont les suivantes : *« Better by far you should forget and smile »* et *« Than that you should remember and be sad »*. Il s'agit d'une pure et simple appropriation.

Les paroles de Smith utilisent la troisième personne du singulier pour décrire la poétesse. Elles servent quasiment de commentaire littéral au poème de Christina Rossetti, reprenant même certaines phrases mot pour mot, à l'instar de ce qu'il avait fait pour « Charlotte Sometimes ». Cependant, contrairement à ce qu'il s'est passé avec l'autrice de *Charlotte Sometimes*, il n'y a aucun risque de poursuites judiciaires, car le poème de Rossetti est dans le domaine public.

Parmi les chansons de l'album, « Treasure » se distingue aussi par sa tonalité particulièrement mélancolique, qui explore les thèmes de l'absence et du manque. Smith exprime la difficulté de maintenir une sensation de bonheur et de se sentir véritablement heureux : *« Je pense vraiment qu'il y a quelque chose à tirer de la mélancolie et des pensées sombres. Cela fait partie de la vie. En ce qui me concerne, chaque fois que je me suis senti exceptionnellement heureux, il y a toujours eu cette voix lancinante dans ma tête qui disait "si, si, bientôt tout sera à nouveau terrible". C'est comme si vous deviez payer pour votre bonheur. »*[129]

Le groupe multiplie les intervenants, les musiciens additionnels et les techniciens. Sept batteurs sont conviés à venir enregistrer sur les différents titres de l'album. Il y aura aussi deux sections de cuivres et un quatuor de cordes. Quant au mix, le groupe ne lésine pas et embauche onze techniciens. Une diversité de personnel qui n'est pas pour rien dans la disparité des ambiances du disque.

Le quatuor à cordes est dirigé par Audrey Riley, compositrice et violoncelliste britannique connue pour avoir participé à de nombreux albums d'artistes très éloignés de sa formation classique comme The Smiths, Nick Cave, The Smashing Pumpkins, Lush, Foo Fighters, Coldplay, Muse… Il est présent sur plusieurs titres dont « Treasure ». Audrey Riley est accompagnée par Sue Dench (alto), Leo Payne (violon) et Chris Tombling (violon).

BARE
Smith, Gallup, Bamonte, O'Donnell, Cooper

« J'espère que sur le nouvel album une chanson comme "Bare" permettra à l'auditeur de saisir une certaine forme de beauté qui transcende la réalité. »[8]
– Robert Smith

Il admet porter une affection toute particulière à cette chanson, à tel point qu'il en fait sa favorite de l'album. L'authenticité de l'interprétation, le lyrisme sombre et tourmenté du texte ainsi que la composition mélancolique étirée sur près de huit minutes créent un spleen typiquement « Curesque ». Cependant, les contradictions de Smith ont failli avoir raison de cette chanson. Il fut question de l'écarter de la set-list : trop introspective, selon son auteur qui depuis *Disintegration* ne souhaite plus s'épancher sur ses affres.

Il s'agit d'une des chansons les plus mélancoliques de l'album dans laquelle Smith raconte l'histoire d'une relation amoureuse qui a atteint le point de rupture. Bien qu'il le regrette, il sait que cette romance est révolue et qu'il ne peut rien faire pour changer l'inéluctable : *« J'ai fait écouter "Bare" à mes parents. Ils pensent eux aussi que c'est la meilleure chanson que j'aie jamais écrite. Étrange coïncidence... Elle parle de ces couples qui se séparent et croient qu'ils vont rester amis. C'est peut-être ma première chanson à développer un thème sur huit minutes, comme ça, de façon quasi narrative. Au départ, je voulais faire tout l'album de cette manière, avec basse, batterie, piano et cordes, enregistré entouré de bougies, pour créer ce climat à la Cowboy Junkies. »*[67]

L'album devait s'intituler *Bare*, ce qui aurait confirmé une habitude chère aux Cure : la dernière chanson de la track-list donne son nom au titre de l'album, comme on peut le constater avec les cinq premiers disques et *Bloodflowers*.

C'est à nouveau Audrey Riley et son quatuor qui jouent sur « Bare ».

BLOODFLOWERS
(2000)

Fiction Records
Production : Paul Corkett, Robert Smith
Enregistrement :
St Catherine's Court et RAK Studios 1998-1999
Pochette : smART
Date de sortie : février 2000

1-Out of This World
2-Watching Me Fall
3-Where the Birds Always Sing
4-Maybe Someday
5-The Last Day of Summer
6-There Is No If...
7-The Loudest Sound
8-39
9-Bloodflowers

*« *Bloodflowers *est l'un des meilleurs albums de The Cure, je n'en doute pas. Au moment où il a été enregistré, j'étais d'une humeur bien différente de ma bonne humeur actuelle : J'étais complètement obsédé par le son, j'étais devenu un maniaque. L'enregistrement a duré près d'un an, je suis revenu encore et encore sur chaque détail. C'était épuisant. J'ai même fini par retoucher l'album tout seul : dès que les autres ont vu le monstre hystérique que j'étais devenu, ils ont décidé d'abandonner la mission… chose qui, bien sûr, m'a mis très en colère… Je pensais que les chansons de cet album étaient plus importantes que nos vies… Je ne supporte pas la tendance qu'ont les autres à considérer la musique comme un travail. »*[16] – Robert Smith

Suite à son incarnation de Smithra dans un épisode de South Park, un superhéros chargé d'anéantir la maléfique Mecha Streisand, Smith devient un personnage familier d'une jeunesse qui ne sait rien de l'existence des Cure.

« J'ai été surpris de voir ce que j'avais à faire en lisant le script, c'était assez étrange mais ça m'a plu. C'est bizarre d'exister dans le même monde que Cartman. Les plus jeunes de mes neveux et nièces pensent que c'est ça mon boulot. Ils regardent derrière moi pour voir où sont mes ailes… »[170]

En ce début de siècle, The Cure se retourne vers les parties les plus sombres de son catalogue. Smith demande à son groupe de réécouter le diptyque *Pornography/Disintegration* afin de s'en imprégner pour colorer le prochain album de ces ambiances désenchantées. Il veut que son groupe se retire en beauté et sait que c'est vers ces chefs d'œuvres qu'il faut regarder, car à l'aube de ses quarante ans, il en est persuadé, le futur disque sera le dernier. Cure n'est donc plus un groupe tourné vers l'avenir et se moque d'être rangé dans l'armoire des vieilles formations institutionnelles. *« Avec* Wild Mood Swings, *c'est la première fois que je me souciais de ce que pensaient les gens. Pour* Bloodflowers, *je m'en foutais complètement. »*[140]

Il ne veut pas reproduire les erreurs de l'album précédent. Trop de musiciens additionnels, trop de temps passé en studio pour une suite de chansons qui se suivent sans créer de véritable cohésion artistique. À la sortie de *Bloodflowers*, le chanteur a eu plusieurs années pour analyser les causes de cet échec : *« Nous avons passé bien trop de temps à réaliser* Wild Mood Swing… *près d'un an. En février nous enregistrions "Bare" et en septembre nous faisions "Gone!", j'ai eu le temps de changer et de passer à autre chose entre ces deux chansons. Je savais désormais que quoi que l'on fasse et peu importe comment* Bloodflowers *devait sonner, cela devait se concrétiser très rapidement. L'album doit capturer un moment très spécifique de ma vie. »*[170]

Smith compose une dizaine de chansons qu'il travaille de manière à ce qu'elles puissent s'intégrer de façon homogène dans ce qui deviendra *Bloodflowers*. Satisfait du résultat il en écrit une quinzaine supplémentaire et s'offre ainsi la possibilité de choisir les plus représentatives et les plus proches de l'idée qu'il se fait de l'album.

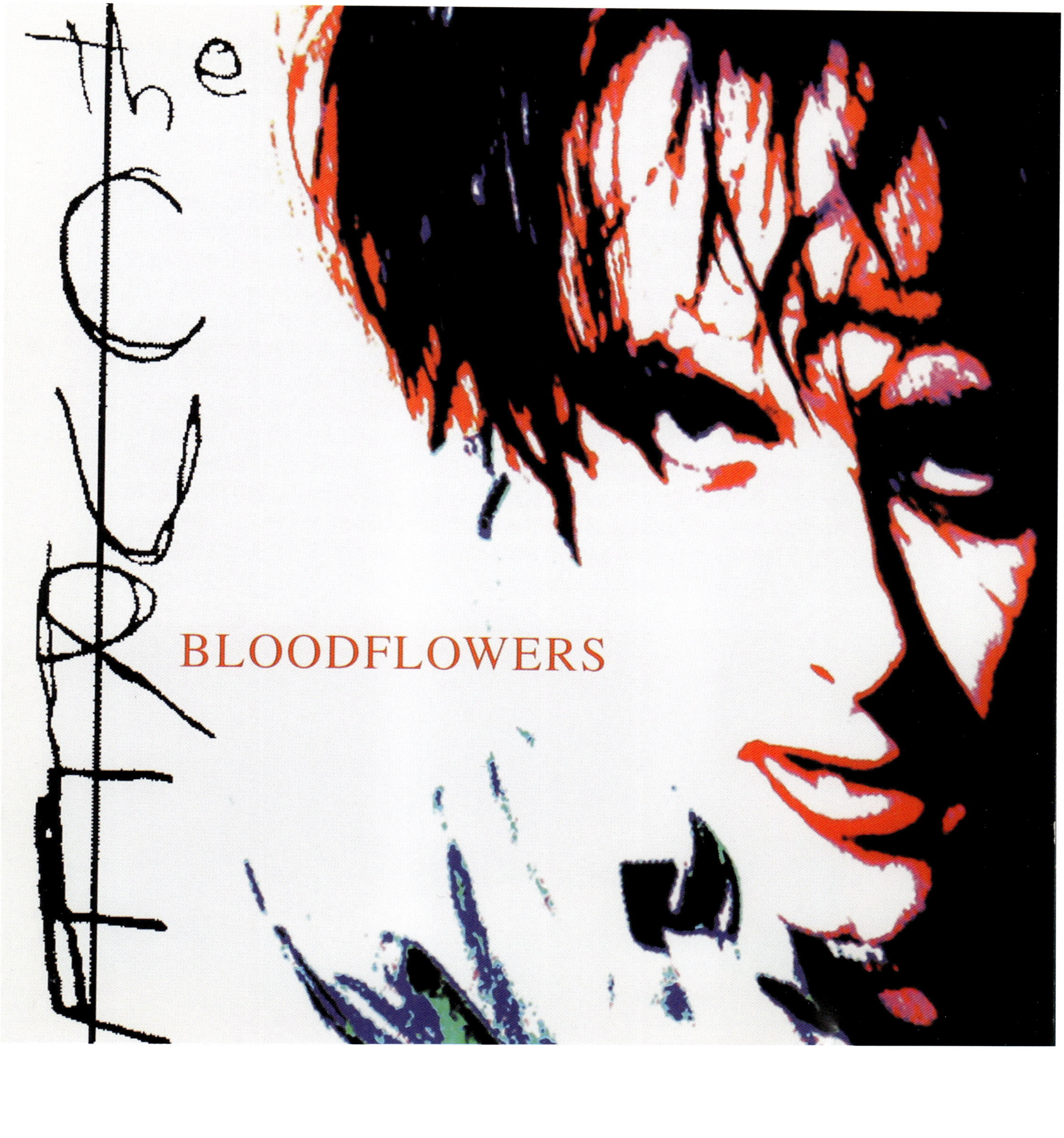
the Cure
BLOODFLOWERS

1. OUT OF THIS WORLD (6:43)
2. WATCHING ME FALL (11:13)
3. WHERE THE BIRDS ALWAYS SING (5:43)
4. MAYBE SOMEDAY (5:06)
5. THE LAST DAY OF SUMMER (5:36)
6. THERE IS NO IF... (3:43)
7. THE LOUDEST SOUND (5:09)
8. 39 (7:18)
9. BLOODFLOWERS (7:28)
FIXCD31/543 123-2

Concernant les paroles il reconnait n'avoir pas autant peiné que par le passé : *« J'ai écrit les paroles en trois semaines. Je savais de quoi je voulais parler alors je me suis posé et j'ai écrit. J'avais des petites notes avec un bout de refrain, une partie de couplet... À chaque fois que je compose, j'écris dans un bloc-notes les idées que les sons me procurent et cela devient le sujet de la chanson. Les deux sont liés de façon inextricable. »*[170]

Le producteur Paul Corkett est embauché pour remplacer Steve Lyon derrière la console. Les sessions d'enregistrement débutent en novembre 1998 à St Catherine's Court pour quelques semaines puis reprennent au printemps 1999 aux Studios RAK afin de mettre la touche finale à ce onzième album. Elles sont suivies par les fastidieuses sessions de mixage que Paul Corkett et Smith feront seuls dans une ferme perdue quelque part dans le Surrey. *Bloodflowers* sort le 14 février 2000 sans single pour le promouvoir, et donc sans clip. Une décision risquée et potentiellement nuisible aux ventes de l'album.

« Si je ne me sens pas bien en faisant quelque chose alors ça ne fonctionnera pas. Si nous réalisons une vidéo et que je ne me sens pas détendu, j'apparaîtrais mal à l'aise et l'ensemble s'en ressentira. »[170] – Robert Smith

Un nouveau suicide commercial pour le label qui ne croit plus le groupe capable de renouer un jour avec le succès. Cependant le public adhère et retrouve dans ce disque l'empreinte de ce qui fit la force et l'originalité des Cure : la mélancolie des textes, le romantisme exacerbé des compositions et ses mélodies vocales uniques.

Dans les interviews qui suivent la sortie de l'album, Robert Smith déclare que c'est la meilleure chose qu'il ait faite : *« Je pense que les vrais fans de Cure vont aimer* Bloodflowers *bien plus que tout ce qu'ils ont entendu de nous depuis* Disintegration. *»*[170] Selon lui, la véritable trilogie du groupe n'est pas celle du début des années 80 regroupant *Seventeen Seconds, Faith* et *Pornography*. Il voit le nouvel album comme le dernier volet d'un triptyque commencé avec *Pornography* et poursuivi avec *Disintegration*. Les fans sont perplexes. Peu importe car Smith l'a dit.

Pour preuve, deux ans plus tard, au Tempodrom de Berlin, les trois albums de cette trilogie seront joués en intégralité les 11 et 12 novembre 2002. Une captation vidéo immortalisera cette performance et sera commercialisée en juin 2003 sous le nom *Trilogy*. Smith confirme (encore une fois) que c'est bien la fin du groupe et que la tournée qui s'annonce est la dernière. Une série de soixante-huit dates démarre le 1er février 2000 à Hambourg pour se terminer le 21 novembre 2000 à Brisbane.

La pochette est réalisée par smART et représente le seul visage de Smith. Un lien direct avec le visuel de *Disintegration*, ce qui n'est surement pas une coïncidence tant l'influence de ce dernier est remarquable dans *Bloodflowers*. Est-ce aussi une façon de montrer l'hégémonie du chanteur ? Car à l'inverse des trois précédents albums, c'est seul que Smith règne sur les compositions, les paroles et la direction artistique. Les musiciens ont été prévenus avant d'entrer en studio.

« Je leur ai fait cette annonce : "Je déteste avoir à vous dire ça mais vous n'aurez pas votre mot à dire durant les trois prochains mois". Bon... c'est OK, ils me font confiance. »[170] Il reconnait tout de même l'importance des musiciens qui l'entourent : *« Sans eux ça ne sonnerait pas comme les Cure. Ceux qui sont dans le groupe définissent le son et c'est primordial. »*[170]

Au cours des sessions d'enregistrement du chant, Gallup, Bamonte, O'Donnell et Cooper ont tous abandonné le studio pour laisser Smith seul face à son micro.
Le titre inédit « Coming Up » est ajouté aux versions vinyles et CD des éditions australiennes et japonaises. La chanson sera incluse en 2004 à la compilation *Join The Dots*. En 2001 le groupe remporte le Grammy Award du meilleur album de musique alternative pour *Bloodflowers*.

OUT OF THIS WORLD
Smith, Gallup, Bamonte, O'Donnell, Cooper

« "Out Of This World" c'est comment The Cure opère dans un pays des merveilles, dans un univers parallèle. The Cure est une île et il l'a toujours été. »[137]
– Robert Smith

« Je pense qu'en particulier avec "Out Of This World" j'essayais juste d'obtenir ce sentiment que j'ai souvent, une sorte de malédiction qui fait que lorsque j'apprécie quelque chose, je pense toujours que ça ne va pas durer. »[138] explique Robert Smith.

Lorsqu'il atteint l'âge de 40 ans, Robert Smith ressent les mêmes tourments existentiels qu'à l'époque de *Disintegration*, et de son arrivée dans la trentaine. Pour lui, *Bloodflowers*, tout comme *Disintegration*, est un album qu'il veut comme un stigmate de cette transition. Cependant, sentant que l'énergie passée du groupe a disparu, il se persuade que *Bloodflowers* sera le dernier album des Cure : *« Je crains que si les gens savent qu'il s'agit peut-être du dernier album, les chansons soient perçues comme étant toutes à propos de la fin du groupe. Certaines chansons comme "Out Of This World", parlent vraiment de ça. Mais je pense qu'elles résonnent aussi à un autre niveau et font plus allusion à un sentiment de laisser-aller. J'espère que les gens l'entendront. »*

Bien que « Out Of This World » ait été initialement prévu pour être le single de l'album, aucun titre n'en sera extrait. Robert Smith refuse de sacrifier son intégrité artistique pour se plier aux exigences du music business : *« J'ai édité le premier morceau, "Out Of This World", en le ramenant de 6,30 minutes à 4,45 minutes, mais on m'a dit que l'introduction était encore trop longue pour pouvoir être diffusée en radio... J'aime ce développement lent, et je ne voulais pas imposer la structure de 3,5 minutes à tout ce que j'écrivais, parce que je trouve ça stupide. »*[15]

Deux ans avant la sortie de l'album le groupe cherche une nouvelle direction musicale et se dirige vers l'électro pop dure. Il en résulte une poignée de morceaux, dont « Coming up » et « Possession », qui utilisaient des boucles et des basses synthétiques.

« On s'asseyait et on prenait toutes sortes de drogues en pensant que c'était l'avenir ! Soudain, en 1999, j'ai eu comme une révélation et je me suis dit : "c'est horrible, ce n'est pas les Cure". J'ai écrit "Out Of This World" et j'ai décidé que c'était ça que je voulais faire, parce que cette chanson a plus d'émotion que les six morceaux qu'on avait enregistrés jusque-là. Donc on a jeté les autres trucs, c'est dur de tuer six chansons alors que tu es à mi-chemin, mais c'était une décision qui devait être prise. Les autres pensaient que j'avais perdu la tête, mais en revenant, je leur ai prouvé qu'ils avaient tort ! »[81] – Robert Smith

WATCHING ME FALL
Smith, Gallup, Bamonte, O'Donnell, Cooper

Le « Rohypnol » est un anxiolytique, aussi appelé « drogue du violeur ». Pour « Watching Me Fall » l'inspiration vient à Smith en lisant un article sur ce produit.
Robert Smith se confie : *« Il m'a aidé à surmonter non pas une véritable phobie mais une répugnance incroyable à prendre l'avion pendant sept ans... ça m'a aidé à franchir ce cap. J'ai trouvé que le tollé fait autour du "Rohypnol" était en grande partie des conneries. Les effets que j'ai ressentis n'avaient rien à voir. Je ne conteste bien sûr pas son utilisation à des fins horribles, mais les images qu'ils ont utilisées et les témoignages des femmes impliquées étaient très puissants. J'ai utilisé certaines de ces images et les ai intégrées à cette expérience particulière, puis j'ai essayé de les associer à l'idée de ce que je perçois parfois comme mon propre déclin au cours des années qui ont suivi* Disintegration. *J'ai essayé de me mettre dans le contexte de ce que je ressentais alors et de ce que je ressens maintenant. »*

Le groupe ne souhaite pas faire un album trop long et se fixe l'objectif de quarante-cinq minutes. Cependant, même en réduisant le nombre de chansons à neuf, le disque dépasse l'heure d'écoute.
« Je réalise, avec le recul que ce sont les chansons elles-mêmes qu'il faut probablement minuter, même si je pense qu'elles bénéficient de leur longueur. J'ai fait une édition de "Watching Me Fall" chez moi, je l'ai réduite à moins de six minutes (initialement : onze minutes et treize secondes) et ce n'est tout simplement pas la même chanson. »[15] – Robert Smith

La démo de « Watching Me Fall » était très différente de la version définitive, composée uniquement d'une guitare acoustique et d'une boucle de batterie. Après s'être acharné à trouver une structure, Smith y voit une similitude avec un classique de Meatloaf et décide de changer de direction : *« Je l'ai remaniée jusqu'à ce que j'ai cinq sections qui fonctionnent ensemble. Quand on a enregistré la chanson, Simon Gallup et moi étions assis dans le studio avec Jason Cooper derrière sa batterie, mais nos amplis étaient placés à l'extérieur de la pièce. Je jouais sur une acoustique six cordes, avec un ampli clair et j'avais une boîte A/B qui me permettait de passer sur un Marshall pour les parties plus agressives. C'était juste pour qu'on puisse avoir une idée de la dynamique de la chanson. »*

Certaines chansons sont enregistrées rapidement alors que d'autres demandent plus de temps et un processus plus complexe pour atteindre le résultat souhaité, comme l'explique Smith : *« Nous avons fait environ sept ou huit prises en deux nuits, toujours au même tempo, mais en variant légèrement la structure et la dynamique. Ensuite, Perry Bamonte et moi nous sommes assis dans la salle de contrôle pour jouer sur les bandes playback tout en buvant du vin rouge et en imaginant des riffs et des accroches. J'ai passé deux autres jours à écouter toutes les différentes versions. Certaines d'entre elles étaient nulles, parce que lorsque vous pensez que vous jouez bien quand vous êtes ivre, vous jouez en fait comme un idiot. J'ai choisi les parties qui fonctionnaient, et nous sommes retournés les superposer en live pour que la performance ne semble pas hors de propos. Quelques semaines plus tard, je suis revenu au studio et j'ai fait les solos de guitare et le chant en un week-end. »*[116]

Fun Fact : Un remix de cette chanson est joué pendant les crédits de fin du film *American Psycho*.

WHERE THE BIRDS ALWAYS SING
Smith, Gallup, Bamonte, O'Donnell, Cooper

« Le monde n'est ni juste ni injuste », ce n'est qu'un concept humain, des mots pour essayer de se comprendre.

« Where the Birds Always Sing » a un thème commun avec une partie du livre *The Crow Road* de Iain Banks : l'inéluctable cynisme qui accompagne le vieillissement.

« Il est inévitable d'être cynique à un certain degré quand on atteint la quarantaine. Vous avez été déçu suffisamment de fois pour que votre naïveté et vos espoirs initiaux soient érodés. Mais les choses se sont généralement déroulées comme je le voulais, ce qui atténue tout véritable sentiment de cynisme. Les personnes qui m'ont entouré dans ma vie ont généralement été honnêtes, et elles ont tenu parole. Peut-être que la race humaine n'est pas aussi foutue qu'elle semblerait l'être. J'étais plus cynique à l'adolescence, je pensais que tous les adultes étaient comme mes professeurs, une bande de salauds. Maintenant que je suis plus âgé, j'ai rencontré suffisamment de gens pour confirmer ma conviction que tout le monde n'est pas voué à l'enfer. »[106] – Robert Smith

« Where the Birds Always Sing » est né d'une discussion avec quelqu'un qui vivait une série d'évènements extrêmement difficiles et qui croyait sincèrement, en raison de son éducation religieuse, qu'il avait fait quelque chose pour mériter autant de souffrance.

« Cela m'a vraiment bouleversé, et j'ai écrit ce texte parce que je crois que les choses arrivent juste parce qu'elles arrivent. Il n'y a pas de grande force à l'œuvre, il n'y a pas de grand plan directeur, il n'y a rien. J'ai en quelque sorte perdu le désir que j'avais auparavant de croire ou de chercher quelque chose à quoi me rattacher, ce qui ne diminue en rien ma joie de vivre, car je vis en fait beaucoup plus pour le moment présent qu'auparavant. »[135]

Lorsqu'il écrit ces lignes, Smith puise aussi une partie de son inspiration dans la pensée de David Hume. Hume est un philosophe du 18e siècle qui a développé l'idée que les lois de la nature n'étaient ni raisonnables ni déraisonnables, qu'elles étaient, tout simplement. Nous ne naissons pas avec une connaissance innée des choses, de sorte que nos idées et nos attentes ne peuvent être recueillies qu'à partir de ce que nous expérimentons. Il n'y a donc aucun moyen de tirer des conclusions raisonnables sur l'existence ou l'absence de Dieu, mais la condition humaine fait que l'on voudra toujours quelque chose de plus, ou que l'on utilisera cela pour expliquer les choses.

MAYBE SOMEDAY
Smith, Gallup, Bamonte, O'Donnell, Cooper

Bien qu'aucun single n'ait été extrait de *Bloodflowers*, « Maybe Someday » est l'un des deux titres promotionnels envoyés aux radios pour annoncer la sortie prochaine de l'album. Toutefois, aucune vidéo n'est réalisée pour aider à la diffusion de ces chansons.

Bien que le groupe soit aussi connu pour l'exubérance de ses clips, Smith pense que ce disque doit s'écouter dans le noir, sans image définie par une vidéo. Il se réfère à une époque où les disques laissaient une plus grande place à l'imaginaire.

Le thème abordé dans la chanson évoque des similarités avec celui de « Out Of This World » : la fin de la carrière des Cure… Smith semble parfois l'occulter : *« "Maybe Someday" est la seule chanson de l'album qui parle vraiment de la fin du groupe. Et parce que j'ai dit que* Bloodflowers *est le dernier album de Cure, les gens interprètent beaucoup de ces chansons comme parlant de ce sujet, mais ce n'est pas le cas. "Maybe Someday" est la seule qui soit spécifique. C'est aussi la seule qui parle de la réaction des autres membres de Cure quand je leur dis : "Ça y est, c'est la fin"… Mais ils ne me croient pas parce que quand je dis "jamais", ça veut souvent dire "peut-être". Il y a une partie de moi qui pense : "Comment pourrais-je vouloir arrêter d'être dans The Cure, alors que c'est une chose fantastique que j'aime faire"… "Maybe Someday" exprime ce sentiment. »*[136]

Pour parler de la dissolution de son groupe, Smith choisit d'employer une métaphore romantique sur les sentiments qui s'estompent. Plus il pense à cette relation, plus il réalise qu'elle s'épuise. Il a de brefs instants où il la regarde et ressent à nouveau l'amour, mais cette émotion est de courte durée. « Maybe Someday », c'est essentiellement dire : *« peut-être qu'un jour je ressentirai la même force et la même passion, mais pour l'instant ce n'est pas le cas. »*

Smith hésite à inclure cette chanson à l'album. Pour lui, « Maybe Someday » dénote par son style et son optimisme. Après plusieurs tentatives d'éviction il se rend compte que sans elle l'album est bancal. Pour le mixage radio, le groupe fait appel à une vieille connaissance, Mike Hedges, le producteur des trois premiers albums. Cette version (acoustic mix) est publiée sur la compilation *Join The Dots*.

Fun Fact : Sans être un single officiel, « Maybe Someday » atteint la 10e place du US Alternative Chart à la fin du mois de février 2000, une semaine avant la sortie de l'album.

« Avec "Maybe Someday", je voulais quelque chose de calme et presque naïf. Plutôt banal en fait. Étonnamment aux États-Unis les radios ont choisi de passer cette chanson et elle est devenue le plus gros hit radiophonique de l'histoire des Cure, alors que je pense que c'est la chanson la plus faible de l'album. Ça montre à quel point je suis largué en ce qui concerne le travail des radios. Ou bien, ça montre juste que les Américains ont des gouts différents. »[170]
– Robert Smith

THE LAST DAY OF SUMMER
Smith, Gallup, Bamonte, O'Donnell, Cooper

Le texte de cette chanson est issu de l'une des nombreuses nouvelles que Robert Smith a coutume d'écrire pour ses nièces et neveux. À la différence des autres titres de l'album, la musique a été composée par Simon Gallup. « The Last Day Of Summer » c'est la désespérance de voir sa jeunesse définitivement envolée, c'est faire le deuil d'une période heureuse de votre vie, c'est perdre l'insouciance. Cette thématique récurrente et presque obsessionnelle chez Smith est la trame de l'album… elle est le fil qui lie *Bloodflowers* à *Pornography* et à *Disintegration*. Il décrit le vieillissement comme une « désintégration ».

Selon lui, la période de la vie correspondant au printemps se situe entre la naissance et 20 ans, tandis que celle de l'été se situe entre 20 et 40 ans. Ainsi, le dernier jour de l'été annonce la saison des pluies et représente une métaphore de la fin de la jeunesse et de la vitalité. Le chanteur considère *Bloodflowers* comme le prolongement et l'épilogue d'une trilogie débutée avec *Pornography* et suivie par *Disintegration*. *« Ils sont les deux albums préférés des fans et les miens aussi. Je voulais que* Bloodflowers *soit le troisième volet. Les deux premiers albums avaient quelque chose qui était là en vertu de l'intensité que nous avons mise en studio, et ils ont tous engendré un état de choc en moi. Avec* Bloodflowers, *en raison de mon âge, je ne peux pas recréer cette intensité, mais je pense qu'il possède un lyrisme qui lui permet de se comparer favorablement aux deux autres. »*[25]

THERE IS NO IF
Smith, Gallup, Bamonte, O'Donnell, Cooper

À l'origine, Smith ne voulait pas de cette chanson qu'il considérait comme trop sombre pour être incluse à l'album. Il n'avait pas non plus l'intention de chanter la désolation nihiliste de son texte initial. Les membres du groupe qui prennent parfois le risque de s'opposer aux choix du chanteur lui demandent de faire un essai… pour voir !

« Normalement, je ne tiens pas compte des votes à quatre contre un, qui sont aussi insignifiants dans ce groupe que dans une dictature, mais tous ceux qui ont entendu la chanson l'ont vraiment aimée. »[66] avoue Smith.

L'idée de cette chanson a été ébauchée en 1983. C'est en regardant de vieilles photos que Smith aperçoit, dépassant d'un livre, un morceau de papier sur lequel il avait écrit le début de la chanson : *« Je l'ai pris et j'ai pensé que c'était assez bien pour que je la termine. C'est probablement la seule chanson de l'album qui ne parle pas de moi maintenant et surtout je pense que c'est la seule chanson vraiment déprimante de l'album car elle n'a aucune qualité rédemptrice. C'est la vérité la plus claire de la vie : les relations se détériorent et on meurt. Les autres chansons suggèrent toutes que les choses changent. Même* Bloodflowers *porte l'idée que de nouvelles fleurs poussent, qu'il y a une régénération. Mais pas dans "There Is No If". Il y a encore une partie de ce sentiment de désespoir en moi, de futilité et de l'absurdité de la vie. Je me suis dit que si je n'incluais pas au moins une chanson qui reflète ce sentiment, le disque ne serait pas honnête. »*[106]

Cette chanson est une complainte que Smith interprète de manière particulièrement plaintive. L'orchestration est essentiellement acoustique, minimaliste et rythmée par quelques percussions électroniques. Simon Gallup exprime une certaine gêne concernant l'enregistrement et la façon de l'appréhender : *« J'ai joué d'une basse à six cordes sur "There Is No If" et Robert en joue également. Par nature, la présence de six cordes me fait flipper. Je n'aime pas passer brusquement à quelque chose qui m'oppresse. Désormais, je ne joue que de la basse à quatre cordes, mais j'utilise différents accordages. »*[174]

Fun Fact : Robert Smith reconnait être le principal décideur au sein de The Cure, que ce soit en ce qui concerne le choix des chansons, l'orientation musicale ou d'autres aspects liés au groupe. Toutefois, il lui arrive de se laisser influencer par les propositions et souhaits des autres membres, comme cela a été le cas pour « There Is No If ». Pour lui le mode de fonctionnement des Cure est une *« démocratie dirigée par un dictateur. »*

THE LOUDEST SOUND
Smith, Gallup, Bamonte, O'Donnell, Cooper

« À propos de ma plus grande peur de l'avenir : elle m'a été inspirée par le regard d'un vieux couple marchant sur la plage devant chez moi. » – Robert Smith

Dans « The Loudest Sound », l'image d'un couple de personnes âgées se promenant sur la plage au coucher du soleil évoque la simplicité de leur compagnie mutuelle, tandis qu'ils se remémorent leur jeunesse. La phrase « Plus rien à dire » ne signifie pas que la conversation est à sec, mais plutôt que rien n'a besoin d'être dit : l'amour qui les unit est tout simplement une évidence.

Smith suit de très loin ce que propose l'industrie musicale du début des années 2000 et avoue sans gêne que ses influences ne sont pas vraiment contemporaines : *« Si vous ne connaissez pas le hit-parade, vous ne pouvez pas être influencé par celui-ci. À l'exception d'un breakbeat subtil dans "The Loudest Sound" et d'un écho lointain de l'ambiance discothèque dans "Out of This World", il n'y a aucune trace de techno, de hiphop, de rap ou d'ambient sur* Bloodflowers. *J'utilise le programme informatique Planet Phatt qui est également très populaire dans les milieux de la danse. J'ai expérimenté beaucoup de boucles et de sons de Phatt, mais seul le breakbeat de "The Loudest Sound" a survécu aux répétitions et au mixage. »*[106]

39
Smith, Gallup, Bamonte, O'Donnell, Cooper

« Être le chanteur de Cure est devenu moins important, "39" parle de ça. »[134] – Robert Smith.

Le jour de ses 39 ans, le chanteur qui refuse de célébrer son anniversaire reste seul avec sa femme Mary et fait le bilan de ses dernières années. Il constate qu'à l'approche de la quarantaine, son envie de prolonger sa carrière musicale est nettement moins vive… *« j'ai pensé à toutes les années qui s'étaient écoulées et à la façon dont le temps passe vite, ce qui m'a complètement déprimé. Avec le recul, je me suis dit que j'avais toujours l'impression d'être un raté et j'ai eu le sentiment que je devenais moins bon. J'avais le sentiment d'avoir fait du surplace. C'est alors que j'ai décidé d'écrire honnêtement ce que je ressentais. De ce moment de faiblesse est sortie une bonne chanson. »*[137]

C'est au soir du 21 avril 1998 que Robert Smith écrit « 39 » : *« Je pense que chaque personne qui atteint un certain âge s'est déjà demandé à un moment ou à un autre de sa vie : "Où sont passées mes passions, qu'est-il advenu de mes désirs de changer le monde ?" Il faut travailler plus dur en vieillissant, car le cynisme est comme un ennemi insidieux et rampant qui peut tout empoisonner. Et si je suis vraiment honnête, je dois admettre que je n'ai pas le même feu, le même désir que j'avais quand j'étais plus jeune. Mais je pense que dire "le feu est presque éteint" dans "39" n'est pas une déclaration d'abandon. Je suis juste ouvert et honnête sur le fait que ce qui m'a poussé à m'exprimer dans le passé n'est plus là comme avant. Ce n'est ni une bonne ni une mauvaise chose, c'est juste un fait. »*[135]

the Cure
BLOODFLOWERS
Fiction
Polydor
A UNIVERSAL MUSIC COMPANY
COMPACT disc DIGITAL AUDIO
ALL RIGHTS RESERVED. UNAUTHORIZED COPYING, REPRODUCTION, HIRING, LENDING, PUBLIC PERFORMANCE AND BROADCASTING PROHIBITED. MADE IN THE EU. FIXCD31/543 123-2 LC06444 BIEM/MCPS. ℗+© 2000 FICTION RECORDS

Paris, Le Zenith
The Cure
Dream Tour
Live April 26th, 2000

Smith aborde un thème cher à l'album *Disintegration* en mettant l'accent sur l'effort requis pour retrouver la sensibilité et la passion que l'âge adulte tend à atténuer. « 39 » parle principalement de ce constat et du manque d'enthousiasme et d'envie qu'il ressent à chacun de ses anniversaires : *« Avec l'âge ça devient classique. Le jour J je ne peux pas m'empêcher de faire le point, et ces jours-là sont souvent synonymes de déception. Je réalise toutes les choses que je n'ai pas faites. Au lieu de m'asseoir et de pleurer, j'ai préféré écrire une chanson sur ce que je ressentais à ce moment-là. »*[134]

Pour son auteur, c'est une chanson étrange qui n'avait pas sa place dans l'album et qui n'était pas facile à chanter non plus, avec un message comme : « Je ne sais pas si j'ai encore envie de continuer, je n'ai rien à dire » : *« Il y avait une certaine contradiction dans cette chanson. Si je n'avais vraiment plus d'idées, je n'aurais pas pu écrire cette chanson. Mais c'est justement ce qui l'a rendue passionnante. Je me suis dit que si je voulais être honnête avec moi-même, elle devait figurer sur l'album. »*[9]

Fun Fact : Durant la composition de « 39 », Robert Smith prédit l'épilogue des Cure avec *Bloodflowers* et en avertit les membres de son groupe dès le début de l'enregistrement. À la sortie de l'album c'est à la presse qu'il fait cette annonce, ce qui ne manque pas d'en faire sourire certains... Effectivement, c'est une habitude qui au fil des ans, prend l'apparence d'une farce : en 1982 il annonce la fin de Cure avec *Pornography*, cinq ans plus tard, en 1987 il réitère avec *Kiss Me, Kiss Me, Kiss Me*, il rejoue la scène avec *Disintegration* qui devait être la désintégration définitive du groupe et en 1997 *Wild Mood Swing* prédisait la conclusion d'une carrière commencée vingt ans plus tôt.

À l'approche de son vingt-neuvième anniversaire, un journaliste interrogeait Smith sur sa vision de lui-même dans une décennie : *« Je ne sais pas. Je pense que plus je vieillis, plus je me résigne au fait de prendre de l'âge. C'est une sorte de paradoxe : plus tu es jeune, plus vieillir t'inquiète et dans mon cas, cela est vrai. La seule chose qui m'inquiète à ce propos est une combinaison, pas la peur de mourir mais plutôt l'incapacité de profiter de la vie lorsque tu deviens vieux, les choses que tu ne peux plus faire, je veux dire physiquement. »*[157]

BLOODFLOWERS
Smith, Gallup, Bamonte, O'Donnell, Cooper

La première partie de la chanson est une vision optimiste selon laquelle toutes les belles choses peuvent durer éternellement. La suite, quant à elle, est nettement plus désenchantée. Les derniers vers incitent l'auditeur à choisir son propre chemin, vivre selon ses propres valeurs, avant que le feu ne s'éteigne à tout jamais.
« Je reviens toujours aux mêmes sujets, année après année. "Bloodflowers" trouve son titre dans un recueil de lettres, Behind the scream, dans lesquelles Edvard Munch se plaint de toujours peindre les mêmes sujets. »[10] – Robert Smith

Mais ce n'est pas là sa seule source d'inspiration : *« Je lisais un livre de poèmes sur la Seconde Guerre mondiale et l'un d'entre eux décrit la blessure d'un soldat touché par une balle, ouverte comme une fleur de sang (blood flower) dans son corps. J'ai aimé ce lien entre la souffrance et l'art. »*[11] Le solo de guitare fut enregistré en une prise. Pour Smith, il représente ce qu'il a toujours rêvé de créer : *« C'était très personnel, je n'ai jamais joué un solo de guitare dont je sois réellement satisfait. Associé à l'ensemble du contexte, le solo joué sur "Bloodflowers" est aussi proche que possible de la chanson parfaite et atypique de Cure. »*

En 2000, alors que Smith est invité sur la radio *Triple J Radio*, un auditeur l'interpelle et lui demande s'il y a un titre qu'il apprécie particulièrement de jouer sur scène ?

« Probablement, au cours de l'année, je pense que "Bloodflowers" est devenue ma chanson préférée des Cure. On termine généralement le principal set des concerts avec elle et ça devient un moment très émotionnel. »

Comme pour les cinq premiers albums, la chanson qui donne son titre à l'album est celle qui le clôt. C'est une période de remise en question. Smith est au seuil de la quarantaine, le précédent album et la tournée qui s'ensuivit n'ont pas fonctionné et le passage à l'an 2000 ne l'enthousiasme guère.

« Bloodflowers *fut écrit à une période où j'étais vraiment désenchanté avec le groupe. Je n'avais plus l'intention de continuer. Mais, le processus de réalisation m'a fait changer d'avis.* »
– Robert Smith

Fun Fact : Dans la discographie de Cure, l'album *Bloodflowers* se situe entre deux compilations : *Galore* (1997) et *Greatest Hit* (2001). Pour des raisons purement commerciales, les compilations sont imposées par la maison de disques au grand désespoir de Smith.
Bloodflowers est jouée live pour la 1re fois le 19 octobre 1999 au Sony studio (New York), trois mois avant sa sortie officielle.

THE CURE (2004)

I Am Records – Geffen Records
Production : Ross Robinson, Robert Smith
Enregistrement : Olympic Studios. 2003-2004
Pochette : Nièces et neveux de Robert Smith
Date de sortie : juin 2004

1-Lost
2-Labyrinth
3-Before Three
4-The End of The World
5-Anniversary
6-Us or Them
7-Alt.end
8-(I Don't Know What's Going) On
9-Taking Off
10-Never
11-The Promise
12-Going Nowhere

Quatre ans après la parution du dernier album, The Cure reprend du service au début du printemps 2004. Le même line up que pour *Bloodflowers* se retrouve au studio Olympic de Londres pour six semaines d'enregistrement chaotique. Une période interminable pour certains musiciens qui ne supportent pas les méthodes imposées par le nouveau producteur de néo-métal Ross Robinson. Fan des Cure depuis sa jeunesse, Robinson exulte à l'idée de réaliser le douzième et ultime album des Cure… car oui, Smith est à nouveau convaincu que ce disque est le dernier. Conscient de cela, le producteur suggère de souligner l'aspect définitif en l'intitulant simplement *The Cure*.

« J'ai su, après lui avoir parlé que je voulais travailler avec lui. Il a su réveiller en moi la vieille passion pour The Cure qui s'était endormie. Il m'a rappelé à quel point les gens aimaient ce qu'on faisait. »[77] – Robert Smith

Rapidement les deux hommes s'apprécient… à tel point que le chanteur laissera Robinson gérer seul la réalisation et la production de l'album. Les premières démos présagent d'un disque sombre et macabre dépourvu de toute sensibilité pop. Le groupe pense satisfaire les attentes du producteur en lui proposant un ersatz plus actuel de *Pornography*. Effectivement, Robinson est comblé mais son ambition n'est pas de reproduire ce que les Cure ont déjà fait, il veut plus et son souhait va spontanément s'exaucer. Au fil des séances quelques morceaux plus lumineux font leur apparition, les tempos s'accélèrent et des éléments pop viennent interférer avec le souhait originel.

« Tant qu'à intituler cet album The Cure, je voulais y inclure chaque partie de ce qu'on a fait. »[67] – Robert Smith

La méthode appliquée par Ross Robinson est particulière, voire brutale, et perturbe certains membres du groupe. Il veut communiquer son énergie aux musiciens pour qu'elle puisse transparaître dans la production et dans la façon d'interpréter les chansons. Ce qui excède Gallup au point de souhaiter quitter le groupe au beau milieu des séances d'enregistrement. Il saisira l'opportunité de certains interviews comme un exutoire, profitant de l'occasion pour critiquer vivement le travail du producteur. Robinson propose à Smith d'expliquer le sens de ses textes aux membres des Cure avant chaque séance d'enregistrement. Une grande première pour le chanteur qui se plie à l'exercice : *« Je me suis replongé dans les thèmes universels du temps qui passe, de l'amour perdu, de la conscience de soi… »*[171]

S'en suivent des discussions qui semblent interminables pour certains musiciens : *« Nous parlions de choses très intimes, c'était vraiment très bizarre… Mais c'était également génial parce que l'objectif de Ross était en réalité de nous mettre tous dans le même esprit. »*[77] – Robert Smith

Après ces heures de palabres, les morceaux sont enregistrés live dans un studio éclairé à la lueur de bougies.

À la suite de la vente de leur label historique Fiction Records à Universal Music, les Cure signent avec I Am Records dont le fondateur n'est autre que Ross Robinson. De fait, Chris Parry n'est plus leur manager-producteur et Smith mettra du temps à lui pardonner ce qu'il considère comme une trahison.

THE CURE
THE CURE

Le 29 juin 2004 sort le nouvel opus, un album éponyme dur et sans concessions. Le son est brut, rêche et la production s'éloigne radicalement des ambiances éthérées et pop des réalisations les plus significatives du groupe. Les musiciens utilisent un nombre très restreint d'instruments, et la voix de Smith ne subit pratiquement aucun traitement. Très peu de reverb et de delay, effets qui sont pourtant l'apanage du son Cure. Robinson souhaite que l'élément principal soit la voix et que sa texture soit la plus pure possible.

Les séances de mixage se déroulent rapidement car le son a été soigneusement élaboré en amont et préparé à la manière d'une captation live : ce que les Cure ont joué est ce que l'auditeur entend, et c'est une approche inédite pour ce groupe qui a toujours apporté un soin particulier à la postproduction.

Smith est très fier de ce disque et le défend de façon indéfectible : *« Si vous n'aimez pas ce disque, vous n'aimez pas The Cure. C'est un aboutissement phénoménal pour nous car nous n'avons pas mis sur pied un album aussi rapidement depuis 1984. »* [163] Pourtant, l'idée initiale de Smith était de réaliser la suite de *Bloodflowers* en plus sombre, une sorte de version contemporaine de *Pornography*.

La tournée débute le 5 mars 2004 au Barfly, un petit club de Londres d'une capacité de deux cents places. Le marché noir s'en donne à cœur joie et certains fans paieront plus de deux mille livres pour assister au concert. Cette soirée sera suivie par une série de quarante-huit concerts en Europe et aux États-Unis dont vingt-deux dates dans un festival itinérant appelé Curiosa aux côtés d'Interpol, The Rapture et Mogwai. La tournée fait le plein et s'achève le 19 novembre à la Halle Tony Garnier de Lyon. C'est un succès et la presse acclame le retour d'un groupe qu'elle considère désormais cultissime. Les médias veulent tous avoir leur part de Cure et Smith se retrouve invité sur les plateaux de TV, en radio et fait les couvertures des magazines. Son groupe devient alors une référence pour une nouvelle génération de musiciens.

Les ventes de singles sont peu significatives mais l'album fonctionne bien : 2e en Italie, 3e en Allemagne, 4e en France, 7e du Billboard 200 américain.

Pour la pochette, Smith fait appel à quelques-uns de ses vingt-cinq neveux et nièces. Feutres et crayons de couleur en main, ils illustrent leurs rêves, leurs cauchemars et le portrait de l'oncle chanteur. *« Il est impossible de ne pas aimer les dessins d'enfants, car cela déclenche forcément quelque chose en chacun de nous parce qu'on a tous fait ce genre de dessins un jour. »*[171] raconte l'oncle Smith. Le 18 octobre 2004, The Cure publie son septième EP intitulé *Sessions@AOL*. Sept titres joués et filmés en studio dans les conditions live : « Lost », « Before Three », « The End of The World », « Lovesong », « Just Like Heaven », « From The Edge of The Deap Green Sea » et « One Hundred Years ». Smith est accompagné de Gallup, Cooper, O'Donnell et Bamonte.

En décembre 2006 le groupe publie un nouvel EP : *From Festival 2005* qui contient trois titres live que l'on retrouve sur le DVD Festival 2005 publié un mois plus tôt.
« Alt.End », « Push » et « In Between Days ». Aux côtés de Smith figurent simplement Gallup, Cooper et Thompson.

● LOST
Smith, Gallup, Bamonte, O'Donnell, Cooper

Smith reconnait que cette chanson est largement inspirée du livre *Le point de vue de nulle part* de Thomas Nagel : *« J'ai été tenté de voler le titre de ce livre à un moment donné. L'idée principale du roman est ce concept de sortir de soi. Et pour y arriver, il faut d'abord reconnaitre qui on est. »*

Pour débuter l'album, il choisit de développer un thème philosophique : comment concilier la perspective individuelle d'une personne au sein du monde avec une vue objective de ce même monde, susceptible d'inclure à la fois la personne et son point de vue.

« La première chanson de l'album The Cure parle essentiellement de la façon dont on découvre qui on est vraiment. Et si tu crois que tu peux changer et rester toi-même, tu dois juste accepter le fait que les gens peuvent changer… Je me demande toujours, "quand est-ce qu'on devient vraiment soi-même ?". Moi, par exemple, j'ai grandi avec certaines valeurs qui sont devenues une partie de moi. Mais, à quel moment suis-je devenu moi-même ? Ce qui se passe ce soir va me changer d'une manière ou d'une autre. Donc c'est une chimère, car je change constamment. »[141] – Robert Smith

Smith se questionne sur sa propre identité et la signification véritable du changement et de l'évolution personnelle. Il donne quelques clefs supplémentaires pour aider à saisir le sens de « Lost » : *« C'est une chanson qui a trois significations. La plus immédiate parle de la difficulté de se reconnaitre dans une relation de couple. C'est le moment où vous avez trouvé quelqu'un. Mais on s'est aussi "perdu". Avoir une relation signifie céder à des compromis et oublier une partie de sa propre identité. La deuxième question me concerne personnellement. Je me demande parfois si je ne me suis pas perdu parce que je ne peux pas reconnaitre ce qui m'entoure et si c'est le bon endroit pour moi et, dans ce cas… où suis-je ? Je pense souvent avoir perdu le contact avec ce que je fais. Et la dernière des trois significations est… le sentiment de ne pas s'être approprié. Il s'agit de se demander si cette vie nous a rendus plus sages ou si elle nous a juste joué un tour. »*[15]

Le producteur Ross Robinson tente une approche inédite pour le groupe en les poussant à ne pas se cacher derrière leur chanteur et d'imposer leurs points de vue. Il organise aussi des séances d'explication de textes : *« La première semaine a été très tendue parce que pour que Ross parvienne à nous faire atteindre son objectif, il a fallu que nous mettions beaucoup plus de passion dans ce que nous faisions. Lors de la première session, il m'a demandé d'expliquer le texte de la première chanson, "Lost", pourquoi je l'avais écrit et ce que je voulais que le public ressente quand nous la jouerions. C'était curieux pour moi car je n'avais encore jamais rien fait de tel, et ça nous a conduits à une discussion sur la conscience de soi. C'était bizarre parce que d'habitude nous aurions joué le morceau, vérifié qu'on était accordé et puis tout ce qu'on fait d'ordinaire quand on est en studio... Mais rien de tout cela n'intéressait Ross. Tout ce qu'il voulait c'était parvenir à nous faire tous partager le même espace mental de telle sorte que quand nous commencerions à jouer nous saurions tous pourquoi. Durant cette première semaine nous avons discuté de sujets dont nous n'aurions jamais parlé autrement, certaines choses dont cinq Anglais d'âge mûr ne parlent pas entre eux. »*[145] – Robert Smith

LABYRINTH
Smith, Gallup, Bamonte, O'Donnell, Cooper

Le présent n'a pas de connexion avec le passé. Tout a changé, ou alors la perception du narrateur est altérée. Un thème largement développé dans l'album. Les deux premières chansons sont liées par cette angoisse... « Labyrinth » est une extension de la précédente : la deuxième partie de « Lost ».

« La chose la plus étrange est que plus je vieillis, moins je comprends mon âge. J'en savais plus quand j'étais jeune et les chansons "Lost" et "Labyrinth" traitent précisément de cela. Quand tu es plus jeune tu aimes les anniversaires, mais quand tu grandis, tu as tendance à être triste et les journées sont emplies d'heures de souvenirs. C'est vraiment déprimant. »[10]
– Robert Smith

« Labyrinth » développe une certaine similitude avec « Anniversary », le sixième titre de l'album qui exprime lui aussi l'inquiétude liée au temps qui passe et la souffrance de telles célébrations.

« L'été dernier, j'étais complètement à la dérive pour la première fois de ma vie. Je me suis senti dissocié de tout ce qui m'avait toujours ancré. Je sentais que je n'avais pas ma place dans ma maison et dans ma famille. Je ne me sentais plus vraiment à l'aise et les deux premières chansons de l'album en sont le reflet. »[140]
– Robert Smith

BEFORE THREE
Smith, Gallup, Bamonte, O'Donnell, Cooper

« Ce sont les souvenirs que je garde, et je suis sûr que tout le monde se souvient de certains jours parfaits de son adolescence, quand tout est si exaltant et que tout semble lumineux et important. Quel que soit mon âge, il y aura toujours des moments clefs dans ma vie et ils seront toujours là. Ce sont des critères pour moi. À l'origine, "Before Three" parlait d'un bon et d'un mauvais signe et je trouvais que c'était un peu trop proche de "Labyrinth" avec le côté lumineux et le côté sombre. Donc j'ai laissé tomber le côté sombre. J'ai gardé la chanson et je l'ai transformée en l'un des plus heureux jours et l'une des plus heureuses nuits. Toutes les chansons de l'album ne sont pas vraiment novatrices pour moi sur le plan des paroles, je pense que je reviens à certains thèmes déjà traités par le passé. "Before Three" est une complainte sur le temps qui passe mais en même temps, cela implique l'idée que si tu peux t'accrocher à ces souvenirs de manière très réelle, alors tu ne peux pas faire fausse route et je pense que c'est très vrai en fait. Je crois qu'il faut vraiment s'accrocher à certaines choses qui nous arrivent lorsqu'on est plus jeune pour ne pas trop changer... Si on change et qu'on oublie, je crois vraiment qu'on se perd. »[139]
– Robert Smith

Fun Fact : Bien que Smith soit satisfait de sa collaboration avec Ross Robinson, le reste du groupe ne supporte pas le comportement du producteur mais essaie de s'y accommoder tant bien que mal pour des raisons de confort artistique. *« Robert a trouvé que travailler avec lui était une source d'inspiration. En fin de compte, parce que Robert est le chanteur, cela n'a rien à voir avec le fait qu'il soit le leader, il doit y avoir une atmosphère dans le studio qui évoque un bon environnement pour qu'il puisse chanter. Je pense que c'est plus important que de ne pas s'entendre avec quelqu'un. »*[144] – Simon Gallup

THE END OF THE WORLD
Smith, Gallup, Bamonte, O'Donnell, Cooper

« Un petit évènement survient et fait s'écrouler votre monde. »[149] –
Robert Smith

« "The End of The World" parle superficiellement de la fin d'une relation. Si vous avez investi assez de temps et d'énergie pour quelqu'un, alors cette personne possède l'habilité de détruire votre monde... Ce qui est une bonne et une mauvaise chose. Je voulais aussi placer la chanson dans un contexte plus large, comme cette peur omniprésente qui semble se répandre, engendrée par la majorité occidentale en particulier, que nous nous dirigeons vers la fin du monde. J'ai essayé de marier les deux, j'espère que j'ai réussi. »[142] – Robert Smith

Les textes de Smith ont rarement de résonance avec la réalité et le monde extérieur. Bien qu'il ne politise pas ses paroles, il y intègre parfois quelques références sociétales. *« Le titre fait référence au climat général de peur dans lequel nous sommes censés vivre en ce moment et que j'aborde un peu plus en profondeur et de façon plus délibérée dans d'autres chansons. Mais l'idée est que tout cela se résume en réalité à un garçon et une fille... »*[139]
– Robert Smith

THE CURE
alt.end

Yes
GEFFEN
©2004 Geffen Records. Все права

Suite aux déclarations acerbes de Simon Gallup à l'égard de Ross Robinson, Smith s'efforce de présenter sa perspective et de modérer certains propos potentiellement gênants : *« Au début, c'était le bordel. Les premiers jours, Simon Gallup a rejeté Ross de manière très ouverte. Il ne le supportait pas... Dans un moment de colère, il en est venu à frapper sa basse contre la batterie ! Ses mains étaient en sang ! Les autres ne lui faisaient pas confiance non plus, ils l'accusaient d'essayer de prendre possession du groupe. À ce moment-là, je suis devenu fou : je n'arrivais pas à leur faire comprendre que Ross était là pour nous aider à faire quelque chose que nous n'aurions jamais pu faire par nous-mêmes. Il n'y avait pas de plan B : soit on enregistrait avec lui, soit on jetait l'éponge. C'était très angoissant... La première semaine était pleine de tensions terribles, alors le vendredi soir, avant de quitter le studio, je leur ai dit : "quand vous reviendrez lundi, préparez-vous à continuer dans cette direction, ou restez chez vous". Le lundi, Simon n'est venu au studio qu'à six heures de l'après-midi... J'ai cru que tout était perdu. En fait, quand il est enfin arrivé, j'ai cru qu'il allait annoncer qu'il quittait le groupe. Mais il ne l'a pas fait, il a déchargé ses affaires et est resté. Paradoxalement, cette nuit-là, nous avons enregistré la plus belle session de toute l'histoire de The Cure. Toutes les énergies négatives ont disparu, il n'y avait rien d'autre que de l'intensité pure partout. »*[16]

« The End of The World » sort en single le 22 juin 2004. Face B : « This Morning » et « Fake ».

ANNIVERSARY
Smith, Gallup, Bamonte, O'Donnell, Cooper

« "Anniversary" est une chanson qui exprime un sentiment ni triste ni heureux… c'est entre les deux. » – Robert Smith
« L'idée d'avoir des anniversaires est une construction humaine qui consiste à se souvenir de ce que nous avons fait ce jour de l'année précédente... c'est un lien social, comme pour Noël. Cependant, il y a aussi un côté sombre lié à cette date avec la mort qui commence à figurer dans le calendrier lorsque nous vieillissons. Nous commençons à remercier Dieu de nous avoir laissés vivre une année de plus. Les anniversaires deviennent plus sombres avec le temps. Alors que chaque anniversaire était une belle célébration dans la jeunesse, en vieillissant, je réalise que cela ne s'applique pas toujours. C'est ce que j'ai voulu transmettre dans cette chanson. »[139] – Robert Smith

Le processus narratif de « Anniversary » est scindé en deux. La première partie aborde la douleur associée aux souvenirs d'évènements récurrents, ressurgissant invariablement chaque année. Elle explore le sentiment de regret et de remords, la sensation que l'on aurait pu intervenir pour éviter certains incidents à un moment précis de notre existence. La deuxième partie, quant à elle, se concentre sur l'importance de vivre dans le présent et de ne pas se laisser submerger par des inquiétudes excessives.

US OR THEM
Smith, Gallup, Bamonte, O'Donnell, Cooper

Surement la chanson la plus politique et limpide jamais réalisée par les Cure. Une diatribe contre les gouvernements qui jouent sur les peurs et les croyances religieuses pour justifier l'incursion dans nos vies privées. Le chanteur fait référence aux fanatiques religieux qui se considèrent comme les arbitres de la justice, et conspue ceux qui envisagent la liberté d'expression comme une menace : *« C'est motivé par deux choses essentielles. J'aime l'idée que The Cure soit un groupe intemporel et j'aimerais que notre musique puisse être écoutée longtemps après ma mort sans trop faire référence à l'époque où nous l'avons créée. En revanche, j'ai vraiment senti qu'il fallait que j'écrive quelque chose à propos de l'insistance de ce message mis en avant par les médias sur la façon dont je suis supposé vivre en tant qu'individu dans la peur. Je trouve intolérable qu'on me dise que ma vie est en danger à tout moment. Cela s'étend à tout et ce n'est pas contre un seul type de personne, c'est contre la notion de "nous ou eux". Si vous n'êtes pas, comme l'a soutenu l'un de nos grands leaders du monde occidental, avec nous ou avec les Européens alors vous êtes contre nous. Il existe un sens où l'on peut simplement vivre sa vie sans empiéter sur celles des autres sans être pour ou contre ce mode de vie, on peut le tolérer, et c'est ce sens de la tolérance qui me semble être éradiqué du monde moderne. C'est probablement la chose la plus furieuse que nous ayons faite en 20 ans. »*[139]

Fun Fact : Les paroles visent directement Tony Blair, Georges W. Bush et leur « axe du mal ». La première mouture de la chanson était plus politique, beaucoup plus engagée mais après de longues discussions avec les autres membres du groupe et sous leur pression, Smith a tempéré ses propos.

« Ce ne devrait être un mystère pour personne : aujourd'hui, le monde est bien pire qu'il ne l'était à la fin des années soixante et au début des années soixante-dix. J'ai grandi à une époque qui n'était pas exempte de menaces. Nous vivions avec la conviction qu'une guerre nucléaire allait détruire la planète. Mais la réalité d'aujourd'hui est beaucoup plus lourde. Avant, les gens avaient peur que quelqu'un puisse lâcher une bombe atomique qui détruirait tout. Aujourd'hui, c'est pire. Nous vivons convaincus qu'à chaque coin de rue il y a quelqu'un prêt à faire exploser ses petites bombes mortelles en permanence. Nous vivons avec une peur permanente, insidieuse. Personnellement, je refuse de faire partie de cette famille. La peur est une arme de manipulation massive, extrêmement perverse et folle, qui pousse les gens à se comporter de manière détestable. »[16] – Robert Smith

ALT.END
Smith, Gallup, Bamonte, O'Donnell, Cooper

Le texte puise une partie de son inspiration dans le livre *Natural Prayers* de Chet Raymo, mais l'influence principale vient du regard que Smith pose sur sa carrière et son envie, si souvent chantée, d'y mettre un terme : *« "Alt.End" évoque l'idée que j'ai réalisé tout ce que je souhaitais faire. Cependant, le fait que je l'exprime dans une chanson me pousse à être ironique à ce sujet. C'est l'un de ces moments particuliers où je m'imagine debout sur scène en train de l'interpréter. Sur l'album* Bloodflowers, *nous avons une chanson appelée "Out of This World", je savais que nous allions ouvrir l'album avec et je me suis dit "voilà, c'est la fin !" Ce qui est paradoxal, c'est qu'en l'enregistrant en studio, j'espérais l'interpréter dans le futur. Avec "Alt.End", c'est le même genre de réflexion… Cela implique également le fait d'abandonner l'idée d'une nouvelle expérience, ce qui est une mauvaise chose à faire, comme se dire à quoi bon, j'ai déjà fait ça avant. »*[139]

Au fur et à mesure que l'album prend forme, Ross Robinson conserve les faveurs de Smith alors que les quatre autres musiciens deviennent de plus en plus réfractaires à sa façon de travailler, ainsi qu'à l'ambiance délétère qu'il instaure en studio.

« Personnellement, je n'aime pas Ross, je le trouve banal. Je suis assez vieux pour me faire une opinion lorsque je pense que quelqu'un essaie d'être excentrique alors qu'il ne l'est pas. J'ai rencontré suffisamment de personnes authentiques et honnêtes, et je ne pense pas que Ross en fasse partie. Il faisait juste, à mon avis, des choses qui n'étaient ni appropriées, ni nécessaires : il me prenait la basse des mains : "Hé, qu'est-ce que tu fais ?" et il répondait : "J'essaie d'obtenir le son pour qu'il sonne comme ta basse"... Je sais comment l'obtenir, alors pourquoi ne pas simplement me demander de le faire ? »[144] – Simon Gallup

« Alt.End » sort en single le 12 octobre 2004, uniquement aux USA. Face B : « Why Can't I Be Me? » et « Your God Is Fear ».

(I DON'T KNOW WHAT'S GOING) ON…
Smith, Gallup, Bamonte, O'Donnell, Cooper

« Il s'agit d'une chanson portant sur les relations humaines et l'idée d'admirer quelqu'un de manière intense. Elle peut être interprétée de deux façons. D'une part, c'est une chanson d'observation, car je vois comment parfois, les gens se comportent avec moi. D'autre part, c'est un sentiment que je ressens de temps en temps, comme si j'étais plongé dans le corps de quelqu'un d'autre et que je paniquais, c'est une sensation étouffante. C'est le sentiment de ne pas être capable de lâcher prise. Il arrive que lorsqu'on parle à quelqu'un, on s'en rapproche beaucoup, on la regarde intensément, on l'observe. Si l'on se trouve dans un espace confiné, cela peut devenir vraiment étrange, car on franchit une limite où l'on est supposé être à l'aise avec cette l'autre personne. »[139] – Robert Smith

Ross Robinson a joué un rôle clef dans l'impulsion donnée à la création de ce nouvel album. Alors que Robert Smith est persuadé que les Cure ont terminé leur carrière avec *Bloodflowers*, il réserve un studio afin de réaliser son projet solo et d'explorer de nouveaux horizons musicaux. C'est sans compter sur l'acharnement et la pugnacité du producteur qui réussit à convaincre le chanteur de clore l'histoire des Cure avec un disque ultime, brutal et définitif.
« Je me suis empêché de faire des trucs pop pendant qu'on travaillait sur les démos. Je pensais qu'il était temps de faire quelque chose de lourd, sombre et d'aller encore plus loin. Mais finalement c'était si inégal qu'on a dû le modifier. Une partie de Cure est un groupe pop et résister ou prétendre que nous ne sommes que ruine et tristesse est un exercice vain. »[165] – Robert Smith

Fun Fact : Le feuilleton « Gallup vs Robinson » se prolonge et le bassiste compte bien saisir toutes les occasions qui se présentent à lui pour exprimer sa colère : *« Robert a trouvé que bosser avec Robinson était une source d'inspiration. Si nous devons retravailler avec lui je ferais exactement ce que j'ai fait pendant l'enregistrement de cet album : quitter le studio, aller dans celui d'à côté, et casser des trucs… je frappais sur les murs ! C'était comme un hurlement salvateur ! »*[144]

TAKING OFF
Smith, Gallup, Bamonte, O'Donnell, Cooper

« C'est la chanson la plus heureuse que j'ai écrite depuis "Friday I›m in Love". C'est juste cette façon de voir les choses : "Dois-je faire ce prochain pas, dois-je ne pas penser aux conséquences, dois-je oublier qu'il y a un lendemain" et c'est ce moment glorieux où vous pensez "ouais" ! C'est juste que j'ai pensé qu'il fallait mettre ça dans une chanson et ce fut le jour le plus heureux que nous ayons eu en studio. C'est peut-être trop joyeux et trop rythmé pour figurer sur l'album, mais je pense que c'est bien qu'il y ait du relief, comme une parenthèse enchantée, et ensuite le monde réel reprend le dessus. »[139] – Robert Smith

L'idée initiale vient de Simon Gallup qui aime laisser ses doigts courir sur le manche de sa basse pendant qu'il regarde la télévision. Parfois, une mélodie heureuse apparaît et donne naissance à une chanson. *« Je l'ai créé chez moi et je l'ai détesté en studio parce que je trouvais que la basse n'était pas assez présente. Sur* "Taking Off" *je joue sur la corde du la. Je joue un sol avec un ré ouvert, puis je passe à un la avec le ré ouvert, ce qui fait que je joue un accord de sol, puis un accord de ré. C'est une de ces chansons qui m'est venue en regardant la télévision, et ça a marché. »*[174]

THE CURE

Le riff de guitare, la composition et l'ambiance nous renvoient au glorieux « Just Like Heaven ». La capacité de Smith à composer des hymnes pop ne s'est pas tarie.Bien qu'il laisse à Robinson le soin de gérer seul la réalisation et la production de l'album, il conserve son rôle de leader et se réserve le droit d'imposer ses décisions : *« Nous avons fait vingt chansons au total. Il y en a quinze qui sortent dans cette première vague, et trois des cinq autres qui sont laissées de côté sont les chansons les plus déprimantes que nous ayons jamais faites. Ross Robinson était fou d'angoisse à l'idée que je ne les mette pas sur l'album. La setlist qu'il a proposée formait un album de huit chansons, toutes les plus longues, sombres et lugubres. J'ai mis en place mon ordre de passage, nous les avons comparés et j'ai préféré le mien. Le fait est que je prends les décisions. »*[40]
« Taking Off » sort en single le 18 octobre 2004. Face B : « Why Can't I Be Me? » et « Your God Is Fear ».

NEVER
Smith, Gallup, Bamonte, O'Donnell, Cooper

« "Never" est en réalité une chanson très sombre. Chacun dans le groupe a composé un titre sur ce disque… tout le monde m'a donné une pièce de musique. J'ai insisté pour que chaque membre du groupe participe à la composition alors que normalement je ne m'en préoccupe pas vraiment. D'habitude, il y a une démo de Simon, parfois quelqu'un d'autre trouve quelque chose que je peux intégrer dans une chanson. "Never" est très différente de The Cure au niveau rythmique, c'est vraiment bizarre pour nous de faire quelque chose comme ça. C'est Jason qui nous influence et ses démos sonnent toutes comme ça. »[139] – Robert Smith

La frustration d'une relation superficielle qui ne changera et n'évoluera pas. Quoi qu'il fasse, il n'atteindra jamais la complicité ou l'intimité espérée. C'est une prise de conscience terriblement décevante qu'aucun effort ne pourra résoudre.
« De tout votre être vous voulez qu'il y ait plus mais vous savez très bien que c'est impossible. Je n'ai jamais été aussi en colère sur l'album, quelque chose en moi est devenu vraiment fou à la fin de cette chanson. C'est officiellement la chanson la plus dure que j'aurai à chanter. »[139] – Robert Smith

Fun Fact : Beaucoup de musiciens s'interrogent sur la façon dont Simon Gallup procède afin de produire un son de basse si particulier et si puissant. Pour les spécialistes, voici quelques explications : *« C'est simple : c'est lourd en bas, j'enlève le medium et c'est fort dans les aigus. Sur un QE graphique, la forme ressemble à un crochet. Je pense que lorsque vous enlevez une grande partie du médium, le son est meilleur. Pour les concerts j'utilise ce que j'ai toujours utilisé : une Distortion Boss MT, un DD-3, un Digital Delay, un BF-2 Flanger, un CE-5 Chorus ensemble et un NS-2 Noise Suppressor. Certaines de mes pédales d'effet ont environ 15 ans, Robert et moi avons un faible pour elles et c'est pourquoi elles sont toujours là. Elles produisent un bourdonnement épouvantable, mais une fois que mon signal passe par la sono et qu'il est filtré, tout va bien. Il existe des appareils plus perfectionnés, mais je sais comment m'en sortir sans. »*[174] – Simon Gallup

THE PROMISE
Smith, Gallup, Bamonte, O'Donnell, Cooper

Peu de temps après la fin de l'enregistrement de l'album le groupe se retrouve sur scène, à Coachella, et en profite pour interpréter quatre titres du futur disque, dont « The Promise », en clôture de set.
« C'était fabuleux d'avoir enregistré la chanson et, en l'espace de quelques semaines, de se retrouver devant cinquante mille personnes en train de jouer "The Promise". C'est l'une de ces chansons que je peux interpréter en live et qui me permet de m'adonner à mes fantasmes de Jimi Hendrix. En ce qui concerne le solo de guitare, j'avoue que c'est le moment dont je suis le plus fier en tant que guitariste. »[139] – Robert Smith

Avec « The Promise », Smith se conforte dans l'idée que certaines cicatrices émotionnelles ne s'effacent jamais et que le temps ne peut pas guérir toutes les souffrances. Il s'agit de se souvenir de ce que l'on a perdu et de savoir que l'on ne pourra jamais vraiment l'oublier. La promesse « avec le temps tout peut s'arranger » n'est qu'une chimère.

Fun Fact : Simon Gallup, souvent discret et laconique, décide de devancer ses collègues lors des interviews. La raison ? Sa nouvelle marotte. Dire tout le mal qu'il pense du producteur. Cela deviendra la ritournelle de 2004 dont le bassiste ne semble pas se lasser : *« Pendant cette tournée, j'ai parlé à certaines personnes qui connaissent des groupes qui ont travaillé avec Ross. Il semble que dans chacun de ces groupes il y a des musiciens qui ne s'entendent pas avec lui. Certains l'apprécient, d'autres pas. Je pense que je suis un peu plus volatile que les autres membres de The Cure. Ross aimerait ouvrir des débats et des discussions ; moi, j'aimerais juste lui donner un sérieux coup de pied dans les dents. »*[144]

GOING NOWHERE
Smith, Gallup, Bamonte, O'Donnell, Cooper

Par le passé, en raison de divers facteurs liés au marketing et aux pressions financières, les Cure ont souvent dû ajouter une chanson pour le pressage japonais. Pour cet album, le processus se complexifie et s'applique à d'autres pays : une version de onze titres aux USA, treize titres pour la version anglaise, quatorze titres pour le Japon et douze pour le reste du monde. Résultat de cet imbroglio : « Going Nowhere » ne figure pas sur le pressage nord-américain.

« Il y a quatre versions différentes de cet album. Celle qui comporte douze titres est pour moi la définitive et la plus cohérente. »[139] – Robert Smith

Après « The Promise », et ses dix minutes de distorsion évolutive et tourbillonnante le groupe offre une pause d'une dizaine de secondes avant de terminer le voyage avec « Going Nowhere ». *« Je voulais qu'il y ait quelque chose de très doux, une sorte de fermeture nostalgique de la porte. »*[139] conclue Smith.

« Going Nowhere » aborde deux aspects distincts qui sont exprimés de manière littérale. D'une part, Smith explique que, quel que soit le parcours emprunté, on finit toujours par revenir au même endroit, car le point de départ est également l'arrivée. D'autre part, l'auteur aborde un aspect moins sombre en exprimant la promesse de ne pas s'en aller et de toujours rester aux côtés de la personne aimée.

« "Going Nowhere" est très inhabituelle pour moi, car je n'écris normalement pas les paroles et la musique en même temps. C'était pendant l'été 2002, je me suis assis dehors avec une guitare, j'ai commencé à jouer et à chanter. Et voilà, c'était écrit et ça ne durait que trois minutes. Je me suis dit que la vie serait tellement facile si je pouvais faire chaque chanson de cette manière. "Going Nowhere" est simple et très mélancolique, mais ça fonctionne. »[139] – Robert Smith

4:13 DREAM (2008)

Geffen Records
Production : Keith Uddin, Robert Smith
Enregistrement : Parkgate Studios 2006-2008
Pochette : Parched Art
Date de sortie : octobre 2008

1-Underneath the Stars
2-The Only One
3-The Reason Why
4-Freakshow
5-The Sirensong
6-The Real Snow White
7-The Hungry Ghost
8-Switch
9-The Perfect Boy
10-This, Here and Now. With You
11-Sleep When I'm Dead
12-The Scream
13-It's Over

« Non, en y réfléchissant, je ne pense pas que les Cure s'arrêteront, mais je peux inventer une fin si vous le souhaitez. »[75] – Robert Smith

L'ultime et définitif album éponyme publié quatre ans plutôt n'était en fait pas si définitif que cela, ce qui ne surprend plus vraiment personne tellement Smith est revenu sur ses décisions de dissolution et de fin de carrière au fil des ans. Le groupe va donc s'atteler à la réalisation d'un nouvel album prévu pour mai 2007. Roger O'Donnell n'est plus membre des Cure depuis 2005. *« Lorsque j'ai rejoint The Cure, ils étaient déjà très célèbres et les rôles de chacun étaient bien définis. Je savais dans quoi je m'engageais et je n'ai donc jamais eu de problème. Il y avait, bien sûr, d'énormes tensions au sein du groupe qui étaient devenues apparentes au fil des ans et qui se manifestaient à chaque fois que l'occasion se présentait. »*[177]

Perry Bamonte quitte également le groupe mais non de son propre chef, il se fait sèchement remercier pour incompatibilité d'humeur. Le désormais trio sent qu'il lui manque un musicien pour réaliser ce futur album. Smith fait alors appel à son ami, beau-frère et ancien guitariste des Cure : Porl Thompson.

Le chanteur s'est fixé un délai pour finaliser les paroles, car, à force de retarder l'heure d'entrée en studio, il s'éparpille sans parvenir à créer quelque chose qui peut le satisfaire : *« Je me surprends à m'arrêter net et à me dire "j'ai déjà fait ça avant et mieux". Je dois finir les paroles avant Noël. Si je ne le fais pas je devrais être fusillé. »*[99]

Il en résulte des textes qui s'éloignent nettement de ses thèmes de prédilection. Les sujets abordés sont plus politiques et plus sociaux même si les relations humaines restent une source intarissable d'inspiration. Quant à l'orchestration le son est brut, sans fioriture et sans clavier, comme un prolongement de l'album *The Cure*. Porl Thompson a tout le loisir de s'exprimer et ne s'en prive pas. Les guitares ont la part belle. Pour produire ce nouvel opus, Smith fait appel à Keith Uddin, un jeune producteur de vingt-huit ans, connu pour son travail avec Bjork et Prince. L'enregistrement a lieu aux Parkgate Studios de Battle dans le Sussex.

Plus d'un an avant la sortie de l'album, le groupe entame une tournée mondiale de quatre-vingt-trois dates, *4 Tour World Tour 2007-08*, le 27 juillet 2007 à Yuzawa au Japon. Ce sera l'occasion de tester sur scène quelques nouveaux titres.

Au cours de cette tournée le groupe s'associe à Amnesty International pour demander la libération de Ma Khin Khin Leh, une militante birmane emprisonnée depuis 1999. Une partie des bénéfices de la tournée sera reversée à l'association.

« Ma Khin Khin Leh est en prison pour avoir fait ce que nous faisons tous à chaque concert de Cure. On lui a refusé un droit fondamental qui est la liberté de réunion. » – Robert Smith

Elle sera libérée le 22 février 2009

THE CURE
4:13 DREAM

01 UNDERNEATH THE STARS
02 THE ONLY ONE
03 THE REASONS WHY
04 FREAKSHOW
05 SIRENSONG
06 THE REAL SNOW WHITE
07 THE HUNGRY GHOST
08 SWITCH
09 THE PERFECT BOY
10 THIS, HERE AND NOW, WITH YOU
11 SLEEP WHEN I'M DEAD
12 THE SCREAM
13 IT'S OVER

Le 11 octobre 2008 à Rome, le groupe joue l'intégralité de l'album en concert dans le cadre du *Coca-Cola live@MTV 2008*. Le show a lieu sur la Piazza San Giovanni devant une foule pleinement consciente de la rare opportunité qui s'offre à elle. *4:13 Dream* sera commercialisé quelques jours après ce concert, le 28 octobre 2008.

Ce treizième et dernier opus en date devait être un double mais une mésentente avec le label annihile le projet. *« Je pensais naïvement que le point de vue de l'artiste repousserait toutes les objections mais le monde tourne de plus en plus autour du commerce. »*[140] évoque Robert Smith avec un ton d'amertume. En dépit de l'annonce faite sur le site officiel du groupe en 2014 concernant la sortie imminente d'un double album intitulé *4:26 Dream* : une version élargie de l'album *4:13 Dream* comprenant un nouveau mixage, ainsi qu'un second disque intitulé *4:14 Scream* regroupant des chansons inédites issues des mêmes sessions d'enregistrement, aucun de ces projets ne voit finalement le jour.

Crise du disque oblige, les ventes de l'album ne sont pas bonnes : à peine cent mille exemplaires écoulés aux États-Unis. En revanche la tournée est un succès et année après année The Cure prouve qu'il est un groupe de scène qui fascine tout autant qu'il intrigue et sait remplir les salles comme peu d'artistes. Comment rester populaires et vivants après tant d'années ? Comment faire des tournées gigantesques et sold-out sans promo et sans même sortir d'album ? Comment captiver un public multigénérationnel après quarante-cinq ans de carrière ? Depuis 2008 les Cure n'arrêtent pas d'exister sur scène et ressortent leurs albums en version Deluxe agrémentés d'inédits pendant que Robert Smith multiplie les collaborations : The Church, Gorillaz, Noel Gallagher…

« The Cure a confirmé l'idée qu'il est possible de maintenir un certain niveau de popularité sans avoir à se soumettre aux règles du marché ou de la mode. Je ne fais pas partie de ces idiots qui se croient hors du courant après avoir signé un contrat de millionnaire avec une maison de disques… The Cure joue ce jeu depuis longtemps, le joue bien, et continuera à le faire jusqu'à la fin. »[16] – Robert Smith
C'est aussi le retour de Parched Art à la réalisation de la pochette de l'album et des quatre singles.

Le dernier EP en date s'intitule *Hypnagogic States* et sort en septembre 2008, un mois avant l'album. Il contient les versions remix des quatre singles de *4:13 Dream*, « The Only One », « Freakshow », « Sleep When I'm Dead », « The Perfect Boy » et « Exploding Head Syndrome » ainsi qu'un remix intitulé *Exploding Head Syndrome* regroupant les quatre titres en un. L'intégralité des bénéfices des ventes est reversée à la Croix-Rouge internationale.
En 2005, Robert Smith est récompensé par Ivor Novello Awards au titre de sa réussite internationale et, en 2009, The Cure reçoit le Godlike Genius du NME pour l'ensemble de sa carrière.

UNDERNEATH THE STARS
Smith, Gallup, Cooper, Thompson

La chanson d'ouverture de *4:13 Dream* est la plus mélancolique et romantique de l'album. Comme souvent, l'intro d'un disque de Cure est une longue plage musicale évolutive et épique de plusieurs minutes qui laisse la voix du chanteur se poser comme une délivrance émotionnelle. Robert Smith y décrit un sentiment de bonheur et de plénitude de deux êtres qui s'aiment d'un amour exclusif. La phrase *« The waves break »* nous rappelle que rien n'est éternel.

« Underneath The Stars » est le seul morceau de l'album *4:13 Dream* qui trouve grâce aux oreilles des fans. Les critiques concernant la production du disque, le mix et le choix des titres enregistrés furent assez cinglantes. Frustré d'avoir dû subir les contingences commerciales imposées par son label, Smith exprime le souhait de rectifier le tir : *« J'aimerais reprendre* 4:13 Dream, *le remixer et le sortir sous forme d'un double album, puis le vendre au prix d'un simple pour que personne ne soit lésé et que vous puissiez entendre le résultat tel qu'il aurait dû être. »*

Fun Fact : « Underneath The Stars » est remixé par Danny Lohner (ancien bassiste et guitariste de Nine Inch Nails) pour la bande originale du film *Underworld 3 : Le Soulèvement des Lycans*, réalisé par Patrick Tatopoulos.

THE ONLY ONE
Smith, Gallup, Cooper, Thompson

« … une chanson classiquement pop. »[99] – Robert Smith

Depuis la publication du single « Taking Off » cela fait plus de trois ans et demi que le groupe n'a rien produit. Prolonger la carrière des Cure n'est ni une obligation contractuelle ni une contrainte économique, c'est un choix. Robert Smith explique : *« Plutôt que d'abréger les choses, au stade où nous en sommes avec le groupe, je fais ce disque parce que je veux profiter du processus et être fier du résultat final. Ce n'est pas une préoccupation commerciale pour moi. »*[143]

« The Only One » est une chanson d'amour sensuelle et passionnée, qui décrit l'adoration et le désir intense de Smith pour sa partenaire. Le texte se concentre sur les sensations physiques et émotionnelles que l'auteur ressent à son contact.
« Please Project » était une des nouvelles chansons jouées sur scène au début de la tournée. Elle va évoluer au fil des concerts pour devenir « The Only One ».
« The Only One » sort le 13 mai 2008 extrait de l'album *4:13 Dream.* Face B : « NY Trip ». Ce premier extrait de l'album atteint la première place des charts espagnols.

THE REASONS WHY
Smith, Gallup, Cooper, Thompson

NME décrit cette chanson comme : « *Épique... sombre et bizarre.* »
Beaucoup des chansons des Cure sont des pures fictions qui puisent leur souffle dans la littérature. Certaines sont directement inspirées des névroses et des angoisses de son auteur. « The Reason Why » est plus qu'authentique : les paroles viennent d'une lettre de suicide d'un fan envoyée à Robert Smith en 1987. Il déclara au NME qu'il connaissait cette personne et que le suicide n'avait rien de fictif.

Le 11 octobre 2008, lors de la présentation de l'album en live au *Coca-Cola live MTV*, la chaine de TV prend l'initiative de censurer la phrase : « *I wont try to bring you down about my suicide.* » Un effet « reverse » rend les paroles incompréhensibles.

Le jeune producteur Keith Uddin va renvoyer le groupe à ses fondamentaux et ses origines punks. Il veut un son brut et sans fioriture avec une approche musicale dont le maître mot est spontanéité ! Les Cure œuvrent sans relâche et enregistrent trente-trois chansons en quelques semaines. Seules treize figureront sur l'album.
« *Les trois mois les plus intenses et les plus difficiles que j'ai passés avec d'autres personnes que je pensais connaitre. Trois mois qui ont produit l'album le plus difficile auquel je n'ai jamais participé.* »[150]
– Robert Smith

FREAKSHOW
Smith, Gallup, Cooper, Thompson

« *C'est la chanson la plus bizarre de l'album.* »[99] – Robert Smith

« Freakshow » décrit une expérience intense et confuse qui désoriente le narrateur. Une réflexion sur le voyeurisme et la médiatisation à outrance du moindre évènement. Thompson est l'architecte sonique de cette chanson. Sa dextérité et son jeu de soliste donnent une couleur très rock et rappellent sa passion pour Led Zeppelin.

Le titre est joué pour la première fois en concert sous le titre « Don't Say Anything » à Mexico le 22 octobre 2007 (huit mois avant sa sortie officielle).
« Freakshow » sort en single le 13 juin 2008. Face B : « All Kind of Stuff ». Ce 2e extrait de l'album *4:13 Dream* rencontre un succès relatif, excepté en Espagne, où il atteint lui aussi la première place des charts.

SIRENSONG
Smith, Gallup, Cooper, Thompson

Smith décrit « Sirensong » comme une valse acoustique. Le texte évoque la puissance de l'attraction physique et émotionnelle ainsi que la fragilité des relations humaines.
« *J'adore la façon dont l'album se déroule avec les cinq premières chansons, parce qu'on se dit : "Oh, voilà, c'est parti", ça dure six minutes et c'est très calme, ensuite ça passe à une chanson pop classique de Cure, puis le suicide apparaît dans la première ligne de la suivante, puis on passe à "Freakshow" qui, pour moi, est la chanson la plus bizarre de l'album, et enfin "Sirensong" qui est une valse acoustique avec une guitare slide. Ces cinq chansons vous mettent dans une ambiance tellement particulière que vous ne savez pas vraiment ce qui va suivre.* »[99] – Robert Smith

Cet album n'a pas été conçu comme une entité avec une vue d'ensemble mais comme un assemblage de morceaux dont chacun est le reflet d'une humeur et d'une émotion. Smith voulait cette diversité et ne souhaitait pas s'enfermer dans un concept similaire à *Disintegration*.

THE REAL SNOW WHITE
Smith, Gallup, Cooper, Thompson

« The Real Snow White » présente une analogie entre le sexe, le désir et la drogue. Des sujets régulièrement développés dans l'œuvre des Cure. Pleine de sous-entendus sexuels, la chanson parle d'une relation éphémère, sans engagement, où l'un des protagonistes est prêt à tout pour avoir ce qu'il désire. Ce n'est pas explicite mais la blanche neige signifie la cocaïne.

La drogue a longtemps joué un rôle important dans la vie du groupe, autant dans un processus créatif que récréatif. Smith admet être parfois allé trop loin en abusant de certaines substances : « *J'ai pu reconnaitre des situations de danger ou je risquais de me griller les neurones et de ne plus reconnaitre personne mais ma nature ne me permet pas de formuler une opinion sur mes propres expériences.* »[63]

Fun Fact : Comme à son habitude et contrairement à son souhait initial de finaliser rapidement les textes, le chanteur s'est acharné sur son écriture, ce qui a contribué à retarder l'achèvement du projet. « *J'ai fait tellement de retouches, probablement plus que pour tous les autres disques réunis. Je voulais juste trouver le bon ton pour refléter ce que je suis à l'âge que j'ai.* »[143]

THE HUNGRY GHOST
Smith, Gallup, Cooper, Thompson

Dans l'hindouisme, le taoïsme et le bouddhisme, un « hungry ghost » est un être surnaturel qui souffre d'une faim insatiable. Dans certaines traditions, il est dit qu'après avoir vécu une vie d'avidité et de désir, une personne renaît sous la forme d'un fantôme affamé, condamnée à errer sans but à la recherche de nourriture et de plaisir. Le symbole de notre propre désir de plus de richesse et de bonheur. En juillet 2012, après le concert aux Eurockéenes de Belfort, Robert Smith défend la chanson : « *Je pense vraiment que notre dernier album* 4:13 Dream *dépasse ceux de nos débuts, sauf que nos premiers morceaux existent dans un autre espace-temps. Si l'on joue "Lovecats", "In Between Days", "Just Like Heaven", cela signifie quelque chose dans la tête des gens, alors que "The Hungry Ghost", une chanson du dernier album que nous avons jouée ce soir, ne signifie rien pour eux, mais pour moi, c'est ce que nous avons fait de meilleur.* »[64]

Le texte parle de la façon dont la société nous pousse à désirer des choses futiles dont nous n'avons pas besoin, mais qui nous procurent un sentiment de bonheur éphémère. Il évoque également l'idée que nous mesurons le temps en fonction de notre temps libre et de nos désirs, ce qui peut nous faire manquer des étapes importantes de la vie. En fin de compte, le prix que nous payons pour ce bonheur éphémère est souvent très élevé, tant spirituel que matériel, mais la société continue de nous pousser à acheter et à consommer plus.

SWITCH
Smith, Gallup, Cooper, Thompson

Cette chanson exprime un sentiment de déconnexion, de confusion et de désillusion. Robert Smith explore des thèmes qui lui sont chers et qu'il développe de façon obsessionnelle depuis une trentaine d'années : la perte d'identité, le manque d'authenticité et la difficulté à accepter sa jeunesse enfuie. Comme il l'expliquait en 2008 à la sortie de l'album : *« Je souhaitais simplement obtenir le ton le plus juste, celui qui reflétait ce que je suis à l'âge que j'ai atteint. Je veux que ces chansons aient une signifiance, et le fait que les rimes soient-là ne me suffit pas. »*[77]

Depuis le rachat par Universal de leur label historique, Fiction Records, les Cure font face à des contraintes qui leur étaient jusqu'alors étrangères. Robert Smith ne jouit plus de la même liberté de choix qu'il avait avec Chris Parry et doit maintenant faire preuve d'indulgence et accepter certaines concessions : *« Ce qui va probablement se passer, c'est qu'un double album sortira comme une édition limitée, mixée par moi. La version sur un seul disque, qui, je suppose, sera principalement choisie par le label, pourrait être mixée par quelqu'un d'autre afin d'avoir quelque chose de différent. On craint que les fans de Cure ne se sentent obligés d'avoir les deux, mais le fait est que j'ai accepté de vendre la version double au prix d'un seul album, et j'y tiens beaucoup. Il est presque impossible d'obtenir un double album de nos jours. Je pensais naïvement que mon statut d'artiste ferait fi de toutes les objections. »*[143]

THE PERFECT BOY
Smith, Gallup, Cooper, Thompson

C'est le quatrième et dernier single de l'album *4:13 Dream*. Pour promouvoir la sortie prochaine du disque, le groupe propose de sortir un single le 13 de chaque mois, de mai à août 2008. Cette chanson rappelle les grands instants pop du groupe à l'instar de « Just Like Heaven ». « The Perfect Boy » présente un dialogue entre une femme amoureuse d'un garçon qu'elle considère comme étant le « garçon parfait ». Ce garçon en question ne croit pas en l'amour exclusif. Alors qu'elle désire une romance belle, sincère et profonde, lui préfère ne pas se projeter dans l'avenir. Cette composition est une pure expression du romantisme à la manière de Cure, ainsi que de la désillusion amoureuse. « The Perfect Boy » est comme un clin d'œil à l'album *Kiss Me, Kiss Me, Kiss Me*, de 1987 et son morceau « The Perfect Girl ». Deux chansons d'amour développant deux points de vue différents.

« The Perfect Boy » sort en single le 13 août 2008. Face B : « Without You ».

Fun Fact : Des quatre singles extraits de l'album *4:13 Dream*, seul « The Perfect Boy » n'atteint pas la première place des charts espagnols, mais la deuxième.

THIS. HERE AND NOW. WITH YOU
Smith, Gallup, Cooper, Thompson

La trame principale de la chanson pourrait se résumer par ces quelques mots « vivre le moment présent ». Smith laisse transparaître un aspect plus positif de sa personnalité. Comme revenu de beaucoup de désillusion il se dit qu'après tout, il n'y a pas besoin de tant de choses pour être heureux : *« Je me suis fait à l'idée que la vie n'avait pas à être extraordinaire. Le monde en soit peut-être un endroit fabuleux comme la nature et la notion même d'existence... Je ne vois pas pourquoi il faudrait plus que cela. Dans la plupart des cas, la religion rend le monde horrible. »*[63]
Autant par la manière de développer les sujets des textes, que par la direction musicale, les chansons sont comme le souhaitaient le producteur Keith Uddin et Robert Smith *« directes et dynamiques. Les gens seront surpris de voir à quel point le disque est dépouillé et direct. »*[143]

Fun Fact : *« Il est très paradoxal de vouloir faire une musique aussi intense et perturbée quand on a une vie stable comme la mienne, avec une maison, une famille et des amis. D'une manière générale, j'ai une existence plutôt agréable. Bien sûr, je traverse encore des périodes très sombres de temps en temps... Mais c'est inévitable, c'est dans ma nature. »*[16] – Robert Smith

SLEEP WHEN I'M DEAD
Smith, Gallup, Cooper, Thompson

L'origine de « Sleep When I'm Dead » date en fait de 1985 et aurait été écrite pendant l'enregistrement de l'album *The Head On The Door*... son titre de travail était « Kat 8 ». La chanson sera retravaillée en groupe puis Smith y ajoutera de nouvelles paroles. *« C'est de la période* The Head On The Door*, et ça a vraiment du punch mais ça sonne très années 1980. Je ne pense pas que ce soit une mauvaise chose. Ça fait partie de notre héritage. »*[15]
En opposition à ses textes poétiques, abstraits et chargés d'influences littéraires qui ont jalonné les deux décennies précédentes, Smith travaille son écriture de façon plus directe : *« J'essaie d'être un peu plus conscient des problèmes sociaux. J'ai toujours fait attention à ne pas m'en approcher, mais les chansons parlent de choses qui me dérangent dans un sens global. »*[15]

« Je suis fatigué des gens qui me disent quoi faire » chante Smith qui cherche à exprimer sa lassitude face aux injonctions des religions, des politiques, du music-business, des médias... et la promesse d'une vie éternelle ! Smith est un athée convaincu et ne peut que s'insurger. En gros, il leur dit d'aller se faire foutre !
« Sleep When I'm Dead » sort le 13 juillet 2008. Face B : « Down Under ». C'est le 3e single consécutif extrait de l'album *4:13 Dream* à atteindre la première place des charts espagnols.

THE SCREAM

Smith, Gallup, Cooper, Thompson

Smith va à nouveau fouiller dans son énorme catalogue de démos pour y dénicher une source d'inspiration. Il met la main sur trois chansons datant des années 80 que le groupe va remanier et retravailler pour qu'elles puissent s'intégrer au projet. *« Elles ont pas mal changé, mais la mélodie de base et la structure des accords sont restées. Elles ont un certain côté vieux Cure. »*[143]

« The Scream » est l'une d'entre elles. Son texte évoque un sentiment de décalage, de perte de repères et de confusion face à des évènements étranges et inhabituels. Les saisons changent, le soleil est différent, les voix et les regards sont étranges. C'est une réflexion sur la manière dont la perception peut être altérée par le temps qui passe. Il y a une tension croissante qui culmine avec les cris et la musique qui s'intensifie. Le jeu de guitare agressif de Porl Thompson et la basse lourde et puissante de Gallup accentuent cette sensation de malaise. Vers la fin du projet, Smith n'avait plus l'énergie et la conviction nécessaires pour résister à la pression commerciale oppressante des individus et des structures de diffusion avec lesquels il était obligé de travailler : *«* 4:13 Dream *est publié amputé d'un certain nombre de chansons plus lentes (que je préfère) et de morceaux instrumentaux. Mais c'est toujours un excellent album de Cure, juste pas tout à fait ce qu'il aurait dû être. »*[151]

Fun Fact : Musicalement « The Scream » a effectivement ce côté « vieux Cure », une version structurée et contemporaine de « Forever » (titre inédit datant du début des années 80.) Comme le disait Smith huit ans plus tôt : *« Je reviens toujours aux mêmes sujets, année après année.* Bloodflowers *trouve son titre dans un recueil de lettres "Behind the scream" dans lesquelles Edvard Munch se plaint de toujours peindre les mêmes sujets. »*[10]

Ici, Smith parle de ses textes, mais comme un clin d'œil au cri de Munch, il pourrait aussi s'agir de son interprétation : le cri de Munch, le cri de Smith…

The Scream est le titre du premier album de Siouxsie and the Banshees paru en 1978. C'est donc la deuxième référence notable de l'album à ce groupe si important dans la vie de Smith.

IT'S OVER

Smith, Gallup, Cooper, Thompson

Initialement intitulé « Baby Rag Dog Rock », le titre de cette chanson sera changé au dernier moment pour mieux refléter le contenu des paroles. « It's Over » explore les sentiments de lassitude et de mal-être face à une relation passée dont les blessures ne semblent pas vouloir guérir. Le narrateur fait face à une sensation de déconnexion.

« Les chansons de ce nouvel album traitent des relations humaines, du monde matériel, de la politique et de la religion. Les gens seront surpris de voir à quel point l'album est direct et dépouillé. Je suis passé par tant de corrections… probablement davantage encore que ce qui est arrivé pour les anciens albums. Je souhaitais simplement obtenir le ton le plus juste, celui qui reflétait ce que je suis, à l'âge que j'ai atteint. Je veux qu'elles aient une signification, et le fait que les rimes soient-là ne me suffit pas. »[77] – Robert Smith

Entre 2006 et 2008, le groupe enregistre et mixe trente-trois chansons et décide de faire de *4:13 Dream* un double album. Cependant, pour des raisons commerciales, le label s'y oppose et Smith décide alors de sortir deux albums. Le premier *4:13 Dream*, puis un second intitulé *4:14 Dream*, à l'ambiance plus sombre dont la date de sortie sera repoussée à plusieurs reprises pour finalement ne jamais voir le jour.

Certains de ces titres inédits existent sous la forme de bootleg et quelques-uns d'entre eux sont trouvables sur le Net : « A Boy I Never Knew », « Lusting Here In Your Mind », « Please Come Home », « 16, Christmas Without You ».

Fun Fact : Pour beaucoup, le titre de l'album est abscons alors qu'il contient une définition simple : *4:13 Dream*. « 4 » pour le nombre de musiciens. « 13 » pour le 13e album. « Dream » pour l'une des principales sources d'inspiration de Smith.

THE
CURE
4:13
UNIVERSAL INTERNATIONAL A UNIVERSAL MUSIC COMPANY
SURETONE

CONCERTS

« Nos concerts sont une combinaison
de ce que veut entendre le public
et ce que nous souhaitons interpréter. »[136]
Robert Smith

ANDREA PAZIENZA ★ NICK CAVE ★ RINGO STARR ★ B-52's ★ CARLO VERDONE
mensile | n. 53 | marzo 2008 | 2,90 euro
rollingstonemagazine.it
Rolling Stone
MAGAZINE
DOPPIA COPERTINA
JOHNNY DEPP
L'INTERVISTA DEFINITIVA ALLA TESTA PIÙ DURA DI HOLLYWOOD
ROCK POLITIK
"RS" INCONTRA FRANCESCO COSSIGA E GIULIANO FERRARA
CORMAC McCARTHY
LO SCRITTORE CI PRESENTA I SUOI SCIENZIATI MATTI
3 REPORTAGE 3
I NOSTALGICI USA DELL'HAIR METAL
I BRAVI CANTANTI PRO MICROCREDITO IN SENEGAL
LE ZOCCOLE DEL KOSOVO INDIPENDENTE
LE FREAK C'EST CHIC!
THE CURE
NUOVO TOUR
NUOVO ALBUM

Avec plus de mille deux cents concerts à leur actif, six albums live et des centaines de bootlegs, The Cure atteste de son statut de groupe de scène. Dès leur signature chez Fiction Records en 1979, Chris Parry leur impose un rythme de tournée effréné avec pas moins de cent trente concerts programmés pour la première année. L'idée du producteur est de développer une base de fans assez importante pour assurer des ventes d'albums conséquentes. La stratégie se révèlera aussi payante que destructrice. Les trois années suivantes se vivent à la même cadence, ponctuées de sessions d'enregistrements de plus en plus chaotiques. Épuisé, le groupe implose en 1983. S'en suivent le départ de Simon Gallup, une brève période de repos salvateur et un retour en studio pour enregistrer de nouvelles chansons. Ce travail aboutit à la création de la compilation *Japanese Whisper* et de l'album *The Top* qu'il faut défendre sur scène. La tournée est un triomphe, et le premier enregistrement live officiel voit le jour en 1984. Intitulé sobrement *Concert: The Cure Live*, il témoigne de la première tournée mondiale d'une formation en pleine ascension.

La scénographie joue un rôle important dans les performances scéniques du groupe qui souhaite immortaliser la chose et réalise sa première captation vidéo le 9 août 1986. Filmé au Théâtre antique d'Orange le film *The Cure In Orange* sort l'année suivante au format VHS. Les disques et les concerts s'enchainent jusqu'en 1990 avec la parution de *Entreat*. Ce mini-album live de huit titres sort en édition limitée le 11 septembre 1990. Vite épuisé il sera réédité en mars 1991. Suite à la parution de *Wish* l'année suivante, le groupe s'engage dans une tournée gigantesque de cent onze dates à travers l'Europe, l'Australie et les États-Unis. Le *Wish Tour* se joue à guichet fermé dans des salles démesurément grandes et deux albums live sortiront successivement pour témoigner de ce succès : *Show* enregistré en juillet 1992 aux États-Unis et *Paris* capté là ou son titre l'indique en octobre 1992. Une vidéo du concert américain sera publiée au format VHS en septembre 1993.

Le groupe se veut généreux sur scène et propose souvent des prestations qui dépassent les trois heures. Il est même arrivé, à certaines occasions que certains concerts s'étirent au-delà de quatre heures, laissant le public aussi éreinté que les musiciens.
« La raison pour laquelle nous jouons si longtemps, en dehors du plaisir que cela nous procure, est de présenter au public ce que nous pensons qu'il souhaite entendre, tout en interprétant également ce que nous désirons jouer. »[136] – Robert Smith

Certains critiques ne sont pas convaincus par ce choix de réaliser des shows sur une période aussi longue, comme le souligne le Guardian en 2014 : *« Ça aurait pu être un des concerts de l'année si The Cure s'était contenté de jouer quatre-vingt-dix minutes au lieu de trois heures décousues. Les morceaux se suivent… un nombre incroyable de quarante-cinq chansons. »*
Smith se donnera la peine de répondre à cette critique : *« Nous n'essayons pas de divertir les critiques, nous tentons notre chance avec le public. »*[172]

Dès lors, les sorties d'albums sont plus épisodiques mais le groupe continue de tourner inlassablement à travers la planète. Certains membres s'en vont, d'autres reviennent et les concerts se succèdent pour diverses occasions et quel que soit le prétexte. En novembre 2002 les Cure jouent l'intégralité de *Pornography*, *Disintegration* et *Bloodflowers* au Tempodrom de Berlin. Le film *Trilogy* témoigne de ces performances. Ce procédé d'autocélébration va se répéter en 2011 avec le projet *Reflection* qui consacre leurs trois premiers albums joués live sur la scène de l'opéra de Sydney les 31 mai et 1er juin. En 2019, c'est de nouveau à l'opéra de Sydney et pour cinq représentations que *Disintegration* est mis à l'honneur.

Il est interprété dans son intégralité, accompagné de ses faces B, afin de célébrer le 30e anniversaire de sa sortie. Le 5 décembre de la même année marque la sortie du cinquième album live du groupe. *Bestival Live 2011* contient l'intégralité du concert donné le 10 décembre 2011 lors du Bestival de l'île de Wight, soit trente-deux chansons dont certaines jouées de manière immuable depuis plusieurs années à chaque représentation : *« Il y a incontestablement des chansons clefs que nous ne mettons pas de côté et que nous jouons à chaque concert. "Lullaby" et "Just Like Heaven" sont vraiment des singles qui signifient quelque chose. »*[136] – Robert Smith

Bien que les Cure n'aient pas sorti de nouvel album depuis *4:13 Dream* en 2008, cela ne les empêche pas de poursuivre activement leur carrière sur scène et de célébrer leurs quarante ans d'existence. Pour l'occasion, ils proposent deux shows différents : le premier concert a lieu le 24 juin 2018 à Londres et publié sous le nom *Curætion-25: From There to Here | From Here to There*, et le second, intitulé *Anniversary: 1978-2018 Live in Hyde Park London*, se joue le 7 juillet à Hyde Park devant soixante-cinq mille fans venus souffler les bougies. Ces deux prestations sont regroupées au sein d'un même coffret, quatre disques contenant cinquante-huit chansons, publié le 18 octobre 2019. L'année suivante le groupe s'engage dans une tournée des festivals de vingt-huit dates en Europe, Russie, Japon et États-Unis. Ils sont l'attraction principale qui permet aux organisateurs d'afficher complet à chaque représentation.

Leurs performances scéniques seront récompensées en 2020 par le NME : meilleure tête d'affiche de festival. Depuis ses débuts le groupe s'efforce de proposer des places de concert à des prix raisonnables ce qui implique une réduction des bénéfices tout en proposant des shows de qualité. Ce qui est un combat perpétuel. En 2023, lors de l'annonce de la mise en vente des places pour sa tournée nord-américaine, The Cure assure à ses fans que le tarif moyen des billets sera de 68 dollars, environ 37 % moins cher que ce que pratiquent les autres artistes, mais les frais appliqués par Ticketmaster font parfois doubler le prix. Smith exprime son dégoût via les réseaux sociaux et entame un bras de fer avec la billetterie pour défendre son public. Une passe d'armes qui aboutit au remboursement des frais indument perçu. X (Twitter) s'embrase et durant quelques jours Smith devient le David de la mythologie grecque.

« *You are a fucking legend for this, You're my hero* » lui répond un fan sur les réseaux sociaux.

The Cure se présente inlassablement face à son public dans une communion presque solennelle où se mêlent fascination et admiration. Leurs six albums live sont des jalons qui marquent l'évolution scénique d'un groupe qui a toujours su cristalliser les passions.

« *N'est-ce pas évident que nous donnons nos concerts pour nos fans ? C'est pourquoi nous jouons un mix de nos chansons et que nous les jouons pendant aussi longtemps… Lorsqu'on va voir un artiste qu'on aime, on ne veut pas que son concert se termine… c'est ça être fan… n'est-ce pas ?* » [172] – Robert Smith

THE CURE: LIVE

Fiction Records
Production : Dave Allen, The Cure
Enregistrement : Londres, Oxford mai 1984
Pochette : Parched Art
Date de sortie : octobre 1984

1-Shake Dog Shake
2-Primary
3-Charlotte Sometimes
4-The Hanging Garden
5-Give Me It
6-The Walk
7-One Hundred Years
8-A Forest
9-10-15 Saturday Night
10-Killing An Arab

Curiosity (Killing The Cat)
Cure Anomalies 1977-1984
1-Heroin Face
2-Boys Don't Cry
3-Subway Song
4-At Night
5-In Your House
6-The Drowning Man
7-Other Voicies
8-The Funeral Party
9-All Mine
10-Forever

Line up : Smith, Tolhurst,
Thompson, Thornalley, Anderson.

Le premier album live officiel du groupe est publié en octobre 1984 et comporte dix titres enregistrés au Royaume-Uni le 5 mai 1984 à Oxford et les 8, 9, 10 mai 1984 à Londres. Le choix des chansons permet de survoler les six années de carrière des Cure et de donner un aperçu de l'énergie scénique développée par un groupe en pleine mutation.
À peine sortis de l'effervescence clivante et radicalement pop de Japanese Whispers, Smith et Tolhurst s'entourent de musiciens choisis uniquement pour l'occasion. Ce n'est pas une formation stable et pérenne mais plus un groupe construit pour tourner et assurer les soixante-huit concerts du Top Tour. Une tournée qui visite l'Europe, le Japon, l'Australie et les États-Unis. Cette série de shows s'étend de janvier à novembre 1984 et la ferveur d'un public hétéroclite surprend autant le groupe que le label. Fans de la trilogie sombre, amoureux des tubes électro-pop de Japanese Whispers, et nouveaux venus, tous se retrouvent dans cette communion musicale.

En 1993 Smith donne son avis sur ce premier album live : « Il n'est pas vraiment bon. En fait il souffre des mêmes travers que Three Imaginary Boys, il est en demi-teinte… Le répertoire n'est pas bien non plus et il n'y a que dix chansons. »[136]
Commercialisé pendant quelques années après sa publication, l'album devient collector car plus distribué et quasiment introuvable jusqu'à sa réédition en CD.
La version cassette propose dix morceaux supplémentaires, inédits, rares ou en version live, rassemblés sous le nom : Curiosity (Killing The Cat) Cure Anomalies 1977-1984

Fun Fact : « Mon meilleur souvenir est celui de Robert et du groupe interrogés en coulisses par une journaliste avant un concert en Allemagne, pour savoir si la raison de la présence d'un noir dans le groupe était liée au fait qu'à l'époque nous portions tous principalement des vêtements noirs. L'ensemble du groupe n'a rien dit, tout le monde s'est regardé, incrédule, et a mis fin à l'interview sur le champ. »[176] – Andy Anderson

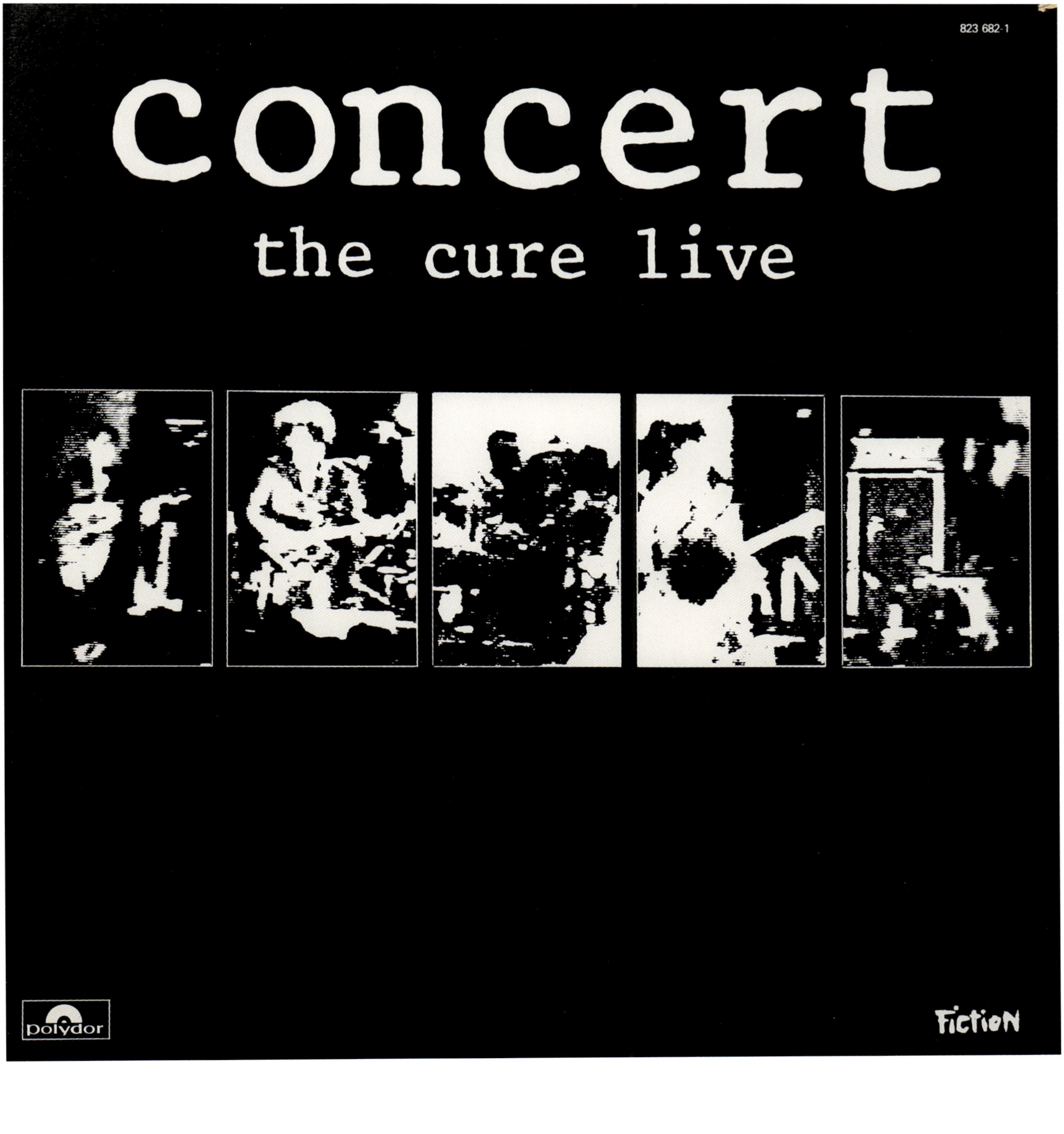

823 682-1
concert
the cure live
polydor
Fiction

823 682-1 | POL | 365

0 42282 36821 8

823 682-4
Compact disc 823 682-2

side one

shake dog shake
oxford 5 may 84 (smith)

primary
oxford 5 may 84 (smith tolhurst gallup)

charlotte sometimes
oxford 5 may 84 (smith tolhurst gallup)

the hanging garden
london 10 may 84 (smith tolhurst gallup)

give me it
oxford 5 may 84 (smith)

    cover by toberr

porl thompson
guitar keyboard saxophone

robert smith
voice guitar

andy anderson
drums

phil thornalley
bass

laurence tolhurst
keyboard

side two

the walk
london 10 may 84 (smith tolhurst)

one hundred years
london 8 may 84 (smith tolhurst gallup)

a forest
london 9 may 84 (smith tolhurst gallup hartley)

10:15 saturday night
london 9 may 84 (smith tolhurst dempsey)

killing an arab
london 9 may 84 (smith tolhurst dempsey)

polydor   recorded by the manor mobile   engineered by dave allen   produced by dave allen and the cure   no overdubs   Fiction

Diffusé par POLYDOR 2, rue Cavallotti, 75018 Paris

HEROIN FACE
Smith, Tolhurst

Pour son auteur, « Heroin Face » n'a aucun sens, au même titre que d'autres chansons enregistrées à cette époque telles que « World War », « Pillbox Tales » et « Do The Hansa ». Des compositions que Smith aime dénigrer et renie dès que l'occasion se présente. En 1977, The Cure, alors nommé Easy Cure, ne pense pas encore réellement à s'émanciper du mouvement punk et compose principalement des titres répondant à la demande d'un public qui veut pogoter, se saouler et se battre. La version de « Heroin Face » présente sur cet album fut enregistrée au Rocket, un petit pub de Crawley en décembre 1977. Ce pub est connu pour avoir offert à Easy Cure l'opportunité de faire ses débuts sur scène.

« Nous avons réalisé que nous devions jouer devant un vrai public à un moment donné. Alors nous avons répété tout l'après-midi et nous sommes allés jouer. Nous avons bien marché et ils nous ont demandé de revenir et, en deux ou trois mois, nous attirions environ trois cents personnes parce que personne à Crawley n'avait jamais fait quelque chose comme ce que nous faisions. Nous avions un public de poivrots et nous n'étions qu'un point de convergence, une excuse pour que les gens sortent, se saoulent et cassent tout ! »[5] – Robert Smith

Fun Fact : Eazy Cure se produira treize fois sur la petite scène du Rocket. Du 6 mai 1977 au 9 juillet 1978. Smith se souvient de ces premières expériences scéniques : *« Chaque fois qu'on jouait, on trouvait tous que c'était horrible. Il y avait beaucoup de larsen et on n'entendait jamais rien d'autre que la guitare de Porl. C'est la seule raison pour laquelle on était toujours réengagé, parce qu'il était devenu le guitare héro local ! »*[5] Le Rocket est devenu le Railway.

ALL MINE
Smith

À l'instar de son jumeau « Forever », l'inédit « All Mine » est un titre rarement joué live et toujours en fin de set et parfois intitulé : « All I Want To Do Is Kill Her ». Comme un au revoir empli de noirceur et de violence, une sortie de concert en pleine déflagration. La structure de ce morceau est très flottante et permet à Smith d'improviser des paroles reflétant son état d'esprit… souvent sombre. La version présente sur la face B de l'album live, propose un texte énigmatique qui aborde la difficulté de se débarrasser de ses erreurs, ainsi que la douleur d'être abandonné par quelqu'un qu'on aime. En résumé, la vie suit son cours malgré les difficultés rencontrées.

« All Mine » est enregistrée le 1er mai 1982 à Londres. Cette chanson est également incluse dans la version Deluxe de l'album *Pornography* en avril 2005.

FOREVER
Smith, Tolhurst, Gallup

« Forever » est un des titres inédits les plus iconiques du groupe, bien qu'il n'existe aucun enregistrement officiel. Seule une version live enregistrée le 15 mai 1984 à Paris présente sur la face B de l'album. Tout comme « All Mine », le canevas musical et les textes ne sont pas vraiment définis et offrent au chanteur la possibilité de se lancer dans des improvisations qu'il étire selon l'humeur et qui peuvent parfois dépasser les quinze minutes. « Forever » n'est joué que très occasionnellement sur scène depuis 1980 et uniquement en clôture des concerts. Plusieurs versions live, inédites et difficilement trouvables sur des bootlegs reflètent l'énergie particulière que le groupe réserve à la scène.

Le line up est constitué de Robert Smith, Lol Tolhurst, Phil Thornalley, Andy Anderson et Porl Thompson. Ce dernier, accessoirement saxophoniste, va donner de son souffle pour apporter la dissonance destructrice à cette chanson. Le morceau s'accélère, la voix de Smith et le saxo déchirent l'atmosphère jusqu'à l'explosion finale… Quelques mots prononcés à la hâte puis au revoir.

« Parfois, les trucs les plus intenses arrivent à la fin des rappels quand tout le monde est fatigué et se laisse un peu aller, cela peut être vraiment bien. On a fait quelques versions de "Forever" qui ont été géniales. »[137] – Robert Smith

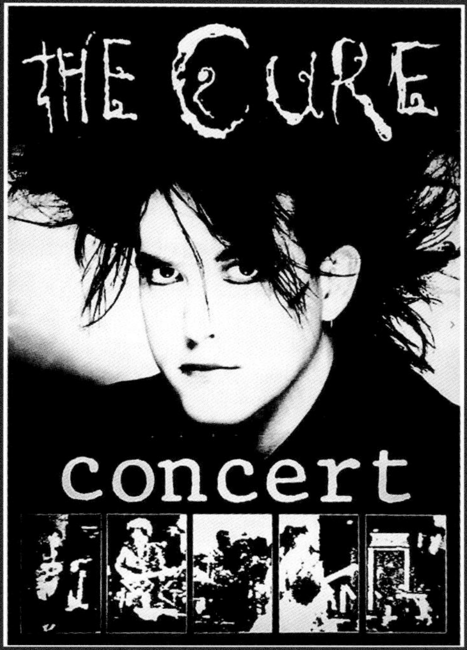

ENTREAT

Fiction Records, Polydor, Polygram
Producteur : The Cure
Enregistrement : Londres, Oxford Juillet 1989
Pochette : Parched Art
Date de sortie : septembre 1990

1-Pictures of You
2-Closedown
3-Last Dance
4-Fascination Street
5-Prayers for Rain
6-Disintegration
7-Homesick
8-Untitled

Line up : Smith, Gallup, Thompson, Williams, O'Donnell.

« La seule chose que les Cure prennent au sérieux, c'est ce qui est enregistré ou ce que nous jouons pendant les deux heures que nous passons sur scène. Tout le reste est traité avec un certain dédain. »[75] – Robert Smith

Les concerts donnés lors du *Prayer Tour* sont certainement les plus méticuleux et les plus travaillés jamais entrepris par le groupe, élevant ainsi l'expérience à un niveau inégalé. Pour superviser l'aspect scénique de ces performances, la production fait appel à l'équipe technique de Prince. Les fans de la première heure retrouvent la noirceur d'une formation qui navigue dans les ténèbres tout en distillant quelques hits fédérateurs. La première édition de *Entreat* est un disque promotionnel doté d'une pochette rose, proposé exclusivement en 1989 dans les magasins FNAC en France. Cette version ne comprend que six titres. En mai 1990, des versions promotionnelles au format CD et cassette arborant une pochette jaune sont distribuées exclusivement chez HMV au Royaume-Uni. À la fin de la même année, le disque est officiellement commercialisé avec une pochette bleue.

Cet enregistrement comporte huit titres issus de *Disintegration* joué en concert à Wembley les 22, 23 et 24 juillet 1990, concerts de clôture de la tournée européenne du *Prayer Tour.* Publié en édition limitée en septembre 1990 au profit d'œuvres humanitaires, ce mini album est vite épuisé et sera réédité en mars 1991.

En 2010 une version regroupant l'intégralité des douze chansons de l'album jouées live à Wembley sera ajoutée à la publication de la version Deluxe de *Disintegration*. Intitulé *Entreat Plus*, ce disque est aussi commercialisé indépendamment au format double vinyle. Il est une représentation du caractère grandiose de la tournée *The Prayer Tour*. Trois cent mille spectateurs aux États-Unis, soixante-seize dates sold-out et trois millions d'albums vendus.

Le troisième concert de Wembley laisse le public perplexe quant à l'avenir du groupe. Après un spectacle marathon de trente-cinq chansons, Smith quitte la scène et prononce ces quelques mots : *« Bonne nuit. Nous espérons vous revoir, mais ce ne sera probablement pas le cas. Merci beaucoup d'avoir été là tout au long de ces années. Merci beaucoup. »*

Smith partage ses impressions sur la partie européenne de la tournée. *« Le meilleur a été la dernière soirée à Wembley à cause de l'atmosphère et du fait de jouer tant de vieilles chansons. C'était nostalgique. Le pire a été Reims, en France, parce que tout le monde était malade. »*[61]

HE CURE
TREAT

SHOW

Fiction Records, Elektra, Polydor
Production : Robert Smith
Enregistrement : Palace of Auburn Hills. Juillet 1992
Pochette : Parched Art
Date de sortie : septembre 1993

1-Tape
2-Open
3-High
4-Pictures of You
5-Lullaby
6-Just Like Heaven
7-Fascination Street
8-A Night Like This
9-Trust
10-Doing The Unstuck
11-The Walk
12-Let's Go To Bed
13-Friday I'm in Love
14-In Between Days
15-From the Edge of the Deep Green Sea
16-Never Enough
17-Cut
18-End

Line up : Smith, Gallup, Williams, Thompson et Bamonte.

The Cure est alors un groupe qui maîtrise parfaitement son sujet et qui sait jouer avec le gigantisme de la tournée *Wish Tour*. Cette tournée marathon débute le 21 avril à Bradford (Angleterre) pour se conclure le 3 décembre à Dublin. L'album est enregistré les 18 et 19 juillet 1992 au Palace of Auburn Hills USA et sort en septembre 1993. Dix-huit titres interprétés à Detroit avec une énergie débordante face à un public conquis d'avance.
Show propose des interprétations live de onze singles (sur dix-huit titres), privilégiant ainsi la facette énergique du groupe aux dépens des titres plus sombres de ses débuts. Ainsi aucun morceau des cinq premiers albums n'est inclus.
Simultanément, le groupe publie une vidéo live de vingt-trois titres enregistrés lors de ces mêmes soirs. La captation est réalisée par Leroy Bennett et Audrey Powell. La première version du montage ne satisfait pas Smith qui décide de prendre les choses en main en s'enfermant trois mois durant dans une salle de montage à peaufiner le film, dans le but de le rendre plus fidèle à l'essence scénique des Cure.

« L'idée de filmer le concert vient en partie du fait que nous savions que Porl Thompson allait quitter le groupe. Le line up allait donc changer et j'ai réalisé que nous ne ferions plus jamais ce show. Je souhaitais aussi qu'il reste un témoignage visuel de cette tournée car le seul qui existait jusqu'alors est The Cure In Orange *et ça m'embête. Pas parce qu'il est mauvais mais parce qu'il ne reflète pas ce que les Cure sont devenus. Initialement* Show *ne devait être fait que pour nous, pour que nous gardions une trace de cette période. »*[136] – Robert Smith
Bamonte rajoute *« Ce film va être apprécié par les gens qui aiment le groupe… Je ne pense pas que nous n'ayons jamais imaginé pouvoir toucher un public aussi large. »*[136]

L'album est réédité le 22 avril 2023 à l'occasion du Record Store Day en édition spéciale double picture-disc. Remastérisé par Robert Smith et Miles Showell aux studios Abbey Road, l'album sera commercialisé cinq mois plus tard en double vinyle.
Une version courte de *Show* amputée de quatre titres est réalisée exclusivement pour le marché américain et un EP intitulé *Sideshow* est publié en 1993 et est réservé au marché américain et australien. Il propose cinq titres issus de *Show* dont une version allongée de *Tape* (3,07 min).

TAPE
Smith, Gallup, Williams, Thompson, Bamonte

« Tape » est un titre instrumental composé par Smith pour servir d'introduction aux concerts du *Wish Tour*. Les cinq membres du groupe sont crédités comme compositeurs alors que Smith en est l'unique auteur. Il n'existe aucun enregistrement officiel autre que celui présent en intro du live.

Déjà en 1987 pour le *Kissing Tour*, The Cure avait composé « Eyemou », un titre inédit, en guise d'ouverture des concerts accompagnée d'une projection vidéo, rappelant la tournée de 1981 et le titre « Carnage Visors ». Grâce au succès, les Cure ont acquis la possibilité de produire des concerts à grand spectacle. En 1992, le groupe joue devant plusieurs dizaines de milliers de personnes à chaque représentation et souhaite donner des shows mémorables tout en gardant à l'esprit que leur musique doit être avant tout une communion entre un public et les cinq musiciens. Comme pour certains de leurs albums les plus intenses, The Cure souhaite une cohérence dans le choix des morceaux et la construction du spectacle, créant une narration avec un début, un développement et une fin. Ainsi, « Tape » représente l'entrée en matière de cette histoire qui se racontait chaque soir sur scène. « Tape » apparaît sur le disque live *Show* et sur la captation vidéo enregistrée au Palace of Auburn Hills USA en juillet 1992.

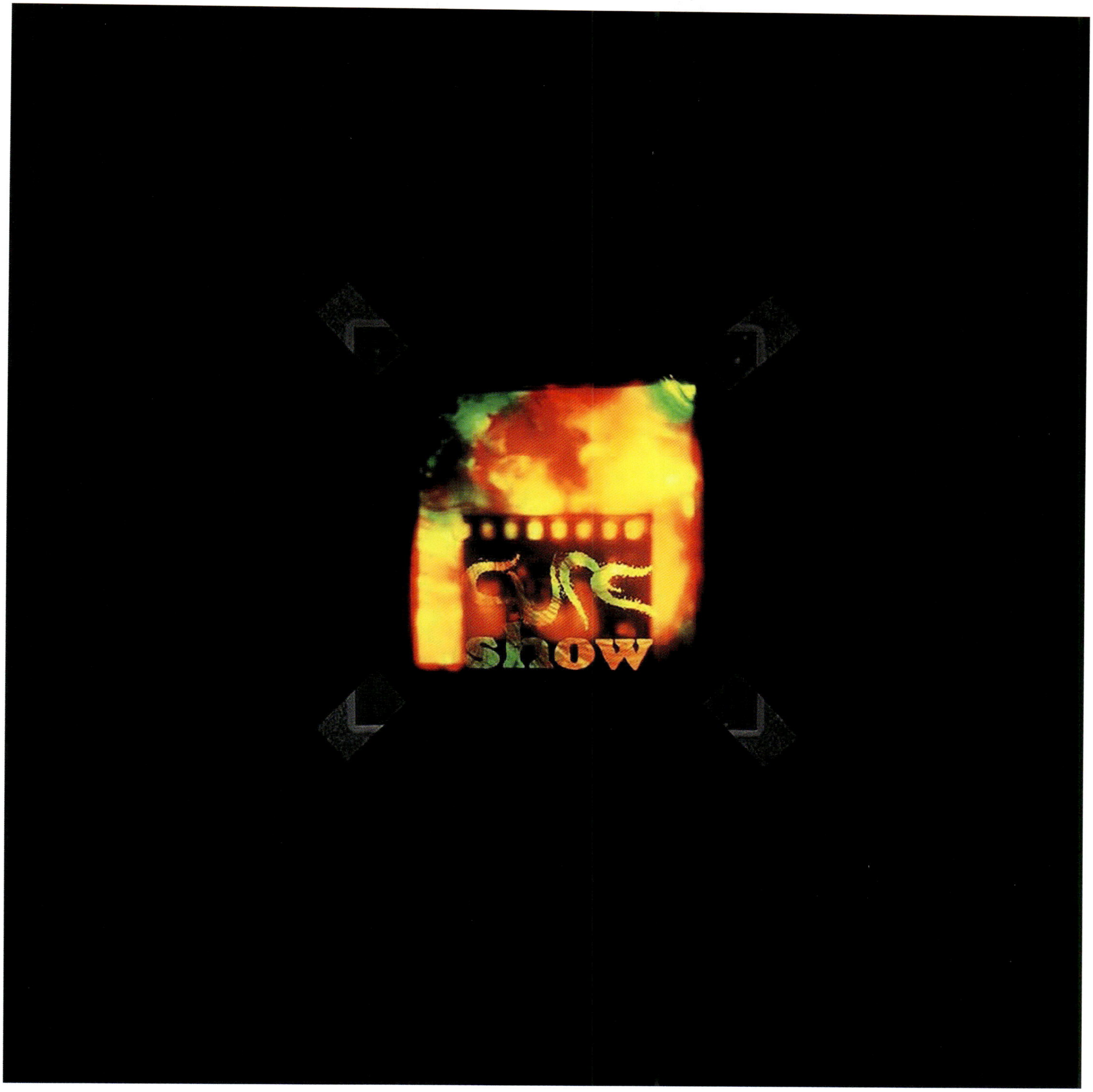
cure
show

PARIS

Fiction Records, Elektra, Polydor
Production : Robert Smith
Enregistrement : Paris le Zénith. Juillet 1992
Pochette : Parched Art
Date de sortie : octobre 1993

1-The Figurehead
2-One hundred Years
3-At Night
4-Play For Today
5-Apart
6-In Your House
7-Lovesong
8-Catch
9-A Letter To Elise
10-Dressing Up
11-Charlotte Sometimes
12-Close to Me

Line up : Smith, Gallup, Williams, Thompson et Bamonte.

« Nous avons toujours aimé jouer en France. C'est en tout cas l'un des deux ou trois meilleurs endroits, avec l'Espagne et l'Italie. Mais, globalement, sur les trente dernières années la France est le pays d'Europe que nous préférons. Bien plus que l'Angleterre en fait. Je pense que les Français ont une sensibilité particulière à ce qu'on fait et finalement, nous ne sommes peut-être pas si Anglais que ça. »[64]
– Robert Smith

Paris est le troisième album live des Cure et représente, par sa teneur et son titre le lien particulier qui les lie à la France.
« C'est plus une sorte de publication pour les fans parce que ce sont vieilles chansons bizarres que nous n'aurions pas jouées normalement. C'est un projet plus personnel. »[136] – Robert Smith

Publié un mois après *Show*, cet album est essentiellement composé de morceaux tirés de leurs premiers albums. Le groupe privilégie les ambiances solennelles et *Paris* et ses douze chansons montrent le côté plus sobre et intimiste que peut développer The Cure en concert. Enregistré au Zénith de Paris les 19, 20 et 21 octobre 1992, cet album constitue un complément parfait à *Show*. Les deux disques illustrent pleinement les multiples facettes de ce groupe ainsi que leurs quinze années de carrière.

*« *Paris* a été enregistré bien après *Show* et l'esprit au sein du groupe n'était plus le même. Ce disque est plus pour les fans hardcore. »*[136] – Robert Smith

Suite à ces trois concerts parisiens Simon Gallup se fait hospitaliser pour soigner une pleurésie. Il sera absent lors des douze dates suivantes et sera remplacé par Roberto Suave. *« Simon avait atteint un point où il n'était physiquement plus en mesure de jouer. Heureusement pour nous, nous avions Roberto qui est un excellent bassiste qui a joué avec The Associates. On le connait depuis 1980. Il n'a eu que deux jours pour apprendre le set. »*[136] confie Robert Smith.

La moitié des bénéfices réalisés sur les ventes de cet album est reversée aux associations de la Croix-Rouge et du Croissant-Rouge.

cure
paris

BESTIVAL LIVE 2011

Pias, Sunday Best Recordings
Production : The Cure
Enregistrement : Festival de l'île de Wight.
Septembre 2011
Pochette : Andrew Cotterill
Date de sortie : décembre 2011

1-Plainsong
2-Open
3-Fascination Street
4-A Night Like This
5-The End of the World
6-Lovesong
7-Just Like Heaven
8-The Only One
9-The Walk
10-Push
11-Friday I'm In Love
12-In Betwenn Days
13-Play For Today
14-A Forest
15-Primary
16-Shake Dog Shake
17-The Hungry Ghost
18-One Hundred Years
19-End
20-Disintegration
21-Lullaby
22-The Lovecats
23-The Caterpillar
24-Close to Me
25-Hot Hot Hot!!!
26-Let's Go to Bed
27-Why Can't I Be You?
28-Boys Don't Cry
29-Jumping Someone Else's Train
30-Grinding Halt
31-10:15 Saturday Night
32-Killing Another

Line-up : Smith, Gallup, Cooper, O'Donnell.

« Lorsque vous êtes sur scène, le monde réel disparait pendant cette période, c'est assez intense. »[24] – Robert Smith

Depuis 1979 The Cure s'est construit une solide réputation de groupe de scène avec des dizaines de tournées à travers le monde et des concerts marathons qui marquent les esprits d'un public toujours aussi fidèle et nombreux. Des prestations déjà immortalisées à quatre reprises de façon officielle figent le groupe dans le temps, alors que les performances live évoluent au fil des ans. Le dernier album live datant de 1993, il était donc l'heure d'imprimer la marque sonore qui témoignera du Cure de 2011.

Bestival est un festival de musique se déroulant sur trois jours, organisé chaque année depuis 2004 au parc de Robin Hill sur l'île de Wight, au Royaume-Uni. Cet évènement est orchestré par le DJ et compositeur Rob da Bank, en collaboration avec son label Sunday Best. *Bestival Live 2011* est le cinquième album live officiel du groupe et contient la totalité des trente-deux morceaux joués le 10 septembre 2011. Il est publié le 5 décembre 2011.

L'intégralité des bénéfices des ventes est reversée à l'organisation de bienfaisance : Isle of Wight Youth Trust.
Smith clôt le show par ces mots : *« Nous n'avons plus de temps, mais nous nous reverrons et j'espère que vous passez un putain de merveilleux dimanche. »*
Ce concert marque le retour officiel de Roger O'Donnell.

Fun Fact : La chanson « Killing An Arab » est rebaptisée pour l'occasion : « Killing Another ».

2011 est aussi l'année de sortie du film *« This Must Be The Place »* réalisé par Paolo Sorrentino. Sean Penn y incarne une rock star à la retraite, s'inspirant grandement du leader des Cure, à la demande du réalisateur : *« Je les ai souvent vus en concert quand j'étais plus jeune. Je suis retourné les voir sur scène il y a trois ans, et là j'ai vu Robert Smith, 50 ans, arborer le même look que lorsqu'il en avait 20. C'était choquant, mais je dis ça de façon positive. Puis je suis allé en coulisses, je l'ai vu de près, et j'ai été ému de lire sur son visage cette merveilleuse contradiction d'un homme mûr qui conserve son look d'adolescent. Cela n'avait rien de pathétique, c'était simplement unique, exceptionnel… »* explique Paolo Sorrentino.

THE CURE
BESTIVAL LIVE 2011

40 LIVE: CURÆTION -25+ANNIVERSARY

Universal, Eagle Rock Entertainement
Production : Robert Smith
Enregistrement : Londres – 24 juin 2018
-7 juillet 2018
Pochette : Michael England
Date de sortie : 18 octobre 2019

40 LIVE: CURÆTION-25+ANNIVERSARY

1-Three Imaginary Boys
2-At Night
3-Other Voices
4-A Strange Day
5-Bananafishbones
6-A Night Like This
7-Like Cockatoos
8-Pictures of You
9-High
10-Jupiter Crash
11-39
12-Us or Them
13-It's Over
14-It Can Never Be the Same
15-Step Into the Light
16-The Hungry Ghost
17-Alt.end
18-Last Day of Summer
19-Want
20-From the Edge of the Deep Green Sea
21-Disintegration
22-If Only Tonight We Could Sleep
23-Sinking
24-Shake Dog Shake
25-One Hundred Years
26-Primary
27-A Forest
28-Boys Don't Cry

25+ ANNIVERSARY (1978-2018 Live in Hyde Park)

1-Plainsong
2-Pictures of You
3-High
4-A Night Like This
5-The Walk
6-End of the World
7-Lovesong
8-Push
9-In Between Days
10-Just Like Heaven
11-If Only Tonight We Could Sleep
12-Play For Today
13-A Forest
14-Shake Dog Shake
15-Burn
16-Fascination Street
17-Never Enough
18-From the Edge of the Deep Green Sea
19-Disintegration
20-Lullaby
21-The Caterpillar
22-Friday I'm in Love
23-Close to Me
24-Why Can't I Be You?
25-Boys Don't Cry
26-Jumping Someone Else's Train
27-Grinding Halt
28-10:15 Saturday Night
29-Killing AN Arab

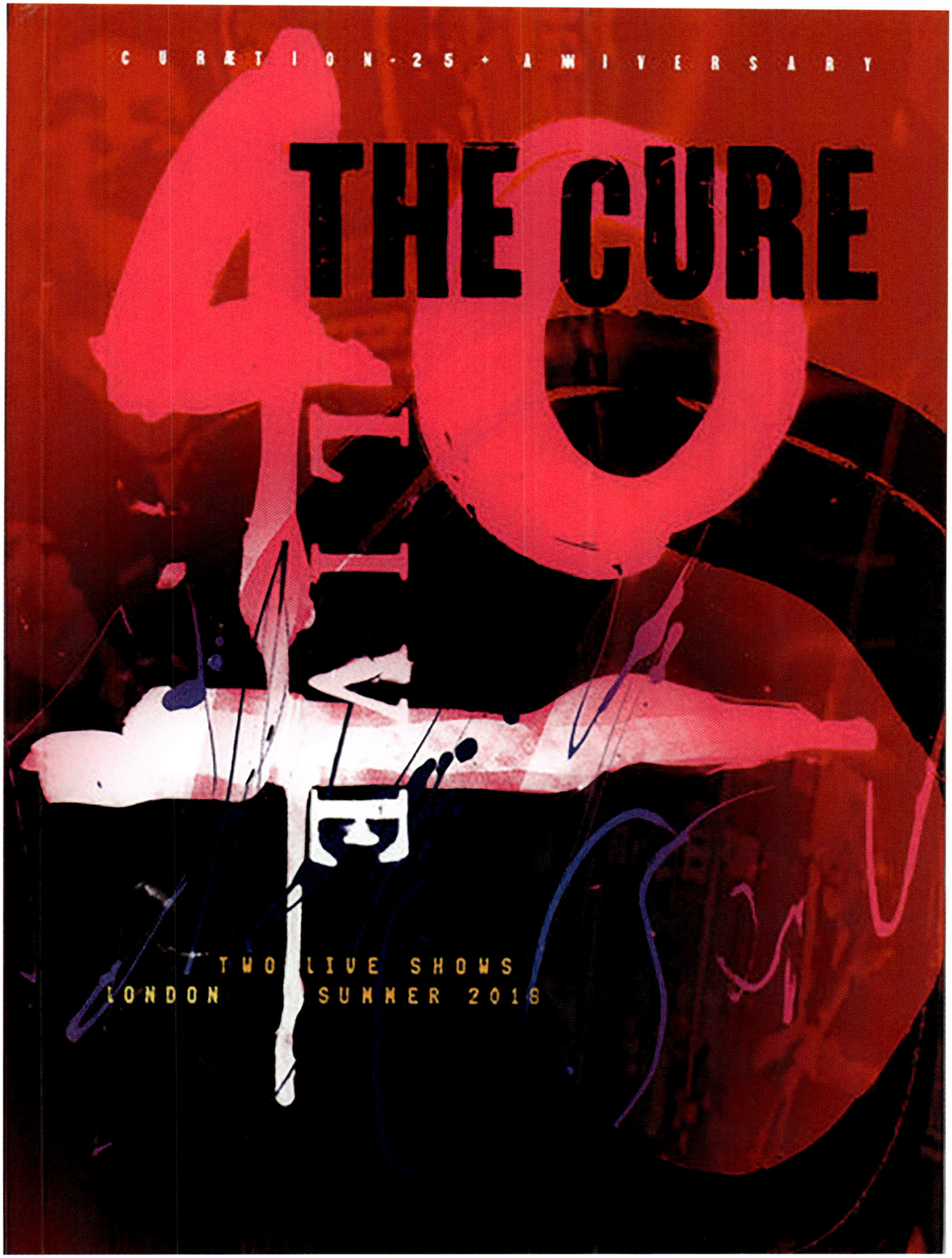
CURÆTION-25 + ANNIVERSARY
THE CURE
TWO LIVE SHOWS
LONDON SUMMER 2018

L'heure est à la célébration. Quarante ans de carrière méritent d'être fêtés en grand. Pour l'occasion The Cure donne deux performances distinctes : *Curœtion-25* le 24 juin 2018 au Royal Festival Hall de Londres et *Anniversary: 1978-2018* le 7 juillet 2018 à Hyde Park.

Curœtion-25 présente un concept particulier qui met l'accent sur la diversité musicale de la carrière du groupe qui choisit d'interpréter chronologiquement un titre de chacun de leurs treize albums plus un inédit : « It Can Never Be The Same ». À la suite de ce premier set de quatorze chansons, le groupe s'éclipse un instant avant de réinvestir la scène pour réitérer le principe avec d'autres chansons dans une chronologie inversée. Un second titre inédit est ajouté à ce deuxième set : « Step Into The Light ».

Anniversary: 1978-2018 Live In Hyde Park est un concert plus classique de trente chansons jouées devant soixante-cinq mille fans venus célébrer un groupe qui est désormais encré dans la légende de la pop et du rock anglo-saxon.
Ces deux soirées donnent naissance à un coffret de quatre CD regroupant l'intégralité des deux concerts. Le gigantisme de l'objet est à la hauteur de l'évènement : quatre CD, deux DVD, cinquante-huit chansons et plus de quatre heures et demie de musique. Le coffret est commercialisé en octobre 2019 et se classe à la première place des charts britanniques et 2e en Allemagne.

Le film *Curœtion-25* est réalisé par Nick Wickham, un réalisateur britannique de cinéma et de télévision spécialisé dans le spectacle vivant qui a travaillé avec certains des artistes musicaux les plus connus au monde comme Madonna, Rihanna, Beyoncé ou Metallica. Quant à *Anniversary: 1978-2018 Live In Hyde Park* le groupe confie la réalisation à leur ami vidéaste indissociable de l'image des Cure : Tim Pope.
« J'ai en quelque sorte laissé Tim s'occuper de la partie montage du film, sinon je m'en serais un peu trop mêlé. »[15] – Robert Smith

Fun Fact : Cette célébration est aussi celle des trente ans de l'album *Disintegration* et des soixante ans de Robert Smith.

Le 7 juillet 2018 à Hyde Park, Smith s'adresse à son public : *« Bien sûr, il y a quarante ans ce week-end, nous avons joué pour la première fois sous le nom de The Cure, au Rocket à Crawley. Si l'un d'entre vous m'avait demandé à l'époque ce que je ferais dans 40 ans, je pense que j'aurais eu tort de répondre. C'est grâce à tous ceux qui m'entourent que je suis encore là. Ce dernier paquet de chansons est pour tous ceux qui sont toujours présents et qui ont fait le voyage ».* En 2019, The Cure est intronisé au Rock and Roll Hall of Fame.

IT CAN NEVER BE THE SAME
Smith, Gallup, O'Donnell, Cooper, Gabrels

« It Can Never Be The Same » est jouée pour la première fois lors de la tournée de 2016. C'est une chanson en hommage à la mère de Smith : Rita Emmott-Smith.

Andy Vella, photographe et designer de la majorité des albums du groupe depuis 1980, témoigne de l'émotion ressentie en découvrant cette chanson : *« C'est une chanson fantastique, très triste, poignante, profondément émouvante. Tellement puissante qu'elle vous colle au mur, vraiment. »*

Smith évoque la perte de sa mère. Il se remémore les moments joyeux passés ensemble et souhaite pouvoir les revivre un jour. Il essaie de faire face au deuil tout en essayant de préserver les souvenirs et d'accepter que les choses ne soient plus jamais comme avant.

Les versions live disponibles en ligne montrent l'implication émotionnelle de Smith. Chaque interprétation laisse apercevoir une larme irrépressible couler sur sa joue. C'est cette émotion, sincère et brute, que Smith souhaite développer sur le prochain album.

« It Can Never Be The Same », devrait figurer sur l'album *Songs of the Last World*, un projet maintes fois retardé, mais dont plusieurs extraits ont été dévoilés lors des concerts de 2022 et 2023. Concernant ce disque Smith donne quelques infos sur son avancée : *« D'une certaine manière, j'essayais d'atteindre la nostalgie d'un monde qui n'a jamais existé. Et je pense que c'est toujours ce que je veux que le monde soit. C'est pourquoi j'ai un peu de mal avec les paroles. Musicalement, je pense que nous avons réussi. C'est juste au niveau des textes que j'ai besoin de m'assurer que ça fonctionne. »*[15]

STEP INTO THE LIGHT
Smith, Gallup, O'Donnell, Cooper, Gabrels

En 2019 Robert Smith annonce au magazine Rolling Stone avoir terminé l'enregistrement du prochain album. En trois semaines seulement : *« Nous étions tous loin de chez nous, loin de tous ceux que nous aimions, et tous ensemble au même moment, comme pour* Disintegration. *Dans un grand studio au milieu de nulle part, là où Queen a enregistré "Bohemian Rhapsody", nous avons juste joué de la musique. De longs morceaux sombres et intenses qui devraient satisfaire nos fans hardcore et énerver les autres. »* « Step into The Light » et « It Can Never Be the Same » sont issues de ces sessions.

« Step Into the Light » est une chanson inédite qui a été jouée pour la première fois en 2016. Le morceau est un reliquat des sessions d'enregistrement de *4:13 Dream* qui devait à l'origine figurer sur un album annexe intitulé *4:14 Scream*. Cet album prévu pour être le côté sombre de *4:13 Dream* n'a jamais vu le jour.

« Step Into the Light » exprime une critique de la croyance aveugle en des concepts et des idées sans preuve tangible. L'accent est mis sur le contraste entre la conviction sans fondement et la recherche de vérité basée sur la raison, l'honnêteté et l'amour. Smith rejette l'idée de tout accepter simplement par croyance, encourageant plutôt la remise en question, la réflexion critique et l'acceptation de concepts basés sur des valeurs positives plutôt que sur la peur, l'ignorance ou la cupidité.

Concernant le succès et l'affluence record du concert évènement de Hyde Park, Smith s'explique : *« L'un des aspects les plus agréables de notre groupe est que nous sommes capables de faire la tête d'affiche de Glastonbury, de jouer à Hyde Park et de figurer au Rock and Roll Hall of Fame, alors que nous sommes toujours considérés comme un groupe un peu bizarre et marginal. »*[15]

COMPILATIONS + EP

HEBDO
N°117 - 7 AVRIL 2023
ROLLINGSTONE.FR
RollingStone
FRANCE
CLIMAT
LES CHIFFRES POUR COMPRENDRE LA CRISE
L'ENQUÊTE
The Cure vs Ticketmaster
Comment Robert Smith a fait plier le géant des concerts

La discographie de The Cure comporte treize albums studio, neuf EP, six live, une quarantaine de singles, deux fois plus de faces B et huit compilations officielles. Certaines de ces compilations sont réalisées sous forme de best of, intéressantes pour un public novice voulant découvrir une version condensée du répertoire du groupe tandis que d'autres peuvent être considérés comme des albums à part entière comme *Boys Don't Cry* et *Japanese Whispers*. Ayant à cœur de proposer plus que des simples enchainements de singles, le groupe préfère agrémenter ses compilations de titres inédits, de versions acoustiques, de face B, de remix et autres interprétations live. Les fans ont souvent tendance à négliger les compilations pour leur manque de créativité et l'inutilité de posséder un disque qui regroupe des chansons déjà présentes sur des albums qu'ils possèdent depuis longtemps. Avec The Cure c'est une autre histoire. Certaines compilations sont même réservées principalement aux fans les plus hardcore car elles regorgent de raretés : *Join The Dots* en est un exemple criant.

Les EP (Extended Play), également appelés Maxi, sont souvent des aperçus de ce que les albums ont à offrir. En général, ils sont constitués de trois à cinq titres. Parmi les neuf EP produits par The Cure, *Lost Wishes* se distingue comme le seul présentant un réel intérêt artistique, grâce à ses titres originaux : quatre morceaux instrumentaux enregistrés pendant les sessions de l'album *Wish*.

La création peut également revêtir un intérêt lorsqu'elle est confiée à d'autres mains expertes qui se chargent de la transformer. Le remaniement des chansons par des personnes extérieures au groupe laisse entrevoir des horizons que Smith refuse d'ignorer. Il ouvre la porte aux DJ pour remixer quelques singles de son groupe : *« J'ai toujours apprécié les choses au moment où elles arrivaient. Je ne suis pas du genre à regarder en arrière. »*[77]

Les remix sont généralement des productions à la carrière éphémère qui dure le temps d'une mode ou d'un instant promotionnel. Vite oubliés, ils disparaissent des discographies des artistes pour éviter de les parasiter. Loin de mettre sous le tapis ces instantanés d'une époque, les Cure revendiquent et défendent ces versions alternatives comme une vraie démarche artistique. Les compilations *Mixed-up* et *Torn Down* démontrent qu'ils assument pleinement cette autre facette de l'œuvre. The Cure propose autant de chemins de traverse qu'il y a de voies officielles.

BOYS DON'T CRY

Fiction Records
Production : Chris Parry
Enregistrement : Morgan Studios. (Londres)
1978-1979
Pochette : Bill Smith
Date de sortie : février 1980

1-Boys Don't Cry
2-Plastic Passion
3-10-15 Saturday Night
4-Accuracy
5-Object
6-Jumping Someone else's train
7-Subway Song
8-Killing An Arab
9-Fire in Cairo
10-Another Day
11-Grinding Alt
12-World War
13-Three Imaginary Boys

Publiée en février 1980, *Boys Don't Cry* est une compilation d'abord réservée au marché nord-américain et australien, puis à quelques pays européens. Parfois considérée comme un album à part entière, c'est bien d'une compilation qu'il s'agit. Le disque reprend huit chansons de *Three Imaginary Boys* et s'agrémente de cinq titres inédits dont les singles « Killing an Arab », « Boys Don't Cry » et « Jumping Someone Else's Train » ainsi que « Plastic Passion » et « World War » aux dépens de « Meathook », « It's Not You », « So What? », « Foxy Lady » et « The Wendy Burton ». Petite coquetterie de production, le hurlement strident qui clôture « Subway Song » est raccourci. Aucune de ces chansons ne sera réenregistrée, elles proviennent toutes des séances de *Three Imaginary Boys*.

Smith, Tolhurst et Dempsey sont assistés du producteur Chris Parry pour modeler ce disque plus pop et plus commercial que le premier album mais il n'enthousiasmera pas Smith plus que ne l'a fait *Three Imaginary Boys*.

Fait notable pour être souligné, et rare dans une carrière, The Cure réussit l'exploit de sortir sa première compilation à peine neuf mois après la parution de son premier album.

En 2003, l'album a été classé à la 442e place dans la liste des cinq cents meilleurs albums de tous les temps établie par Rolling Stone. En 2012, lors d'une mise à jour de cette liste, l'album a progressé pour atteindre la 438e position.

La pochette est une reprise d'un des visuels du verso de *Three Imaginary Boys* censé illustrer la chanson « Fire In Cairo ».

2442 178
BOYS DON'T CRY
THE CURE

BOYS DON'T CRY
Smith, Tolhurst, Dempsey

Smith décrit « Boys Don't Cry » comme une tentative de chanson pop, dans un style vaguement inspiré des années 60 et 70 : *« Une pop-song comme "Boys Don't Cry" est d'une naïveté démentielle. Mais considérant l'âge que j'avais quand je l'ai écrite et le fait que je n'avais rien vécu d'autre que d'aller à l'école… toute l'inspiration vient des livres. Certains d'entre eux sont vraiment bons. »*[12]

Cette chanson est en quelque sorte une critique sociale de son époque, comme il l'explique : *« Lorsque j'étais enfant, il y avait une forte pression sociale qui nous encourageait à ne jamais montrer nos émotions. Malgré moi, je ne pouvais m'en empêcher et je n'ai jamais trouvé ça gênant. Je ne pourrais pas continuer sans montrer mes émotions. En fait, il doit falloir être un chanteur tellement chiant pour ne pas le faire. J'ai donc décidé que ce serait quelque chose de plutôt important… Je crois que c'est ma nature que de ne pas faire ce qu'on m'impose. »*[13]

« Boys Don't Cry » est la première pop-song d'une longue série qui propulsera le groupe au sommet des charts pendant plus d'une quinzaine d'années. Lol Tolhurst l'admet sans sourcilier : *« "Pop" n'a jamais été un mot tabou pour The Cure. Nos chansons sont inspirées de nos vies, comme un journal intime. Beaucoup de ce qui s'est passé dans ma vie et celle de Robert sont des évènements qui nous ont bouleversés, voilà pourquoi nous en parlons. Je crois que c'est ce que chaque artiste doit faire. Il doit y avoir une connexion avec les moments et les endroits dans lesquels nous vivons. Pour les Cure nous avons essayé de peindre des images musicales de nos vies. »*[14]

Bien qu'il soit commercialisé à cette période, le titre n'est pas présent sur l'album *Three Imaginary Boys* Aucune vidéo n'est réalisée pour la promotion de ce single et malgré de bonnes critiques, « Boys Don't Cry » n'a pas connu le succès escompté, au désespoir de Chris Parry qui voyait en cette chanson un hit potentiel : *« Pour moi, "Boys Don't Cry" devait se retrouver dans le top 10. Ça ne l'a pas fait parce que Polydor nous a coincés. Robert était très déçu et il avait raison de l'être. »*[5]

Après cet échec commercial, amer et frustré, le groupe décide de ne plus jouer la chanson sur scène. Pour quelque temps seulement.

« Pendant que je chantais "Boys Don't Cry" à Glastonbury (2019) j'ai réalisé que ce titre avait une résonnance vraiment actuelle avec tous ces drapeaux arc-en-ciel et ces trucs qui volaient dans le public. »[15] – Robert Smith

En 1986, pour promouvoir la nouvelle compilation du groupe, *Standing On A Beach*, une nouvelle version de la chanson remixée avec une nouvelle interprétation vocale est publiée le 21 avril. C'est un succès : six cent mille exemplaires vendus en Grande-Bretagne.

La vidéo réalisée par Tim Pope met en scène trois jeunes garçons qui miment l'interprétation de la chanson, tandis que Smith, Tolhurst et Dempsey apparaissent en ombres chinoises derrière les trois petits clones. Les gamins du clip ont été repérés dans la rue alors qu'ils jouaient au foot… le portrait craché des Cure au même âge, selon Smith. *Boys Don't Cry* sort en single le 15 juin 1979.

Face B : « Plastic Passion ». Pour la réédition single de 1986 les faces B sont : « Pill Box Tales » et « Do The Hansa ».

Fun Fact : *« On nous a demandé notre accord pour que Paul Young reprenne "Boys Don't Cry". On a dit non ! Je ne peux pas imaginer quelque chose de pire. »*[1] – Robert Smith
Nathan Larson, lui, aura l'autorisation de reprendre la chanson en 1999. Sa version est utilisée dans le film du même nom pour lequel Hilary Swank remporte l'oscar de la meilleure actrice.

PLASTIC PASSION
Smith, Tolhurst, Dempsey

« Allitération… cette chanson a commencé comme un pastiche du tout premier style de Roxy Music, époque Pyjamarama »
– Robert Smith

En 2004, Smith explique comment, six ans plus tard « Plastic Passion » l'a inspiré pour écrire le huitième titre de l'album *The Head On The Door* : *« Cette chanson s'est ensuite transformée en "A Night Like This", car il y a une mélodie de clavier qui utilise exactement la même suite d'accords. »*

Composée en 1978, avec un tempo beaucoup plus lent, elle est par la suite retravaillée, accélérée et jouée en live plusieurs fois avant d'être enregistrée définitivement en vue d'être incorporée au premier album du groupe. Elle sera finalement écartée de la track-list pour se retrouver sur la compilation *Boys Don't Cry*. Comme le sous-entend Smith, cette chanson est une des raisons qui conduit à l'éviction du bassiste : *« Dempsey a montré cet horrible type de rythme "Jerk" façon XTC et a demandé à Lol de le jouer. Il a ensuite essayé de le coller sur à peu près toutes les chansons que nous avons écrites l'année suivante… C'est une des raisons pour lesquelles Michael Dempsey devait partir. »*[6]
« Plastic Passion » est la face B du Single « Boys Don't Cry ». Sortie le 26 juin 1979.

Fun Fact : À la sortie du single « Boys Don't Cry / Plastic Passion », Giovanni Dadomo du *Record Mirror* écrit : *« Ça me fait penser à John Lennon qui aurait douze ou treize ans. »*

JUMPING SOMEONE ELSE'S TRAIN
Smith, Tolhurst, Dempsey

« C'est le retour des Mods, nés de rien de plus que la sortie du film Quadrophenia des Who, et de quelques remarques erronées de Paul Weller, qui ont inspiré "Jumping Someone Else's Train". »
– Robert Smith

En septembre 1979, le groupe retourne aux Morgan Studios pour enregistrer cette chanson prévue pour être leur troisième single. Les paroles sont écrites au bar du Morgan, en réaction au mouvement Mod du moment.

« La mélodie était un rebut. J'étais à l'époque en train d'écrire des chansons comme "Seventeen Seconds"... je pensais que ça ferait un bon single, tout en sachant que c'était le dernier que nous ferions dans ce genre et le dernier avec Michael. »[5] – Robert Smith

Les paroles sont une critique acide envers une attitude pédante que Smith exècre : le snobisme et l'élitisme du genre.
« J'écoutais déjà de l'Acid (House Music) lorsque tu en étais encore à la New-wave. En fait c'est aussi inconséquent que le renouveau du Ska... J'ai d'ailleurs écrit "Jumping Someone Else's Train" à ce sujet. En ce moment je lis partout des articles sur le retour du Ska, c'est méprisable. À ce rythme nous aurons cinq styles remis au gout du jour chaque année ! Je suis probablement démodé, mais j'aime la musique qui n'est pas limitée à une certaine époque. »[28] – Robert Smith
Les tensions entre Michael Dempsey et le reste du groupe sont de plus en plus fortes et Smith a déjà dans l'idée de se séparer du bassiste. Cette chanson est l'ultime titre qu'il enregistrera avec les Cure. Le producteur Chris Parry pense qu'un changement de line up pourrait être préjudiciable, de plus, il apprécie la personnalité et le jeu du bassiste : *« Parmi les premiers singles, c'est probablement celui qui a le meilleur son. Un bon moment pour Dempsey, son chant du cygne. »*
« C'était la dernière chanson de Cure dans ce style. Il y avait un peu de tout le monde dedans, un peu de tous les groupes qui nous entouraient. Il y avait un synthétiseur, une séquence de batterie, une basse poppie et un peu de Jam. Robert m'avait donné une cassette avec une structure d'accords, sans paroles. Lol n'avait de toute façon qu'un rythme, nous savions comment ça tournerait, et voilà.... Je ne sais pas si Robert détestait ou aimait cette chanson. »[5] – Michael Dempsey
Lors des performances live de 1979-1980, The Cure enchaine « Jumping Someone Else's Train » et le titre instrumental « Another Journey by Train » pour ne plus faire qu'un seul et long morceau.

Fun Fact : *« Quand on a fait "Jumping Someone Else's Train", le label Polydor, qui distribue Fiction en Angleterre a dit : "Ça y 'est ça va entrer dans le top 10 !" En fait c'est entré nulle part. »* – Robert Smith
« Quand je serais grand, je serais conducteur de train »[30] raconte Robert Smith lors d'une interview dans l'Orient-Express en 1986.

KILLING AN ARAB
Smith, Tolhurst, Dempsey

Inspiré du livre *L'Étranger* d'Albert Camus (1942), « Killing an Arab » raconte l'histoire de Meursault, français installé en Algérie qui tue un Arabe sans motif apparent. La chanson utilise la séquence du livre où le narrateur-protagoniste, ébloui par le soleil, commet son crime. Meursault sera condamné à mort et refusera de se confier à Dieu.

« Killing An Arab » parait sur le label indépendant Small Wonder qui en presse quinze mille exemplaires. Les bénéfices des ventes permettent à Fiction de financer les quinze mille exemplaires suivants. C'est le premier single des Cure, et le producteur Chris Parry est sûr de lui : *« C'était différent, je savais que les jeunes l'aimeraient. On pouvait pogoter dessus, on avait avec nous les punks et parmi eux, ceux que je voulais vraiment accrocher, les actifs qui lisaient les journaux musicaux. Je me suis assuré que nous aurions une bonne campagne d'affichage. »* [5] Effectivement, le public adhère et dans son ensemble la presse britannique salue l'originalité et la finesse d'écriture de ce jeune groupe. Ce premier single est un succès mais Smith, insatiable, ne souhaite pas en rester là : *« Le truc avec "Killing An Arab", c'est que c'est juste un point de référence dans notre carrière, ça aurait pu être un boulet. Je ne comprends pas les gens qui croient que le son typique de Cure est là. En fait tout s'est développé à partir de ce moment. Il valait mieux s'écarter de ce son car cela pouvait nous tuer. »*[35]

Le véritable problème auquel le groupe doit faire face n'est pas tant la comparaison grandissante avec les Buzzcocks, mais plutôt le contenu controversé de leur chanson. « Tuer un Arabe », la phrase choque ! Ni les membres de Cure ni leur entourage ne se doutaient que donner un titre aussi radical pourrait fédérer autour d'eux un troupeau de Skins illettrés.

« Peu de gens connaissaient Camus, ou du moins avaient fait le rapprochement entre ma chanson et son livre. Moi je le connaissais très bien car j'avais fait des études de Français. Ce qui s'est réellement passé, c'est qu'il y avait pas mal de tensions racistes dans le pays à ce moment-là. »[35] – Robert Smith

À chaque concert, les débordements deviennent inévitables et presque systématiques.

« On a joué au Nashville (salle de concert londonienne). Le Front National a débarqué parce qu'ils pensaient que "Killing an Arab" parlait vraiment de tuer un Arabe. Les bagarres n'arrêtaient pas. Le Front National distribuait des tracts où il était question de cette chanson. On a dû publier des démentis et on a fini par minimiser l'importance de ce titre. »[5] – Robert Smith

Depuis le début, cette chanson pose problème et l'incompréhension domine. Lassé de devoir se justifier sur sa signification, Smith va jusqu'à changer les paroles : « Killing an Arab » devient « Killing an Other ». Au début des années 1990, avec la guerre en Irak et le conflit au Proche-Orient, la censure anglaise interdit aux radios de programmer certaines chansons dont « Killing An Arab » : *« Pendant les concerts en Angleterre je chantais "Killing an Englishman". La presse anglaise n'a pas compris. Aux États-Unis, après la première guerre du Golfe, c'était "Killing an American". La presse américaine nous a massacrés. Si j'avais su je l'aurais intitulé "Standing on a Beach". Ça nous aurait évité un paquet d'ennuis. »*

Il ira jusqu'à devoir tenir une conférence de presse pour expliquer que la chanson est une référence au livre de Camus et non un hymne islamophobe comme le prétendent certaines radios américaines. *« C'était totalement absurde, se retrouver à devoir expliquer Camus à une bande de visages complètement abasourdis. »*
– Robert Smith

Fun Fact : L'acteur anglais John Button est le visage de la pochette du single. Il est aussi l'acteur principal du clip : *« Si je peux aider ces petits jeunes à percer… Pourquoi pas ? »*[34]
« Il y a une seule chose que je regrette, c'est le titre de cette chanson, car à 17 ans, il me semblait que tout le monde s'intéresserait autant que moi à Albert Camus. En revanche, ce qui est sympa, c'est qu'au cours des années, j'ai pu faire connaitre l'existentialisme français à l'étranger. »[63] – Robert Smith

WORLD WAR
Smith, Tolhurst, Dempsey

« Je crois que "World War" est la pire chanson que les Cure n'aient jamais enregistrée. »[31] *« "World War", "Do the Hansa", "Pillbox Tales" et "Heroin Face", aucune de ces quatre chansons n'a vraiment de sens. »* - Robert Smith

C'est dit, il n'y a pas à chercher de signification dans les paroles de « World War » mais il semblerait pourtant que Smith s'essaie à critiquer l'absurdité de la guerre *« No one's a winner, no one's a loser just a dead friend. »* On peut aussi voir une analogie entre la violence d'une relation amoureuse crépusculaire et un conflit mondial… mais comme le dit son auteur : *« Ça n'a pas vraiment de sens. »*

Fun Fact : En 2011 The Cure organise une mini tournée très particulière. Le projet : jouer consécutivement leurs trois premiers albums dans des lieux choisis avec soins et en rapport avec l'histoire du groupe. La tournée comporte neuf dates : deux concerts à l'Opera de Sydney, un concert au Royal Albert Hall à Londres, trois au Pantages Theatre à Los Angeles et trois autres au Beacon Theatre à New York. Trente et un ans après sa publication, « World War » découvre pour la première fois les honneurs de la scène… neuf fois, puis retour aux oubliettes.

2442 17
POL
365
3170 51
SIDE ONE
1·BOYS DON'T CRY
2·PLASTIC PASSION
3·10.15 SATURDAY NIGHT
4·ACCURACY
5·OBJECT
6·JUMPING SOMEONE ELSE'S TRAIN
7·SUBWAY SONG
SIDE TWO
1·KILLING AN ARAB
2·FIRE IN CAIRO
3·ANOTHER DAY
4·GRINDING HALT
5·WORLD WAR
6·THREE IMAGINARY BOYS
PRODUCED BY CHRIS PARRY
ENGINEERED BY MIKE HEDGES
ASSISTED BY MIKE DUTTON
RECORDED AT MORGAN STUDIOS LONDON ENGLAND
SLEEVE DESIGN & ILLUSTRATION BY BILL SMITH
℗ 1979 FICTION RECORDS
FICTION RECORDS
165/169 HIGH ROAD, WILLESDEN.
LONDON NW10 ENGLAND
ROBERT SMITH: GUITAR, VOCALS
MICHAEL DEMPSEY: BASS, VOCALS
LOL TOLHURST: DRUMS
Distribué par POLYDOR "2, rue Cavallotti 75018 Paris
Imp. POLYGRAM INDUSTRIES MESSAGERIES · « Imprimé et Fabriqué en France »
FICTION RECORDS

JAPANESE WHISPERS

Fiction Records
Production : Chris Parry, Steve Nye, Phil Thornalley, Robert Smith
Enregistrement : Studio Maison Island, Jam Studios, Studio Des Dames – novembre 1982-avril 1983
Pochette : Parched Art
Date de sortie : décembre 1983

01-Let's Go To Bed
02-The Dream
03-Just One Kiss
04-The Upstairs Room
05-The Walk
06-Speak My Language
07-Lament
08-The Lovecats

« It doesn't matter if we all die ». C'est par ces mots que commence l'album mortifère d'un groupe qui vient de se désintégrer. *« Peu importe que nous mourions tous »*. En effet, en cette fin d'année 1982, The Cure semble bien mort dans l'esprit de tous. Gallup fonde le groupe Fools Dance tandis que Tolhurst endosse le rôle de producteur pour And Also The Trees. Quant à Smith, il s'éclipse avec sa compagne Mary dans le nord-ouest de l'Angleterre, au Lake District loin des tumultes de la vie citadine. Quelques mois s'écoulent et l'envie de reprendre la guitare se fait ressentir. Il contacte son ami Severin pour répondre à la sollicitation du magazine Flexipop et en septembre 1982 les deux musiciens se retrouvent en studio pour enregistrer le titre « Lament ». La chanson est publiée sous le nom de The Cure, ce qui motive le producteur Chris Parry pour demander à ce qu'il reste du groupe de composer un nouveau titre. C'est alors en duo que Tolhurst et Smith entament ironiquement leur révolution artistique et proposent le très pop « Let's Go To Bed ».

Japanese Whispers est la deuxième compilation du groupe. Elle est publiée en décembre 1983 et regroupe les trois singles produits entre novembre 1982 et octobre 1983 ainsi qu'une nouvelle version de « Lament » et quatre faces B. C'est une année de transition qui voit un groupe renaître de ses cendres sous une forme inédite. Terminé la mélancolie de *Faith* et la violence incandescente de *Pornography*, place à la pop simple et dansante enrobée de textures électroniques.

« Je ne voulais plus de ce côté sombre de la vie, je voulais faire quelque chose de vraiment joyeux. » – Robert Smith

Cette nouvelle orientation vaut au groupe ses deux premiers succès dans le top 20 au Royaume-Uni et en Irlande. *Japanese Whispers* sera également le premier album des Cure à être classé aux États-Unis. Une renaissance en demi-teinte car Smith n'est pas convaincu par cette nouvelle direction artistique et ne se sent pas vraiment à l'aise dans le rôle du faiseur de hits. Pour se rassurer il retrouve sa place de guitariste au sein de Siouxsie And The Banshees et crée avec son ami Steve Severin le groupe psychédélique The Glove.

JAPANESE WHISPERS: THE CURE SINGLES NOV 82 : NOV 83
incl. Hit-Singles
Let's go to bed
The Walk
The Love Cats
SPEAK MY LANGUAGE
THE UPSTAIRS ROOM : THE WALK : LAMENT
LET'S GO TO BED : THE DREAM : JUST ONE KISS

LET'S GO TO BED
Smith, Tolhurst

« Let's Go To Bed », sort en single le 23 novembre1982.
Face B : « Just One Kiss ».

« Un ensemble de mots absurdes pour compléter ce que je considérais alors comme une pièce hideuse de pop commerciale… »[43] – Robert Smith

The Cure prend un virage artistique à 180°, très loin des ambiances dépressives et des textes existentialistes des trois albums précédents. Cinq années de carrière et pas encore de véritable carton dans les charts. Fiction Records s'impatiente et ne se gêne pas pour reprocher à Smith de ne pas être capable d'écrire un hit. Touché au vif, le chanteur décide de les provoquer en leur proposant « Let's Go To Bed », une chanson au style léger et à l'ambiance plus joyeuse que les précédentes compositions du groupe.

« J'ai mis dans "Let's Go To Bed" tout ce que je détestais dans la musique de cette époque. J'étais nul. Toutes les chansons pop disent en gros "voulez-vous coucher avec moi ?" Je vais donc faire un truc aussi évident que possible sur un riff de synthé bien ringard. Lol et moi l'avons enregistré, Fiction Records l'a sorti, et soudain nous avions quinze écoutes quotidiennes sur la radio américaine. La faute à pas de chance, n'est-ce pas ? »[14] – Robert Smith
C'est au Studio Maison Island et avec un musicien additionnel, le batteur Steve Goulding, que Smith et Tolhurst se retrouvent pour l'enregistrement. Quatre jours suffiront pour mettre en boîte les deux titres : « Just One Kiss » et « Let's Go To Bed ».

Lors des premières écoutes de « Let's Go To Bed », le label n'adhère pas et reproche à Smith son incurie, en précisant que les fans vont le détester. Smith en est bien conscient et propose « Just One Kiss » pour une sortie en single. Paradoxalement, le label s'y oppose et décide finalement que, pour remplir toutes les cases d'un potentiel hit, le single sera « Let's Go To Bed ». Après l'avoir initialement descendu en flèche, Fiction s'entiche de ce titre.
« Je ne pense pas que ce soit une chanson de Cure. Je voulais qu'elle sorte sous un nom différent comme nous l'avions fait avec The Cult Hero il y a quelques années. Ce single a été publié pour être diffusé à la radio pendant la journée. C'est décevant pour moi parce que c'est la première fois qu'on nous voit impliqué dans les tendances ou les modes actuelles. Il n'y a probablement que quelques milliers de personnes qui nous ont pris en exemple, mais si j'étais l'un d'entre eux, je me sentirais trahi. Pour la première fois, j'ai conscience d'être considéré comme quelqu'un qui pourrait gagner de l'argent et je m'en veux. Au début, la maison de disques m'a respecté parce que je ne voulais pas écrire de tubes, puis ils m'ont vu comme une sorte de crétin et maintenant ils essaient de me provoquer en disant que j'en suis incapable. Je crois qu'ils ont réussi à m'avoir avec "Let's Go To Bed". »[41] – Robert Smith

Quelque temps après la sortie du single, il déclare : *« Je ne voulais pas que cette réflexion sarcastique sur l'imagerie sexuelle dans la musique pop soit publiée. Ce n'était pas aussi stupide que je le voulais. C'était vraiment moi qui réagissais contre l'image de Cure et tout ce que nous avions traversé. Donc, je voulais faire quelque chose de vraiment stupide. Les paroles ne veulent rien dire. »*[42]
Cette période charnière dans la carrière du groupe est décriée par de nombreux fans de la première heure. Cependant, elle permet aux Cure de toucher un public plus large et de découvrir certains horizons musicaux qui feront d'eux l'une des références majeures pour les années à venir.

« Certaines personnes pensaient que "Let's Go To Bed" était un sacrilège absolu et elles brûlaient leurs disques de Faith. *Mais c'était une autre époque. Toutes les choses que nous faisions alors signifiaient beaucoup pour certains. »*[44] – Robert Smith
Initialement enregistrée en décembre 1981 durant la période sombre, « Let's Go To Bed » était en fait une démo intitulée « Temptation ». Après le départ de Simon Gallup, Smith veut emporter cette composition vers une ambiance plus psychédélique, ce qui conduit à l'enregistrement de la version « Temptation two ». Celle-ci demeure introuvable jusqu'à la réédition Deluxe de l'album *Pornography*.
Grâce à cette chanson, l'univers visuel des Cure va changer pour le meilleur avec l'arrivée du réalisateur Tim Pope. Un personnage indissociable du groupe pour les dix prochaines années.

« La nuit précédant le mixage de "Let's Go To Bed", avec Robert et Lol nous nous étions amusés à imaginer la vidéo. Alors nous avons cherché quelqu'un qui serait différent des autres. J'avais vu des trucs de Tim Pope et je les avais aimés. J'ai donc mené mon enquête et j'ai découvert qu'il était nouveau dans le métier, et un peu fou. »[5] – Chris Parry

Tim Pope connaissait peu de chose sur eux. Il avait aimé « A Forest » et pensait que le groupe serait totalement dépourvu d'humour. *« La première fois que j'ai rencontré Robert Smith à Fiction j'ai pensé qu'il ne pouvait pas être le même type qui fait tous ces disques mélancoliques. C'était un mec tellement marrant avec les cheveux dressés sur la tête. J'ai tout de suite sympathisé avec lui. »*[5]

Fun Fact : Robert Smith : *« À cette époque, j'ai eu l'idée d'écrire la chanson la plus cyniquement commerciale possible. Ce qui s'est avéré être "Let's Go To Bed", qui est nulle ! Mauvaise par choix. Des riffs de synthés stupides sur des paroles débiles. »*

En 1986, pour promouvoir la compilation *Standing on a Beach*, « Let's go to Bed » est choisie comme single pour les USA. (Préféré à la version remixée de « Boys Don't Cry », qui sera le single européen.)

THE DREAM
Smith

The Dream est la face B du single The Walk. Sortie le 5 juillet 1983.

La trame musicale de « The Dream » est un prolongement de sa face A, ce qui explique que le groupe utilise le même équipement électronique, notamment le synthétiseur Oberheim, très en vogue au début des années 80. Quant aux paroles, elles traitent de la fausse-couche d'une mère. À de nombreuses reprises, Smith déclare que ni lui ni sa femme Mary n'ont souhaité avoir d'enfant. Le texte est donc totalement fictionnel.

Smith et Tolhurst sont fans du disque *Tin Drum* du groupe Japan et souhaitent réaliser quelque chose d'approchant. Ils choisissent donc le producteur Steve Nye pour ce projet, en raison de son travail sur l'album. Il sera, avec Smith, Parry et Thornalley, le coproducteur de la compilation *Japanese Whispers*. À son actif : le single « The Walk » et ses trois faces B.
« Notre collaboration avec Steve Nye a bien fonctionné, sauf qu'il fumait soixante gitanes sans filtre par jour. »[5]
– Lol Tolhurst

Robert Smith trouve l'expérience enrichissante : *« J'ai appris des tas de choses techniques en regardant Steve travailler. Nous sommes partis pour de courtes vacances à éléctropopland. »*[6]
C'est à cette période que Lol Tolhurst décide de lâcher ses baguettes pour de bon et de prendre des leçons de piano. *« Au début de The Cure on se foutait de qui jouait quoi. Quand j'ai commencé, je ne savais pas jouer, j'ai trouvé mon propre style. Tout ça est très bien, tu peux jouer si tu es créatif, mais il arrive un point où les barrières se dressent parce que tu n'as pas la technique. On voulait faire des choses plus compliquées mais je n'étais pas prêt ni préparé à m'entraîner pendant des années pour y arriver. »*[5]

The Cure est désormais réduit au duo après le départ de Simon Gallup et décide de ne convier aucun autre musicien additionnel pour la réalisation de cette chanson.

Fun Fact : Smith affirme qu'il tire une grande partie de son aspiration lyrique de ses rêves, bien que cela ne soit pas aussi fréquent que certains pourraient l'imaginer : *« C'est un peu comme l'alcool, c'est devenu mythologique. Je ne pense pas que je rêve plus que n'importe qui d'autre, je ne peux pas, car je dors moins que la moyenne des gens. C'est juste que j'ai la chance, ou la malédiction, de pouvoir me souvenir de ce dont j'ai rêvé. Lorsque j'avais 11 ou 12 ans, j'avais l'habitude de les écrire dès que je me réveillais, et après avoir fait cela pendant environ deux ans, j'ai découvert que je n'avais pas besoin de le faire. C'est bon et c'est mauvais car c'est horrible de se réveiller et de se rappeler qu'on vient de tuer à la hache une famille de quinze personnes. Je ne suis pas du tout une personne refoulée, et je ne suis pas trop gêné, donc mes rêves ont tendance à être très flamboyants. »*[159]

JUST ONE KISS
Smith, Tolhurst

« C'est cette chanson qui aurait dû sortir en single plutôt que d'être la face B de "Let's Go To Bed". »[24] – Robert Smith

Laconique, Smith déclare que cette chanson évoque *« une expérience nocturne et personnelle. »* Bien que les paroles puissent laisser penser à la description de la fin du monde, elles décrivent en réalité une relation si intense que le chaos qui l'entoure est insignifiant… La force d'un simple baiser.

Chris Parry décide d'utiliser le studio Island pour l'enregistrement de « Just one Kiss » et de « Let's go to bed ». *« Beaucoup de succès ont été fabriqués dans ce studio et je pensais qu'on avait besoin d'un putain de Hit. La séance a duré quatre jours. »*

Le résultat ne satisfait pas Smith. Il refuse de sortir ces deux titres sous le nom de Cure, ou alors en faire une double face A. Chris Parry s'y oppose et joue la sécurité. Il ne veut pas compliquer les choses et embrouiller l'esprit des programmateurs radio.

Robert Smith n'assume pas cette nouvelle direction musicale, trop légère et superficielle à son gout. Après trois albums d'une sombreur indélébile, ce contrepoids a de quoi surprendre : *« Je ne voudrais pas qu'on nous considère comme un groupe frivole. Ce serait aussi ennuyeux que de passer pour un groupe sérieux. Si l'on ne prend pas ce que l'on fait pour du spectacle, de la distraction, on finit par devenir comme Throbbing Gristle : une expérience qui n'existe que pour elle-même. Évidemment, je ne me vois pas devenir un de ces groupes de disco de plage… C'est une question d'équilibre entre les deux… »*[35]

THE WALK
Smith, Tolhurst

THE UPSTER ROOM
Smith, Tolhurst

« The Walk » sort en single le 5 juillet 1983. Face B : « The Dream ». La version Maxi comporte deux titres supplémentaires : « Lament » et « The Upster Room ».

« C'est une chanson gaie et optimiste. Elle fut écrite à l'époque où je dormais sur le sol de l'appartement de Steve Severin. C'était une période où The Cure n'était musicalement pas la chose la plus importante pour moi. The Glove et Siouxsie and the Banshees étaient des projets bien plus précieux à mes yeux. Je n'arrive pas à croire tout ce que j'ai pu faire pendant cette période. Il n'est pas étonnant que j'aie eu comme une sorte de dépression à la fin. »[6] – Robert Smith

Pour faire suite à « Let's Go To Bed », Smith souhaite un morceau dansant mais plus dur, plus dans le style « One Hundred Years ». Ce sera « The Walk ».
« Comme je n'y connaissais rien à l'enregistrement de musique électronique, j'ai pensé que nous avions besoin d'un spécialiste. On a choisi Steve Nye parce que j'avais beaucoup aimé son travail sur "Tin Drum" de Japan. »[5] – Robert Smith

Les chansons « The Upster Room », « Lament », « The Dream » et « The Walk » sont enregistrées en cinq jours aux Jam Studios. Pour Tolhurst et Smith, l'enregistrement est ennuyeux et surtout inhabituel car programmer, peaufiner des rythmes et les écouter sans avoir à hurler sur un batteur est une façon inédite de travailler pour The Cure.

« Mais les Jam Studios avaient un bon billard et un joli jardin avec des tables et des chaises ou je pouvais écrire. »[5]
– Robert Smith

Fun Fact : C'est une époque ou Smith et Severin, en plus de leur collaboration avec Siouxsie and the Banshees, forment un groupe nommé The Glove, en référence à un personnage du film Yellow Submarine des Beatles. Ils décrivent le projet comme un pastiche psychédélique, qui à l'origine, ne devait se limiter qu'à un unique single. Finalement, ils composeront quinze chansons en trois jours.

Après cinq ans de carrière et quatre albums, The Cure fait pour la première fois son entrée dans le top 20 britannique avec « The Walk ». Cependant, le départ de Simon Gallup laisse un vide que le duo n'arrive pas à combler et cette nouvelle direction musicale n'amuse plus vraiment. Quant à Lol Tolhurst, ce n'est pas le groupe qu'il délaisse mais la batterie. Du jour au lendemain, il abandonne fûts et baguettes pour se consacrer aux claviers.
« The Walk » atteint la 12e place des charts. Ce succès pousse le label à mettre une pression de plus en plus importante sur le groupe.

« Nous avions cet accord avec notre maison de disques selon lequel si "The Walk" était un succès, nous accepterions de faire toutes les différentes choses que cela implique. Nous avons donc fait la promo, Top of the Pops *et tout le reste... Je déteste devoir faire n'importe laquelle de ces corvées. Je préfèrerais m'atteler à des travaux plus importants. »*[48]
– Robert Smith

Sans Gallup, The Cure est devenu un duo clownesque dont l'image amuse et plaît suffisamment à Tim Pope pour qu'il l'exploite au maximum. La vidéo qu'il réalise pour « The Walk » crée la polémique. Tolhurst, vêtu d'une robe, danse aussi frénétiquement que Smith qui enlace une poupée. Les deux garçons outrageusement maquillés évoluent dans un univers psychédélique. Le clip est banni par la toute puissante chaine de TV britannique pour outrage et pédophilie sous-jacente.

« La BBC *n'a pas accepté la vidéo parce qu'on était maquillés et ils ont pensé qu'on était gay ! »*[5] – Lol Tolhurst

Pour sa deuxième réalisation avec The Cure, le faiseur de clips semble pourtant satisfait du résultat et se sent à l'aise avec l'univers particulier du groupe : *« Les paroles de Robert sont très ésotériques, il suit sa propre logique et personne ne peut les comprendre aussi bien que lui. L'idée de la vieille femme vient de là, elle sert à interpréter ses paroles. Mon cameraman et mes assistants m'ont regardé comme si j'étais fou quand on filmait "The Walk", alors j'ai su que la vidéo allait être bonne. »*[5]

Une polémique éclate entre New Order et The Cure. Effectivement, les deux chansons « Blue Monday » et « The Walk » ont certains points communs : le son, la ligne de basse, la production...

« Juste après qu'on ait enregistré "The Walk", New Order a sorti "Blue Monday" qui avait exactement le même arrangement d'overdub avec un son similaire. On s'est demandé s'il fallait ou non le sortir. Mais on a décidé que le disque était suffisamment différent. »[5] – Robert Smith

Fun Fact : En 1991, plutôt que de sortir une nouvelle compilation traditionnelle, The Cure opte pour un album de remix de ses plus grands hits, réalisé par les DJ les plus en vue de l'époque. Un problème de taille survient : les bandes originales de « The Walk » sont introuvables. Le groupe est donc contraint de réenregistrer la chanson.

THE CURE – Let's Go To Bed

SPEAK MY LANGUAGE
Smith, Tolhurst

« Speak My Language »
est la face B de « The Lovecats ».
Sortie le 18 octobre 1983.

De passage à Paris, Smith, Tolhurst, Anderson et Thornalley font une escale de cinq jours au Studio Des Dames. Ils y enregistrent trois chansons : « The Lovecats », « Mr Pink Eyes » et « Speak My Language ».

« Ça a été la meilleure séance d'enregistrement qu'on puisse avoir. Le studio était situé dans un quartier douteux de Paris, mais le resto d'à côté était excellent et on nous apportait la nourriture sur un plateau. C'était le temps du champagne, des petites amies, de la fête. C'était tellement bien que j'ai ramené la bande avec moi à Londres, je l'ai cajolé sur tout le chemin du retour. »[5]
– Chris Parry

Pour « Speak My Language » Smith a simplement chanté la ligne de basse à Thornalley qui s'est appliqué à la reproduire. Anderson a fait ce qu'il avait à faire à la batterie pendant que Smith improvisait au piano. Quant aux paroles, le travail fut aussi peu laborieux que pour la musique. *« Je commençais à prendre conscience que les relations avec les gens que je connaissais depuis longtemps changeaient de façon irrévocable. J'avais écrit la première phrase et le reste est apparu de façon explosive… dans un flux conscient et cohérent comme jamais auparavant. »*[6] – Robert Smith

LAMENT
Smith

À propos d'un souvenir d'enfance du jeune Smith. Il marchait au bord d'une rivière avec des amis, lorsqu'il fut témoin de l'émersion d'un corps sans vie.

Après l'expérience chaotique de la tournée *Fourteen Explicit Moments Tour* et le split de son groupe, Smith et sa future femme Mary se retirent loin du tumulte, pour une retraite de quelques semaines. C'est l'occasion pour le chanteur, éreinté par ces dernières années, de faire une pause dans sa consommation excessive de drogues et d'alcool. À son retour, Chris Parry lui fait savoir que le magazine Flexipop souhaite diffuser un titre original des Cure. Confronté au dilemme de devoir avouer que le groupe n'existe plus où réaliser la chanson en solo, il attrape sa guitare et choisit la deuxième option. *« J'ai écrit "Lament" sur ma vieille guitare top 20. J'ai été surpris, mais content, de voir que j'écrivais à nouveau. »*[5]

De retour à Londres il contacte son ami Steve Severin pour venir lui prêter main-forte et travailler sur cette chanson pendant deux jours aux Garden Studios : *« Je lui ai téléphoné et lui ai dit : prends des trucs, on va enregistrer une chanson. J'y suis allé avec ma vieille guitare, une basse, une boîte à rythmes et deux flutes en bois. »*[6]
Alors que théoriquement Steve Severin devait se concentrer sur la production de la chanson, il a en réalité passé la majeure partie de la session à rire en assistant aux innombrables allers-retours de Smith entre la salle de contrôle et la pièce d'enregistrement qui demandait constamment si ça sonnait correctement !

« La séance a été délirante ! Super fun ! Le volume du sharley dans le mix, le panoramique sauvage et la cohérence douteuse des voix sont un peu révélateurs de nos états d'esprit… » – Robert Smith
Cette première version est gravée sur un disque souple est offerte aux lecteurs du magazine Flexipop. Une deuxième version, réenregistrée au Jam Studio de Londres, sans l'aide de Severin et produite de façon plus professionnelle par Steve Nye, sera proposée en face B de la version Maxi du single « The Walk ».

THE LOVECATS
Smith

« The Lovecats » est commercialisé le 18 octobre 1983 et devient le premier single de Cure à entrer dans le top 10 Anglais. Il atteint la septième place.

Face B : « Speak My Language ». La version Maxi comporte un titre supplémentaire :

« Mr Pink Eyes ». *« Avec "Lovecats" j'ai suggéré que nous fassions quelque chose qui ressemble un peu à une version Jazz d'un film de Disney, genre les Aristochats. »*[15] – Robert Smith

Il avoue avoir été complètement obsédé par ce film, au point d'en avoir acheté une copie afin d'en connaitre les paroles par cœur. Cette chanson présente une nouvelle facette pop d'un groupe en pleine mutation. Après deux singles électro-pop en duo, The Cure se mue en quatuor de jazz. Le batteur Andy Anderson qui fit ses débuts dans un orchestre de jazz est parfait pour tenir ce rôle et son influence sera cruciale.

« Le processus que j'utilise pour les nouveaux morceaux est le suivant : j'apprends les chansons telles qu'elles ont été écrites à l'origine, puis j'applique mon propre style et mon propre ressenti ; s'il y a des parties strictes qui sont nécessaires, alors je m'y tiens, la plupart du temps je finis par apporter ma propre sensibilité, ce qui semble fonctionner, "The Lovecats" me vient à l'esprit, car c'est un morceau de type jazzy. Utiliser des balais sur la caisse claire était un choix évident, et cela a fonctionné. »[176] – Andy Anderson

Phil Thornalley, coproducteur et bassiste de formation s'essaie à la contrebasse pour coller à l'ambiance souhaitée par Smith… Une première pour The Cure. « The Lovecats » est enregistrée au Studio Des Dames à Paris et sera mixée aux Studios RAK à Londres.

« Ça a été un bon moment. Le studio à Paris était un peu comme Abbey Road, avec des instruments qui traînaient partout. Tous les instruments de cette session étaient acoustiques, contrairement à ce que nous avions fait avec "The Walk". »[46]
– Lol Tolhurst

Smith n'aime pas le son des cuivres et charge son producteur de trouver un musicien qui puisse faire l'affaire.
« Je suis allé à Genetic et j'ai trouvé un musicien, dont encore aujourd'hui, Robert met en doute l'existence. En fait, le studio de Martin Rushent peut synthétiser n'importe quoi, et c'était vrai, le type a joué et c'était bon. »[5] – Chris Parry
Pour rectifier un problème de son sur la voix, Parry emmène le chanteur au studio Genetic pour que l'ingénieur du son Dave Allen se charge d'apporter les retouches nécessaires. Les deux hommes s'apprécient immédiatement.

« Avant de rencontrer Robert je pensais que The Cure devait être ennuyeux et déprimé, comme leur musique. Mais ils se sont révélés être tout l'opposé. »[5]
Robert Smith : *« Il était de mon côté, contre Chris Parry, toujours un bon signe ! »*[5] – Dave Allen

C'est le début d'une longue et fructueuse collaboration. Dave Allen coproduira tous les albums du groupe jusqu'en 1992.
Il faudra attendre 2003 et la reprise de Tricky pour que Smith dévoile le véritable sens de ses paroles : *« Tricky a ralenti le rythme joyeux et sautillant pour en faire une sorte de marche funèbre. Cela ne me surprend pas. Peut-être a-t-il écouté les paroles : en fait cette chanson ne parle pas de chats mais d'un pacte de suicide entre deux amants, d'où la partie "you and me, into the sea"... Ma vision d'une chanson d'amour. »*[47]
Un an plus tôt, le fait de jouer des chansons émotionnellement violentes chaque soir dans différents états de délabrement narcotique a brisé le groupe. *Pornography* a laissé les traces d'une souffrance que Smith ne souhaite plus revivre. Il rejoint Siouxsie and the Banshees, crée le trio The Glove avec son ami Steve Severin et se sert de The Cure comme vecteur pour réaliser des choses plus légères, des chansons pop comme « The Lovecats », jusqu'à ce que ces « choses stupides » deviennent des hits : *« J'ai soudain réalisé qu'en fait, c'était bien plus attirant que de faire le tour du monde avec les Banshees ! Je n'ai jamais vraiment été à l'aise avec mes motivations. »*[25]

La presse musicale est déroutée. Elle n'arrive plus à suivre les délires schizophréniques d'un groupe qui semble se moquer de toutes contingences artistiques :

« "The Lovecats" est un chef-d'œuvre de désorientation de la part de Robert Smith, un collage mental d'un esprit détraqué. Comment rendre compte de cette approche kaléidoscopique ? Bon, à la rigueur, on peut dire que c'est un cocktail de jazz psychédélique, une comptine pleine de strychnine, ou chaque allusion (illusion ?) débouchent sur un tunnel de flash-back, mais c'est encore bien plus tordu que ça. » écrit Steve Sutherland dans le Melody Maker.

La vidéo dirigée par Tim Pope est réalisée en une nuit dans un quartier résidentiel de Londres.

« Ça a été une bonne nuit ! On avait dit à un agent immobilier qu'on pensait acheter une maison à Hampstead. On a pris les clefs, fait entrer l'équipe de tournage, tourné la vidéo et rendu les clefs le matin suivant. »[5] – Robert Smith

« On a invité plein de monde et on a donné une fête. J'ai d'abord fait les plans rapprochés et quand on a tourné les séquences avec le groupe, vers quatre heures du mat', tout le monde était complètement défoncé. »[5] – Tim Pope

« Il y avait environ trente chats et ils ne faisaient rien de ce qu'on voulait. On avait placé de la nourriture aux endroits stratégiques, mais ils détestaient les chats empaillés et s'enfuyaient. »[5] – Lol Tolhurst

Fun Fact : Robert Smith raconte *« "The Lovecats" est loin d'être ma chanson préférée : composée ivre, vidéo filmée ivre, promo faite ivre. Ridicule ! »*[45]
En 1986, en pleine Curemania, Smith parle des tentatives ratées du groupe de jouer cette chanson sur scène : *« Nous n'avons essayé de jouer "The Lovecats" en live que trois fois, et ça a été un désastre complet. J'aimerais bien être dans un piano-bar à trois heures du mat' et y aller (il claque des doigts) et un, et deux... »*[24]

Simon Gallup complète le propos : *« Aucune chanson n'est jamais exclue d'une liste de concert pour de bon. Il nous est même arrivé de jouer "The Lovecats" deux ou trois fois. Personnellement c'est une chanson que je déteste, mais c'est très amusant de la jouer. »*[144]

HALF AN OCTOPUSS

Fiction Records
Production : Dave Allen, Robert Smith
Enregistrement : 1985
Date de sortie : décembre 1985
Pochette : Parched Art

1-Close to Me (7" mix)
2-A Man Inside My Mouth
3-New Day
4-Stop Dead

Le premier EP de Cure sort en édition limitée au format vinyle le 8 décembre 1985 et est réservé exclusivement au marché anglais. Un single et trois faces B. C'est la version single de « Close to Me » qui est présentée ici. Avec le son d'une porte qui grince en introduction et la fameuse section de cuivres qui intervient dès la moitié de la chanson. La version présente sur l'album *The Head on The Door* est moins orchestrée et plus sobre avec un mix moins ample. Les trois autres titres seront intégrés à la face B de la compilation *Standing On A Beach: The Singles* (version cassette).

QUADPUS

Elektra
Production : Dave Allen, Robert Smith
Enregistrement : 1985
Date de sortie : janvier 1986
Pochette : Parched Art

1-A Night Like This
2-New Day
3-Close to Me (12" Mix)
4-A Man Inside My Mouth

Le deuxième EP du groupe publié au format vinyle le 7 janvier 1985. Cette production est réservée aux États-Unis et au Canada. La version de « Close to Me » est un remix de 6,32 minutes. « A Night Like This » n'est publié en single qu'aux États-Unis.

La pochette est identique à celle de *Half an Octopuss* : une pieuvre turquoise dessinée naïvement sur fond noir et entourée de petits poissons dansant autour d'elle. Cette création émane du collectif Parched Art, qui a délibérément établi des liens avec la vidéo réalisée par Tim Pope.

STANDING ON A BEACH: THE SINGLES

Fiction Records, Elektra
Production : The Cure
Enregistrement : 1978-1985
Date de sortie : Mai 1986

Édition cassette

Face A
Standing on a Beach : The Singles
1-Killing an Arab
2-Boys Don't Cry
3-Jumping Someone Else's Train
4-A Forest
5-Primary
6-Charlotte Sometimes
7-The Hanging Garden
8-Let's Go to Bed
9-The Walk
10-The Lovecats
11- The Caterpillar
12-In Betwenn Days
13- Close to Me

Face B
Staring at the Sea : The B Sides
1-I'm Cold
2-Another Journey by Train
3-Descent
4-Splintered in Her Head
5-Mr Pink Eyes
6-Happy the Man
7-Throw Your Foot
8-The Exploding Boy
9-A Few Hours After This
10-A Man Inside My Mouth
11-Stop Dead
12-New Day

New York, Londres, Paris, Berlin, partout où passent les Cure les salles de concert se remplissent comme jamais et des hordes de fans hirsutes hystérisent les médias. Robert Smith devient une icône incontournable au même titre que Madonna ou Prince. Pour célébrer et capitaliser sur ce succès, Fiction propose une compilation des singles publiés jusqu'alors. Dix ans d'existence, six albums et quelques hits au succès international méritent cette offre discographique. La version vinyle propose treize titres alors que la version CD en offre quatre de plus. Quant à la cassette elle présente une face contenant les singles et une autre, contenant douze faces B qui seront aussi intégrées en 2004 au coffret *Join The Dots*. Trois supports différents, trois offres différentes. « 10:15 Saturday Night », « Play For Today », « Other Voices » et « A Night Like This » sont inclus au format CD bien qu'ils ne soient pas des singles.

Afin de promouvoir la compilation, une tournée de vingt-sept dates nommée « *The Beach Tour Party* » est organisée aux États-Unis et en Europe. Elle débute le 25 mai 1986 au Royal Albert Hall de Londres et se conclut le 9 août 1986 au théâtre antique d'Orange. Un lieu magistral qui accueille les Cure pour un concert filmé par Tim Pope. En pleine Curemania et dans un pays qui les place au rang de demi-dieux, The Cure se produit devant sept mille fans débordant d'enthousiasme. La captation vidéo sera commercialisée en novembre 1987, après la sortie de l'album *Kiss Me, Kiss Me, Kiss Me* et devient le premier film officiel présentant le groupe sur scène.

En mai 1986 sort *Standing On A Beach : The Singles* et reste à ce jour l'un des plus grands succès commerciaux du groupe, comptabilisant plus de deux millions d'exemplaires écoulés aux États-Unis. The Cure est désormais un phénomène de société et ce n'est que le début d'une ascension qui les emportera plus haut que leurs plus folles espérances.

Simultanément à la sortie du disque, une VHS intitulée *Staring At The Sea: The Images* regroupe les dix-sept vidéos de ces dix-sept chansons. Bref, une juteuse opération commerciale.

THE CURE · STANDING ON A BEACH · THE SINGLES
7·49
OUR PRICE
music

CHARLOTTE SOMETIMES
Smith, Tolhurst, Dempsey

« Charlotte Sometimes » sort en single le 5 octobre 1981. Face B : « Splintered in Her Head ».

Un des rares singles du groupe à ne paraitre sur aucun album officiel. La chanson est incluse au disque *Standing On A Beach: The Singles* et ressortira en single pour l'occasion en 1986 afin de promouvoir la compilation.

Smith s'est directement inspiré du livre éponyme de Penelope Jane Farmer (1969) pour écrire sa chanson. Dans ce roman, l'héroïne Charlotte se réveille un matin, après sa première nuit en pension, quarante ans en arrière et dans la peau d'une autre personne. Smith a repris les thèmes centraux du livre, tels que les voyages dans le temps et le transfert des sentiments, pour en écrire les paroles : *« J'étais obsédé par* Charlotte Sometimes, *cette idée de chute temporelle, de dualité, de trouble de la personnalité et de la torture qui s'ensuit. Cela rejoint le thème des jumeaux. »*

« Charlotte Sometimes » est l'une des chansons emblématiques du répertoire des Cure, comme le fait remarquer Smith, qui reste très attaché à ce titre qu'il jouera régulièrement tout au long de sa carrière : *« Cette chanson est le meilleur single que les Cure n'aient jamais écrit. C'est la seule chanson que j'ai écoutée continuellement pendant trois mois. Peut-être qu'elle a été oubliée car nous n'avons pas fait de grand tapage autour d'elle. »*

Le groupe aime autant la chanson qu'il exècre le clip et ne laisse jamais passer une occasion de critiquer cette vidéo et de cracher tout le mal qu'il pense du réalisateur et de l'actrice. La vidéo réalisée par Mick Mansfield a été tournée dans un asile abandonné appelé « The Holloway Sanatorium », situé à Virginia Water, dans le comté de Surrey. Dans cette institution, l'art était utilisé comme une forme de thérapie pour les patients. Pendant le tournage, Robert Smith découvre certaines œuvres réalisées par d'anciens patients. Une trouvaille qui amène le groupe à s'engager en faveur de MENCAP (the society for the mentally Handicapped) en organisant des concerts de bienfaisance.

La paternité de cette chanson fait l'objet d'une controverse, car Smith n'a jamais demandé l'autorisation d'utiliser le titre du livre ni certains passages. Cette indélicatesse a poussé l'autrice à entamer une procédure pour non-respect du droit d'auteur. Cependant, elle a finalement renoncé à toute action juridique après avoir été informée de ses faibles chances de succès. Quelques années passent et en 1996, pour le concert du 31 mai à Earl's Court, Penelope Farmer réussit à organiser une rencontre avec le chanteur dans les loges du groupe. Robert Smith, une copie très usée de la première édition en poche de *Charlotte Sometimes* lui demande une dédicace. Il en profite pour montrer toutes les parties surlignées de sa main : *« Voyez comme j'ai été inspiré, comme je vous ai volé. »* Il lui raconte la façon dont il a découvert son livre : *« Mon frère nous lisait des histoires avant de dormir, votre livre en faisait partie, il n'est jamais sorti de ma tête. Une fois que je suis entré dans la musique je voulais en faire une chanson. C'est comme ça que c'est arrivé. »*

Penelope Farmer est invitée à assister au concert. Elle poursuit en expliquant que *« quelques accords familiers ont retenti, tout le monde a commencé à applaudir. Robert a levé la main pour les faire taire : "Vous connaissez tous la chanson. Ce soir, l'auteur du livre est dans la salle", les applaudissements ont augmenté et il ne les a pas arrêtés cette fois-ci. »*
Preuve supplémentaire que le groupe est très influencé par le livre de Penelope Farmer : les bureaux du management des Cure se situent dans un immeuble qu'ils ont baptisé « Charlotte's house ».

Fun Fact : Le 16 et 17 juillet 1981 le groupe enregistre « Charlotte Sometimes » aux Playground Studios. La réalisation est confiée au producteur Mike Hedges. Chris Parry, le patron du label Fiction ne partage pas ni l'enthousiasme du groupe ni celui de Hedges : *« J'ai été très déçu, je trouvais que c'était lourd et que ça manquait de vitalité. Je suis délibérément resté à l'écart. Hedges est venu vers moi. Il a dit : "Si ce n'est pas un hit, tu n'auras plus à m'employer". Et j'ai pensé "ok mec, alors c'est la fin". »*[5]
Effectivement, la chanson atteint la modeste 44e place des Charts UK et Mike Hedges fait ses valises.

I'M COLD
Smith, Tolhurst, Dempsey

« I'm Cold » est la face B du single « Jumping Someone Else's Train ».
Sortie le 2 novembre 1979.

« Sioux et Severin sont venus nous voir pendant que nous faisions "Jumping Someone Else's Train" et Siouxsie a chanté les chœurs plaintivement sur "I'm Cold". C'était une vieille chanson qui datait de l'époque Easy Cure. On l'a enregistrée normalement puis on a diminué le tempo pour y mettre les guitares psychédéliques ! »[5] raconte Smith.

À cette époque, The Cure jouait en première partie du groupe Siouxsie and the Banshees. *« Je voulais que Siouxsie chante sur une chanson de Cure parce que j'admirais ce que faisaient les Banshees et je voulais qu'ils fassent partie de l'histoire The Cure. »*[6]

« I'm Cold » fut souvent jouée au pub The Rocket, à Crawley, ou le groupe avait l'habitude de se produire. La version enregistrée est deux fois plus lente que celle qu'ils interprétaient à cette époque. En choisissant cette direction artistique, Smith souhaitait montrer un côté plus sombre et psychédélique : *« Je me souviens de la nuit où nous l'avons fait, en l'écoutant à plein volume dans la salle de contrôle des Studios Morgan, je me suis dit "waouh, c'est tellement psychédélique", mais avec le recul, et malgré une guitare cool, je ne suis pas sûr que nous soyons allés aussi loin que nous aurions pu. »*[6]

Quelques mois après cet enregistrement, Smith devient guitariste de scène pour Siouxsie, une expérience qui a profondément changé sa vision de la musique : *« C'était tellement différent de ce que nous faisions avec The Cure. Avant ça, je voulais qu'on soit comme les Buzzcocks ou Elvis Costello… les Beatles punk ! Être un Banshee a vraiment changé mon attitude envers ce que je faisais. »*[24] Quelques années après l'enregistrement de cette chanson, Robert Smith donne son point de vue sur « I'm Cold » : *« Une chanson pré-Cure, une tentative de style plus qu'un véritable contenu. Ce n'est pas très convaincant. »*[24]

ANOTHER JOURNEY BY TRAIN
Smith, Tolhurst, Gallup, Hartley

Face B de « A Forest ».
Sortie le 8 avril 1980. L'unique single du deuxième album atteint la 31e place des Charts anglais.

Pour Smith, « Another Journey By Train » est une blague qui lui permet de se distancier du son de l'album précédent. Marqué par la déception de la réalisation de *Three Imaginary Boys*, il prend les commandes et fait tout son possible pour s'éloigner de ce disque qu'il considère comme ne pas correspondre au groupe. Ainsi, pour marquer un tournant artistique, les Cure composent l'un des rares titres instrumentaux du groupe. Initialement intitulée « Horse Racing », la chanson a subi des évolutions au fil du temps pour devenir un morceau plus radical et représentatif de ce changement de direction artistique.

« Le titre vient du fait que le rythme de la démo est passé d'un son ressemblant à un galop de cheval à un son de train fou. J'avais aussi l'impression que nous embarquions pour la prochaine étape du voyage. En concert, nous avions l'habitude d'enchainer "Jumping Someone Else's Train" et "Another journey by train"… J'ai toujours trouvé que ça fonctionnait très bien. »[6] – Robert Smith

« Déjà bien avant que je rejoigne le groupe, Robert avait une structure assez vague de cette chanson avec beaucoup d'accords. On a travaillé et retravaillé dessus pendant plusieurs semaines, la développant un peu plus chaque jour, car il y a cette grande progression harmonique qui introduit le pont. Ça nous a pris des siècles pour y arriver. »[6] – Simon Gallup

Comme toutes les faces B du groupe, « Another journey by train » est incluse dans aucun album. Elle n'en est pas moins représentative du changement de direction artistique, plus atmosphérique et radical. Tolhurst et Smith étaient d'accord sur ce point. Dempsey, lui, ne voyait pas l'avenir du groupe de cette couleur et quittera The Cure en novembre 1979, au grand dam du producteur.

« Robert voulait revenir à des disciplines strictes, il voulait tout ramener à de vraies bases. Si une corde en mi était pincée sans arrêt pendant cinq minutes ça lui convenait. Mais ça n'intéressait pas Dempsey. Il était et est toujours un bassiste très éloquent. Je n'étais pas satisfait de cette décision, je trouvais qu'ils étaient le trio pop parfait, meilleur que Police, meilleur que les Jam. Mais ça n'intéressait pas Robert. Alors, j'ai pensé que je n'allais pas me taper la tête contre les murs. Les garçons voulaient du changement, ils auraient ou non du succès. Sinon je trouverais un autre groupe. »[5] – Chris Parry

DESCENT
Smith, Tolhurst, Gallup

Face B du single « Primary ».
Sortie le 20 mars 1981.

« Simon et moi jouions tous les deux de la basse sur "Primary". Nous voulions conserver cette instrumentation, de sorte que lorsque vous mettiez l'autre face de "Primary", vous obteniez le même son… Mais alors que "Primary" était rythmée, cette face B, comme je l'ai appelée à l'origine, était destinée à être plus atmosphérique et hypnotique. Ça a toujours été un instrumental parce que je ne voulais plus écrire de mots. J'avais écrit tout ce dont j'avais besoin pour l'album Faith, *et je n'avais vraiment plus rien à dire. »*[6] – Robert Smith

Depuis leur début, les Cure s'astreignent à ne sortir qu'un single par album, jusqu'à ce que le succès de *The Head On The Door* et ses trois hits changent la donne.
Concernant le thème central de l'album, dont « Descent » est l'unique face B, Smith se dévoile un peu plus : *« Si l'on renonce à tout, autant s'amuser le plus possible puisque cela n'a pas d'importance de toute façon. Il peut donc tout à fait s'agir des deux faces d'une même médaille. La perte de la foi peut certainement être une voie vers l'hédonisme. »*[132]

SPLINTERED IN HER HEAD
Smith, Tolhurst, Gallup

Face B du single « Charlotte Sometimes ». Sortie le 5 octobre 1981

À l'instar de « Charlotte Sometimes », directement inspirée du livre éponyme de Penelope Farmer, « Splinter in her head » est une citation de cette même œuvre. Enregistrée durant la même nuit de travail que « Charlotte Sometimes » l'intention était de faire de « Splinter in her head » un complément évident du single.

« Tout a commencé avec la batterie. Une fois enregistrée nous nous sommes assis et avons réfléchi à ce qu'il fallait mettre dessus. Simon a essayé des parties de basse jusqu'à ce que ça colle à la batterie. J'ai essayé des guitares par-dessus… Nous nous concentrons principalement sur l'ambiance que nous voulons créer et puis bien sûr, comme souvent, Lol apporte le titre de la chanson. »[6] – Robert Smith

La basse prédominante, la batterie tribale et l'ambiance lourde et sombre de « Splinter in her head » indiquent la direction artistique que le groupe souhaite emprunter pour créer l'album suivant : *Pornography*.

Mr PINK EYES
Smith, Tolhurst

Face B du single « The Lovecats ».
Sortie le 18 octobre 1983.

« Les paroles parlent de moi certains matins. » – Robert Smith

La batterie est jouée par Andy Anderson, un nouveau venu. Pour le reste, Smith s'occupe de tout : clavier, basse, harmonica, guitare, programmation… Lol Tolhurst est crédité comme coauteur mais laisse le chanteur prendre le monopole de l'instrumentation. L'enregistrement a lieu à Paris au studio des Dames, et trois titres seront mis en boîte durant la même soirée : « The Lovecats », « Speak My Language » et « Mr Pink Eyes ».

« Une de mes faces B préférées. J'ai dû dépoussiérer mon harmonica et devenir fou à nouveau ! En fait, "Mr Pink Eyes" c'est moi… J'ai écrit les paroles après m'être vu dans le miroir des toilettes du studio. »[6] – Robert Smith

HAPPY THE MAN
Smith

Face B du single « The Caterpillar ».
Sortie le 26 mai 1984.

« J'aime beaucoup la chanson avec son chant confus et déroutant. Avec le recul je m'aperçois que je commençais à souffrir un peu à ce moment-là. En plus de tout le travail à fournir pour la réalisation du disque, vers minuit, Andy préparait un fort thé aux champignons magiques. »[6]
– Robert Smith

L'enregistrement de « Happy The Man » a lieu aux Genetic Studios en 1984 pendant les séances de l'album *The Top*. C'est une période d'hyperactivité pour Smith qui doit quotidiennement partager son temps entre son groupe et Siouxsie and The Banshees. Il dort peu et consomme d'énormes quantités de drogue, d'alcool et de cette mixture hallucinogène concoctée par son batteur. Smith avouera que, pour un temps seulement, c'est bien cette consommation abusive qui l'a aidé à tenir, puis a conduit à son effondrement une fois l'album *The Top* mis en boîte. Les paroles sont abstraites et permettent à chacun de leur donner leur propre interprétation. Robert Smith ne cherche pas à être didactique, mais plutôt à exprimer la confusion qui règne dans son esprit.

THROW YOUR FOOT
Smith

« Throw Your Foot » est la face B
de la version Maxi du single « The Caterpillar ». Sortie le 26 mars 1984.

C'est avec l'aide d'un thé aux champignons hallucinogènes préparé quotidiennement par son batteur Andy Anderson que Smith écrit cette chanson. « Throw Your Foot » parle d'une danse qu'il a créée grâce à cette décoction… C'est l'accès le plus agréable à la bêtise induite par la drogue. *« C'était plutôt une chanson sur moi qui trébuchait, entrant et sortant d'une sorte de danse que j'ai inventée et perfectionnée. »*[6] – Robert Smith

Andy Anderson n'était pas uniquement le préparateur de cette potion magique mais il en était aussi un grand consommateur, ce qui lui joua de mauvais tours et lui coûta surtout, en partie, sa place au sein des Cure. *« En Australie, je suis allé dans un club avec Andy et il a encore été incontrôlable. On est retourné à l'hôtel et il est devenu fou. Il était à peu près 4 h 30 du matin, j'avais trop bu alors je l'ai laissé. Au réveil la police était là et il y avait un garde devant chacune de nos portes. Apparemment Andy avait attaqué Phil, Bill, Mac, des gardes, n'importe qui, il avait couru dans l'hôtel en frappant des gens à la tête. Il avait tout démoli. Il était enfermé dans sa chambre avec un policier à sa porte qui disait "attention, il y a un homme enragé à l'intérieur." »*[5]
– Robert Smith

Fun Fact : *« Andy flippait sans arrêt. Le pire a été à Nice le 18 mai. Il s'est baladé dans cet hôtel chic en tenue d'entraînement militaire. Un agent de la sécurité a pensé qu'il s'agissait d'un maraudeur, et sans rien lui demander, l'a aspergé de lacrymogène. Andy est devenu fou et a défoncé une porte. Malheureusement, la fille du maire et son amant se trouvaient dans cette chambre. On a dû le cacher dans un camion pour le sortir de France. »*[5] – Robert Smith

THE EXPLODING BOY
Smith

Face B du single « In Between Days ».
Sortie le 15 juillet 1985.

Cette chanson permet des retrouvailles entre Simon Gallup et Robert Smith. Distants depuis dix-huit mois, suite à une sévère dispute et une bagarre dans un club de Strasbourg, les deux amis ont décidé d'enterrer la hache de guerre et de tenter une collaboration commune.

« J'ai mis sur cassette tout ce que j'avais préparé chez moi et en février, nous sommes allés dans un studio appelé FT, à Tottenham Court Road. Simon est venu un soir et on a fait une chanson qui, plus tard, est devenue "The Exploding Boy". Comme d'habitude on s'est saoulés, il s'est assis sur des étuis à guitares et je lui ai appris la ligne de basse. C'était la première fois que nous cinq, Simon, Lol, Boris, Porl et moi, jouions ensemble. »[5] – Robert Smith
« The Exploding Boy » était initialement prévue pour être la chanson titre du nouvel album. Ce sera finalement une phrase tirée de « Close To Me » qui donnera son nom à *The Head On The Door*.

« Je débordais d'enthousiasme et d'attente et "The Exploding Boy" résumait ce sentiment. C'est une très bonne face B pour "Inbetween Days". Il y a cette guitare qui joue frénétiquement et le sax fou de Porl. Ça représente parfaitement le bonheur que j'avais à jouer avec cette nouvelle formation. C'était trop bien… chaque chanson que nous avons faite après le retour de Simon a été enregistrée dans l'idée d'être sur l'album. »[6] – Robert Smith

fiction
ALL RIGHTS OF THE PRODUCER AND OF THE OWNER OF THE WORK REPRODUCED RESERVED. UNAUTHORISED COPYING, HIRING, LENDING, PUBLIC PERFORMANCE AND BROADCASTING OF THIS RECORD PROHIBITED
B
APB MUSIC CO.
LIMITED
THE CURE
THE HANGING GARDEN
(Smith/Tolhurst/Gallup)
PROMOTIONAL COPY ONLY
NOT FOR RESALE
Produced by The Cure and Phil
Thornally (from the forthcoming
album "PORNOGRAPHY" - FIXD 7)
℗ 1982 18 Age Record Co. Ltd.
45 rpm Stereo
CURE 1
ORIGINAL SOUND
RECORDING MADE BY
18 AGE RECORD
CO. LTD.

A FEW HOURS AFTER THIS
Smith

Face B du Maxi Single « Inbetween Days ». Sortie le 15 juillet 1985.

« À propos d'une fête où je suis allé. » – Robert Smith
Selon Smith lui-même, cette chanson est ratée. Mais, fidèle à son habitude, le groupe n'abandonne pas et ira jusqu'au bout de la réalisation, dans l'espoir qu'à terme il en sorte quelque chose d'intéressant. Malgré cette persévérance, le chanteur considère « A Few Hours After This » comme une expérience un peu dérangée, une tentative de faire quelque chose d'orchestral et d'excentrique qui n'a pas vraiment abouti : *« Ça a fini par être soit "A Few Hours After This" soit "Six Different Ways" pour "The Head On The Door" et "Six Different Ways" a été retenu. »*[6]

A MAN INSIDE MY MOUTH
Smith

Face B du Single « Close To Me ».
Sortie en septembre 1985.

« L'autre moi… un rêve qu'il a fait… j'espère que c'était un rêve ! » – Robert Smith
« J'aime cette chanson car elle a suscité une certaine controverse à l'époque. Avec les paroles, j'ai joué sur les aspects sexuels les plus bizarres… J'ai réalisé qu'il y aurait débat autour de ça alors je me suis amusé avec ! »[6] – Robert Smith
Smith joue avec les mots et les différents sens que l'auditeur peut leur donner. Il reconnait la complexité du texte et assume pleinement le fait qu'il n'y a pas vraiment d'interprétation évidente : *« "L'homme dans ma bouche" était aussi l'inconnu qui utilisait parfois ma voix. C'était à bien des égards une période de transition pour moi… J'avais l'impression que ce que je disais était souvent en contradiction avec ce que je pensais et ressentais. C'était presque comme si je traversais une seconde adolescence ! Parfois, j'avais l'impression d'en savoir plus qu'il n'y paraissait, et d'autres fois j'en savais beaucoup moins que ce que je pouvais entendre sortir de ma propre bouche. »*[6]

Fun Fact : Le chanteur d'Indochine Nicola Sirki s'est toujours défendu de puiser son inspiration dans The Cure. Pourtant, en 2005, vingt ans après la réalisation de « A Man Inside My Mouth », le groupe français publie l'album Alice & June qui comporte une chanson intitulée : « Un Homme Dans La Bouche ». Il est difficile de n'y voir qu'une simple coïncidence.

STOP DEAD
Smith

Face B du single « Close to Me ». Sortie le 17 septembre 1985. *« C'est rencontrer mon âme sœur. »* – Robert Smith

« Stop Dead » est l'une des chansons préférées de Simon Gallup. Jusqu'à la dernière minute elle devait figurer sur l'album *The Head On The Door* mais elle n'a pas été retenue, au grand dam du bassiste : *« "Stop Dead" a cette grande ligne de basse, grondante et agressive. Je ne pense pas que Robert n'en a jamais été complètement satisfait, parce qu'il n'arrivait pas à faire correspondre les paroles à la musique comme il le voulait. »*[6]
– Simon Gallup

NEW DAY
Smith, Tolhurst

Face B du single « Close To Me ».
Sortie le 17 septembre 1985.

« Une improvisation induite par les drogues. » – Robert Smith
En 1984, après avoir achevé l'enregistrement de « New Day », Robert Smith retourne à sa chambre d'hôtel et s'effondre. Il est transporté d'urgence à l'hôpital, victime de surmenage, de stress et d'un excès de drogues et d'alcool.

« The dust, the seed » (la poussière, la graine) font référence au sperme alors que le feu évoque le sexe. Smith se sert du symbolisme de Dylan Thomas et utilise la même prosodie que dans « Let's go to Bed » : *« It used to be the dust that would lay here when I came here alone ».*

Le narrateur semble avoir trouvé un refuge et une source de plaisir dans une relation sexuelle sans engagement avec une femme qu'il décrit comme paradisiaque. Cette relation est comme une « danse solide » qui le revitalise et lui apporte une nouvelle énergie.

« Il s'agissait au départ d'une chanson appelée "Shout", mais elle n'a jamais vraiment fonctionné. »[6] – Robert Smith

Tim Pope, le vidéaste attitré des Cure souhaite s'éloigner des caméras un bref instant pour enregistrer une chanson. Il demande à Smith de lui composer un titre qui deviendra « I Want To Be A Tree ». C'est aussi au cours de cette séance d'enregistrement, à Olympic Studios de Londres, en avril 1984, que Smith réalise « New Day ».

THE PEEL SESSIONS

Strange Fruit
Production : Tony Wilson
Enregistrement : Studio Maida Vale.
Décembre 1978
Date de sortie : octobre 1988

1-Killing an Arab
2-10:15 Saturday Night
3-Fire in Cairo
4-Boys Don't Cry

En octobre 1986 sort le EP *The Peel Sessions* contenant quatre titres live enregistrés le 4 décembre 1978 pour l'émission *John Peel Show* sur la BBC Radio 1. Le programme sera diffusé le 11 décembre 1978.

Le groupe, alors presque inconnu en 1978 et qualifié par certains journalistes de « Buzzcocks du Sud », présente en avant-première quatre chansons déjà bien rodées sur scène. Trois d'entre elles sont issues de leur premier album. « Killing an Arab » (le premier single encore inédit), « 10:15 Saturday Night », « Fire in Cairo » et le futur single issu de leur première compilation : « Boys Don't Cry ». Le son est plus rugueux et brut que les versions de *Three Imaginary Boys*, mais la précision d'exécution et l'énergie donne un aperçu des prestations scéniques de l'époque.

« Les chansons capturaient l'esprit bien plus que les versions de l'album… elles ressemblaient plus aux démos originales qui nous avaient permis d'obtenir notre contrat d'enregistrement au départ. Toutes les chansons de la première session devraient être considérées comme le son définitif des premiers Cure. »
– Michael Dempsey

the cure
John Peel Sessions 1979-1981

MIXED UP

Fiction Records, Elektra
Production : Dave Allen, Mark Saunders, Chris Parry, Robert Smith
Date de sortie : novembre 1990
Pochette : Parched Art

1-Lullaby
2-Close to Me
3-Fascination Street
4-The Walk
5-Lovesong
6-A Forest
7-Pictures of You
8-Hot Hot Hot!!!
9-Why Can't I Be You?
10-The Caterpillar
11-In Between Days
12-Never Enough

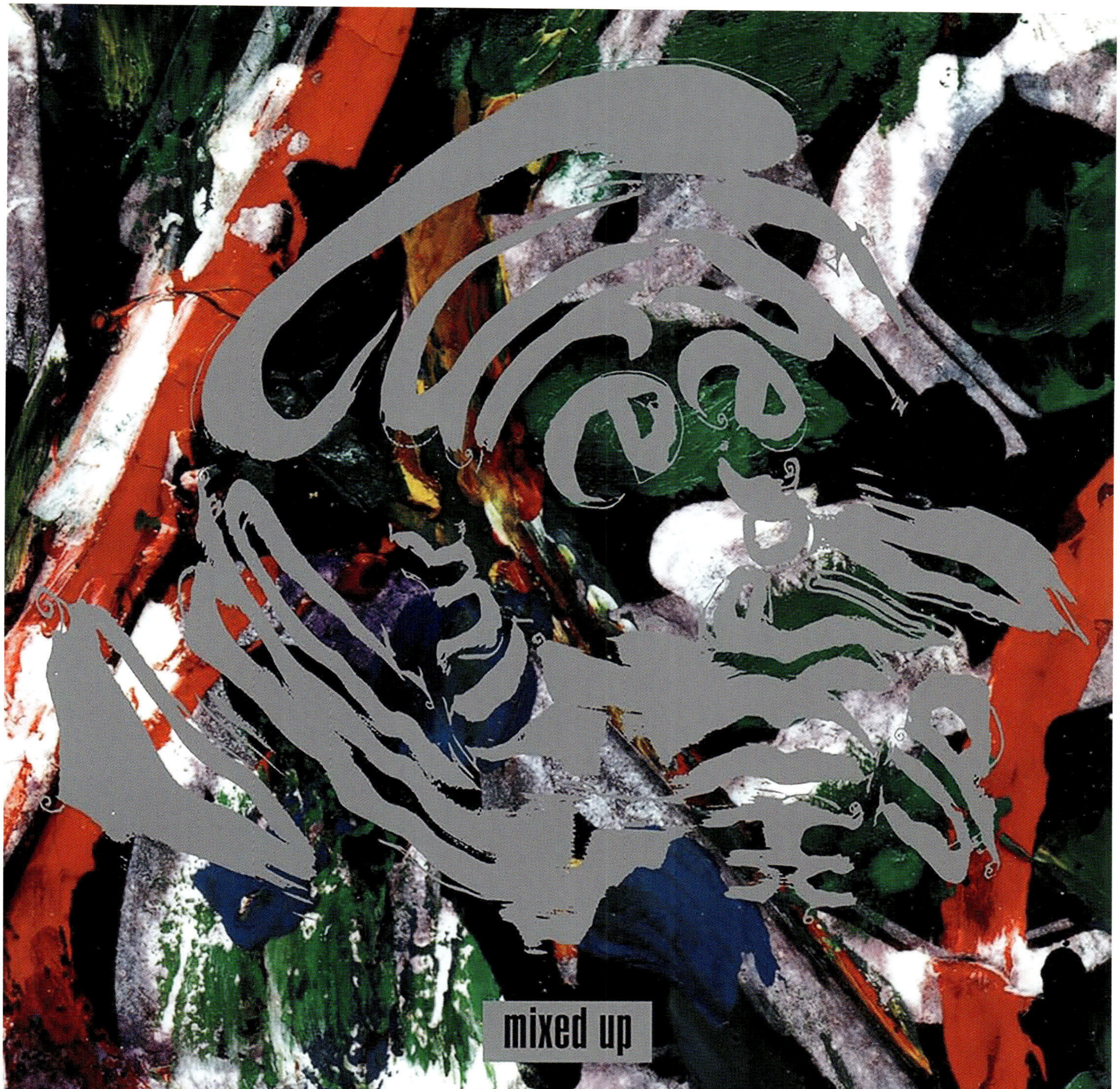
mixed up

TORN DOWN

Fiction Records, Polydor, Elektra
Production : Dave Allen, Mark Saunders, Chris Parry, Robert Smith
Date de sortie : avril 2018
Pochette : Andy Vella

1-Three Imaginary Boys
2-M
3-The Drowning Man
4-A Strange Day
5-Just One Kiss
6-Shake Dog Shake
7-A Night Like This
8-Like Cockatoos
9-Plainsong
10-Never Enough
11-From the Edge of the Deep Greeen Sea
12-Want
13-The Last Day of Summer
14-Cut Here
15-Lost
16-It's Over

The Pleasure Trips est une mini tournée de onze dates qui parcourt l'Europe et démarre en France par un concert surprise donné place de la République à Paris... jour de la fête de la musique. C'est l'occasion pour le nouveau venu Perry Bamonte, de faire ses armes sur scène avant d'entamer une véritable tournée. Elle permet aussi de proposer un morceau inédit, « Never Enough ». Titre qui surprend par sa fougue et ses guitares brutales qui jouent avec la dissonance, les distorsions et des larsens.

Le 17 septembre 1990 The Cure devenu quatuor depuis le départ de Porl Thompson publie « Never Enough » en single. Ce titre ne sera inclus dans aucun album. Deux mois plus tard c'est à nouveau la surprise générale. Le groupe prend tout le monde de court en sortant une compilation de remixes : *Mixed-Up*. Un disque aux antipodes de ce que le groupe à l'habitude de proposer. À l'initiative du projet il y a Mark Saunders, que l'on retrouvera aux côtés de Dave Allen pour la réalisation de *Wish*. L'époque est à l'Acid House et Smith ne veut pas se laisser distancer par ce nouveau style musical, même s'il avoue le trouver trop superficiel. Bien que cette nouvelle génération de musiciens soit à la pointe de la hype, son sarcasme le pousse à dire qu'ils vendront surement plus de tee-shirts que de disques. Il sélectionne les mixeurs en se basant sur le son qu'ils génèrent, plutôt que sur les artistes avec lesquels ils ont collaboré. « *Par exemple je n'aime pas spécialement les Happy Mondays mais le son de leur dernier single nous a emballés. C'est pour cela que Paul Oakenfold est l'un de nos mixeurs.* »[56] – Robert Smith

Suite à la perte et la destruction accidentelle de certaines bandes, deux titres, « The Walk » et « A Forest », doivent être réenregistrés pour l'occasion afin d'être remixés.

« Close To Me » (Closer Mix) sort en single le 17 septembre 1990 affublé d'un nouveau clip. « A Forest » (Tree Mix) est le deuxième extrait de l'album et n'est réservé qu'au marché français.

« Mixed-Up *a l'avantage d'être unique en son genre. Peut-être que d'autres groupes ayant déjà plusieurs albums derrière eux nous imiteront, mais j'insiste, nous sommes les premiers à sortir un disque de remix dans ces conditions. D'ailleurs, contrairement à nos autres réalisations j'écoute Mixed-Up chez moi, chose que je ne fais quasiment jamais avec* Disintegration *par exemple. Mais quoi que l'on dise c'est toujours du Cure, un point c'est tout ! Ce qui est chiant nous concernant, c'est que chacune de nos chansons n'est jamais considérée comme une entité. Il faut toujours que les gens la resituent dans un contexte en affirmant que ça n'est plus* Seventeen Seconds *ou* Pornography. »[163] – Robert Smith

En avril 2018, une version Deluxe remastérisée intitulée *Mixed Up Extras 2018* voit le jour. Ce triple album comprend vingt-sept nouveaux remix, dont seize inédits réalisés par Robert Smith. Les versions de Smith sont rassemblées et publiées sous le nom *Torn Down*. Le concept de cette édition propose une chanson remixée de chaque album, intégrée de manière chronologique. Parmi les titres sélectionnés, trois d'entre eux font office d'intrus : « Just One Kiss », « Never Enough » et « Cut Here » qui ne figurent sur aucun album original.

LOST WISHES

Fiction Records
Production : Dave Allen, Robert Smith
Enregistrement : The Manor Studio 1992
Pochette : Parched Art
Date de sortie : novembre 1993

1-Uyae Sound
2-Cloudberry
3-Off to Sleep
4-The Three Sisters

Lost Wishes est publié au format cassette en édition limitée et contenant quatre titres instrumentaux inédits enregistrés lors des sessions *Wish* en 1991. Depuis quelques années, Smith exprime le désir de s'éloigner des conventions traditionnelles de la pop pour créer des morceaux de dimension plus cinématographique. Ces quatre titres représentent une tentative dans cette direction, bien que l'on perçoive encore quelques structures musicales caractéristiques des compositions du groupe. La production n'est pas aussi soignée que celle de l'album, pourtant, c'est toujours le duo Allen/Smith qui est à l'œuvre pour la réalisation de *Lost Wishes*.

Enregistré en 1991 au Manor Studio, *Lost Wishes* est produit par Dave Allen et Robert Smith. *Lost Wishes* sort en novembre 1993 en édition limitée de trois mille cinq cents exemplaires au format cassette, il est longtemps resté une pièce rare de la production des Cure. Les quatre titres sont réédités en 2022 sur la version Deluxe de *Wish*.

CURE

cure · lost wishes
uyea sound cloudberry
ficcs 50
Fiction
A
(P) & (C) 1994 fiction records ltd.

cure · lost wishes
off to sleep... the three sisters
ficcs 50
Fiction
B
(P) & (C) 1994 fiction records ltd.

UYEA SOUND
Smith, Bamonte, Gallup, Williams, Thompson

« Uyea Sound » est le premier des quatre titres instrumentaux du mini album *Lost Wishes* et n'est disponible à la vente que par correspondance. L'idée de l'EP vient de cette chanson, comme le rappelle le message imprimé sur la pochette de la cassette : *« Tout a commencé parce que Porl avait écrit un excellent truc bizarre et très émouvant, avec des cornemuses et de l'harmonium, qu'il voulait vraiment faire mais qui ne correspondait à aucun des textes que j'avais écrits. Nous avons donc eu l'idée d'un album séparé avec des choses purement instrumentales »* raconte Smith.

Chaque musicien du groupe à l'exception de Boris Williams est à l'origine de l'une des compositions de l'EP. « Uyea Sound », initialement intitulée « Old Scotland » est l'œuvre de Porl Thompson. « Uyea Sound » est le nom d'un village Écossais situé sur l'île d'Unst.

CLOUDBERRY
Smith, Bamonte, Gallup, Williams, Thompson

Lost Wishes est réservé aux membres des fan-clubs et l'intégralité des bénéfices est reversée au Portsmouth Down's Syndrome Trust, association venant en aide aux enfants trisomiques.

« Cloudberry » est composée par Smith en 1991, pendant l'enregistrement de l'album *Wish*. Cette chanson doit son nom à la ronce des tourbières, qui, une fois transformée, donne de la liqueur du même nom en anglais.

Smith reconnait les difficultés que rencontre le groupe concernant ce projet : *« C'est beaucoup plus difficile à faire. Difficile de trouver des thèmes instrumentaux qui n'ont pas besoin de ma voix. Comme nous voulons construire des ambiances, elles durent six minutes chacune. »*[110]

OFF TO SLEEP
Smith, Bamonte, Gallup, Williams, Thompson

« Off To Sleep » est écrite par le bassiste Simon Gallup. Cette composition douce et mélancolique, typique de la face romantique des Cure, se caractérise par des mélodies et des nappes de claviers rappelant « A Letter To Elise ». Ces chansons témoignent de l'envie des musiciens d'apporter leur contribution à la réalisation des productions futures. Certains de ces morceaux n'étaient initialement pas destinés à rester sans paroles.

« Simon avait un morceau qui s'appelait "Off to Sleep", une sorte de comptine, très douce et sucrée, mais dès que j'essayais de chanter par-dessus, ça devenait très morose. Nous avons donc eu l'idée d'un album séparé avec des choses purement instrumentales. »[103] – Robert Smith

Durant l'enregistrement de l'album *Wish*, il avait été envisagé de sortir deux disques simultanément : un, de facture assez traditionnelle pour un groupe de rock, ce sera *Wish*, et un autre, instrumental, qui devait s'intituler *Music For Dreams*.

THE THREE SISTERS
Smith, Bamonte, Gallup, Williams, Thompson

« The Three Sisters » est le quatrième et dernier morceau de *Lost Wishes*. Composé par le guitariste Perry Bamonte et initialement intitulé « T3 », « The Three Sisters » est la seule composition de *Lost Wishes* qui s'éloigne de la mélancolie et du spleen que dégagent les autres morceaux. L'enchevêtrement des guitares de Smith, Thompson et Bamonte soutenue par la rythmique lourde et puissante de Williams et Gallup font de « The Three Sisters » l'ébauche de « Burn ». Smith admet que la nouvelle scène musicale plus bruitiste et noisy a beaucoup influencé le son du groupe. *« Le matin au réveil on se mettait des disques pour commencer du bon pied, des trucs du moment, Nirvana, Ride, Levitation, Curve, My Bloody Valentine ou des vieux Bowie. »*[119]

Lost Wishes ne contient que quatre des dix titres enregistrés lors de ces séances. Grâce à la sortie de la version Deluxe de *Wish* en 2022, certaines de ces autres compositions sont exhumées. Smith parle d'un titre qui aurait dû se trouver sur le mini album : *« Le cinquième sonnait comme un backing track de Cure sans que je chante. Cela semblait un peu inutile, alors nous l'avons mis de côté pour le moment, mais nous y reviendrons probablement. »*[103]

SIDESHOW

Fiction Records, Elektra
Production : Dave Allen, Robert Smith
Enregistrement : The Palace of Auburn, Michigan.
Date de sortie : septembre 1993

1-Tape
2-Just Like Heaven
3-Fascination Street
4-The Walk
5-Let's Go to Bed

Publié le 14 septembre 1993 *Sideshow* est réservé au marché américain et australien. Il propose cinq titres issus de l'album live *Show* dont une version allongée de l'introduction inédite « Tape » (3,07 minutes).

Le concert est enregistré au Palace of Auburn Hills de Detroit en juillet 1992.

FIVE SWING LIVE

Fiction Records
Production : Steve Whitfield, Robert Smith
Enregistrement : décembre 1996, Sheffield, Manchester, Birmimgham
Date de sortie : juin 1997
Pochette : smART

1-Want
2-Club America
3-Mint Car
4-Trap
5-Treasure

Line up : Smith, Gallup, Bamonte, O'Donnell, Cooper.

Five Swing Live sort le 10 juin 1997 en édition limitée à cinq mille exemplaires numérotés et disponibles uniquement sur le site officiel du groupe. Il contient cinq chansons de l'album *Wild Mood Swings*, enregistrées en concert en décembre 1996. Les pistes 1, 2 et 5 à Birmingham le 16 décembre 1996, au National Exhibition Center, la piste 3 à Sheffield le 13 décembre 1996, à la Sheffield Arena et la piste 4 à Manchester le 14 décembre 1996, à la Nynex Arena.

Un nombre très limité d'exemplaires non numérotés existe en raison d'un surplus de production de pochettes et de CD destinés aux exemplaires numérotés. Le disque inclus arbore le même numéro de matrice que les copies numérotées. Ces concerts étaient les derniers du *Swing Tour* 1996.

L'album est dédié à la mémoire du chanteur Billy Mackenzie, décédé en janvier 1997.

GALORE

THE SINGLES 1987-1997

Fiction Records, Elektra, WEA,
Polydor, Polygram
Production : Robert Smith
Enregistrement : 1987-1997
Date de sortie : octobre 1997

1-Why Can't I Be You?
2-Catch
3-Just Like Heaven
4-Hot Hot Hot!!!
5-Lullaby
6-Fascination street
7-Lovesong
8-Pictures of You
9-Never Enough
10-Close to Me
11-High
12-Friday I'm in Love
13-A Letter To Elise
14-The 13th
15-Mint Car
16-Strange Attraction
17-Gone!
18-Wrong Number

Publiée en octobre 1997, *Galore* est la quatrième compilation du groupe. Ce best of est le prolongement chronologique de *Standing On A Beach*. Il regroupe les singles publiés entre 1987 et 1997 et est accompagné d'un DVD intitulé *Galore: The Videos* compilant les clips de ces dix-huit singles. Un titre inédit en est extrait pour promouvoir cette compilation : « Wrong Number ». On y retrouve aussi le single « Never Enough » qui dans sa version originale demeurait jusqu'alors orphelin de tout album. En revanche, une version remixée est présente sur *Mixed-Up* sorti sept ans plus tôt.

Ce disque se scinde en deux parties inégales : la première réunit les hits les plus populaires du groupe, « Just Like Heaven », « Love Song », « Friday I'm in Love » alors que la seconde dénote par des chansons qui n'ont rencontré un succès que très relatif.

Galore ne réitère pas le succès de *Standing On A Beach* et il suit le relatif échec commercial de *Wild Mood Swings* ce qui tend les rapports entre Fiction Records et le groupe. Le label se met à douter de sa capacité à redevenir une machine à cash, ce que The Cure s'est toujours refusé d'être.

Comme un clin d'œil appuyé à l'image de ce vieil homme au bord de mer dont la photo illustre la pochette de *Standing On A Beach,* c'est la représentation d'un jeune bambin, sur le sable d'une plage que *Galore* nous propose.

THE CURE GALORE

THE CURE GONE!

WRONG NUMBER
Smith

« Wrong Number » sort en single le 17 novembre 1997 pour promouvoir la compilation *Galore* et se classe 62e des charts britanniques.
Ce titre n'apparaît sur aucun album du groupe et, fait exceptionnel, ne comporte aucune face B inédite. C'est en formation réduite que les Cure l'enregistrent. Seuls Robert Smith et Jason Cooper, aidés des producteurs Mark Saunders et Mark Plati, travaillent à la réalisation de cette nouvelle chanson. La guitare additionnelle est jouée par Reeves Gabrels.
Les couleurs mentionnées par Smith dans cette chanson « Lime green and tangerine, red and gold » font référence au style vestimentaire adopté par sa sœur dans les années 60. De ce fait, le titre initial était intitulé « Lime Green ». Concernant la musique, Smith avoue s'être inspiré de la chanson « The Pusher » de Steppenwolf qui figure sur la bande originale de *Easy Rider*.

« C'est très fluide et il n'y a pas vraiment de couplet-refrain. C'est le genre de morceaux que nous avons commencé à faire cet été avec le groupe que j'ai un peu délaissé depuis que j'ai installé un studio chez moi. J'ai fait beaucoup de choses en solo, en utilisant des boucles, des échantillons et d'autres trucs. "Wrong Number" a pas mal évolué au cours des deux derniers mois et est devenue très éthérée puis très rock, deux ou trois mois plus tard. »[85] – Robert Smith
À cette époque, Smith s'intéresse à la dance music et à son côté hypnotique qui se développe sur un format bien plus long que les pop-songs traditionnelles : *« Je vois une similitude entre "Wrong Number" et "Never Enough" de l'album* Mixed Up*. C'était une aberration, je veux dire que c'était bien amusant mais c'était un cas unique. Nous l'avons fait avec Reeves Gabrels qui a eu une énorme influence sur le son. »*[86]

Fun Fact : *« Quand "Wrong Number" est sortie en single, je l'ai entendu une fois par accident alors que je faisais le plein. Il y avait quelques personnes qui l'ont chanté. Un peu plus tard ils m'ont reconnu et m'ont demandé un autographe. Une drôle d'ambiance. Pendant que "Wrong Number" passait je me suis dit : "C'est un bon signe… ça va être un tube". C'est la dernière fois que j'ai entendu la chanson à la radio et ça a été notre pire flop. »*
– Robert Smith

NEVER ENOUGH
Smith, Gallup, Thompson, Williams

« Never Enough » sort en single le 17 septembre 1990. Face B : « Arold and Joe ».
« La chanson parle d'excès. Tout ce que je fais n'est pas suffisant, il doit toujours y avoir quelque chose d'autre, sinon on s'arrête, et le fait qu'il y ait encore quelque chose d'autre vous pousse à l'excès. »[24] – Robert Smith
« Never Enough » est enregistrée aux Studios Farmyard en juin 1990, sous la houlette du producteur Mark Saunders. The Cure, réduit à un quatuor suite au départ de Roger O'Donnell, entre en studio avec l'intention de créer quelques titres électro. Après cinq jours de travail, ils accouchent de deux chansons qui n'ont que peu à voir avec l'idée de départ. Une pop-song apportée par Simon Gallup, « Harold and Joe », et un titre brut, bruitiste, tendance grunge, « Never Enough ».
« On a enregistré quatre chansons et elles sonnaient comme de la merde… ça m'a vraiment déprimé. Tout le monde savait que ça ne marchait pas. J'ai écrit "Never Enough" cette nuit-là et j'ai dit : "Enregistrons ça." »[107] – Robert Smith
Peu de temps après cette session d'enregistrement, Perry Bamonte, qui était alors roadie des Cure, rejoint le groupe pour en devenir un membre permanent. Bien qu'il n'ait pas participé à l'enregistrement de « Never Enough », il apparaît sur la pochette du single et dans le vidéoclip… Il est ainsi adoubé par ses quatre nouveaux partenaires musicaux.

Le réalisateur Tim Pope est encore aux commandes pour « Never Enough », et s'amuse à présenter les Cure comme un groupe de foire, façon « Freakshow ». Le lien entre les paroles et l'univers de la vidéo est très cohérent. Avec le succès, Smith se considère parfois comme un animal de cirque, scruté, épié à qui on demande toujours plus, comme s'il n'en faisait jamais assez : *« "Never Enough" parle du fait que je ne me sens jamais satisfait de ce que je fais. Il y a aussi des éléments de réaction au succès. C'est ce que je ressens parfois, comme si j'étais coincé au bout d'une jetée dans une foire aux monstres. »*[155]

Smith trouve la vidéo excellente, tant par la symbolique que par la réalisation : *« C'était aussi un jeu sur la façon dont nous pourrions finir. J'ai vu d'autres groupes jouer des choses sur une petite scène devant un tas d'autres monstres. Je porte un boulet et une chaine, et quand je tombe dans l'eau, la chose qui me tient prisonnier me sauve pour me faire vivre d'autres années d'enfer. »*[155]

Fun Fact : *« Cette chanson a poussé The Cure à redevenir un groupe de guitares après le son sombre de l'album Disintegration. »*[108] – Robert Smith

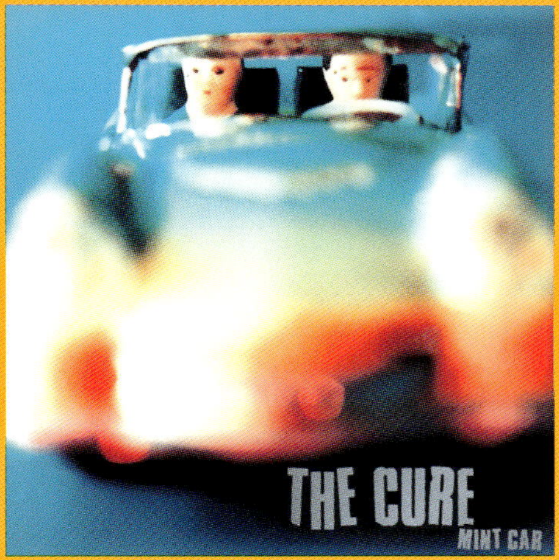

GREATEST HITS

Fiction Records, Elektra, WEA, Polydor, Polygram
Production : Robert Smith
Enregistrement : 1979-2001
Date de sortie : novembre 2001

1-Boys Don't Cry
2-A Forest
3-Let's Go to Bed
4-The Walk
5-The Lovecats
6-In Between Days
7-Close to Me
8-Why Can't I Be You?
9-Just Like Heaven
10-Lullaby
11-Lovesong
12-Never Enough
13-High
14-Friday I'm in Love
15-Mint Car
16-Wrong Number
17-Cut Here
18-Just Say Yes

Quatre ans après *Galore*, The Cure réitère. Une cinquième compilation qui regroupe le meilleur de *Standing On A Beach* et *Galore*. C'est en quelque sorte une compilation de deux compilations... Pour un groupe qui en quatre ans n'a sorti qu'un album et aucun single, les ficelles semblent assez grosses pour voir que cette démarche mercantile est née du brainstorming des directeurs artistiques des labels Fiction, Polydor et Elektra. The Cure devient moins rentable alors ils n'hésitent pas à utiliser les vieilles recettes pour compenser le manque à gagner. Smith le déplore.

Pour sauver l'affaire et son intégrité, le groupe propose d'adjoindre un CD bonus intitulé *Acoustic Hits*. Tous les titres y sont réenregistrés en août 2001 aux Studios Olympic à Londres en version acoustique avec la présence de Boris Williams aux percussions.

La session est filmée pour l'occasion et présente des musiciens qui se jouent des conventions et s'offrent une porte de sortie salvatrice. Cette captation vidéo sort en décembre 2001. En guise de promotion, le groupe fait quelques concerts acoustiques dans des petites salles, devant un public restreint :

« On s'est vraiment éclatés cet été quand on a enregistré les versions acoustiques du Greatest Hits *et les nouveaux morceaux. Les showcases sont des moments très intimes. Ils ont une importance capitale. Jouer devant une centaine de spectateurs, c'est confidentiel et ça renforce mon attachement au groupe. On s'amuse »*[77] raconte Smith.

Greatest Hits propose deux titres inédits : « Cut Here » et « Just Say Yes » dont un seul bénéficiera d'une sortie en single.

THE CURE GREATEST HITS

THE CURE
GREATEST HITS
16 essential hits
plus two brand new songs
CD also available in limited edition
premium package with bonus disc
Featuring new acoustic versions
of all 18 greatest hits!
THE CURE
GREATEST HITS
16 essential hits
plus two brand new songs
CD in stores
November 13
DVD and VHS in stores
December 4
DVD and VHS
also available

CUT HERE
Smith

« Cut Here » sort en single le 29 octobre 2001. Face B : « Signal to Noise ».
« Cut Here » est l'anagramme de The Cure. C'est grâce ou à cause de cette chanson que Smith déclare avoir trouvé son épitaphe : « Trop vieux pour être alternatif. » Phrase attribuée à un producteur de la chaine de télévision « VH1 » qui refuse de diffuser le clip d'un vieux groupe, symbole d'une époque révolue. En 2001 le CD règne en maître sur l'industrie musicale au détriment du vinyle mais les Cure continuent de proposer des faces B inédites, démarche d'un autre temps pour certains mais essentielle pour Smith. Ce sera donc « Signal to Noise » que le groupe proposera en face B de « Cut Here ». Chanson que Smith affectionne tout particulièrement, au point de vouloir répéter son souhait de présenter deux faces A… comme en 1978 avec « Killing an Arab » et « 10:15 Saturday Night ».

Avec « Cut Here », Robert Smith aborde le thème des regrets et l'impossibilité de revenir en arrière pour réparer ses erreurs. La chanson est dédiée à son ami Billy Mackenzie, chanteur du groupe The Associates, mort suicidé le 22 janvier 1997. Smith exprime sa tristesse et sa culpabilité pour ne pas avoir été là pour l'aider tout en reconnaissant l'inéluctable car il est désormais trop tard pour changer les choses : *« Il était avec nous pour la vidéo de "Mint Car" et nous étions censés nous retrouver la semaine suivante pour boire un verre ensemble. Puis il est parti et la famille de Billy m'a annoncé qu'il s'était suicidé. Bien sûr, j'ai eu différents sentiments, comme n'importe qui lorsqu'un ami se suicide… de la colère, de la culpabilité, et évidemment de la tristesse. Je suis heureux que ce single signifie quelque chose pour moi, car la plupart du temps, les singles sont juste faits pour la radio. »*[68]

Ce sera la dernière collaboration avec le label historique des Cure : Fiction Records.

JUST SAY YES
Smith

« Just Say Yes » sort en single le 18 décembre 2001. Face B : la chanson en version acoustique.
La cinquième compilation de Cure sort en novembre 2001. Pour susciter l'intérêt du public, après tant de « Best of », le groupe a besoin de proposer quelque chose de neuf et compose deux nouvelles chansons : « Signal to Noise » et « Just Say Yes ». L'idée est de sortir « Just Say Yes » en single et d'inclure « Signal to Noise » en face B.

« La démo originale avait tout ce qu'il faut pour être une grande chanson pop, et sur le plan des paroles, l'idée était un cri de ralliement pour la majorité silencieuse des "disons oui". Parce qu'en fait, cette léthargie des pros "disons non" me rendait dingue. »[6] – Robert Smith

Une explication s'impose : au début des années 2000, une campagne de sensibilisation sur les ravages de la drogue monopolise l'espace médiatique. Au Royaume-Uni, le leitmotiv est simple : « Just say no » ! Smith pense que lutter contre ce fléau mérite mieux qu'un slogan simpliste et démagogique. Il connait les effets de la drogue depuis longtemps et est certain que ce genre de slogan alimente la méconnaissance de certaines propriétés liées à certaines substances : *« Je crois qu'il y a une conception erronée de ce qu'est la drogue. Je ne dirais pas que toutes les drogues sont mauvaises. Certaines civilisations ont utilisé des drogues à différentes fins et de manière positive… ça peut être une bonne chose mais la culture occidentale a diabolisé la drogue à telle enseigne que maintenant, on en a fait quelque chose de complètement ténébreux. »*[63]

C'est la première fois que The Cure se lance dans une performance en duo. Une tentative que Smith justifie par une volonté de changement : *« Je voulais quelque chose de différent, et je me suis dit qu'il était peut-être temps de faire un duo vivace… c'est pourquoi la version single est chantée avec Saffron* ! »*[6] Saffron est une chanteuse britannique originaire du Niger qui a formé le groupe Republica en 1994.

JOIN THE DOTS:
B-SIDES & RARITIES 1978-2001

Fiction Records, Elektra, WEA, Polydor, Universal
Production : The Cure
Enregistrement : 1978-2001
Pochette : Andy Vella
Date de sortie : janvier 2004

1-10:15 Saturday Night
2-Plastic Passion
3-Pillbox Tales
4-Do the Hansa
5-I'm Cold
6-Another Journey by Train
7-Descent
8-Splintered in Your Head
9-Lament
10-Just One Kiss
11-The Dream
12-The Upstairs Room
13-Lament
14-Speak My Language
15-Mr Pink Eyes
16-Happy the Man
17-Throw Your Foot Away
18-New Day
19-The Exploding Boy
20-A Few Hours After This
21-A Man Inside My Mouth
22-Stop Dead
23-A Japanese Dream
24-Breathe
25-A Chain of Flowers
26-Snow in Summer
27-Sugar Girl
28-Icing Sugar
29-Hey You!!!
30-How Beautiful You Are...
31-To the Sky
32-Babble
33-Out of Mind
34-2 Late
35-Fear of Ghosts
36-Hello, I Love You
37-Hello, I Love You
38-Hello, I Love You
39-Harold and Joe
40-Just Like Heaven
41-This Twilight Garden
42-Play
43-Halo
44-Scared as You
45-The Big Hand
46-A Foolish Arrangement
47-Doing The Unstuck
48-Purple Haze
49-Purple Haze
50-Burn
51-Young Americans
52-Dredd Song
53-It Used to Be Me
54-Ocean
55-Adonais
56-Home
57-Waiting
58-A Pink Dream
59-This is a Lie
60-Wrong Number
61-More Than This
62-World in My Eyes
63-Possession
64-Out of This World
65-Maybe Smeday
66-Coming Up
67-Signal to Noise
68-Signal to Noise
69-Just Say Yes
70-A Forest

La septième compilation, *Join The Dots* sort en janvier 2004 et regroupe l'intégralité des faces B et des reprises, le tout agrémenté de quelques raretés.

Soixante-dix titres répartis dans un coffret de quatre CD pour le grand bonheur des fans les plus dévots. Sa particularité est de ne pas se concentrer sur les chansons les plus populaires du groupe mais sur l'autre face de la médaille. Une initiative qui incombe à Robert Smith qui depuis longtemps se désole de voir une partie de son public dépenser des fortunes pour posséder un titre presque introuvable, une version rare d'un remix ou d'une chanson présente uniquement sur un pressage japonais ou australien. Cette compilation vise à corriger cette situation spéculative qui pénalise de nombreux fans. Certes, certaines faces B ont étés publiées avec *Standing On A Beach* mais l'ensemble est une manne indiscutable. *Join The Dots* est la partie immergée de l'œuvre d'un groupe qui a toujours voulu donner plus que ce qu'il proposait, à l'instar des Beatles dont les faces B et certains de leurs singles n'étaient pas inclus aux albums. Consciemment ou pas, Smith s'inspire de ces pères : *« J'ai toujours aimé les Beatles. C'était ringard à une époque de dire qu'on les aimait bien. J'apprécie soixante-quinze pour cent de leur travail. Presque tout en fait, à part "Octopus's Garden", les chansons bizarres de Ringo Starr ou les geignardes de Paul McCartney. »*

Le nombre important de faces B est aussi lié à son insatiable besoin de composer : *« Je trouve très compliqué d'écrire de la musique sur commande car je ne sais jamais à l'avance ce que je vais écrire. Je ne compose pas par nécessité mais par ce que j'aime ça. Je dois écrire entre soixante-dix et quatre-vingts chansons par an… seule une trentaine d'entre elles me semblent intéressantes. »*[170]

Pas de promo et aucune interview pour vendre ce coffret, la démarche n'est pas mercantile. À l'inverse des compilations précédentes imposées par les labels, *Join The Dots* découle d'une volonté artistique voulue par un groupe qui veut contenter et satisfaire ses fans tout en préparant son futur.

Lors de l'intronisation du groupe au Rock n'Roll Hall of Fame en 2020, Trent Reznor souligne le lien ténu entre The Cure et ses fans : *« Ils n'ont jamais manqué d'attirer des fans passionnés, intelligents et loyaux qui ont toujours su la vérité : The Cure est l'un des groupes de rock uniques, le plus brillant et le plus touchant que le monde n'a jamais connus. »*

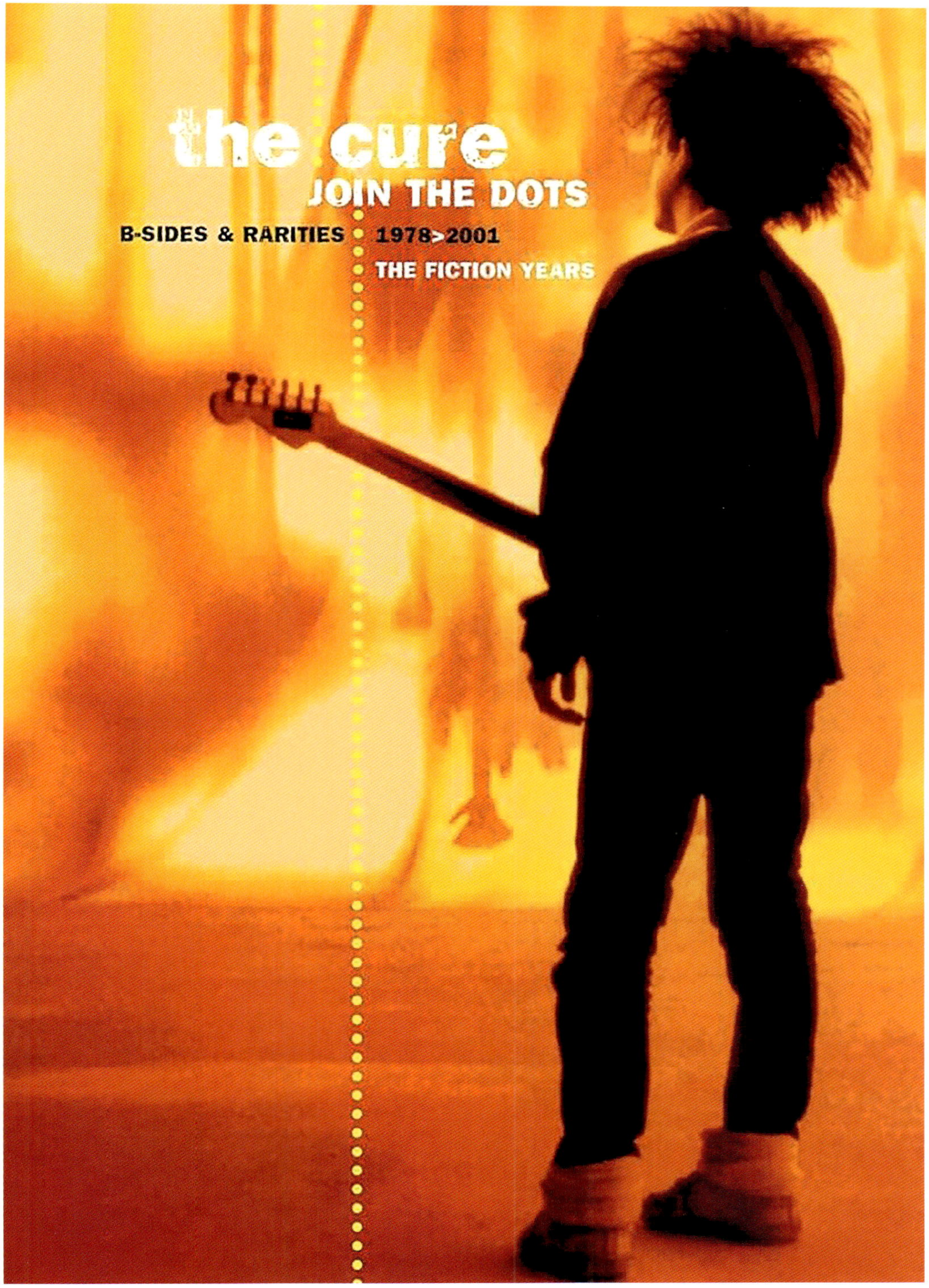
the cure
JOIN THE DOTS
B-SIDES & RARITIES
1978>2001
THE FICTION YEARS

PILLBOX TALES
Smith, Tolhrst, Dempsey

« Pillbox Tales » est la face B du single « Boys Don't Cry » *(New Voice, New mix)*. Sortie le 25 avril 1986.

Au cours de leur brève collaboration avec le label allemand Hansa, du 13 mai 1977 au 29 mars 1978, Easy Cure enregistre plusieurs démos, dont « Pillbox Tales ». Un titre qui n'était pas destiné à figurer sur un album, mais composé pour booster l'ambiance des concerts.

« On s'est assis autour de quelques bières pour écrire la chanson. C'est la seule et unique fois que nous avons fait ça, et ça n'a rien donné ! À l'époque, nous jouions encore en banlieue pour un public post-punk le vendredi soir, et le répertoire devait inclure quelques chansons comme "Pillbox Tales" pour que nous puissions sortir quelques minutes de musique d'urgence bourrée à 150 bpm ! Ce que cela montre, vraiment, c'est le progrès que nous avons fait dans les mois qui ont suivi la sortie de "10.15 Saturday Night". »[6] – Robert Smith

Afin de promouvoir la compilation *Standing On A Beach*, The Cure décide de réenregistrer la voix et de remixer le titre « Boys Don't Cry » afin de le sortir en single. Pour les faces B, ils proposent deux chansons inédites de la même période, à savoir « Pillbox Tales » et « Do The Hansa ». Deux titres qui seront également remixés avec de nouvelles interprétations vocales. Sept ans après sa première parution et grâce à cette réédition, « Boys Don't Cry » rencontre le succès qu'il n'avait pas connu en 1979.

DO THE HANSA
Smith, Tolhrst, Dempsey

« Do The Hansa *est une chanson absurde* » Robert Smith

« Do The Hansa » est la face B du single « Boys Don't Cry » *(New Voice, New mix)*, sorti le 25 avril 1986.

En avril 1977 le label Independent Hansa cherche de nouveaux talents et publie une annonce dans la presse musicale anglaise. Le groupe alors nommé Easy Cure sera auditionné à Londres le 13 mai 1977.

Smith raconte : *« Ils avaient installé une caméra vidéo, et nous avaient demandé de jouer deux chansons. Avec le recul, je crois qu'ils n'étaient intéressés que par notre look. Ils ont dû penser qu'ils nous transformeraient en un groupe pour adolescents. Ils n'avaient même pas dû écouter notre démo, juste vu notre photo. »*[5]

Le groupe réussit son audition et signe un contrat avec le label. Le trio reçoit un acompte de 1000 £, ce qui lui permettra d'enregistrer de façon professionnelle sa première véritable démo. Le résultat ne satisfait pas Hansa qui refuse de sortir « Killing an Arab » en single. Les rapports entre le label et Easy Cure se tendent jusqu'à la rupture du contrat le 29 mars 1978.

« Hansa ne savait pas vraiment comment nous gérer en tant que groupe. "Do The Hansa" est notre "ode" pour eux, plutôt ironique. »[6] – Lol Tolhurst

A JAPANESE DREAM
Smith, Tolhurst, Gallup, Thompson, Williams

Face B du single « Why Can't I Be You? ». Sortie le 6 avril 1987.

« "A Japanese Dream" parle d'un voyage au Japon… et de divers aspects de la dépendance ! C'était une bonne chanson sur les démos de Kiss Me, Kiss Me, Kiss Me *et je m'attendais à ce qu'elle soit sur l'album. Elle avait beaucoup de vie, mais je savais d'une certaine façon, lorsque j'ai enregistré la voix définitive, qu'elle ne serait pas retenue. Cependant, de manière inhabituelle pour une face B, elle est devenue un élément incontournable de nos concerts pendant un certain temps. »* – Robert Smith

Concernant le processus d'écriture, Smith concède que certains textes peuvent paraitre abscons : *« Il est très rare qu'une chanson soit écrite d'un seul coup. En fait, j'assemble généralement deux ou trois morceaux de textes pour qu'ils ne signifient pas qu'une seule chose. C'est d'ailleurs à partir de là que ça devient de plus en plus abscons au fil des ans. Je veux dire que, avec le recul, j'ai du mal à déchiffrer certaines des choses que j'ai écrites. »*[97]

BREATH
Smith, Tolhurst, Gallup, Thompson, Williams

Face B du Single « Catch ». Sortie le 16 mars 1992.

« Why Can›t I Be You? » est suivie en juin 1987 par le single « Catch », couplé à « Breath » et écrit et enregistré aux studios Miraval.

« C'est une chanson qui signifie beaucoup pour moi. Les paroles traitent d'un thème récurrent chez Cure : ce désir désespéré pour ce qui a été, tout en sachant que c'est parti pour toujours. Musicalement, "Breath" essaie de capturer l'ambiance d'une fin de soirée à Miraval… un monde magnifique d'étoiles et de soupirs. »[6] – Robert Smith

Dave Allen, producteur attitré du groupe depuis plus de quatre ans et qui œuvre sur ce nouvel opus se souvient de la manière dont Robert Smith fonctionne : *« Je crois que Smith a écrit la plupart des mélodies et des paroles lorsque nous enregistrions l'album aux studios Miraval et comme il a tendance à garder les choses secrètes, on ne sait jamais où il en est avec une chanson. »*[49]

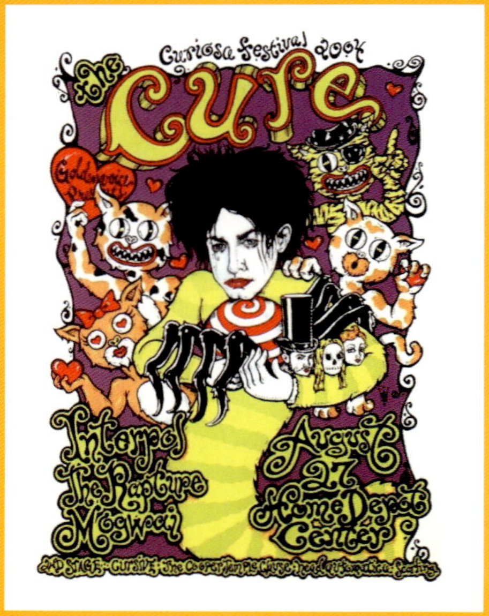

A CHAIN OF FLOWERS
Smith, Tolhurst, Gallup, Thompson, Williams

« C'est essentiellement une chanson sur la terrible peur de perdre quelqu'un que l'on aime. »[6] – Robert Smith

En août 1986, après une longue tournée, quelques festivals en Europe et le concert au théâtre antique d'Orange, les Cure s'octroient quelques jours de repos dans le sud de la France. Cette brève période de vacances leur fait découvrir le charme du Var et annihile toute envie de rentrer au pays. Les musiciens ne se déplaceront que de quelques kilomètres pour investir le studio de Jean Costa afin de travailler sur les maquettes de *Kiss Me, Kiss Me, Kiss Me*. L'enregistrement de l'album s'enchaine directement en Provence, au studio Miraval. Plusieurs semaines de travail intense et productif, selon les membres du groupe, vont accoucher d'un disque hétéroclite. « A Chain Of Flowers » sera l'un des derniers titres écrits et enregistrés lors de ces séances.

« Vers la fin de l'enregistrement à Miraval, j'étais un peu bloqué pour les paroles, essayant de terminer vingt-trois chansons en un mois. Alors, j'ai demandé aux autres membres du groupe de me donner quelques mots d'inspiration. Simon a glissé un papier sous ma porte avec cette phrase : "Tout ce que je veux, c'est l'été". Ce fut le catalyseur dont j'avais besoin pour écrire "A Chain of Flowers". »[6] – Robert Smith

Fun Fact : Concernant le concert au théâtre antique d'Orange filmé par Tim Pope, le processus de réalisation diffère des traditionnelles captations live. Le tournage se déroule sur deux jours. *« Le premier jour, Tim Pope a filmé le concert avec un public. Le second, on a joué à nouveau, mais cette fois-ci sans personne pour pouvoir faire des gros plans et avoir d'autres angles intéressants qu'il aurait été impossible de filmer en live. »*[3] – Lol Tolhurst

SNOW IN SUMMER
Smith, Tolhurst, Gallup, Thompson, Williams

« Snow In Summer » est la première face B de « Just Like Heaven ». La version Maxi comporte un titre supplémentaire, « Sugar Girl ».
Le single « Just Like Heaven » est, selon Robert Smith, la meilleure chanson pop de son groupe. En revanche il se fait plus critique concernant « Snow In Summer » : *« C'est une chanson légèrement maladroite. Les mots ne s'accordaient pas vraiment avec la musique. Il y a une tension dans la chanson qui n'est pas vraiment bonne… les paroles ont été écrites à un moment où la musique avait une ambiance différente et je ne les ai jamais vraiment adaptées correctement. »*[6]

La chanson est enregistrée au Studio Miraval et c'est de nouveau le producteur David Allen qui est en charge de la réalisation : *« Lorsque je travaille avec les Cure, je prends les pistes d'accompagnement telles qu'elles sont. C'est difficile de savoir ce qui va et ce qui ne va pas marcher avant d'avoir entendu la ligne de chant. Robert est quelqu'un qui a fait dix albums et qui est dans le business depuis 1977, j'ai donc le plus grand respect pour lui et confiance en sa capacité de faire quelque chose de vraiment bien dès qu'il en a l'occasion. »*[49]

SUGAR GIRL
Smith, Tolhurst, Gallup, Thompson, Williams

Face B de la version Maxi de « Just Like Heaven ». Sortie le 5 octobre 1987.

« J'ai vraiment aimé cette chanson, sa simplicité et son ambiance. C'est une carte postale musicale pour une fille en sucre… et encore une fois, j'ai été surpris qu'elle ne soit pas retenue pour la version définitive de l'album. »[6] – Robert Smith

Avec le temps, Smith a souvent exprimé sa déception de ne pas avoir inclus certaines faces B sur les albums. Toutefois, pour *Kiss Me, Kiss Me, Kiss Me*, qui est un double album, il aurait été impossible d'en ajouter davantage. À cette époque, la restriction soumise par la limite de soixante-quatorze minutes de temps d'écoute autorisée sur un CD impose même l'exclusion de certains titres. La chanson « Hey You! » est une autre victime collatérale de ce processus. Le groupe est particulièrement prolifique et le choix d'inclure tel ou tel morceau devient cornélien. Le producteur David Allen se souvient : *« The Cure avait écrit environ 40 chansons. Ils ont donc fait quelques séances de démo et se sont retrouvés avec 32 chansons possibles. 26 d'entre elles ont finalement été enregistrées avec toutes les pistes d'accompagnement. 23 étaient complètement terminées avec les voix et 18 d'entre elles sont finalement allées sur l'album. »*[49]

TO THE SKY
Smith, Tolhurst, Gallup, Thompson, Williams,

« To The Sky » est une chanson inédite des sessions d'enregistrement de *Kiss Me, Kiss Me, Kiss Me* en 1986-1987. Disponible à l'origine uniquement sur le rare CD promotionnel *Stranger Than Fiction* de Fiction Records, la chanson est finalement disponible pour le plus grand nombre grâce à la publication du coffret *Join The Dots*. Il s'agit de l'une des premières chansons enregistrées durant les séances de l'album *Kiss Me, Kiss Me, Kiss Me*. Smith avoue ne pas particulièrement l'apprécier et reconnait à demi-mot que la version est en partie bâclée : *« On avait l'habitude d'utiliser cette chanson comme soundchecks. Deux ans plus tard, lorsque Chris Parry réalise la compilation* Fiction*, nous lui avons donné à contrecœur l'autorisation de prendre "To The Sky". Ce n'était pas très correct car pour la première fois en cinq ans nous sortions quelque chose qui n'était pas vraiment terminé. »*

C'est en fait la deuxième fois que les Cure exploitent un titre sans qu'il soit totalement terminé. Le premier était « Lament », enregistré en 1983 avec Steve Severin pour le magazine Flexipop.

BABBLE
Smith, Tolhurst, Gallup, Thompson, Williams, O'Donnell

En Europe « Babble » est la face B du single « Lullaby ». Sortie le 10 avril 1989. Aux États-Unis, elle est la face B de « Fascination Streets ». Sortie le 18 avril 1989.
« Cette chanson parle de la drogue »
– Robert Smith

Un trip hallucinatoire que vit le protagoniste de cette chanson. Surement Smith lui-même, car il est coutumier des drogues hallucinogènes qu'il avoue consommer pendant l'enregistrement de *Disintegration*.

« Je pense qu'avec cette chanson, une partie de l'attention se porte à nouveau sur moi. »[6] – Robert Smith

L'intro est un mélange de plusieurs samples d'émissions de télévision. Les derniers instants de ce brouhaha sont les applaudissements d'une foule qui salue l'arrivée d'un nouveau-né, tout juste sortie du ventre de sa mère.

« Bien que nous ayons enregistré la plupart des titres de l'album et des faces B en tant que groupe, en jouant ensemble dans la pièce principale du studio, je savais que les parties du processus relatives à l'overdubbing et au chant devaient être beaucoup plus personnelles. J'ai eu la chance, à l'époque, d'avoir un groupe qui voulait comprendre, sans s'énerver, pourquoi j'avais besoin qu'on me laisse tranquille. Ils ont compris qu'ils avaient joué leur rôle. »[154] – Robert Smith

OUT OF MIND
Smith, Tolhurst, Gallup, Thompson, Williams, O'Donnell

En Europe « Out Of Mind » est la deuxième face B du single « Lullaby ». Sortie le 10 avril 1989. Aux États-Unis, « Out Of Mind » devient la deuxième face B de « Fascination Streets ». Sortie le 18 avril 1989.

« C'est une face B bien groovy ! »
– Robert Smith

« Out Of Mind » est issue d'une démo écrite par le nouveau claviériste Roger O'Donnell. Le titre original était « SAH RB ». Le SAH est l'acronyme de The Sensational Alex Harvey Band, qui, par coïncidence, est l'une des premières influences de Robert Smith. Concernant les paroles, Smith n'est pas peu fier d'un petit détail qui semble significatif pour lui : *« J'aime particulièrement le fait que j'ai enfin réussi à faire figurer des lémuriens dans un texte, ce que je m'étais toujours promis de faire car c'est mon animal préféré ! »*[6]

Fun Fact : Concernant les conditions d'enregistrement et le choix de s'éloigner des traditionnels studios situés en ville, Robert Smith s'explique : *« Je voulais que nous fassions quelque chose automnal et anglais. Nous avions besoin d'un endroit relativement éloigné, pour éviter trop de distractions inutiles, et je savais que si nous avions la houle, du bois brûlé et des feuilles en décomposition dans l'air, l'obscurité à seize heures, la probabilité du tonnerre et de la pluie… eh bien, cela ne pouvait que nous mettre dans l'ambiance parfaite pour enregistrer ! »*[154]

2 LATE
Smith, Tolhurst, Gallup, Thompson, Williams, O'Donnell

Face B de « Lovesong ». Sortie le 21 août 1989. Le single atteint la deuxième place du classement Billboard aux États-Unis et reste à ce jour, le plus grand succès commercial du groupe.

« Une de mes faces B préférées. Pourtant, j'étais persuadé que ce serait un single, mais très tôt lors des séances d'enregistrement de Disintegration, *l'album a pris une direction qui ne permettait pas d'inclure "2 Late" »*[6] – Robert Smith
L'opportunité d'une connexion romantique manquée, une romance secrète, une attente veine…

Le narrateur, caché derrière un kiosque à journaux, observe quotidiennement cette fille et nourrit l'espoir qu'un jour peut-être leurs regards se croiseront enfin, et qu'elle le remarquera. Cette chanson explore l'un des thèmes principaux de l'album : la frustration. Enregistré en 1988 aux Studios Hookend Recording à Checkendon, Oxfordshire en Angleterre, « 2 Late » est l'un des premiers titres réalisés lors des séances d'enregistrement du prochain album. Ces studios ont servi de refuge aux Cure et au producteur Dave Allen, qui s'y sont enfermés de novembre 1988 à février 1989 pour créer le successeur de *Kiss Me, Kiss Me, Kiss Me*. Dès le début du processus créatif, Robert Smith exprime son souhait de s'immerger complètement dans la réalisation du prochain album et de vivre en autarcie, loin des distractions du monde extérieur. Les musiciens acquiescent et saisissent l'opportunité de s'impliquer dans la composition des chansons. Une chance que Simon Gallup saisit pour proposer plusieurs titres, dont « 2 Late », ainsi que la base de ce qui deviendra « Lovesong ».

FEAR OF GHOSTS

Smith, Tolhurst, Gallup, Thompson, Williams, O'Donnell

Face B du maxi-single « Lovesong » sortie le 21 août 1989.

« Fear of Ghosts » est issue d'une démo apportée par le nouveau claviériste Roger O'Donnell lors des séances de travail préparatoire à l'album *Disintegration*. Son titre original était « The Other Side », car O'Donnell l'a écrite dans son appartement de Toronto où, par temps clair, il peut voir l'autre côté du lac Ontario. À la première écoute Boris Williams déclare que cette chanson ressemble à la bande originale du film *The Fog*. O'Donnell s'est demandé plus tard si le titre final « Fear Of Ghosts » n'était pas influencé par cette remarque de Williams : F (Fear) O (Of) G (Ghosts). *« Les démos des chansons de chaque membre du groupe étaient des entités finies. Par exemple, lorsque j'ai apporté une chanson comme "Fear Of Ghosts", elle contenait les parties de batterie, la basse et les claviers. J'ai été étonné qu'une de mes chansons ait pu être utilisée et j'aime la façon dont elle sonne et comment elle s'est transformée, même si elle n'est pas très éloignée de la maquette... Lorsque j'ai entendu la version vocale terminée "Fear Of Ghosts", j'ai été époustouflé. »*[106]

« L'idée originale vient de Roger et je trouve que les paroles fonctionnent bien. C'est un bon point de vue sur l'isolement, la dépersonnalisation et le désespoir ! J'ai toujours voulu que cette chanson soit remasterisée car elle n'a jamais été entendue correctement. Malheureusement, je n'étais pas présent lorsqu'elle a été masterisée à l'origine et l'ingénieur du son a remonté le fader un peu trop tard. »[6] – Robert Smith

Fun Fact : Peur des fantômes ? *« Un jour, j'ai cru voir quelqu'un se refléter par-dessus mon épaule dans le miroir de la maison où vivent mon père et ma mère. Je me suis retourné et il n'y avait personne. C'était juste mon esprit, je pense... En fait, je ne crois ni aux fantômes ni aux ovnis. Enfin, je crois que les ovnis peuvent exister. »*[75]
– Robert Smith

HAROLD AND JOE

Smith, Gallup, Thomspon, Williams

Face B de « Never Enough ». Sortie le 17 septembre 1990.

« En fait, c'est un moment où nous faisions pas mal de trucs électroniques et je me suis dit que nous devrions vraiment nous lancer là-dedans, que cela réussisse ou pas. Au départ, on avait quatre chansons et je pensais qu'elles allaient fonctionner mais, dès les premiers essais en studio, il apparut comme une évidence que trois titres étaient horribles. Ils avaient tout perdu en subissant un traitement électronique. "Harold and Joe" était le seul correct. »
– Robert Smith

Une composition à l'ambiance pop électronique qui dénote de façon radicale avec sa face A et ses guitares enragées. L'instigateur en est Simon Gallup : *« Quand je fais des démos à domicile, je leur donne un titre avant de les faire écouter à Robert. Harold and Joe sont deux personnages de la série télévisée australienne Neighbours : Harold Bishop et Joe Mangel. Et j'ai donné leur nom à la démo. »*[6] Habituellement, lorsqu'un membre du groupe propose une chanson à Smith, ce dernier change le titre en y ajoutant ses paroles. Étonnement, dans ce cas, Smith choisi de garder le nom donné par Gallup : *« Je n'sais pas vraiment pourquoi... J'ai surement pensé qu'une chanson avec beaucoup de sarcasme et d'ironie avait besoin d'un titre inhabituel. »*[6]

Fun Fact : Robert Smith chante dans un registre qui lui est inhabituel. Lorsqu'un journaliste s'en étonne, il rétorque que c'est intentionnel et qu'il a tenté de faire son Franck Sinatra.

THIS TWILIGHT GARDEN

Smith, Gallup, Thomspon, Williams, Bamonte

Face B de « High ». Sortie 16 mars 1992.

« Ma chanson la plus typiquement anglaise » – Robert Smith
Avec quelques années de recul et comme souvent avec les faces B, Smith exprime des regrets quant au choix d'avoir écarté certaines chansons des albums : *« Cette chanson est ma préférée entre toutes (époque Wish). Il y a une belle atmosphère. Je la préfère mille fois à "Wendy Time" mais j'ai réalisé que "This Twillight Garden" ne s'agençait pas bien dans l'album et donc, qu'une bonne chanson serait laissée de côté pour le bien et la cohésion du disque. »*[81]

Au début des années 90, Robert Smith est un jeune marié qui s'installe sur la côte sud de l'Angleterre avec sa femme Mary et devient propriétaire d'une maison avec jardin. Un jardin qui lui donne l'inspiration pour décrire ses émotions, celles du soleil couchant, de la fin de l'été, des couleurs du ciel, de l'odeur de l'herbe, des derniers chants d'oiseaux... Ce jardin crépusculaire. *« Je crois que c'est l'une des meilleures chansons d'amour que nous ayons faites »*[6] confie alors Smith.

PLAY
Smith, Gallup, Thomspon, Williams, Bamonte

Face B de « High ». Sortie le 16 mars 1992.

« Chaque jour qui passe est une perte. »[123] – Robert Smith
« Play » aborde le thème de l'attente désespérée et de la manipulation émotionnelle. Le personnage principal, sans le vouloir, joue avec les sentiments d'une femme éprise de lui. Elle est prête à tout, mais cela ne lui suffit pas. En se convainquant que ses sentiments pour elle pourraient changer un jour, il ne fait que prolonger son attente, qui s'étend finalement sur des années. C'est une chanson sur l'amour non partagé et la douleur qui en découle avec une réflexion sur le temps qui passe et l'incertitude de l'avenir amoureux.

Le 16 mars 1992 sort « High » le premier single du nouvel album *Wish*. Il est accompagné de la face B « This Twillight Garden ». Les deux morceaux s'éloignent des thèmes de prédilection de Smith et proposent une illustration du bonheur avec « High » et l'expression d'un amour bucolique et champêtre avec « This Twillight Garden »... Un deuxième titre inédit est inclus à la version Maxi, « Play », qui représente la face sombre des deux précédentes.
« J'ai essayé d'être un peu moins ambigu dans mes textes, d'être plus ouvert. Cette chanson est conçue comme un contrepoids sombre aux deux autres. Avec cette face B, j'ai essayé d'être un peu plus honnête. »[6] – Robert Smith

HALO
Smith, Gallup, Thomspon, Williams, Bamonte

Face B de « Friday I'm In Love ».
Sortie le 25 mai 1992.

« C'est une chanson sur l'engouement. » – Robert Smith
« Halo » exprime un sentiment d'amour intense et absolu que Smith voudrait pouvoir garder en lui pour toujours. Rarement il n'aura été autant démonstratif et enjoué dans ses paroles. Lui, qui jusqu'alors laissait toujours planer un léger spleen ou un arrière-gout de désillusion dans chaque expression de son bonheur, cette fois, ne fait pas de fioriture, c'est la franchise ultime... Fait inhabituel, une autre voix se mélange à celle de Smith, celle de Caroline Crawley du groupe Shelleyan Orphan qui jouait en première partie des Cure durant le *Prayer Tour* en 1989. L'enregistrement a lieu en Angleterre, au fin fond de l'Oxfordshire, dans l'idyllique Shipton Manor, propriété de Richard Branson, le patron de Virgin Records.

SCARED AS YOU
Smith, Gallup, Thomspon, Williams, Bamonte

« Scared As You » est la face B de la version Maxi du single « Friday I'm In Love ». Sortie le 25 mai 1992.

« L'un des textes les plus sincères que j'ai jamais écrits. Je trouve toujours très difficile d'écouter cette chanson sans avoir une larme à l'œil... J'étais en train de pleurer quand je la chantais. »[6]
– Robert Smith

Il s'agit d'une chanson chargée de remords et de regrets quant aux blessures infligées à une personne aimée. Smith, s'il en est le protagoniste, avoue éprouver des difficultés à maîtriser ses émotions et exprime sa crainte face à ce qu'il ressent. Cette confession met en lumière la difficulté de communiquer ainsi que le désir d'être pardonné. À l'instar de la chanson « A Same Deep Water As You », le chanteur laisse ses émotions le submerger pendant l'enregistrement. Il choisit de ne pas recommencer la prise afin de préserver l'authenticité de son interprétation et de laisser transparaître la fragilité de sa voix. Cette approche souligne l'importance qu'il accorde à la qualité émotionnelle de sa musique.

THE BIG HAND
Smith, Gallup, Thomspon, Williams, Bamonte

« The Big Hand » est la face B de « A Letter to Elise ». Sortie le 5 octobre 1992.

« De toutes les faces B de Wish, *"The Big Hand" qui était la préférée de Porl... »* – Robert Smith

Outre son rôle de guitariste au sein des Cure, Porl Thompson, en collaboration avec son collègue Andy Vella, est également le graphiste attitré des pochettes des albums du groupe. C'est ainsi qu'ils conçoivent celle de *Wish*, sur laquelle ils ont représenté une main en signe d'affection pour « The Big Hand ».
« En fait, tout le groupe aimait cette chanson sauf moi. Nous l'avons joué en concert avant même que l'enregistrement de l'album n'ait commencé mais ça ne l'a jamais vraiment fait pour moi, bien que je m'y sois habitué au fil des ans. C'est une chanson étrangement optimiste sur les périls de la toxicomanie... et je pense que cette contradiction fait partie de son attrait. »[6] – Robert Smith

Smith a toujours été franc sur sa consommation de drogues et les problèmes qui en ont découlé. En revanche, il a toujours nié toucher à l'héroïne. La chanson « The Big Hand » est une référence au « grand H », un terme couramment utilisé pour désigner l'héroïne dans les années 70, notamment parmi les artistes.

A FOOLISH ARRANGEMENT
Smith, Gallup, Thomspon, Williams, Bamonte

Face B de « A Letter to Elise ».
Sortie le 5 octobre 1992.

Inspiré du poème *Christabel* de Samuel Taylor Coleridge, « A Foolish Arrangement » évoque l'histoire d'une situation ambiguë, peut être un flirt : « The same old game, only fun with two. »
« Cette chanson est terminée un peu à la hâte pendant la tournée australienne du Wish Tour. *C'était un titre laissé de côté et nous ne pensions vraiment pas en faire quoi que ce soit. C'est quand il a été décidé que "A Letter To Elise" soit le prochain single que nous l'avons ressorti. Simon et moi sommes allés dans un studio après un concert à Sydney. J'ai écrit les paroles et enregistré la voix en huit heures très intenses. »*[6] – Robert Smith

« A Foolish Arrangement » est l'une des six faces B de l'album *Wish*.
« On a fait des chansons pour deux albums. Au début, on avait pensé enchainer avec un album instrumental fait de longs morceaux atmosphériques. Mais on sortira trois singles de l'album auxquels on ajoutera deux inédits à chaque fois, les six ou sept autres chansons serviront de base à cet album instrumental qu'on terminera après la tournée. »[110] – Robert Smith
Cet album ne verra jamais le jour, seul un EP intitulé *Lost Wishes*, contenant quatre titres instrumentaux sera publié le 16 novembre 1993 au format cassette et en tirage limité.

BURN
Smith, Gallup, Williams, Bamonte

Le film *The Crow* est une adaptation de la bande dessinée écrite par James O'Barr. La bande originale contient des reprises et des morceaux originaux de quatorze artistes dont Nine Inch Nails, Pantera, rage against the machine et The Cure. En 1994 la production du film contacte le groupe pour demander l'autorisation d'utiliser « The Hanging Garden », dont les paroles sont intégralement reproduites dans la bande dessinée (1989). Smith grand fan du comics propose, plutôt que d'exploiter une chanson vieille de dix ans, de réaliser une composition originale et c'est en formation réduite que le groupe prend la direction du studio. Seul Robert Smith, accompagné de Boris Williams s'attelle à la réalisation de la première composition d'une bande originale signée The Cure. *« Le tout a été fait en deux jours… j'avais juste une vague idée et on est allé en studio pour l'enregistrer, Boris et moi… assez proche de la façon dont j'ai fait* The Top*. En fait Boris a juste improvisé à la batterie et j'ai joué par-dessus. »*

Smith reconnait volontiers refuser presque systématiquement toutes les sollicitations de l'industrie cinématographique, qui le succès aidant, deviennent de plus en plus nombreuses. Il lui faut de bonnes raisons pour s'investir dans ce genre de projet : *« J'adore cette bande dessinée, Alex Proyas a fait un bon film et nous voulions vraiment en faire partie, et puis ça m'a donné l'opportunité de ressortir ma vieille flute. »*[6]
La chanson n'apparaît sur aucun album du groupe, elle figure uniquement sur la bande originale du film *The Crow*. Ce disque a été un succès commercial, avec plus de 3,8 millions de copies vendues aux États-Unis.

Fun Fact : Sur « Burn », Smith joue de la flute indienne dans le but de produire des sons plus proches d'un larsen que d'une quelconque mélodie. Bien qu'il soit avant tout guitariste, il s'essaie parfois à d'autres instruments : l'harmonica sur « Subway Song », le clavier sur « All Cats Are Grey » et la basse sur « Carnage Visors » et « Primary ».

DREDD SONG
Smith, Gallup, Cooper, Bamonte, O'Donnell

« Dredd Song » est un titre spécialement composé pour la bande originale du film *Judge Dredd* réalisé par Danny Cannon. D'autres groupes participèrent à cette bande-son : Cocteau Twins, The The, White Zombie…
L'unique raison qui pousse le groupe à écrire cette chanson est l'intérêt que porte Robert Smith au comic-book *Judge Dreed* et à ses auteurs, John Wagner et Carlos Ezquerra.

« Le problème aujourd'hui est que l'industrie du cinéma nous porte un intérêt dans le seul but d'avoir des chansons à mettre dans la bande-son d'un film… juste parce que ça se vend. C'est la seule raison, même si la chanson n'a rien à voir avec le film… nous sommes tombés dans le panneau avec Judge Dredd *et c'est vraiment stupide, c'est ma pire erreur. »* – Robert Smith
Après coup, Smith juge cette expérience avec déception : *« Un exemple de dépassement de nos limites avec un orchestre. Nous essayions de faire quelque chose de très grand mais ça s'est transformé en quelque chose de très pompeux. »*[6]

IT USED TO BE ME
Smith, Gallup, Cooper, Bamonte, O'Donnell

Face B de « The 13th ».
Sortie le 22 avril 1996.

« It Used To Be Me » est incluse au pressage japonais de l'album.
« Lorsque l'album Wild Mood Swing *est apparu dans le monde de la pop britannique en 1996, ils ont été confrontés à l'étrange style espagnol du single principal "The13th", bien que les faces B telles que "It Used To Be Me" soient parmi les meilleures que le groupe ait enregistrées. »*[81] – Robert Smith

Boris Williams a occupé le poste de batteur permanent des Cure pendant onze ans, un exploit remarquable compte tenu des nombreux changements de personnel qu'a connus le groupe au fil des ans. Cependant, lassé des tournées et du mode de vie qui les accompagnent, il quitte le groupe après la tournée de *Wish* en 1992. Quatre ans plus tard, les Cure commencent l'enregistrement du successeur de *Wish*, *Wild Mood Swing*, sans batteur attitré. *« Nous avions quatre batteurs différents »* constate Smith.

Fun Fact : Quatre ans après *Wish*, alors que l'élan crée par la frénésie des huit années passées s'est dissipé, l'avènement de la Britpop a soudain fait paraitre The Cure comme un groupe dépassé et hors de propos, ce que concède Smith : *« Au Royaume-Uni, la Britpop nous a tués. Pour la première fois, le NME et le Melody Maker avaient raison sur la façon dont le public nous percevait. C'est le premier album de l'histoire de The Cure qui n'a pas fait mieux que le précédent, mais il s'est tout de même vendu à plus d'un million d'exemplaires, ce qui, pour n'importe qui d'autre, est déjà pas mal. »*[140]

● OCEAN
Smith, Gallup, Cooper, Bamonte, O'Donnell

« Ocean » est l'une des trois faces B de « The 13th ». Sortie le 22 avril 1996.

« Il s'agit d'une chanson triste sur quelqu'un que j'aimais beaucoup et que j'ai vu s'éclipser. » – Robert Smith

Le narrateur se retrouve à arpenter le même chemin que celui emprunté à l'âge de 15 ans, luttant contre les mêmes démons, sans être tout à fait certain de ses aspirations. Cependant, il sait qu'il a besoin de la présence de son ami et de leur relation comme d'un lien avec le passé qu'il ne veut pas voir se briser. Robert Smith a souvent chanté son angoisse du temps qui passe et de ses effets destructeurs sur les relations humaines. Les amours qui se désintègrent et les amitiés qui s'estompent au fil du temps marquent son écriture et guide son chant. Il sait que les amis sont rares et précieux : *« J'ai toujours eu du mal à me lier avec les gens et c'est encore plus difficile aujourd'hui. Comment être Robert Smith dans le monde réel, un anonyme parmi les anonymes ? Je dois dépenser beaucoup d'énergie pour me faire des amis. »*[77]

● ADONAIS
Smith, Gallup, Cooper, Bamonte, O'Donnell

Face B de « The 13th ». Sortie en avril 1996.

« Adonais » est inspiré du poème *Adonaïs* de Percy Bysshe Shelley écrit en 1821, qui est une complainte sur la mort de son ami John Keats. « Adonai(s) » définit Dieu en hébreu et est traduit par le mot « lord » dans l'Ancien Testament.

« De toute la session d'enregistrement de Wild Mood Swing*, c'est la chanson que je préfère. Je l'ai écrite l'osque que j'étais en vacances au Lake District, parole et musique en même temps. Chaque fois que je jouais un accord à la guitare je chantais une phrase. Mais, le résultat final n'a jamais collé avec l'ensemble de l'album. »*[6] – Robert Smith

The Cure veut un album pop, lumineux et léger, comme une parenthèse dans une carrière principalement marquée par la noirceur des émotions. C'est pourquoi certains titres, tels que « Adonais », ne sont pas inclus à l'album mais sont proposés en face B des quatre singles. L'influence du romantisme littéraire sur Smith se manifeste clairement dans ce texte qui aborde les thèmes de la libération par la mort ainsi que de la pertinence du suicide comme solution.

● HOME
Smith, Gallup, Cooper, Bamonte, O'Donnell

Face B de « Mint Car ».
Sortie le 17 juin 1996.

« Home » est une chanson de Simon Gallup retravaillée par le groupe lors des séances d'enregistrement de l'album *Wild Mood Swing*. Smith écrit le texte mais garde le titre proposé par le bassiste.
« Je l'ai appelée "Home" parce que j'étais retourné vivre chez mes parents. Comme pour "Harold et Joe", Robert a gardé le titre mais l'a transformé en chanson d'amour. »[6] – Simon Gallup
« "Home" est une chanson sur les joies d'avoir une maison. Rien de bien profond ou triste. Mais qui sait, peut-être qu'on ne grandit jamais, comme mon père qui n'a rien appris. Il a soixante-quinze ans et préfèrerait toujours en avoir vingt-cinq. Il n'est pas heureux, il espère qu'il y a un Dieu… Je ne suis pas satisfait non plus. Les biens matériels ne conduisent nulle part. »[67] – Robert Smith
Depuis quelques années, le leader des Cure délègue une partie du travail de composition, ce qui offre désormais la possibilité à certains membres du groupe de s'exprimer musicalement, comme l'explique Simon Gallup : *« Je pense que* Disintegration, Wish *et cet album sont le fruit d'un travail de groupe. Robert, Perry et moi écrivons des chansons chez nous et les enregistrons sous forme de démos, puis nous nous réunissons pour les jouer. Nous les répétons en tant que groupe, puis Robert écrit les paroles par-dessus. C'est comme ça depuis dix ans. »*[156]

● WAITING
Smith, Gallup, Cooper, Bamonte, O'Donnell

Face B de « Mint Car ».
Sortie le 17 juin 1996.

« C'était vraiment un titre qui avait toutes ses chances d'être sur l'album Wild Mood Swing*. Étrangement, les paroles ont été inspirées par un rêve très vif et persistant que j'ai fait en tournée. J'étais dans la chambre où j'ai grandi chez mes parents… j'avais le mal du pays et j'étais très fatigué, et les images sont restées en moi pendant très longtemps. »*[6] – Robert Smith

Les sessions d'enregistrements ont lieu dans un manoir, propriété de Jane Seymour, dans les environs de Bath. En studio les Cure enregistrent toutes les chansons avec la même motivation… pas de préjugés, pas de titres bâclés, tout peut potentiellement être un single, un hit, une face B ou un son qui sera retravaillé ultérieurement. « Waiting » ne déroge pas à la règle mais sera éjectée de l'album pour devenir l'une des trois faces B de « Mint Car ». Les ventes de l'album ne décollent pas vraiment et la tournée ne fait pas le plein. Ce sera l'occasion de jouer des titres moins conventionnels, plus rares et de faire plaisir aux inconditionnels. Ce manque de succès ne démoralise pas Smith outre mesure : *« Je pense que l'accent était mis sur la promotion de l'album et du groupe alors que cette fois c'était un peu "merde, personne n'aime l'album de toute façon, alors autant se faire plaisir". Donc d'une certaine manière, le manque de public a vraiment tourné à notre avantage parce que tu dois faire avec. Ça ne m'a pas autant touché que certains. Ils étaient un peu "ouais, personne ne nous aime" mais il y a une façon de s'en accommoder. J'ai essayé d'introduire dans l'esprit du groupe que les gens qui étaient là étaient ceux qui comptaient. Donc si c'était bien pour eux, cela n'avait aucune importance vis-à-vis de ceux qui n'étaient pas là. »*[157]

A PINK DREAM
Smith, Gallup, Cooper, Bamonte, O'Donnell

Face B de « Mint Car ». Sortie en juin 1996.

Une romance éphémère sur une plage ensoleillée de Rio qui désole le narrateur. Bien qu'il en ait pressenti l'issue, naïvement, il envisageait une fin plus romantique. Elle, en revanche, ne considère cette aventure que pour ce qu'elle est… une simple liaison sans lendemain.

« "A Pink Dream" a en fait débuté en Alaska, où j'avais fait escale lors d'un vol vers l'Australie en 1983. Treize ans plus tard, nous étions à Rio, et j'ai eu une très étrange expérience de déjà-vu… J'ai extrapolé à partir de l'idée originale de la chanson, et je l'ai terminée dans l'avion du retour. Une façon très étrange d'écrire une chanson, même pour moi. »[6]
– Robert Smith

MORE THAN THIS
Smith

« J'ai adoré X. Files *mais je ne l'ai découvert qu'à la sortie du coffret. »*[6]
– Robert Smith

« More Than This » est publiée une première fois sur la bande originale *The X Files: The Album* en 1998.

Composée pour la bande-son de la série *X Files*, Smith admet n'avoir jamais regardé le programme à l'époque de sa diffusion et n'y avoir pas porté beaucoup d'attention. Toutefois, lorsqu'on lui a proposé de participer au projet, il a accepté l'idée et a commencé à s'intéresser à la série quelques années plus tard. Il a fini par l'apprécier.

« J'ai fait "More Than This" sans le groupe, avec Paul Corkett comme coproducteur. Musicalement, cette chanson est inspirée de la suite du ballet Gayanech de Khachaturian, et bien qu'elle soit peut-être un peu longue, je pense qu'elle convient très bien aux vibrations de X-Files. *»*[6] – Robert Smith

POSSESSION
Smith, Gallup, Cooper, Bamonte, O'Donnell

« Possession » demeure inédite jusqu'à la sortie du coffret *Join The Dots*.

Avec « Possession », Smith explore l'idée de la perte de contrôle, de la dépendance et du désespoir causés par une dualité intérieure. Il décrit une lutte entre deux forces opposées qui amène le narrateur à se battre contre le côté sombre de sa personnalité et tente de résister à cette pulsion. Battu, il reconnait qu'il est incapable de s'en débarrasser.

En 1999, The Cure retourne aux studios St Catherine's Court pour travailler au successeur de *Wild Mood Swing*. Les musiciens, les ingénieurs du son et quelques techniciens vont vivre coupés du monde pendant trois mois pour ne se consacrer qu'à la réalisation de l'album. « Possession » est un rebut de ces séances d'enregistrement. Robert Smith cherche à créer un disque aussi cohérent que *Pornography* et *Disintegration* et exclu toute chanson qui risquerait de briser cette homogénéité.

COMING UP
Smith, Gallup, Cooper, Bamonte, O'Donnell

« Coming Up » est une chanson incluse aux versions japonaise et australienne de l'album *Bloodflowers*. Elle demeura inédite pour le reste du monde jusqu'à la sortie du coffret *Join The Dots* en 2004. Elle évoque la dépendance, que ce soit à une personne ou à une substance, qui procure un certain plaisir mais qui engendre également de la douleur et de la souffrance. Smith exprime sa confusion face à cette situation, ainsi que sa difficulté à se libérer de cette spirale et à regagner le contrôle de son propre esprit.
« J'étais persuadé que ce titre fonctionnerait car c'est une très bonne idée de chanson, très personnelle, pleine de sons… mais nous n'avons jamais réussi à l'intégrer. C'est une autre partie de l'histoire de Bloodflowers *que j'essayais de raconter avec "Coming Up" mais elle a été écartée car elle semblait déséquilibrer l'ensemble de l'album. »*[6] – Robert Smith
Concernant son rapport aux drogues, Smith exprime une position ambivalente : bien qu'il soit conscient des dommages qu'elles peuvent causer, il reconnait qu'elles ont la vertu de lui apporter un certain réconfort et l'aide dans sa recherche du bonheur : *« Cela m'a conduit très tôt à expérimenter les drogues et l'alcool. C'est alors que l'on perd principalement ce sentiment d'inhibition et de peur, et que l'on fait l'expérience du bonheur sous une forme très pure. On s'y perd et on entre dans un autre monde. Aujourd'hui, je n'y retourne que très occasionnellement. C'est une sorte de fuite en avant, je sais que si je marche sur cette route du bonheur je risque la folie… J'ai vu beaucoup de mes amis finir sur cette route qui mène à une euphorie à très court terme. Elle mène surtout à une forme de mort cérébrale et au malheur absolu. C'est pourquoi j'essaie de trouver d'autres voies. Ces jours-ci, je suis beaucoup plus détendu. »*[162]

SIGNAL TO NOISE
Smith, Gallup, Cooper, Bamonte, O'Donnell

« Signal To Noise » est la face B de « Cut Here ». Sortie le 29 octobre 2001.

« C'est une de nos meilleures faces B, musicalement, lyriquement, tout… ça marche pour moi. C'est aussi la première indication de ce que l'on pourrait faire par la suite… En fait, nous étions toujours en train de jouer avec cette idée jusqu'à la dernière minute, c'est pourquoi nous avons enregistré la deuxième version en acoustique. »[6] – Robert Smith

« Signal To Noise » exprime un sentiment de confusion et de doute dans une relation qui semble avoir perdu sa signification et son essence. Smith se questionne sur la compréhension et l'acceptation que sa partenaire a pu avoir de lui par le passé. Il exprime également son sentiment de ne plus savoir quoi faire pour retrouver cette connexion perdue.

SESSIONS@AOL

Geffen Records Inc
Production : Robert Smith
Enregistrement : janvier 2004
Date de sortie : juillet 2004

1-Lost
2-Before Three
3-The End of the World
4-Love Song
5-Just Like Heaven
6-The Edge of the Deep Green Sea
7-One Hundred Years

Sessions@AOL, est un programme de télévision américain conçu par AOL pour être diffusé en tant que contenu exclusif sur le portail web AOL Radio, dans lequel des artistes sont invités à se produire, souvent de manière différente ou acoustique, dans un studio d'enregistrement dédié. Les performances sont généralement accompagnées d'interviews et/ou de documentaires, qui sont également publiés sur le web. Depuis 2003, la chaine de télévision américaine *Fuse* diffuse certains de ces enregistrements.

Le packaging semble avoir été fait très, voire, trop rapidement compte tenu du nombre d'erreurs : Porl Thompson est crédité pour « Just Like Heaven » deux fois (une fois en tant que Paul Thompson et une fois en tant que Porl Thompson), et Jason Cooper est ajouté bien qu'il ait rejoint le groupe huit ans après la sortie de la chanson.

Roger O'Donnell et Jason Cooper sont incorrectement crédités pour « From The Edge Of The Deep Green Sea », à la place de Porl Thompson et Boris Williams. Ce mini album live est uniquement disponible sur ITunes.

FROM FESTIVAL 2005

Geffen Records
Production : Robert Smith
Enregistrement : 2005
Date de sortie : novembre 2006 aux États-Unis, décembre 2006 au Royaume-Uni.

1-Alt.end
2-Push
3-In Between Days

From Festival 2005 est uniquement disponible au format numérique et contient trois chansons extraites du DVD *Festival 2005*. Par sa forme, il s'inspire d'un live de Nine Inch Nail intitulé *Lights in the Sky* réalisé par des fans et disponible gratuitement sur YouTube. La captation vidéo compile des prestations de neuf festivals auxquels les Cure ont participé durant l'été 2005 et intègre des prises de vue réalisées aussi bien par des professionnels que par des membres du public. Le DVD est publié le 27 novembre 2006 et contient trente chansons.

Ce concert signe officiellement le départ de Perry Bamonte et le retour du guitariste Porl Thompson.

HYPNAGOGIC STATES

I Am, Geffen Records
Production : Keith Uddin, Robert Smith
Enregistrement : 2008
Date de sortie : septembre 2008

1-The Only One
2-Freakshow
3-Sleep When I'm Dead
4-The Perfect Boy
5-Exploding Head Syndrome

Hypnagogic States propose des remix des quatre singles sortis entre mai et juin 2008 et issus de *4:13 Dream*. La cinquième piste de l'EP est un mix fusionnant les quatre précédents, intitulé « Exploding Head Syndrome ». Étonnement, *Hypnagogic States* sort un mois avant la parution de l'album.

Face au prix jugé excessif de l'EP sur iTunes, Robert Smith a conseillé aux fans d'attendre qu'il soit proposé à environ 4,00 £ ou moins, plutôt que de débourser les 7,99 £ demandées par la plateforme. Smith a adressé une lettre au label du groupe, Geffen, exprimant ses préoccupations concernant le problème de prix et affirmant que celui-ci était *« totalement erroné »*. Un porte-parole du label a ensuite expliqué que l'EP avait été accidentellement classé comme un album et qu'après avoir été reclassifié comme un EP, son prix avait été réduit à partir du 17 septembre 2008.

La version iTunes inclut un remix bonus de « The Only One ». Les bénéfices des ventes de ce disque sont reversés à la Croix-Rouge Internationale.

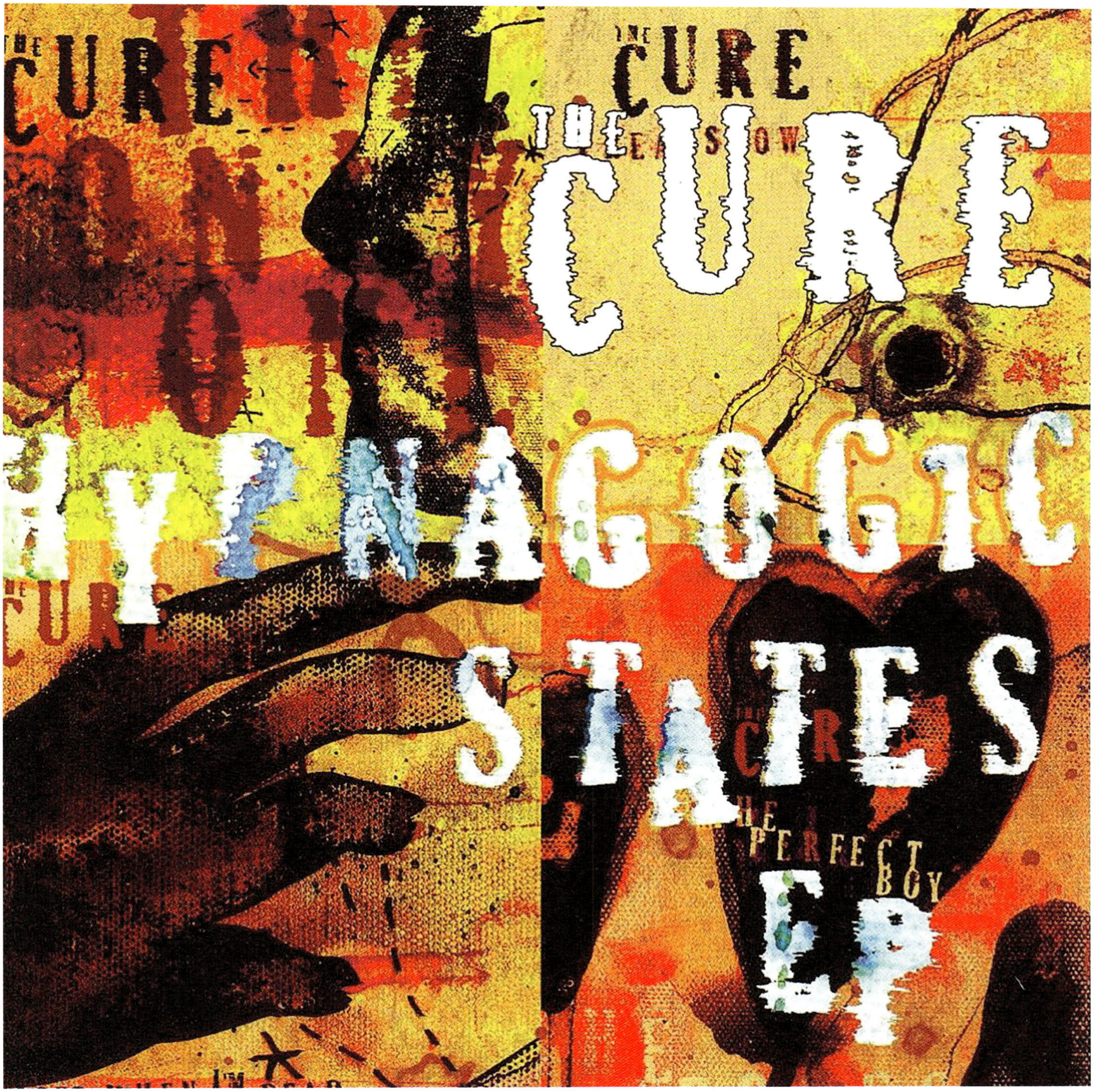
THE CURE
THE CURE
THE CURE
HYPNAGOGIC
STATES
EP
PERFECT BOY

BONUS

1-Carnage Visors
2-Ariel
3-Airlock
4-Eyemou
5-Spilt Milk
6-100 Seconds
7-The Dragon Hunters
8-This Morning
9-Fake
10-Why Can't I Be Me?
11-Your God is Fear
12-Truth, Goodness and Beauty
13-NY Trip
14-All Kind of Stuff
15-Down Under
16-Without You

Certaines chansons ont été publiées de façon plus ou moins officielle mais ne figurent sur aucun album, compilation ou enregistrement live. Ce sont pourtant des créations qui ne sont ni anecdotiques ni inintéressantes, certaines sont même des pierres angulaires de la carrière du groupe. En 1984, la parution de *Concert The Cure Live* proposait en bonus de la version cassette quelques raretés. Deux ans plus tard la compilation *Standing On A Beach* offre l'ensemble des faces B publiées de 1979 à 1986.

En 2004 *Join The Dots* rassemble dans un même coffret toutes les faces B publiées jusqu'alors ainsi que bon nombre de remix et rareté. Des efforts généreux salués par les fans mais qui hélas, souffrent de quelques absences. Au fil des ans, les nombreuses rééditions des albums en version Deluxe ont en partie réussi à pallier ce manque. Ce chapitre ne se concentre pas sur les démos ou les versions alternatives présentes dans les rééditions Deluxe, mais sur les chansons originales restées longtemps inédites. Les albums *The Cure* et *4:13 Dream* ont généré plusieurs singles accompagnés de faces B qui ne figurent sur aucun album ou compilation.

THE CURE
CARNAGE VISORS

CARNAGE VISORS
Smith, Tolhurst, Gallup

En 1981, Smith refuse de céder la première partie des concerts de son groupe à d'autres artistes. Le trio décide donc d'enregistrer un titre instrumental de vingt-sept minutes, accompagné d'un film d'animation réalisé par Ric Gallup, le frère aîné de Simon. Ce court métrage abstrait, en noir et blanc, doit être projeté sur un écran géant disposé en fond de scène, juste avant l'entrée du groupe. Ric est un amateur motivé mais sans grande connaissance du processus de réalisation. Le résultat est catastrophique.

« Ric avait un tas de bonnes idées mais il était naïf et manquait de matériel et d'expérience. Il a dû refaire en trois jours deux mois de travail. Il voulait se suicider. Évidemment, le film n'a pas été aussi réussi qu'il aurait dû. »[5] – Simon Gallup

« On a répété pendant trois jours, puis on a enregistré en une prise. J'ai assuré la basse soutenue par une boîte à rythmes nommée "Dr Rhythm". Lol comptait les temps sur un chronomètre en tenant le script devant moi, Simon avait une bouteille de vin et toutes les deux minutes il m'en versait dans la bouche. À la fin, nous avions vidé trois bouteilles. Puis Simon a fait les overdubs de la basse, j'ai rajouté des claviers et voilà, c'était terminé. C'est seulement avant de partir en tournée que nous avons vu le film. »[5] – Robert Smith

« "Carnage Visors" nous aidait dans un sens. On pouvait avoir une idée de quelles seraient les réactions du public. S'il y avait beaucoup de sifflets et s'ils lançaient des trucs sur scène, ça nous remontait et on arrivait très agressifs. » – Simon Gallup

À sa sortie en 1981, le pressage vinyle de *Faith* ne contient pas « Carnage Visors ». Seule la version cassette propose le titre en face B. Il faudra attendre 2005 et la version remasterisée Deluxe de l'album *Faith* pour avoir une version CD du morceau.

Fun Fact : Le film est introuvable. Seuls les trois membres du groupe en possèderaient une copie.

ARIEL
Smith, Tolhurst

« Ariel » est une chanson enregistrée par Smith et Tolhurst pour une émission de radio, *The Kid Jensen Show* en 1982. Elle est longtemps restée inédite avant d'être commercialisée en 2006 sur la version Deluxe de la réédition de l'album *The Top*. Ironiquement, Smith promettait en 1989 que « Ariel » ne serait jamais exploitée : *« Cela ne sortira pas, c'est voué aux oubliettes. On ne l'a jamais faite parce que pour moi, elle n'a jamais sonné juste, elle n'est adaptée à aucun album. Cela n'a jamais marché car à l'origine, elle a été conçue pour faire partie d'un ensemble avec trois autres chansons, appelé* The Four Of Us. *Malheureusement, il y a aujourd'hui un groupe appelé The Four Of Us, les salauds !!! "Lament" était l'une de ces chansons et l'autre s'appelait… oh mon Dieu, l'autre s'appelait "Despair", oui, la chanson la plus dépressive que je n'ai jamais écrite. C'était comme une chanson de Nick Drake. »*[157]

Tolhurst se souvient du coup de fil de Smith lui proposant de l'accompagner en studio pour travailler sur un nouveau morceau, juste eux deux : *« J'ai écrit quelques paroles sur cette chanson, inspirées par mon admiration et mon amour pour la poésie de Sylvia Plath qui est, selon moi, le plus grand poète américain. »*[3]

Ariel est le nom du voilier construit par Percy Bysshe Shelley et son ami dans l'espoir de traverser le golfe de Livourne. Le 8 juillet 1822, malgré une mer agitée, les deux camarades décident de tenter la traversée accompagnée de Charles Vivian, un jeune homme ayant quelques notions de navigation. Après seulement deux heures d'excursion, l'Ariel est submergée et les trois hommes se noient. Leurs corps sont découverts échoués sur la grève dix jours plus tard. Un recueil de poèmes de John Keats est retrouvé dans la veste de Shelley. Ces deux poètes sont une influence majeure de Smith.

La noyade est un thème cher au leader des Cure et propice à de nombreuses digressions poétiques. Tout au long de sa carrière il s'en servira pour exprimer des sentiments variés. Parfois de manière littérale ou métaphorique, souvent de façon romantique, la noyade et le fait de couler et de sombrer se retrouvent dans la plupart des albums du groupe. *Ariel* est un titre inédit extrait du mystérieux album solo dont Smith évoque l'existence depuis 1982. Il se dit parfois prêt à le publier, allant même jusqu'à réserver un studio d'enregistrement en 2004 avant de tout annuler. Il revient sur cette idée en expliquant que, lui vivant, jamais cet album ne sortira, tout en avouant au fil des ans que telle ou telle chanson présente sur tel ou tel album est extraite de son projet solo. Projet qui porterait le titre *Music For Dream*. (Titre de travail réutilisé pour le projet de l'album instrumental qui devait accompagner *Wish*.)

« Ce qui distingue mon projet solo du travail avec le groupe c'est une instrumentation complètement différente, car elle n'est pas basée sur le trio guitare-basse-batterie. De ce fait, enregistrer un album de The Cure sans le groupe me semblerait encore plus bizarre que de faire un album solo sans eux, parce que The Cure ce n'est pas moi, c'est et ce sera toujours un groupe. J'ai toujours aimé jouer de la musique avec d'autres gens, je n'ai jamais rêvé de monter seul en scène et quand je l'ai fait, très rarement, ça m'a toujours fait paniquer. En jouant dans un groupe il est beaucoup plus facile de dépasser sa timidité en réalisant que c'est ensemble qu'on crée quelque chose de valable et ça permet de comprendre pourquoi le public aime le résultat. »[145] – Robert Smith

Fun Fact : « Ariel *est une des chansons qui devrait figurer sur mon album solo et nous l'avons faite en tant que chanson de The Cure il y a quelques années. Il y a aussi un certain nombre d'autres chansons que nous avons enregistrées en démo pour The Cure à travers les années et elles n'ont pas été utilisées. Je les aime vraiment mais elles ne fonctionnent pas en tant que chansons de The Cure. »*[157] – Robert Smith

AIRLOCK
Smith, Tohurst, Gallup

Surement le titre le plus expérimental des Cure. Quelque chose entre Philip Glass avec moins de mélodie et The Pink Floyd avec plus d'acide. « Airlock » est une improvisation enregistrée dans un état d'ébriété très avancé au Morgan Studio entre janvier et avril 1982.
Treize minutes de délire psychotique en guise d'introduction aux futurs concerts de la tournée *Fourteen Explicit Moments*. Reprenant l'idée développée pour la tournée précédente avec « Carnage Visors », « Airlock » crée une ambiance de désespoir et de noirceur avant l'arrivée du groupe sur scène. Le public réagit souvent assez mal face à ce qu'il considère comme une provocation. Certains se battent et balancent sur scène ce qui leur tombe sous la main, quand d'autres, tellement agacés par la bande-son, cherchent à envahir les coulisses afin d'obliger le groupe à commencer le concert immédiatement.

« Je me demande encore comment les Cure ont survécu à 1982, et plus particulièrement Robert. Il voulait mourir. C'est incroyable qu'ils soient devenus l'un des plus grands groupes des années 80 ». (Un spectateur de l'époque.)
Ce titre inédit demeure introuvable jusqu'en 2005. Il est inclus à la réédition de *Pornography* Deluxe Edition.

EYEMOU
Smith

La chanson d'ouverture du *Kissing Tour*. Inquiétante, macabre à souhait, « Eyemou » est la bande son d'une série d'images toutes aussi flippantes projetée sur un grand drap blanc disposé devant la scène. Derrière se trouvent les musiciens qui entameront le show dès la fin du mini film d'horreur. Le nom de la vidéo, « Eyemou », est une abréviation du nom original, « Eyemouth », ainsi nommé parce que le film consiste en des gros plans de la bouche et des yeux de Robert Smith rappelant le visuel de l'album *Kiss Me, Kiss Me, Kiss Me*.

Les paroles que le chanteur récite sont tirées du Chanoyu, une ancienne cérémonie du thé japonaise. Il n'existe aucun enregistrement officiel de ce morceau expérimental, seule une captation vidéo de très mauvaise qualité visible sur YouTube témoigne de la prestation.

« Eyemou » aurait dû figurer dans la réédition Deluxe de *Kiss Me Kiss Me Kiss Me*. Robert Smith a mentionné qu'il avait créé deux disques bonus, l'un comprenant ce titre ainsi que d'autres démos inédites, l'autre avec la sélection actuelle. Il a opté pour ce dernier qu'il préférait et a laissé entendre qu'il pourrait éventuellement publier l'autre en ligne.

SPILT MILK
Smith, Gallup, Bamonte, O'Donnell, Cooper

Avec le texte de « Spilt Milk », Smith développe une critique de la société de consommation et remet en question le mode de vie occidental tout en s'interrogeant sur l'importance des choix personnels. En décembre 1998, The Cure commence à travailler sur son prochain album, *Bloodflowers*. Les musiciens décident de s'orienter vers un son électro-pop. Durant ces premières sessions, six chansons sont enregistrées, parmi lesquelles figurent « Possession » et « Coming Up ». Les quatre autres titres seront mis de côté.
« Il y avait un morceau abandonné qui s'appelait "Spilt Milk", qui est sorti plus tard uniquement sur Internet, et un autre qui s'appelait "You're So Happy You Could Kill Me", il ressemblait étrangement à du Fatboy Slim avant qu'il ne sorte son album. J'étais content, parce que, si nous avions suivi cette voie, nous aurions eu de gros problèmes, car nous avions six mois de retard. »[24] – Robert Smith

Fun Fact : « Spilt Milk » n'était disponible qu'en téléchargement officiel lors de l'achat d'un exemplaire de *Bloodflowers* sur une certaine boutique en ligne.

100 SECONDS
Smith

« 100 Seconds » est une œuvre instrumentale composée par Smith dans le but spécifique de servir d'introduction aux concerts organisés au Tempodrom de Berlin. Cette pièce est diffusée dans la salle avant le début des concerts afin de plonger le public dans l'ambiance musicale qui se poursuivra tout au long du show. Les 11 et 12 novembre 2002, The Cure joue par ordre chronologique l'intégralité des albums *Pornography* (1982), *Disintegration* (1989) et *Bloodflowers* (2000). Selon Smith, ces trois albums sont liés par la même émotion malgré les années qui les séparent. Ils sont identiques sur le fond, sombres, mélancoliques et introspectifs. Différents sur la forme, ces trois disques se rejoignent dans la profondeur désenchantée de son écriture.

Trois villes sont pressenties pour accueillir l'évènement, Prague, Moscou et Berlin. Trois métropoles qui, d'après le groupe, ont une atmosphère propice à la réalisation des concerts. C'est finalement la capitale allemande qui l'emporte et la salle choisie est un ancien cirque de trois mille sept cents places : le Tempodrom.

Une répétition générale aura lieu le 7 novembre 2002 en Belgique, au Forest National de Bruxelles. L'unique enregistrement connu de « 100 Seconds » est présent au début de la captation vidéo réalisée pour l'évènement. Cette vidéo, intitulée Trilogy, est un double DVD réalisé par Nick Wickham et produit par Robert Smith et Dary Bamonte. Il est commercialisé le 3 juin 2003.

YAMAHA
359

THE DRAGON HUNTERS
Smith, Gallup, Bamonte, O'Donnell, Cooper

« The Dragon Hunters » est une réinterprétation légèrement remaniée et proposant des paroles différentes de la chanson « Taking Off », présente sur l'album *The Cure*. C'est le thème du dessin animé français *Les chasseurs de dragons* (Dragon Hunters) diffusé sur *France 3* et *Cartoon Network* aux États-Unis.
Les paroles expriment le désir de vivre des jours meilleurs et de relever des défis, symbolisés ici par la chasse aux monstres. Dans l'ensemble, cette chanson véhicule un message d'espoir, de détermination, de persévérance et la volonté de poursuivre ses rêves et objectifs, quelles que soient les difficultés rencontrées en cours de route.

THIS MORNING
Smith, Gallup, Cooper, Bamonte, O'Donnell

Face B de « The End of The World ».
Sortie en juin 2004

« This Morning » est le témoignage d'un observateur qui assiste à la dernière rencontre entre une femme et un proche en fin de vie, dans une chambre d'hôpital. Ce titre est une description des derniers instants partagés avec cette personne. Durant les six semaines passées aux Studios Olympic de Londres, le groupe est très prolifique et enregistre plus de chansons que le disque ne peut en contenir. Il faut donc faire un choix et écarter certains titres. Robinson veut un album sombre et torturé, alors que Smith souhaite proposer les différentes facettes musicales des Cure. C'est la vision éclectique du chanteur qui l'emporte, laissant de côté certains des titres les plus mélancoliques du groupe. Beaucoup demeurent inédits et d'autres apparaissent en bonus ou en face B des trois singles de l'album. « This Morning » est l'une de ces chansons.
« Ce qui se passe généralement, c'est qu'on travaille jusqu'à ce qu'on ait le squelette d'une chanson, puis on la monte, et on superpose des arrangements. Nous faisons cela avec chaque morceau. Ensuite Robert s'en empare et écrit des paroles sur les titres appropriés, ce qui a été un processus très traumatisant pour lui dans le passé. Je sais qu'il adore ça une fois que c'est terminé, mais pendant la réalisation il déteste. Il y a longtemps, nous l'aidions à écrire les paroles, mais nous avons abandonné car c'est quelque chose de très personnel pour lui. Nous ne mettons plus de feuilles de papier sous sa porte. Il avait l'habitude de s'enfermer littéralement pendant des semaines, ce qui est dommage, car nous trouvons tous que la musique est facile à composer et nous sommes assez prolifiques en ce moment. Nous pourrions probablement sortir un album instrumental tous les deux mois. Avec celui-ci, c'était juste un processus de travail différent, parce qu'il voulait simplement essayer une autre approche pour que ce ne soit pas si traumatisant pour lui. »[144] – Simon Gallup

FAKE
Smith, Gallup, Cooper, Bamonte, O'Donnell

Face B des singles « The End Of The World » et « The Promise ». Sortie en juin 2004.

« Fake » provient des séances d'enregistrement de l'album *The Cure* mais ne sera pas retenue. Ses paroles reflètent une certaine frustration et une résignation face à l'incapacité d'atteindre ses objectifs et de réaliser ses rêves.
« Le tracklisting n'a pas été décidé par un comité cette fois. C'était essentiellement celui de Robert et Ross et nous ne sommes pas tous d'accord. Je pense qu'il y avait de meilleures chansons qui ont été laissées de côté, des chansons plus personnelles. C'est une chose subjective. Elles finiront toutes quelque part ; elles seront sur des faces B et des choses comme ça. »[144] – Simon Gallup
Pour la première fois depuis *Three Imaginary Boys*, Smith ne s'occupe ni de la réalisation ni de la production, et laisse le champ libre à Ross Robinson qui va gérer comme il le souhaite le déroulement des séances. Le reste du groupe n'apprécie ni cette façon de travailler ni le comportement intrusif du Californien. Simon Gallup sera le plus critique à son sujet : *« Qu'on ne me dise pas que c'est un grand producteur, pour moi il n'a été rien d'autre qu'un cauchemar, et jamais rien de positif ne franchira ma bouche à son sujet. Ce n'est qu'un crétin. »*[145]

WHY CAN'T I BE ME?
Smith, Gallup, Cooper, Bamonte, O'Donnell

Face B des singles « Taking Off » et « Alt. end ». Sortie le 18 octobre 2004.

« Why Can't I Be Me? » évoque une relation faussée par cette *seconde nature* dont parle Smith : la frustration de ne pas être soi-même, la peur de déplaire et devoir répondre aux injonctions d'une certaine norme. Elle se pose comme un clin d'œil à la chanson « Why Can't I Be You? » de vingt-sept ans son aînée et Smith conclut son texte avec le même désir, celui d'être simplement élégant : « Simply elegant! »
Les conditions d'enregistrement se font live, une méthode de travail peu répandue au début des années 2000 mais très motivante pour le groupe qui cherche à se renouveler et s'émanciper des productions habituelles.
« Pour cet album, nous n'avions pas de vue d'ensemble. À l'origine, lorsque nous avons commencé à travailler dessus nous avions une soixantaine de démos et tout est parti de là… À la fin nous avions vingt titres avec des voix. Généralement nous faisons beaucoup de pistes d'accompagnement, puis Robert choisit celles pour lesquelles il a des paroles. Avec "Why Can't I Be Me ?" il a changé le processus habituel : nous avions la musique et il avait également les paroles. C'était la première fois que nous étions en studio avec Robert qui chantait pendant que nous enregistrions. »[144] – Simon Gallup

CLUB

« Pourquoi ne pas être moi ? » chante Smith. Un besoin de se singulariser qui lui colle à la peau depuis longtemps : *« Certains de mes héros appartiennent à la littérature. Ils n'existent pas, comme Meursault dans* L'Étranger *de Camus ou le héros de* L'Attrape-Cœur *de Salinger mais ils m'ont donné envie de créer mon propre personnage, d'être différent. Un rêve moins commun qu'on ne le croit. La majeure partie des gens préfère se conformer à la norme, mais quand on reconnait ses propres traits, génétiquement, dans ceux d'un frère ou d'une sœur comme ce fut mon cas, alors on a irrésistiblement besoin de se singulariser… »*[67]

YOUR GOD IS FEAR
Smith, Gallup, Cooper, Bamonte, O'Donnell

Face B des singles « Taking Off »
et « Alt.end ». Sortie en 2004.

« "Your God Is Fear" est tirée d'un livre que j'ai lu il y a quelques années et qui s'appelle La Fin De La Foi *de Sam Harris. Il traite de l'absurdité de la religion organisée. »* – Robert Smith
Smith a toujours posé un regard pessimiste et désabusé sur les religions et dit essayer de voir le monde de manière naturaliste et athée. Cette chanson est une critique du caractère divin et des raisons pour lesquelles les gens s'accrochent à ces croyances. Avec « Your God Is Fear », il donne son point de vue sur le créationnisme et l'idée de foi. Pour lui il n'y a pas de dieu créateur ni de vie après la mort et la croyance est basée sur la peur de l'incertain. Mais il rassure : *« Il n'y a rien à craindre dans tout ça. »*
« Je connais peu de gens que la religion ait rendus meilleurs ou plus heureux. Je sais qu'il y a des gens qui ont une foi absolument incroyable et je les envie mais au fond de moi je me dis, est-ce qu'ils ne font pas que de se bercer d'illusions. »[63] – Robert Smith

TRUTH GOODNESS AND BEAUTY
Smith, Gallup, Cooper, Bamonte, O'Donnell

Une touche d'espoir noyée dans un univers de frustration. Smith fait face à la laideur du monde qui l'entoure et à la désillusion amoureuse mais conserve l'espoir que la beauté, la vérité et la bonté peuvent être atteintes.

« J'ai lutté très fort pour ne pas devenir cynique, mais il est difficile de préserver une certaine pureté de l'âme lorsque le monde est une source perpétuelle de tromperies. Néanmoins, je n'ai jamais cessé de faire confiance à la nature humaine. Sans être naïf ou stupidement optimiste, j'essaie toujours de voir le meilleur côté des gens. Pendant longtemps, j'ai cru pouvoir vivre dans une bulle, dans un petit monde à l'intérieur du "grand monde". Avec le temps, je me suis rendu compte que cette méthode ne fonctionne pas : le chemin qui mène de l'un à l'autre est douloureux. Il faut accepter cette réalité… Je me console en me disant que notre temps sur cette planète est limité et qu'il faut en profiter au maximum. Je sais que l'art ne changera jamais rien, mais au moins il me permet de voir le monde sous un angle différent. »[16] – Robert Smith

Évoquant l'enregistrement dans les conditions du live, Smith raconte *« Nous allumions des bougies et éteignions les lumières, et tout devenait vraiment réel. Je me levais et nous enregistrions… »*[77]

Fun Fact : Ross Robinson a su raviver l'enthousiasme de Robert Smith, le poussant à s'investir pleinement dans la création d'un nouvel album pour son groupe, reléguant ainsi temporairement son désir de concrétiser son projet solo. Le chanteur semble le premier surpris : *« Un album vous projette toujours vers une sorte de réalité incommensurable, alors que la vie de tous les jours n'offre rien de tel. La musique n'est pas un substitut à la vie, elle ne la remplace pas et ne comble aucun manque. Elle vous emmène en quelque sorte à un autre niveau, dans une dimension parallèle. Ce qui me surprend le plus, c'est le fait d'avoir encore de telles impulsions créatives et un désir brûlant de faire de la musique. À mon âge, je pourrais être satisfait et prendre ma retraite : je m'imagine parfaitement passer mon temps à ne rien faire, à regarder le ciel, à m'asseoir devant ma maison… Mais mon enthousiasme est intact. Il est vrai que j'ai de plus en plus de mal à avancer, mais c'est aussi parce que je suis conscient que j'ai beaucoup moins de temps devant moi qu'il y a dix ans. »*[16]

NY TRIP
Smith, Gallup, Cooper, Thompson

Face B de « The Only One ».
Sortie le 13 mai 2008.

Une chanson d'amour noyée dans une série de métaphores animalières… Les baleines au fil de l'eau, des singes sans queue tombés de l'arbre, des vautours sur le rail… et cette étrange confession : le narrateur est épris d'un cliché au sourire Walt Disney. Une déclaration d'amour ironique à un monde de loisirs consuméristes ? À l'origine, The Cure avait l'intention de faire de leur 13e album studio un double album de deux heures, avec treize chansons sur chaque disque. Cependant, pour des raisons commerciales et à cause des rapports conflictuels avec le label, le groupe ne sortira finalement qu'un seul disque de treize titres. Il reste donc de nombreuses chansons inédites et certaines, telles « NY Trip », deviennent des faces B. Robert Smith s'en veut et déplore le choix du label : *« J'étais usé par les putains d'idiots qui m'entouraient à l'époque. J'aurais dû rester sur mes positions… ça aurait été un meilleur disque. »*[139]

ALL KIND OF STUFF
Smith, Gallup, Cooper, Thompson

Face B du deuxième Single « Freakshow ». Sortie le 10 juin 2008.

De manière métaphorique, Smith évoque les relations parfois difficiles entre certains des membres de son groupe. À travers des allusions subtiles, il suggère que son omnipotence pourrait également avoir contribué à certains problèmes relationnels. Pour la réalisation de l'album *4:13 Dream*, il met un terme à la collaboration de son groupe avec Ross Robinson. L'hostilité de Simon Gallup envers ce dernier a joué un rôle non négligeable dans la prise de cette décision. C'est vers le jeune producteur Keith Uddin, que le groupe se tourne pour remplacer le meilleur ennemi du bassiste et s'associer au chanteur afin de mixer les morceaux fraîchement crées. Ensemble ils adopteront une approche live et dépouillée pour le son du prochain opus. Porl Thompson fait son retour après plus de dix ans d'absence au sein du groupe et il ne reste pas en retrait derrière les compositions de Smith. Il s'implique et apporte quelques chansons mais surtout un son et un jeu de guitare incisif qui donnent aux nouveaux morceaux une sonorité plus rock. « All Kind Of Stuff » en est un parfait exemple. Trois minutes et quatorze secondes brutales, toutes guitares dehors soutenant un flot verbal d'une célérité inédite pour les Cure.

« Il n'y a plus besoin de claviers lorsque tu as Porl à la guitare. Il peut créer tous les sons que tu veux. Il a rapporté une urgence. Nous retrouvons une dimension rock. »[77] – Robert Smith

DOWN UNDER
Smith, Gallup, Cooper, Thompson

Face B du troisième single « Sleep When I'm Dead ». Sortie le 13 juillet 2008.

« Souviens-toi que tous les jeux ne sont pas forcément remportés par le premier arrivé. » – Robert Smith

« Down Under » est une description de l'attraction et de la séduction, ainsi que de la confusion et de la désorientation qui peuvent en résulter. Smith se réfère aux chants des sirènes pour symboliser la tentation et la difficulté d'y résister. Les paroles évoquent également l'idée de jeux et de compétitions, où le gagnant n'est pas nécessairement celui qui arrive en premier… une métaphore sur les rapports humains.
C'est une phrase emplie de désillusion qui clôt « Down Under » : *« Souviens-toi qu'il n'y a pas toujours de gagnant. »*

WITHOUT YOU
Smith, Gallup, Cooper, Thompson

Face B du quatrième single « The Perfect Boy ». Sortie le 13 août 2008.

« Without You » parle d'une relation amoureuse qui se délite. L'antagoniste projette des attentes sur le protagoniste pour qu'il devienne quelqu'un qu'il ne sera jamais et le juge en fonction d'une norme qu'il n'atteindra pas. S'il venait à changer, tout ce qui lie ces deux êtres n'aurait plus de valeur à ses yeux. La chanson explore ainsi l'idée que, parfois, il est nécessaire de suivre son propre chemin, même si cela implique une séparation. Smith met en avant la notion d'acceptation de soi et l'importance de ne pas se conformer à certaines attentes au détriment de son propre bien-être.

De par sa structure ternaire et son orchestration acoustique, « Without You » se démarque des tempos rapides et de l'agressivité de l'album *4:13 Dream*. Si cette chanson est l'une des trente-trois enregistrées avec l'aide du producteur Keith Uddin, elle sera écartée et proposée en face B.

THE CURE
ALL KINDS OF STUFF

COLLABORATIONS

ROBERT SMITH

« Seul je ne m'amuserais pas, j'aime la compagnie. »[77] – Robert Smith

Robert Smith n'a pas véritablement de carrière en dehors des Cure. Son hypothétique album solo évoqué pour la première fois en 1983 est devenu son arlésienne. Tant de fois annoncé, repoussé, annulé… Smith aurait même puisé dedans afin d'incorporer quelques titres à certains albums de son groupe. Au fil des ans, la forme et la consistance de cette chimère passent d'album acoustique à disque bruitiste, intimiste puis instrumental. Mais pour lui, ne pas emprunter le chemin du musicien solitaire ne signifie pas signer un contrat d'exclusivité avec The Cure, bien au contraire. Dès 1979 il participe en tant que choriste aux titres « The Affectionate Punch » et « Even Dogs in the Wild » des écossais The Associates, la formation de son ami Bill Mackenzie. Groupe signé par Chris Parry sur Fiction Records, le même Label que les Cure. The Associates sortiront huit albums studio entre 1979 et 2003. Ce groupe assez confidentiel jouit d'un certain succès en Angleterre en 1982 avec l'album *Sulk*.

À l'automne 1979, Smith fonde le groupe éphémère Cult Hero en collaboration avec Simon Gallup. Les divergences musicales qui l'opposent à Michael Dempsey le conduisent à tester sa compatibilité avec celui qu'il envisage comme le nouveau bassiste des Cure. Cult Hero en est le prétexte. C'est aussi une opportunité pour essayer de nouvelles sonorités et pourquoi pas tenter un coup commercial. Les deux musiciens recrutent un chanteur qui n'en est pas un : leur facteur Frank Bell. L'ami Tolhurst à la batterie, Porl Thompson à la guitare, Dempsey aux claviers et la sœur de Smith, Janet, elle aussi aux claviers. La formation enregistre deux titres : « I'm a Cult Hero » et « I Dig You ». Produit par Chris Parry, le 45 tours sort le 4 décembre 1979 sur le label Fiction Records. Le coup commercial est raté, les ventes sont très confidentielles. Cult Hero donne son unique concert le 23 mars 1980 au Marquee à Londres, en première partie de The Passions sans Michael Dempsey, parti officier au sein de The Associates. Frank Bell ne deviendra pas la star de rock qu'il rêvait d'être et continuera sa carrière de postier. Les Cure ne l'ont pas oublié et l'invitent sur scène les 14 et 16 septembre 1985 pour interpréter « I Dig You » devant plusieurs milliers de personnes. Le 5 mars 2004, lors du « Passport back to the bars » il sera de nouveau invité et aura l'honneur d'interpréter l'intégralité du répertoire de Cult Hero en compagnie d'un autre guest : Porl Thompson.

Le « Passport back to the bars » créé par Stephen Budd est un projet caritatif de collecte de fonds dont le but est de venir en aide aux enfants victimes de guerre. Les recettes sont versées aux associations War Child et Shelter. The Cure sera le premier groupe à y participer.

Smith ne se veut pas que musicien, il s'essaie aussi à la production et, toujours en 1979, crée avec Ric Gallup, (le frère de Simon) le label indépendant Dance Fools Dance. Son but est de produire deux jeunes groupes : The Obtainers, un duo d'adolescents (Robin Banks et Nick Loot) dont il est devenu fan après avoir trouvé la cassette démo dans sa boîte aux lettres, et The Magazine Spies dont Simon Gallup est le bassiste. La production accouche de deux titres pour The Obtainers : « Yeh Yeh Yeh » et « Pussy Wussy » et deux autres pour The Magazine Spies : « Lifeblood » et « Bombs ». Les quatre chansons sont publiées sur un EP qui remporte moins qu'un succès d'estime. Le label reste en standby jusqu'en 1982 puis reprend du service le temps d'offrir au groupe Animation la possibilité d'enregistrer trois titres qui ne feront rien d'autre que… rien.

En cette année 1979 le jeune Smith, 20 ans, tout nouveau venu dans l'industrie musicale déborde d'énergie et d'envie. C'est tout naturellement que lorsque le guitariste de Siouxsie and The Banshees, John McKay claque la porte, Smith se propose de le remplacer. Il auditionne et impressionne Siouxsie Sioux, la chanteuse et reine en son royaume, par son talent de guitariste. Fan inconditionnel, il connait plus de chansons que demandé pour l'audition. S'en suit une tournée de dix-huit dates pour promouvoir l'album *Join Hands*. Du 18 septembre au 15 octobre, Smith est en première partie avec les Cure et prolonge avec Siouxsie. Il a rendu service, ça lui a plu, mais désormais son principal objectif est son groupe. Sa collaboration avec Siouxsie And The Banshees est la plus marquante et la plus durable et se prolongera de façon épisodique jusqu'en 1984. Il participe aux enregistrements de *Hyaena* et de l'album live *Nocturne*. Il jouera au total soixante et onze concerts avec les Banshees.

Entre-temps, il saisit l'occasion d'échapper à la lassitude de la tournée en participant à un concert de soutien. Le 4 avril 1980, aux côtés de Matthieu Hartley, il se joint à un ensemble d'une vingtaine de musiciens pour protester contre l'emprisonnement de Hugh Cornwell, le chanteur des Stranglers (incarcéré pendant deux mois pour possession de drogue). Cette performance unique a lieu au Rainbow Theatre de Londres. Plusieurs noms prestigieux s'associent à cet évènement : Robert Fripp (King Crimson), Wilko Johnson (Dr Feelgood), Steel Pulse, Jake Burns (Stiff Little Fingers) …

« J'étais en studio avec Bill Mackenzie et je suis arrivé en retard au Rainbow. J'ai fait quelques claviers, mais ce dont je me souviens très bien, c'est que j'étais dans une pièce en coulisses et que j'ai eu une conversation bizarre avec JJ Burnell et Steve Hillage à propos des choux européens. Tout cela était très naïf d'une certaine manière, mais très agréable. »[49] – Robert Smith

Suite à une annonce passée dans la presse anglaise par les Cure, à la recherche d'un groupe pour assurer leurs premières parties, Smith est séduit par la démo envoyée par les jeunes Anglais de And Also the Trees. Les deux formations tourneront ensemble pour quelques concerts en novembre et décembre 1981 lors du *Faith Tour*. C'est le point de départ d'une amitié durable entre les deux groupes. Les 19 et 20 décembre 1981, Robert Smith et Mike Hedges produisent trois des six titres présents sur la deuxième cassette démo du groupe, intitulée *From Under the Hill*. Cet enregistrement a lieu au Playground, le studio de Hedges à Camden (Londres).

Au printemps 1984, And Also The Trees accompagne de nouveau The Cure lors de la tournée anglaise qui s'achève par trois dates à Londres, les 8, 9 et 10 mai 1984. Les liens d'affection tissés avec Smith et sa bande semblent indéfectibles. Ils seront de nouveau invités à assurer la première partie des *Christmas shows* que The Cure donne au Eventim Apollo de Londres, pour trois soirées en 2014. Une occasion de célébrer les trente ans des concerts conjoints des deux groupes.

Deux ans plus tard, en compagnie de son ami Steven Severin, (bassiste des Banshees), il initie le projet The Glove, aboutissant à la réalisation de l'album *Blue Sunshine* dont seront extraits les deux singles, « Like an Animal » et « Punish Me With Kisses ». Sorti en septembre 1983, l'album connait un succès d'estime, bien que n'attirant pas particulièrement l'attention des médias ni du public. Peu importe, les deux musiciens aiment travailler ensemble et collaborent à la composition de « Torment » une chanson écrite pour le deuxième album de Marc Almond et son groupe Marc and The Mambas.

En 1984, le réalisateur et ami Tim Pope souhaite s'offrir une parenthèse musicale sous la forme d'une récréation autoparodique. Il sollicite Smith pour lui écrire une chanson qui deviendra « I Want to Be a Tree ». Pope réalise la vidéo et convie ses amis vedettes à se joindre au casting : Smith, Siouxsie, Paul Young et Marc Almond.

« C'est une chanson plutôt idiote et entraînante. Elle se veut anodine, comme une plaisanterie à mon égard. Je pense que toutes les références représentent bien les personnes présentes dans la vidéo. Évidemment, on s'attendrait à ce que Siouxsie me frappe avec un parapluie ». Les maisons de disques se bousculent pour signer Tim Pope et sa chanson. *« Ça c'est encore plus drôle. »*[30] – Tim Pope

À la suite de la parution de *The Head on the Door*, The Cure devient énorme, les albums et les tournées s'enchainent et cette réussite laisse peu d'espace récréatif à son chanteur. Il trouve tout de même le temps de remixer le titre « the Pear Tree » de And Also the Trees en 1992 et « Jewel » de Cranes en 1993. La Curemania s'estompe et offre à Smith le loisir de s'aventurer dans d'autres projets musicaux. En 1997, en collaboration avec Reeves Gabrels et Jason Cooper, il participe à l'enregistrement de la chanson « A Sign from God » sous le nom de COGASM, dérivé des premières lettres des noms Cooper, Gabrels et Smith. Cette composition fait partie de la bande originale du film *Capitaine Orgazmo*, une comédie américaine coécrite et réalisée par Trey Parker, l'un des créateurs de la série animée *South Park*, sortie en 1997.

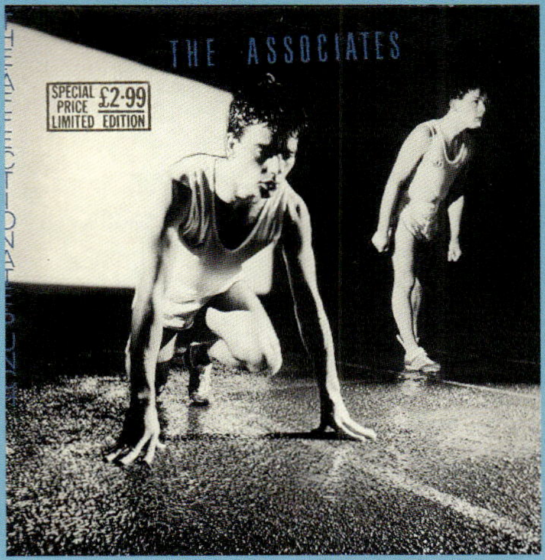

THE CURE

Désormais étroitement lié tant sur le plan musical qu'amical à Reeves Gabrels, le guitariste de son idole David Bowie, Smith prête sa voix au titre « Yesterday's Gone » de son album *Ulysses* paru en 2000. Les deux musiciens se sont croisés pour la première fois lors des répétitions du 50e anniversaire de David Bowie, le 9 janvier 1997, au Madison Square Garden de New York. À l'invitation de Bowie, Smith était l'un des artistes conviés à chanter lors de cet évènement, dont Gabrels assurait la direction musicale.

« Robert est le dernier que j'ai rencontré. Il est venu à New York le mercredi soir, nous nous sommes réunis, nous avons parlé, nous avons passé en revue les chansons et il était évident qu'il avait bien fait ses devoirs. Il était au point. »[181]
– Reeves Gabrels

Lors du concert anniversaire et avant d'interpréter deux titres en duo, Bowie introduit Smith sur scène : *« Voici un ami… un gars d'Angleterre avec l'un des meilleurs et des plus excentriques groupes britanniques, j'en suis un grand fan depuis des années, il s'agit de Robert Smith des Cure. »*

Depuis le début des années 2000 le groupe freine drastiquement sa production d'albums et Smith profite de son temps libre pour multiplier les collaborations avec une variété d'artistes aussi prestigieux que différents.
En 2005, il accompagne le leader des Smashing Pumpkins, Billy Corgan sur le titre « To Love Somebody ».

« Robert a essayé de m'embrasser cette nuit-là. Et ce n'est pas une blague. C'était la première fois que je le rencontrais et il a vraiment essayé de m'embrasser. J'ai dit que je n'aimais que les filles et il m'a répondu : "C'est bon, je suis une fille", puis il a vomi pratiquement sur mes chaussures. C'est une histoire vraie. » – Billy Corgan
Avec Gorillaz en 2020, il est présent sur le titre « Strange Timez ».
« Nous avons fait ce morceau avec Robert entièrement par e-mail, nous lui avons envoyé et il a dit qu'il l'avait aimé. » – Damon Albarn
« J'ai adoré le titre. J'ai pensé qu'il était excellent. J'ai senti de fortes vibrations et je me suis dit que j'avais intérêt à le faire. » – Robert Smith
Avec Noel Gallagher en 2023, ce sera sur le titre « Pretty Boy ».

« Comme la chanson sonnait comme les Cure, je me suis demandé si Robert Smith faisait des remix. Alors je lui ai envoyé un mail qui commençait par "Salut Robert, c'est Noel Gallagher". Je me suis dit qu'en lisant ça, il se dirait direct "Que ce bouffon aille se faire mettre". Mais il m'a répondu pour me dire de lui envoyer la piste. Je l'ai fait… je trouvais que c'était très Cure au départ et c'était encore plus le cas quand c'est revenu ! C'est un mec très drôle. Même par e-mail d'ailleurs. »
– Noel Gallagher

Sa participation à l'album *Stone Free* en 1993 dédié à son héros Jimi Hendrix, représente surement la collaboration la plus en accord avec sa sensibilité artistique. *« Hendrix est la première personne que j'ai vue qui semblait vraiment libre. Lorsque vous avez neuf ou dix ans, votre vie est entièrement dominée par les adultes. Il représentait donc cette chose que je voulais être. Hendrix est la première personne qui m'a fait penser qu'il serait bon d'être chanteur et guitariste… avant cela, je voulais être footballeur. »*
– Robert Smith

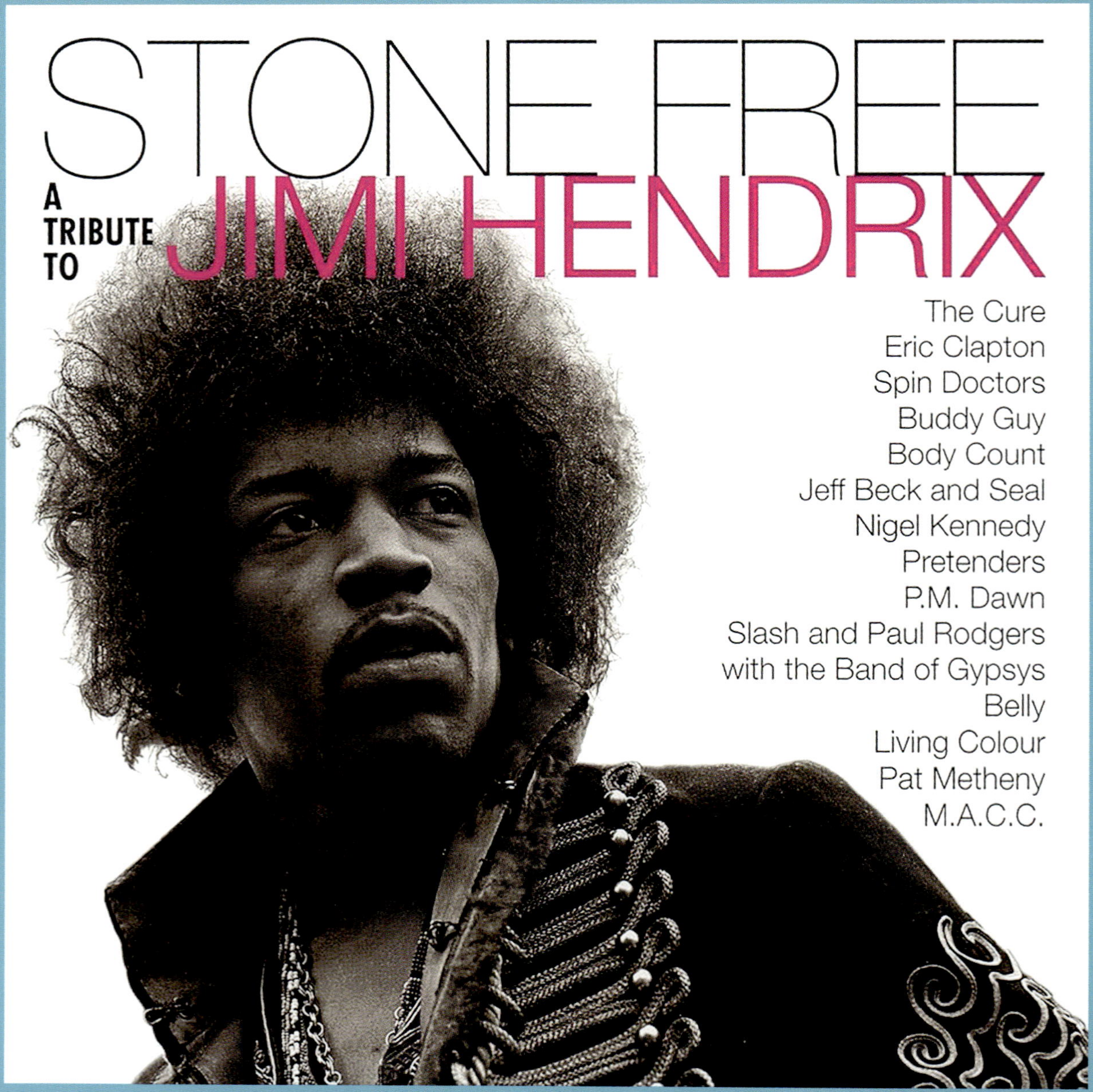

COLLABORATIONS :

The Affectionate Punch et Even Dogs in the Wild : **THE ASSOCIATES** *(The Affectionate Punch)* (1979)
I'm a Cult Hero et I Dig You : **CULT HERO** (Single) 1979
Nocturne : **SIOUXSIE and the BANSHEES** (Album live) 1983
Hyæna : **SIOUXSIE and the BANSHEES** (Album) 1984
A Sign from God : **CAPTAIN ORGASM** *(Orgazmo)* 1998
Yesterday's Gone : **REEVES GABRELS** (Single) 1999
Perfect Blue Sky : **JUNKIE XL** (Single) 2003
Believe : **EARL SLICK** *(Zigzag)* 2003
A Forest : **BLANK & JONES** (Single) 2003
Truth Is : **TWEAKER** *(2a.M.)* 2004
All of This : **BLINK-182** *(Blink-182)* 2004
Da Hype : **JUNIOR JACK** *(Trust It)* 2004
Spiders, Crocodiles & Kryptonite : **FAITHLESS** (Single) 2006
Please : **PAUL HARTNOLL** (Single) 2007
Very Good Advice : Composition originale de **R. SMITH** *(Almost Alice)* 2010
J'aurai Tout Essayé : **ANIK JEAN** *(Anik Jean)* 2010
Come to Me : **65DAYSOFSTATIC** (Single) 2011
Take Forever : **THE JAPANESE** POPSTARS *(Controlling your Allegiance)* 2011
Vapour Trail (Remix) : **RIDE**. (Single) 2015
In All Worlds Eat Static *(Dead Planet)* 2015
There's a Girl in the Corner : **THE TWILLIGHT SAD** *(Nobody Wants to Be Here and Nobody Wants to Leave)* 2015
Strange Timez : **GORLLAZ** (album *Song Machine*) 2020
How Not to Drown : **CHVRCHES** *(Screen Violence)* 2021
Girls Float, Boys Cry : **CROSSES** *(Goodnight, God Bless, I Love U, Delete)* 2023
Pretty Boy (Remix) : **NOEL GALLAGHER** *(Council Skies)* 2023

REPRISES :

« Hello I Love You » : **THE DOORS** *(Rubáiyát: Elektra's 40th Anniversary)* 1990
« Purple Haze » : **JIMI HENDRIX** *(Stone Free: A Tribute to Jimi Hendrix)* 1993
« Young Americans » : **BOWIE** *(104.9 XFM)* 1995
« World in my Eyes » : **DEPECHE MODE** *(For the Masses)* 1998
« Love » : **JOHN LENNON** *(Make Some Noise, John Lennon)* 2005
« To Love Somebody » : **BEE GEES**. En duo avec **BILLY CORGAN** *(the Future Embrace)* 2005
« Make Me Bad » / « In Between Days » : **KORN** et **THE CURE** *(Korn MTV Unplugged)* 2007
« Very Good Advice » : **FRANK LUTHER** *(BO Almost Alice)* 2010
« Not in Love » : **PLATINIUM BLOND**. En duo avec **CRYSTAL CASTLE** (Single) 2010
« Small Hours » : **JOHN MARTYN** *(Tribute to John Martyn)* 2011
« Witchcraft » : **FRANK SINATRA** *(BO Frankenweenie)* 2012

« Hello Goodbye » : THE BEATLES *(The Art Of Mccartney)* 2014

EXTRA LIVE :

Plusieurs reprises interprétées sur scène n'ont bénéficié d'aucun enregistrement officiel. Cependant, il existe quelques captations audios et vidéos qui témoignent de ces prestations.

« You Really Got Me » : **THE KINKS** – Interprétée avec **THE CURE** lors du *Head Tour* en1985
« Wild Thing » : **THE TROGGS** – Interprétée avec **THE CURE** lors du *Kissing Tour* en 1987
« You Really Got Me » : **THE KINKS** – Interprétée avec **THE CURE** lors du *Kissing Tour* en 1987
« Merry Christmas Everbody » : **SLADE** – Interprétée avec **THE CURE** lors du dernier concert du *Kissing Tour* le 09.12.1987 à Wembley.
« The Last Thing You Should Do » et « Quicksand » : **BOWIE** – En duo avec **DAVID BOWIE** – Interprétées sur scène au Madison Square Garden pour le show anniversaire des cinquante ans de David Bowie le 01.09.1997.
« Love will tear us apart » : **JOY DIVISION** – Interprétée avec **THE CURE** au Livid Festival de Brisbane (Australie) le 21.10.2000

LAURENCE TOLHURST

Partenaire musical de son ami Robert Smith depuis l'enfance et cofondateur des Cure, Tolhurst occupe le poste de batteur de 1976 à 1982 avant de devenir claviériste jusqu'en 1989. Durant sa carrière au sein du groupe, il ne fera que quelques incartades musicales assez peu significatives. En 1979, il rejoint Simon Gallup et Robert Smith pour participer au projet éphémère Cult Hero. Il y joue de la batterie sur les deux seuls titres enregistrés par la formation : « I'm a Cult Hero » et « I Dig You ». Quatre années de tournées incessantes et trois albums plus tard, The Cure se désintègre dans la fureur, ce qui offre à Tolhurst le temps et l'opportunité de se consacrer à la production du premier album du groupe And Also the Trees. En novembre 1983, c'est accompagné de l'ingénieur du son David Motion qu'il se retire aux Southern Studios, au nord de Londres pour enregistrer l'album éponyme, *And Also The Trees*, ainsi que leur prochain single, « The Secret Sea ». L'album est publié en février 1984 sous le label Reflex. The Cure reprend du service et Tolhurst abandonne sa carrière de producteur. Jusqu'en 1989, il se consacre exclusivement aux Cure, bien que ses contributions au sein du groupe deviennent de plus en plus sporadiques au fil des dernières années. Son intérêt se détourne progressivement de la musique au profit de l'alcool, à tel point qu'il est finalement éjecté de sa propre formation.
Suite à son éviction il s'associe à Michael Dempsey et Gary Biddles, ancien roadie des Cure qui avait auparavant collaboré avec Simon Gallup au sein de Fools Dance, pour fonder le groupe Presence. Le premier album intitulé *Inside* sort en 1993. La même année, le groupe enregistre son second disque intitulé *Closer*, réalisé par John Porter, l'ancien producteur des Smiths, mais l'échec commercial de *Inside* met un terme à la carrière du groupe et la publication de *Closer* est annulée. Il sortira à titre posthume le 28 avril 2014, un an après la mort de Biddles. Presence est arrivé à une époque charnière dans la vie de Tolhurst qui devait se remettre de son départ des Cure et soigner son addiction. *« Le groupe est vraiment arrivé trop tôt pour moi. »* – Lol Tolhurst

En 1994 il engage des poursuites contre Robert Smith et Fiction Records, réclamant des royalties et revendiquant également une copropriété du nom « The Cure ». Après une longue bataille juridique, il perd finalement le procès et quitte définitivement l'Angleterre pour s'installer à Los Angeles.
Au début des années 2000 il fonde avec sa deuxième épouse, Cindy Levinson le groupe Levinhurst. Le premier album, *Perfect Life*, voit le jour en mars 2004 suivi en octobre 2006 d'un EP intitulé *The Grey*. Leur deuxième album, *House by the Sea*, est publié en avril 2007. Pour la réalisation du troisième opus *Blue Star*, sorti en 2009 le groupe fait appel à l'ancien bassiste des Cure, Michael Dempsey. Une tournée internationale est organisée en 2010 pour promouvoir cette nouvelle parution. Puis, en 2014 Levinhurst publie un deuxième EP : *Somewhere, Nothing is Everything* qui ne rencontre pas le succès escompté.

En 2011, Tolhurst fait son retour sur scène avec The Cure pour la première fois en 22 ans. Ce n'est pas une réintégration officielle mais plus une participation scénique qui se concrétise lorsque le groupe interprète l'intégralité de ses trois premiers albums : *Three Imaginary Boys*, *Seventeen Seconds* et *Faith* à l'Opéra de Sydney en Australie. Par la suite, Tolhurst se produira avec eux lors de sept autres concerts à Londres, New York et Los Angeles au cours de la même année.
Toujours en 2011 il inaugure un podcast intitulé « Curious Creatures » dont le thème est l'héritage du post-punk dans la société contemporaine. Pour ce faire il est accompagné d'une vieille connaissance, Budgie, le batteur de Siouxsie and the Banshees avec qui il fonde en 2023 le groupe electro-rock, Los Angeles. Associés au producteur Jacknife Lee, les musiciens composent un album qui synthétise subtilement les styles très personnels des deux groupes majeurs auquel ils ont participé. Plusieurs invités prestigieux participent au projet : Bobby Gillespie (Primal Scream), The Edge (U2), James Murphy (LCD Soundsystem) et Isaac Brock (Modest Mouse). L'album sort le 3 novembre 2023 et reçoit un accueil critique très favorable.

« Je suis venu vivre à Los Angeles pas seulement pour changer de décor, mais aussi pour changer toutes mes perspectives et mes visions du monde, et je l'ai fait consciemment. »[3] – Lol Tolhurst

COLLABORATIONS :

I'm a Cult Hero
et I Dig You :
CULT HERO
(Single) 1979
Inside : **PRESENCE**
(Album) (1993)
Perfect Life :
LEVINHURST
(Album) 2004
The Grey :
LEVINHURST
(EP) 2006
House by the Sea :
LEVINHURST
(Album) 2007
Blue Star: **LEVINHURST**
(Album) 2009
Somewhere, Nothing
Is Everything :
LEVINHURST (EP) 2014
Closer : **PRESENCE**
(Album) 2014
Los Angeles :
LOS ANGELES
(Album) 2023

MICHAEL DEMPSEY

La carrière de Dempsey au sein des Cure ne durera qu'un an, de 1978 à 1979. Il fut leur premier bassiste et participera aux premiers concerts, à l'enregistrement de *Three Imaginary Boys* et à la tournée promotionnelle. N'appréciant pas la nouvelle direction artistique proposée par Smith et Tolhurst, il décide de quitter le groupe pour rejoindre The Associates en 1980, un duo formé par Billy Mackenzie et Alan Rankine. Il participe à la tournée mais ne joue pas sur le premier album *The Affectionate Punch*. Par la suite il intègre le groupe de façon officielle et enregistre les albums *Fourth Drawer Down* (1981) et *Sulk* (1982). Le succès de *Sulk* crée des tensions qui provoquent le départ de Rankine et de Dempsey. En 2016, Dempsey s'exprime sur ses acolytes sans exprimer la moindre rancœur : *« Je trouve qu'il est difficile, hier comme aujourd'hui, de décrire à quoi ressemblent The Associates. C'étaient des outsiders, et c'est un peu de là que je viens avec The Cure. Nous étions en marge de beaucoup de choses, mais nous n'avons jamais ressemblé à personne. The Associates était la combinaison de Billy Mackenzie et d'Alan. Billy était un chanteur brillant et Alan était un musicien qui pouvait tout jouer. À eux deux ils étaient d'excellents auteurs-compositeurs. »*[173] Le chanteur, Billy Mackenzie prolonge la carrière du groupe de façon solitaire jusqu'à l'arrêt officiel en 1990. Il décède en 1997 à l'âge de 39 ans.

En 1984 Michael Dempsey participe à l'enregistrement de l'album *No sense of Sin* du groupe The Lotus Eaters. La tournée harassante qui s'en suit conduit à la dissolution temporaire du groupe en 1985. Ce sera pour lui l'occasion de laisser sa basse prendre la poussière et de se consacrer à la production de musiques de films et de documentaires. Quelques années s'écoulent avant que l'un de ses anciens camarades de jeux lui propose de le rejoindre pour former le groupe Presence. Il accepte l'invitation de Tolhurst, conscient de l'intérêt probable que peut susciter l'association des deux tiers de la formation originale de Cure. Cependant, cette collaboration, qui semblait pleine de promesses, ne parvient pas à susciter l'enthousiasme du public ni celui des médias. L'album *Inside* sort en 1993. Sans tournée et presque sans promo, le groupe enregistre néanmoins leur second album : *Closer*, et il jette l'éponge… la lassitude de Tolhurst et la désillusion des musiciens auront raison de ce projet mort-né.

Après une longue période loin de l'industrie musicale il s'associe de nouveau à Tolhurst pour l'enregistrement du troisième album de Levinhurst, *Blue Star* (2009) et la tournée qui suit.

« The Associates se battaient constamment pour attirer l'attention de Fiction. The Cure était beaucoup plus facile à gérer, nous avions un groupe et pouvions tourner, alors qu'Alan et Bill étaient un duo qui n'avait pas de groupe. Il aurait été plus facile, dix ou vingt ans plus tard, de comprendre comment une formation comme celle-là pouvait s'en sortir. Mais à l'époque, on ne savait pas très bien comment Fiction allait s'y prendre avec ces gars. The Associates se sont accrochés et ont toujours traîné dans le studio. Ils étaient de très bonne compagnie et pour moi cela n'a pas été difficile de les rejoindre. »[173] raconte Dempsey.

COLLABORATIONS :

I'm a Cult Hero et I Dig You :
CULT HERO (Single) 1979
Fourth Drawer Down :
THE ASSOCIATES
(Album) 1981
Sulk : **THE ASSOCIATES**
(Album) 1982
No sense of Sin :
THE LOTUS EATERS
(Album) 1984
Inside : **PRESENCE**
(Album) (1993)
Blue Star : **LEVINHURST**
(Album) 2009
Closer : **PRESENCE**
(Album) 2014

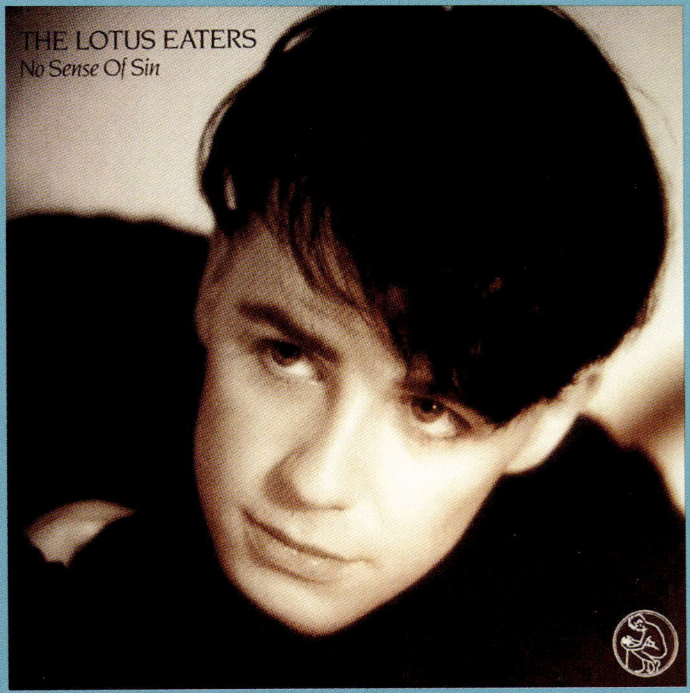

SIMON GALLUP

« Je ne me considère toujours pas comme un musicien et je ne serai jamais un grand bassiste, mais je me sens à l'aise avec cet instrument maintenant. Je comprends certaines structures d'accords dans le domaine de la basse et je pense que je suis en mesure de me débrouiller au sein de The Cure. »[174] – Simon Gallup

Entre 1976 et 1978, Gallup travail dans une usine tout en assumant le rôle de bassiste du groupe punk local Lockjaw, qui deviendra ultérieurement The Magazine Spies en 1979. La transition du groupe Lockjaw en The Magazine Spies coïncide avec leur départ de Raw Records, marquant ainsi l'émancipation de leurs racines punk pour s'aventurer dans les territoires du post-punk et de la new-wave. Les deux formations partagent régulièrement la scène avec Easy Cure, puis avec les Cure entre 1977 et 1979. De plus en plus complices avec Smith, les deux garçons fondent le groupe Cult Hero à l'automne 1979. Parallèlement, The Cure se retrouve sans bassiste à la suite du départ de Dempsey. C'est tout naturellement, et pour sa grande satisfaction que Smith propose à Gallup de rejoindre le groupe. Au cours des quatre années suivantes, le bassiste s'affirme comme un membre indispensable. Son jeu incisif au son lourd et son attitude scénique participent à façonner la mythologie des Cure du début des années 80. Ce début de carrière intense est aussi créatif que destructeur.

« Robert et moi sommes tous les deux des individus fiers, et cela a atteint des extrêmes. Je suppose qu'on ne peut pas avoir deux égos dominants dans un groupe, et Robert était un peu l'homme principal. » – Simon Gallup

Gallup claque la porte mais n'abandonne pas la musique pour autant et s'associe aux anciens membres de The Magazine Spies pour former The Cry en 1982. Le groupe fait ses débuts sur scène au Covent Garden Rock le 19 avril 1983 en assurant la première partie du groupe londonien The Wait. Par la suite, ils changent leur nom pour devenir Fools Dance et publient deux EP : *Fools Dance* et *They'll Never Know*. Biddles est le chanteur principal bien que Gallup interprète les chansons « They 'll Never Know » et « The Ring ». En 1984 la place de bassiste au sein des Cure est devenue vacante suite au départ de Phil Thornalley. Smith rappelle Gallup et lui propose d'enterrer la hache de guerre et de rejoindre la formation. Le bassiste accepte et abandonne Fools Dance. Bien que le groupe ait amorcé l'enregistrement de quelques chansons aux RMS Studios à Londres, le départ du bassiste freine la réalisation de l'album et provoquera la dissolution de Fools Dance en 1987. À la fin de l'année 1985, le premier EP éponyme de Fools Dance est publié sous le label indépendant néerlandais Top Hole Records. Dès lors Gallup devient le bassiste officiel des Cure et ne participera plus à aucun autre projet musical.

Jason Cooper évoque Gallup : *« Il joue de façon unique. Il est toujours très dynamique et peu importe son état d'esprit. Je sais que je vais aller dans la bonne direction si je le suis. Simon crée l'une des composantes les plus importantes du son des Cure. »*

COLLABORATIONS :

I'm a Cult Hero et I Dig You :
CULT HERO (Single) 1979
Fools Dance :
FOOLS DANCE (EP) 1985
They'll Never Know :
FOOLS DANCE (EP) 1987

MATTHIEU HARTLEY

Avant de rejoindre les Cure pour la réalisation de l'album *Seventeen Seconds*, Mathieu Hartley participe, en compagnie de son ami Simon Gallup aux groupes Lockjaw et The Magazine Spies de 1977 à 1979. Smith et Gallup créent le projet The Cult Hero en 1979 et invitent quelques amis musiciens à se joindre à eux, dont Hartley qui jouera des claviers sur les deux titres du groupe. Il participe aussi à l'unique concert de The Cult Hero donné au Marquee à Londres le 23 mars 1980.

En novembre 1979, il devient officiellement le quatrième membre des Cure, toujours aux côtés de son ami Gallup. L'apport d'un clavier permet aux Cure d'explorer de nouvelles textures sonores et de concrétiser certaines des idées atmosphériques qui tourbillonnent dans la tête du chanteur.

Avec The Cure, Hartley prolonge l'aventure sur scène lors d'une tournée marathon de plus de quatre-vingts dates comprenant une série de concerts australiens mouvementés. Cependant, des divergences artistiques émergent entre lui et Smith. Il n'est pas satisfait de devoir adopter un style de jeu minimaliste, qu'il juge réducteur et non conforme à ses attentes. La tournure que prend la musique des Cure ne lui convient pas et c'est en août 1980, après la tournée *Seventeen Seconds Tour* qu'il quitte le groupe.

« Je me suis rendu compte que le groupe se dirigeait vers une musique suicidaire et sombre, le genre de chose qui ne m'intéressait pas du tout » confie Hartley. En 1983, à la suite du départ de Gallup des Cure, les deux musiciens se réunissent pour créer le groupe Fools Dance. Après la fin de Fools Dance en 1987, Mathieu Hartley joue avec une myriade de petits groupes locaux basés à Brighton.

COLLABORATIONS :

I'm a Cult Hero et I Dig You :
CULT HERO (Single) 1979
Fools Dance :
FOOLS DANCE (EP) 1985
They'll Never Know :
FOOLS DANCE (EP) 1987

PORL THOMPSON

En 1976 Porl Thompson fait partie du groupe Malice aux côtés de Smith, Tolhurst et Dempsey. Il en est le guitariste soliste jusqu'en 1978, mais son jeu très rock ne convient pas à l'orientation musicale que souhaite emprunter la formation désormais rebaptisée Easy Cure et ne s'accorde pas avec l'écriture minimaliste de Robert Smith. Il quitte le groupe pour s'inscrire dans une école d'Art et participe tout de même au projet Cult Hero instigué par Gallup et Smith en 1979. Il intègre le groupe Exotique Pandas pour quelque temps puis rejoint Severin et Smith en 1983 pour participer à la promotion de l'album *Blue Sunshine* de The Glove. Parallèlement, il s'associe au photographe et graphiste Andy Vella avec qui il fonde le collectif Parched Art. Ensemble, ils sont la source d'inspiration le concepteur de la plupart des pochettes de The Cure, des produits dérivés et de plusieurs autres initiatives graphiques.

« L'aspect physique de la peinture, c'est le rythme. Une fois que vous avez trouvé le support et la taille sur lesquels vous voulez travailler, c'est très semblable à la manière de jouer de la guitare » [175]
– Porl Thompson

En 1984, alors qu'il vient en studio pour présenter les ébauches de la pochette du nouvel album des Cure, Smith lui propose d'enregistrer un solo de sax sur la chanson « Give Me It », puis l'invite à participer à la tournée *The Top Tour*. Une collaboration s'installe et se prolonge jusqu'en 1993. Son apport créatif et technique va permettre à Smith de se concentrer sur ses parties vocales. Durant la tournée *Wish Tour* en 1992, il est sollicité par le groupe qui assure les premières parties, Shelleyen Orphan pour participer à leur album *Humroot*. Malgré l'emploi du temps chargé que lui impose la tournée, il trouve le temps d'enregistrer une partie de dulcimer sur un titre de leur album. En 1993 il retrouve Lol Tolhurst le temps d'enregistrer des parties de guitare sur deux morceaux du groupe Presence.

En tant que fan inconditionnel de Led Zeppelin, Thompson ne peut résister à l'opportunité qui s'offre à lui : accompagner Page et Plant lors de la tournée *No Quarter* de 1994 à 1995. Il y joue de la guitare et du banjo et se paie le luxe d'inviter Simon Gallup sur scène pour interpréter une version orchestrale de « Lullaby » chantée par Robert Plant. Il n'existe aucun enregistrement officiel de cette version. En 1998 il retrouve Caroline Crawley (chanteuse de Shelleyen Orphan) pour son nouveau projet intitulé Babacar. En 2002, Robert Plant l'invite à participer à la réalisation de son septième album solo, *Dreamland*. Un disque essentiellement composé de reprises de classiques blues et rock mais contenant aussi quelques compositions originales dont « Funny in My Mind » coécrite par Thompson. L'album est enregistré aux RAK studios de Londres et est nommé aux Grammys dans les catégories *Meilleurs album Rock* et *Meilleure Performance Vocale Masculine*. *« Robert Plant est un personnage avec lequel il est très agréable de travailler. Il fait partie de ces personnes qui sont tout à fait prêtes à faire quelque chose sans réfléchir. »*[24] raconte Thompson.

En juin 2005 il rejoint The Cure pour une série de concerts qui donnera naissance au DVD live *The Cure : Festival 2005*. Il poursuit sa collaboration jusqu'en 2008 et participe à l'enregistrement du 13e album studio *4:13 Dream* et la tournée *4Tour 2007-2008*. Il quitte le groupe à la suite de la tournée et vend aux enchères une grande partie de ses guitares et souvenirs de The Cure en 2012. Porl devient Pearl et se consacre essentiellement à la peinture en exposant ses œuvres à travers le monde : *« Le fait d'être seul et de libérer ce que l'on a en soi est un sentiment très satisfaisant. Ce n'est pas comme dix mille personnes qui crient devant une toile… on ne peut pas recréer ça. »*[24]

Il lui arrive parfois de reprendre du service en tant que musicien comme en 2016 sur l'album *Callus* du groupe Gonjasufi.
« Je ne peux jamais dire non, car combien de fois ai-je quitté The Cure pour les rejoindre ? Si Page et Plant m'appelaient pour me dire : "Ça te dirait de faire une soirée blues quelque part ?" je ne dirais pas non. »[24] – Porl Thompson

COLLABORATIONS :

I'm a Cult Hero et I Dig You :
CULT HERO
(Single) 1979
Humroot :
SHELLEYEN ORPHAN
(album) 1992
Inside : **PRESENCE**
(Album) (1993)
Unledded No Quarter :
JIMMY PAGE &
ROBERT PLANT
(Album) 1994
Babacar : **BABACAR**
(Album) 1998
Dreamland :
ROBERT PLANT
(Album) 2002

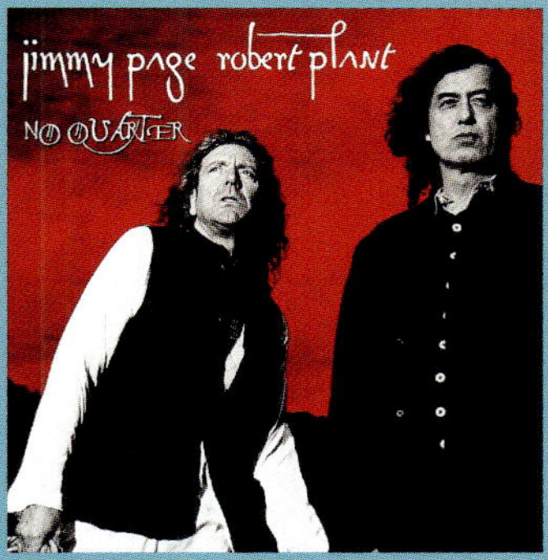

PHIL THORNALLEY

En 1978, Phil Thornalley débute sa carrière dans l'industrie musicale en tant qu'assistant-ingénieur du son aux RAK Studios de Londres aux côtés du producteur Mickie Most. Il participe aux enregistrements d'albums tels que *Back to the Egg* des Wings, *The Scream* de Siouxsie and the Banshees, ainsi que *All Mod Cons* de The Jam. Par la suite, il assume le rôle d'ingénieur du son sur les deux premiers albums de The Psychedelic Furs. En 1982 il est choisi par Smith et Parry pour produire *Pornography*. Suite au départ de Simon Gallup, il se propose de le remplacer et enregistre la contrebasse du single « The Lovecats » en 1983. L'année suivante The Cure enregistre *The Top* mais la formation n'a pas de bassiste.

Libre de tout contrat, Thornalley accepte l'invitation et rejoint le groupe pour la tournée *The Top Tour*. Il parcourt ainsi le globe aux côtés de Smith, Tolhurst, Thompson et Anderson pendant sept mois. Cette collaboration donne naissance au seul album des Cure auquel il participe en tant que bassiste : *Concert: The Cure Live,* sorti en 1984. Cette parenthèse se referme et Thornalley reprend sa carrière de producteur à succès avec quelques collaborations marquantes, puis en 1984 il obtient une nomination aux Grammy Awards.

En 1988, il s'essaie à la chanson en publiant l'album *Swamp,* puis il devient le nouveau chanteur du groupe Jonny Hates Jazz et enregistre avec eux l'album *Tall Stories*. Le succès n'est pas au rendez-vous et Tornalley décide de se concentrer complètement à ses activités de producteur et d'auteur-compositeur. En 1997 il coécrit et produit la chanson « Torn » interprétée par Natalie Imbruglia. Le succès phénoménal de ce titre le positionne parmi les producteurs les plus en vue du moment, attirant désormais un flot continu de propositions venant du monde entier.

COLLABORATIONS :

En tant que producteur
et compositeur :
(liste non exhaustive)

The Psychedelic Furs :
THE PSYCHEDELIC FURS
(Album)1980
Talk Talk Tlak :
THE PSYCHEDELIC FURS
(Album) 1981
Set : **THOMPSON TWINS**
(Album)1982
Seven and the Ragged Tiger :
DURAN DURAN
(Album) 1983
Quick Step and Side Kick :
THOMPSON TWINS
(Album)1983
Into The Gap :
THOMPSON TWINS
(Album)1984
The Big Express :
XTC (Album) 1984
Dominos :
ROBBIE NEVIL
(Album) 1987
Turn Back the Clock :
JONNY HATES JAZZ
(Album) 1988
Torn :
NATALIE IMBRUGLIA
(Single) 1997
I Turn to You :
MELANIE C (Single) 2003
Boy and Girls :
PIXIE LOTT (Single) 2009
Mama Do : **PIXIE LOTT**
(Single) 2009
Way Oh : **BRYAN ADAMS**
(Single) 2011

En tant que musicien
(chanteur, bassiste) :

Swamp : **THORNALLY**
(Album) 1988
Tall Stories :
JONNY HATES JAZZ
(Album) 1991
Edge Of the Land :
KATRINA & THE WAVES
(Album) 1993

ANDY ANDERSON

« C'est avec le cœur lourd que je vous annonce le décès d'un frère de Cure. Andy Anderson était un vrai gentleman et un grand musicien avec un sens de l'humour diabolique qu'il a gardé jusqu'à la fin, un exemple de son bel esprit lors de son dernier voyage. Nous sommes bénis de l'avoir connu. » – Lol Tolhurst

Clifford Leon Anderson dit Andy est un batteur qui collabore avec plusieurs artistes, à la fois en studio et sur scène avant de rejoindre The Cure. Repéré par Smith et Chris Parry il est convié en 1983 à participer à l'enregistrement du single *The Lovecats*. Polyvalent, il s'adapte parfaitement à l'ambiance jazz de la chanson. Parallèlement aux Cure, Smith et Severin créent le projet The Glove et l'invitent pour enregistrer quelques titres de l'album *Blue Sunshine*. *« Le projet The Glove est arrivé quand les Cure avaient du temps libre. J'avais rencontré Steve Severin par intermittence avec les Banshees et Robert et Steve m'ont demandé d'enregistrer des pistes de batterie pour* Blue Sunshine. *Le reste appartient à l'histoire et c'est dommage que nous n'ayons pas fait plus, j'aimais beaucoup la musique de cet album. »*[176] – Andy Anderson

Il poursuit sa collaboration avec The Cure sur l'album *The Top*, lors de la tournée *The Top Tour* en 1984 puis sur le disque *Concert: The Cure Live*. En octobre 1984 il est remercié et est remplacé par Boris Williams. Après ces deux années passées au sein des Cure, Anderson collabore avec de nombreux artistes de renom en tant que batteur de scène : Iggy Pop, Peter Gabriel, Edwyn Collins, Isaac Hayes, The Last Poets, Jimmy Somerville…

En 2010 il propose sur le Net quelques titres de son projet Prime Data : *« Il s'agit d'un projet solo, il n'y a pas encore de groupe, toute ma musique que vous trouverez sur MySpace a été enregistrée par moi et mon logiciel Propellerhead Reason 4 Studio Software à la maison. Je suis actuellement à la recherche d'un contrat d'édition et d'enregistrement. »*[176]

En 2012 il se prête au jeu des Tribute Bands en accompagnant sur scène The Cureheads, un groupe de reprises de The Cure.
Andy Anderson décède le 26 février 2019 à l'âge de 68 ans.

COLLABORATIONS:

Xitintoday :
NIK TURNER'S SPHYNX
(Album) 1978
Green : **STEVE HILLAGE**
(Album)1978
Live Herald :
STEVE HILLAGE
(Album) 1979
Open : **STEVE HILLAGE**
(Album)1979
Technostalgia :
TECHNO TWINS
(Album) 1982
Famous Last Words :
ROBIN SCOTT
(Album) 1982
Alien Orphan :
JIMMY PURSEY
(Album) 1982
Blue Sunshine :
THE GLOVE (Album) 1983
Flamingo :
JEFFREY LEE PIERCE
(Album) 1985
Family Box :
GONG (Album) 1999
Various :
ASSOCIATES TRIBUTE TWO (Album) 2002
Healthy Music in Large Doses : **SPIRIT BURNING**
(Album) 2013

BORIS WILLIAMS

Williams débute sa carrière en 1973 en accompagnant différents artistes tels que Kim Wild, Strawberry Switchable et Tomato City, puis intègre Thompson Twins en 1982. Deux ans plus tard il rejoint The Cure et effectue avec eux son premier concert le 7 novembre à Minneapolis aux États-Unis. Il succède à Andy Anderson, licencié en raison de son implication dans la destruction d'une chambre d'hôtel à la suite d'un incident à connotation raciste impliquant un agent de sécurité. Williams dispose de très peu de temps pour assimiler la set-list, mais parvient à impressionner Smith par sa dextérité et sa maîtrise du rythme. À la fin de la tournée *The Top Tour*, Tolhurst et Smith lui proposent de rejoindre officiellement le groupe, le début d'une collaboration fructueuse qui va s'étendre sur quatre albums studio et trois albums live.

Épuisé, il quitte le groupe en 1994, après une ultime prestation, le 13 juin 1993 à Finsbury Park, lors d'un concert caritatif pour la station de radio londonienne XFM. Par la suite, il forme le groupe Babacar, aux côtés de sa compagne de l'époque, Caroline Crawley. Bien qu'il ait brièvement collaboré avec The Cure pour l'enregistrement acoustique de leur compilation « Greatest Hits » en 2001 et qu'il ait participé à certaines sessions de l'album éponyme de *The Cure* en 2004, il n'a jamais officiellement réintégré le groupe.

COLLABORATIONS:

Making Faces :
COLIN TOWNS
(Album) 1982
Quick Step and Side Kick :
THOMPSON TWINS
(Album) 1983
Strawberry Switchblade :
STRAWBERRY SWITCHBLADE
(Album) 1985
Robbie Nevil :
ROBBIE NEVIL
(Album) 1986
Never Never land :
SIMON F (Album) 1987
Candleland :
IAM MC CULLOCH
(Album) 1989
Humroot :
SHELLEYEN ORPHAN
(album) 1992
Babacar :
BABACAR (Album) 1998
We Have Everything We Need :
SHELLEYEN ORPHAN
(album) 2008

ROGER O'DONNELL

« Chaque fois que je regarde en arrière, je me demande vraiment comment j'ai fait ! La transition entre les Furs et les Cure a probablement été la plus frénétique. J'étais en tournée avec les Furs aux États-Unis avec une cassette du dernier album des Cure et un clavier qui tenait dans ma valise. J'arrivais aux balances puis je retournais dans ma chambre d'hôtel pour répéter les parties que je venais d'apprendre pour les Cure. Les autres membres des Furs me regardaient bizarrement. J'ai terminé un concert à Washington DC et j'ai pris l'avion le lendemain pour commencer les répétitions avec les Cure. »[177] raconte Roger O'Donnell.

C'est en 1976, à l'âge de dix-neuf ans que O'Donnell débute sa carrière aux côtés du chanteur Arthur Wilton Brown. En juillet 1983 il rejoint le groupe Thompson Twins en tant que claviériste de scène. C'est à cette occasion qu'il rencontre leur batteur, Boris Williams durant la tournée *The Side Kicks Tour*. En 1985 il est embauché par The Psychedelic Furs pour occuper de nouveau le poste de claviériste de scène jusqu'en 1987 : *« Les Cure m'ont dit : "On a besoin d'un claviériste pour cinq semaines en Amérique, tu veux le faire ?" À l'époque, je jouais avec The Psychedelic Furs. Nous avions une tournée et un album à sortir. L'idée de jouer avec mon vieil ami Boris m'a séduite. Mais j'avais besoin d'argent, j'étais un musicien qui travaillait. Je n'étais pas sûr de vouloir abandonner tout cela pour cinq semaines. Ils (The Cure) m'ont envoyé une cassette de l'album. Je l'ai mise et en trente secondes, je me suis dit que j'allais le faire. »*[178]

Il quitte les Cure en 1990, revient en 1995, se fait virer en 2005 et est réintégré en 2011. Entre ces périodes loin du groupe il se consacre à sa carrière solo et divers projets musicaux. Il publie plusieurs albums instrumentaux, collabore avec la chanteuse Erin Lang sur trois albums et crée en 2005 le label « 99x out of 10 ». Une structure qui lui permet de produire ses disques en toute liberté ainsi que ceux d'autres artistes. Parallèlement, il devient le manager du groupe éphémère The Machetes et le réalisateur de leur clip. En 2009 il annonce la création d'un trio Two/Three ou il est accompagné par Erin Lang et le violoncelliste Paul Van Dongen. Ils enregistrent l'album *Before* mais un album qui, sans raison connue, ne sera jamais commercialisé. La même année il crée avec Norelle French le projet Unterbrucke qui ne verra pas le jour non plus. Depuis son retour au sein des Cure il partage son temps entre le groupe et ses projets solo.

« La seule chose que je puisse dire à un jeune musicien, c'est qu'il doit vraiment aimer son métier. Il faut que ce soit une passion. Il n'a pas intérêt à faire ça pour une autre raison, parce que ça va lui bouffer la vie. Cela le détruira parfois. »[179] – Roger O'Donnell

COLLABORATIONS :

En Solo :
Grey Clouds,
Red Sky (Album) 2005
The Truth in Me
(Album) 2006
Half Truths (EP) 2006
Songs From the Silver Box
(Album) 2009
Big Buildings (Album) 2009
My Days Beyond
(Album) 2009
Piano Formations
(Album) 2010
Flattened Shadows (EP) 2011
Love and Other Tragedies
(Album) 2015
2 Ravens (Album) 2020
7 Different Words for Love
(Album) 2022

Avec Erin Lang :
Choose Your Own
Adventure (EP) 2005
Founding and Strays
(EP) 2008
You Are Found (Album) 2009
Avec Charlie Crow :
Trains on Bridges (EP) 2009

PERRY BAMONTE

Sa rencontre avec The Cure date de 1984 ou il officiait comme technicien guitare. Une amitié forte se lie entre lui et les membres du groupe au point de le convier à rejoindre The Cure en remplacement de Roger O'Donnell. Guitariste de formation il occupera le poste de claviériste sur l'album *Disintegration* et retrouvera sa guitare sur *Wish*.

« Nous n'avons jamais considéré Perry comme notre technicien, de plus il a le même âge que nous et exactement le même humour. Il vient aussi d'un milieu social similaire au nôtre. Comme ancien fan des Cure il comprend parfaitement le groupe, ça a donc été une évidence de l'inviter à prendre la place vacante. »[136] raconte Smith.

Le 27 mai 2005, suite à un message posté sur les réseaux sociaux, Perry Bamonte n'est plus membre des Cure. En 2012 il rejoint le groupe anglais Love Amongst Ruin et participe à l'enregistrement du deuxième album *Lose Your Way* en tant que bassiste. En 2022, à l'occasion de la dernière tournée en date des Cure *Shows of a Lost World Tour* il réintègre le groupe sans que personne ne sache si son engagement est définitif.

COLLABORATIONS:

ELose Your Way :
LOVE AMONGST RUIN
(Album) 2015
Lose Your Way :
LOVE AMONGST RUIN
(EP) 2015
Modern war Song :
LOVE AMONGST RUIN
(EP) 2015
So Close :
LOVE AMONGST RUIN
(EP) 2015
Way to Your Heart :
LOVE AMONGST RUIN
(EP) 2016

JASON COOPER

Cooper a étudié la batterie au Drumtech de Londres où il est aujourd'hui mécène et artiste invité. Il commence sa carrière professionnelle au sein du groupe My Life Story au début des années 90.

En 1995 il répond à une annonce parue dans le Melody Maker, sans avoir conscience qu'il s'agissait de The Cure. L'annonce mentionnait simplement qu'un groupe très connu était à la recherche d'un nouveau batteur. Il passe le test le jour de son 28ᵉ anniversaire et rejoint The Cure après le départ du batteur Boris Williams. Après la sortie de l'album *Wild Mood Swing*, il est convié à participer à Cogasm : un projet parallèle initié par Robert Smith et le guitariste Reeves Gabrels. Le groupe ne s'est formé que pour réaliser la chanson pour la bande originale du film *Orgazmo*.

Dès 1995 il s'associe à Olivier Kraus. Ensemble ils composent plusieurs musiques de films et documentaires et remportent le prix de la meilleure bande originale en 2008 au Solstice film festival pour le thriller *From Within*.

Jason Cooper et Olivier Kraus font de nouveau équipe pour la musique de la série documentaire sur la faune de la BBC *Natural World*. D'autre part, il a travaillé avec Simon King sur plusieurs films documentaires.

COLLABORATIONS :

Mornington Crescent :
MY LIFE STORY
(Album) 1994
A Sign from God :
COGASM (Single) 1998
Front : **MARINA AND THE DIAMONDS**
(Album) 2015

Avec Olivier Kraus :
H' (BO Film) 1995
The Uninvited (BO Film)
1999 The Natural World
(Série documentaire de la BBC) 2003-2007
From Within (BO Film) 2008
Spiderhole (BO Film) 2009
Without Gorky (Bo Film) 2011

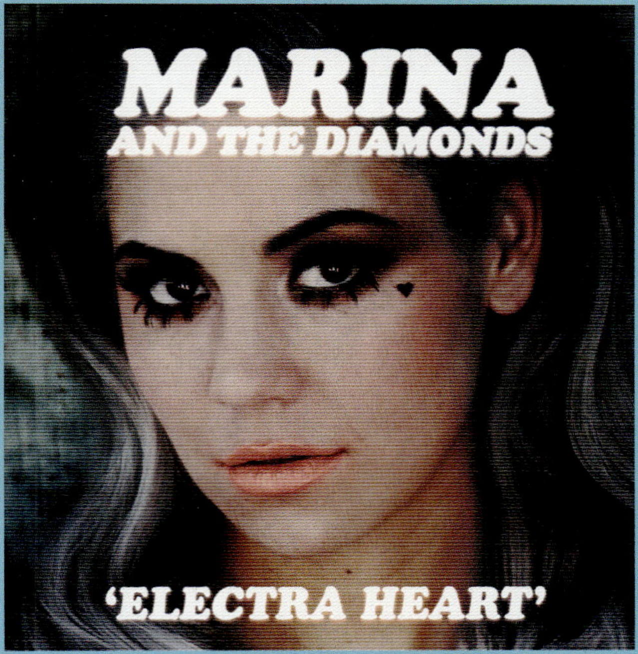

INDEX

1 : Fanzine 1989
2 : The Big Makeover
3 : Cured 2016
4 : Rock & Folk 1987
5 : 10 Imaginary years
6 : Join the dots 2004
7 : Rockstar 1984
8 : Les Inrockuptibles 1996
9 : Zillo 2000
10 : Rockstar
11 : Folha de Sao Paulo, 2000
12 : Rolling Stone 2017
13 : NME 2019
14 : Radio X
15 : Rolling Stone Magazine
16 : Les inrocks
17 : Q Magazine
18 : Smash hit octobre 1985
19 : Record Mirror
20 : Polydor A&R man
21 : Rolling stones 2004
22 : Rockerilla 1983
23 : Rockstar
24 : Fanzine The Cure Fan.
25 : The Gardian
26 : NME 1979
27 : Blank Space 1979
28 : Humo magazine 1989
29 : Trouser Press 1981
30 : The Old Grey Whistle test
31 : The Big Takeover 1996
32 : Déjà dimanche 1996
33 : Livret Seventeen seconds delux
34 : Rock & Folk 1986
35 : La thérapie de Robert Smith
36 : Apter 2007
37 : Cure News Fanzine #6 1989
38 : Raizer 66
39 : interview 2005
40 : Mojo Magazine
41 : Flexipop Magazine 1982
42 : Rock'n roll alternative show 1983
43 : Cure newslettre 1990
44 : Video Rock Star 1986
45 : Rock and Folk 2003
46 : Fanzine 1993
47 : Humo magazine 2003
48 : N° 1 Magazine
49 : The Cure A Visual Documentary
50 : Oor Magazine 1980
55 : Chris Westwood. Record Mirror.
56 : Guitares & Clavier
57 : Chicago Tribune 1990
58 : Les enfants du Rock 1987
59 : In touch 1981
60 : Best 1985
61 : Cure News Fanzine N° 8
62 : Chicago tribune 1992
63 : Tout le monde en parle 2003
64 : Telerama.fr 2012
65 : Rockzilla 1983
66 : Mondo Sonora
67 : Rock & Folk
68 : Songfacts interview
69 : Video Rock Stars 1986
70 : Eastcoast Rocket 1987
71 : Trilogy 2003
72 : Shake Magazine 1984
73 : Creem 1986
74 : Rock & Folk 1989
75 : Spin Magazine
76 : Shake Magazine
77 : Les symphonies névrotiques
78 : Sounds
79 : Numeros Magazine
80 : Quebec Rock 1985
81 : Record Collector Magazine
82 : NME 2008
83 : Record Mirror 1985
84 : Rock this town 1985
85 : Jam 1997
86 : X Press Magazine 2000
87 : Blender Magazine 2003
88 : Never enough : the story of the cure
89 : Les inrocks 1987
90 : Musik express sound
91 : Promotional 12 1987
92 : The Cure New Issue 13
93 : Fanzine Cure News 13
94 : Jack 2016
95 : Melody Maker 1989
96 : les inrocks 1989
97 : Much Music Canada TV 1989
98 : Select Magazine 1991
99 : NME
100 : Musicbox tv 1989
101 : Oor Magazine
102 : Fanzine 1991
103 : Lost Wishes
104 : Oor Magazine -1989
105 : Don't Forgert The Songs
106 : Genius
107 : radio pirate 1990
108 : Melody Maker 1990
109 : Rock Sound 1992
110 : Interview promo
pour *wish* Février 1992
111 : RDC Magazine 1992
112 : Propaganda Magazine 1992
113 : The Word 2002
114 : Guitare World
115 : EW 2007
116 : Guitare Player
117 : EPK de Wish
118 : Select Magazine 1992
119 : Best 1992
120 : Vox 1992
121 : Melody Maker 1992
122 : Livret Wish deluxe
123 : Request Magazine Mai 1992
124 : Other voices fanzine n°30 1992
125 : Big Takeover
126 : Access Magazine 1996

127 : MTV Europe 1996
128 : EW 2006
129 : Pop magazine 1996
130 : Mini journal 1985
131 : thecure.com 1997
132 : Sound on sound 1996
133 : Ppo magazin 1996
134 : Fast Forward Fevrier 2000
135 : Pulse magazine
136 : MTV
137 : Humo magazine
138 : JJJ Radio
139 : XFM
140 : The Uncut Magazine
141 : Sueddeutsche Zeitung
142 : 2 Juillet Paris 2004 TV
143 : Billboard
144 : Dallas music guide
145 : Conference de press Paris 2004
146 : Premonition
147 : Music planet 2Nite 2001
148 : L'Express
149 : Telemoustique
150 : Pitchfork
151 : Blog
152 : Livret Faith deluxe
153 : Livret The Head
On The Door deluxe
154 : Livret Disintegration deluxe
155 : Smith about picture Show. MTV
156 : Circus Magazine 1996
157 : T.I.B
158 : The Cure de A à Z
159 : Eastcoast Rocket 1987
160 : Keyboard 1987
161 : Melody Maker1987
162 : Zillo 1996
163 : Après la pluie… The Cure 2004
164 : Bilbao BBK
conférence de presse 2012
165 : Uncut Magazine 2004
166 : The Cure Philippe Gonin 2023
167 : Nouba M6
168 : Melody Maker 1984
169 : The Cure Music Book 1997
170 : The Interview Channel. 2000
171 : D-Side 2004
172 : Facebook de Robert Smith
173 : Electricity Club 2016
174 : Bass Player 2004
175 : The Hollywood Reporter
176 : A Pink Dream 2010
177 : Textura
178 : Synth History 2023
179 : Post Punk.Com
180 : Far Out
181 : Louder 2012

« Je voulais que ce soit parfait, que ce soit le groupe parfait… je ne serai donc jamais satisfait. »[75] – Robert Smith

Tous mes remerciements aux Ecitions du Layeur,
Dominique Dupuis, Mounette (qui ne supporte par ce groupe
mais qui aura quand même ce livre dans sa bibliothèque),
Bounet, Xavier M (pour toutes les copies
de cassettes au collège Modigliani),
Guillaume Bailby.

Editions du Layeur

Direction éditoriale : Dominique Dupuis
Conception graphique : Guillaume Prieur
Correction : Sandrine Bergeron
Photographie des pochettes d'album : Diana Sandres

Dépôt Légal : octobre 2024
ISBN : 978 2 38378 064 9

Achevé d'imprimer en Lithuanie par BALTO print en Septembre 2024.